W0461772

Nolden/Palkovits/Dittert/Pichocki

Grundstudium Strafrecht

Grundstudium Strafrecht

Eine praxisorientierte Darstellung

von

Dr. Waltraud Nolden
Rechtsprofessorin an der Fachhochschule Polizei Sachsen-Anhalt

Frank Palkovits
Rechtsanwalt und Lehrbeauftragter an der HSPV NRW

Susanne Dittert
Juristin, Kriminaldirektorin und Hochschuldozentin an der HSPV NRW

Frank Pichocki
Regierungsdirektor und Hochschuldozent an der HSPV NRW, Richter am Amtsgericht Dortmund aD

5. Auflage 2021

C.H.BECK

Zitiervorschlag: *Nolden/Palkovits/Dittert/Pichocki* Grundstudium StrafR Teil Rn.

www.beck.de

ISBN 978 3 406 76868 2

Wilhelmstraße 9, 80801 München

Druck: Druckerei C.H. Beck
(Adresse wie Verlag)

Satz: Fotosatz Buck,
Zweikirchener Straße 7, 84036 Kumhausen

Umschlaggestaltung: Martina Busch, Grafikdesign, Homburg Saar

CO_2 neutral
chbeck.de/nachhaltig

Gedruckt auf säurefreiem, alterungsbeständigem Papier
(hergestellt aus chlorfrei gebleichtem Zellstoff)

Vorwort

Das Lehrbuch „Grundstudium Strafrecht – eine praxisorientierte Darstellung" richtet sich insbesondere an Bachelorstudenten/innen[1] des Polizeivollzugsdienstes (PVD) in Deutschland. Geschrieben wurde die 1. Auflage im September 2012 insbesondere für den novellierten Studiengang für Kommissaranwärter an der FHöV NRW, nunmehr durch Umbenennung seit dem 3.1.2020 an der HSPV NRW. Das Buch ist aber auch für Auszubildende und Studierende anderer Fachrichtungen geeignet, die sich schnell einen strukturierten und praxisorientierten Überblick über Grundlagen im Strafrecht verschaffen wollen. Die Anmerkungen in der Fußnote zum Gesetz über die öffentliche Sicherheit und Ordnung des Landes Sachsen-Anhalt (SOG LSA) ist dem Umstand geschuldet, dass die Autorin *Nolden* seit 2012 zunächst als Fachhochschuldozentin, seit 2016 dann als Rechtsprofessorin an der Fachhochschule Sachsen-Anhalt lehrt. Die Kriminaldirektorin *Dittert* und der Regierungsdirektor *Pichocki* sind hauptamtlich Lehrende der HSPV NRW, während der Dozent *Palkovits* als Rechtsanwalt im Nebenamt unterrichtet.

Das Lehrbuch erscheint nun in seiner 5. Auflage. Es legt inhaltlich das Modulhandbuch der HSPV NRW des Bachelorstudiengangs PVD 2016 ab dem Einstellungsjahrgang 2020 mit Senatsbeschluss vom 22.2.2021 zugrunde.[2]

Das für das Strafrecht relevante Grundstudium (GS 4) hat nunmehr 75 Lehrveranstaltungsstunden.

Darüber hinaus aktualisiert die Auflage alle Inhalte des GS 4. Betroffen sind zahlreiche Neuerungen in Gesetzgebung, Rechtsprechung, Literatur und Reformbestrebungen bis April 2021. Statistisch wird die PKS 2019 zugrunde gelegt. Ferner sind die Fundstellen für die digitale Recherche aktualisiert.

Konkret wird etwa im Rahmen der Tötungsdelikte auf die Verfassungswidrigkeit der geschäftsmäßigen Förderung der Selbsttötung nach § 217 StGB[3] eingegangen. Der BGH hat zudem seine Rechtsprechung zum Versuchsbeginn bei gewahrsamssichernden Schutzmechanismen geändert. Für das unmittelbare Ansetzen zum Diebstahl ist nicht mehr erforderlich, dass ein angegriffener Schutzmechanismus auch erfolgreich überwunden wird.

Im Grundstudium im PVD an der HSPV NRW ist das Strafrecht das vierte von acht Modulen, bestehend aus den Submodulen:

[1] Sollte im Weiteren allein die männliche Form gewählt worden sein, ist dies rein sprachökonomisch begründet.

[2] https://www.hspv.nrw.de/dateien_studium/studium-und-lehre/BA/pvd/modulbeschreibung/10_Modulhandbuch_PVD_ab_EJ_2020__idF_24.02.2021_gltg_26.02.2021_.pdf (Tag der Abfrage: 20.4.2021).

[3] §§ ohne Gesetzesangaben sind solche des StGB.

GS 4.1 Einführung in die strafrechtliche Dogmatik

GS 4.2 Körperverletzungs- und Eigentumsdelikte.

Das Fach „Strafrecht" ist für den Polizeivollzugsbeamten besonders wichtig. Diese Relevanz spiegelt sich im Bachelorstudiengang in der hohen Stundenzahl und in der Klausur von drei Zeitstunden am Ende des Modulabschnitts wider. Auch später werden vermehrte Prüfungsleistungen im Fach „Strafrecht" verlangt.

Zwei Aspekte verdienen für die Praxis besondere Beachtung:

- Zunächst kann der Polizeivollzugsbeamte nur bei fundierten Kenntnissen im Strafrecht gegen potentielle Straftäter einschreiten und Straftaten aufklären. Bei der Aufnahme der Anzeigen bzw. bei der Vernehmung von Zeugen und Beschuldigten hilft das Wissen um die materiellen Strafbarkeitsvoraussetzungen, die wesentlichen Tatsachen der Straftatbestände korrekt zu erfragen und in den Anzeigen und Vernehmungsprotokollen schriftlich zu fixieren.

  Weiß der Beamte etwa, dass eine Körperverletzung nach § 223 unter bestimmten Voraussetzungen qualifiziert begangen werden kann, wenn der Täter beispielsweise bei der Tat ein gefährliches Werkzeug verwendet (§ 224 I Nr. 2), wird er beim Beschuldigten und Zeugen nachfragen, ob solche Gegenstände bei der Körperverletzung – wie etwa Springerstiefel – benutzt wurden. Hierdurch können die Beamten weiter ermitteln und etwa nach Stiefeln mit Metallkappen oder einem Fußabdruck suchen.
  Wichtig ist auch, dass die rechtlich relevanten Tatsachen unmittelbar nach der Tat protokolliert werden. Hier haben die Befragten noch das beste Erinnerungsvermögen. Hinzu kommt, dass ein Beschuldigter, der zu Beginn der Ermittlungen auf die Anwesenheit des Verteidigers verzichtet, oftmals noch unbedachte Aussagen machen wird, wenn ihm vonseiten der Polizeivollzugsbeamten konkret Fragen gestellt werden. Später, nach möglicher Beratung durch einen Rechtsanwalt bzw. Verteidiger, sind die Beschuldigten idR nicht mehr aussagebereit.
- Des Weiteren lernt der Polizeivollzugsbeamte durch Kenntnisse im Strafrecht, wann er sich selbst strafbar machen kann. Er verwirklicht zwangsläufig in objektiver und subjektiver Hinsicht täglich Straftatbestände. Er begeht etwa bei einer Wohnungsdurchsuchung einen Hausfriedensbruch nach § 123, wenn der Wohnungsinhaber ihm den Zutritt zur Wohnung verwehrt. Bei einer vorläufigen Festnahme liegt tatbestandlich eine Freiheitsberaubung nach § 239 I vor. Die präventiven und repressiven Eingriffsbefugnisse stellen neben den allgemeinen Rechtfertigungsgründen für ihn aber Erlaubnissätze dar und verhindern seine Strafbarkeit in der täglichen Berufspraxis (→ 2. Teil Rn. 55 ff.).
- Da der Polizeivollzugsbeamte aufgrund des Legalitätsprinzips nach §§ 152 II, 160, 163 StPO einer erhöhten Gefahrtragungspflicht unterliegt, kann er sich auch durch Unterlassen strafbar machen, wenn er seinem Schutzauftrag nicht nachkommt. Verhindert der Polizeivollzugsbeamte etwa nicht, dass ein Mensch erschossen wird, kommt eine Strafbarkeit wegen Totschlags durch Unterlassen nach §§ 212 I, 13 in Betracht. Demgegenüber kann sich ein Bürger ohne Garantenstellung nur wegen unterlassener Hilfeleistung nach § 323c strafbar machen.

- Unterlässt es der Polizeivollzugsbeamte, eine Anzeige entgegenzunehmen und wird hierdurch die Strafe eines anderen bewusst vereitelt, liegt Strafvereitelung im Amt durch Unterlassen nach §§ 258 I, 258a I, 13 vor.
- Begeht der Beamte einen Straftatbestand, so stellt das Verhalten auch die Verletzung einer Dienstpflicht dar und kann disziplinarrechtliche Rechtsfolgen auslösen.

Bearbeiterverzeichnis

Folgende Bereiche wurden bearbeitet:

Prof. Dr. W. Nolden:	1. Teil. Grundlagen
	2. Teil. Das vorsätzliche vollendete Begehungsdelikt
	4. Teil. Täterschaft und Teilnahme
	6. Teil. Tötungsdelikte im Überblick
	7. Teil. Sachbeschädigungsdelikte
	9. Teil. Hausfriedensbruch
	10. Teil. Juristische Methodik
S. Dittert:	3. Teil. Das Versuchsdelikt
F. Pichocki:	5. Teil. Die Körperverletzungsdelikte
F. Palkovits:	8. Teil. Straftaten gegen das Eigentum

Inhaltsverzeichnis

3. Teil Das Versuchsdelikt

4. Teil Täterschaft und Teilnahme

5. Teil Die Körperverletzungsdelikte

6. Teil Tötungsdelikte im Überblick

7. Teil Sachbeschädigungsdelikte

8. Teil Straftaten gegen das Eigentum

9. Teil Hausfriedensbruch, § 123

10. Teil Juristische Methodik

Abkürzungsverzeichnis

AA	Aneignungsabsicht
aE	am Ende
aF	alte Fassung
AG	Amtsgericht
Alt.	Alternative
a.M.	am Main
AnwBl.	Anwaltsblatt
Art.	Artikel
AT	Allgemeiner Teil
Aufl.	Auflage
BAnz.	Bundesanzeiger
Bd.	Band
BeamtStG	Gesetz zur Regelung des Statusrechts der Beamtinnen und Beamten in den Ländern (Beamtenstatusgesetz)
BeckOK	Beck'scher Onlinekommentar
bitly	Kurz-URL-Dienst
BeckRS	Beck Rechtsprechung
BGB	Bürgerliches Gesetzbuch
BGBl.	Bundesgesetzblatt
BGH	Bundesgerichtshof
BGHSt	Entscheidungen des Bundesgerichtshofs in Strafsachen
BGHZ	Entscheidungen des Bundesgerichtshofs in Zivilsachen
BKA	Bundeskriminalamt
BR-Drs.	Bundesrats-Drucksachen
BT	Besonderer Teil
BT-Drs.	Bundestags-Drucksache
BtMG	Gesetz über den Verkehr mit Betäubungsmitteln (Betäubungsmittelgesetz)
BVerfG	Bundesverfassungsgericht
BVerfGE	Entscheidungen des Bundesverfassungsgerichts
BVerwG	Bundesverwaltungsgericht
BVerwGE	Entscheidungen des Bundesverwaltungsgerichts
bzw.	beziehungsweise
CD	Compact Disc
ders.	derselbe
Diss.	Dissertation
dh	das heißt
Dr.	Doktor
EGGVG	Einführungsgesetz zum Gerichtsverfassungsgesetz
EGL	Ermächtigungsgrundlage

EMRK	Europäische Menschenrechtskonvention
Et al.	et alii (lateinisch: und andere)
etc	et cetera (lateinisch: und so weiter)
EU	Europäische Union
EUR	Euro
eV	eingetragener Verein
EV	Enteignungsvorsatz
f., ff.	folgende, fortfolgende
FHöV	Fachhochschule für öffentliche Verwaltung
Fn.	Fußnote
GA	Goltdammer's Archiv (Zeitschrift)
gem.	gemäß
GG	Grundgesetz
ggf.	gegebenenfalls
GmbH	Gesellschaft mit beschränkter Haftung
GMBl.	Gemeinsames Ministerialblatt
GS/GSSt	Großer Senat (oder Grundstudium)/Großer Senat für Strafsachen
GV/GVBl	Gesetz- und Verordnungsblatt
GVG	Gerichtsverfassungsgesetz
Habilschr.	Habilitationsschrift
HfPV	Hessische Hochschule für Polizei und Verwaltung
hL	herrschende Lehre
hM	herrschende Meinung
Hrsg.	Herausgeber
HS	Hauptstudium
Hs.	Halbsatz
HSPV	Hochschule für Polizei und öffentliche Verwaltung
http	hypertext transfer protocol (englisch: Hypertext Übertragungsprotokoll)
HWR	Hochschule für Wirtschaft und Recht in Berlin
idF	in der Fassung
idR	in der Regel
iK	in Kraft
iRd	im Rahmen der/des
ISBN	International Standard Book Number (englisch: Internationale Standardbuchnummer)
iSd	im Sinne der/des
ISSN	International Standard Serial Number (englisch: Internationale Standardnummer für fortlaufende Sammelwerke)
iSv	im Sinne von
iVm	in Verbindung mit
JA	Juristische Arbeitsblätter (Zeitschrift)
JURA	Juristische Ausbildung (Zeitschrift)
JuS	Juristische Schulung (Zeitschrift)
JZ	Juristenzeitung
KG	Kammergericht Berlin

KK	Karlsruher Kommentar
km	Kilometer
KVK	Karlsruher Virtueller Katalog
lat.	lateinisch
Lfg.	Lieferung
LG	Landgericht
LK	Leipziger Kommentar
Ls.	Leitsatz
LSA	Land Sachsen-Anhalt
mAnm	mit Anmerkung
MBl.	Ministerialblatt
MüKo	Münchener Kommentar
mwN	mit weiteren Nachweisen
NJW	Neue Juristische Wochenschrift (Zeitschrift)
Nr.	Nummer
NRW	Nordrhein-Westfalen
NStZ	Neue Zeitschrift für Strafrecht
NWGVBl.	Gesetzesblatt Nordrhein-Westfalen
oJ	ohne Jahr
OLG	Oberlandesgericht
OPAC	Online Public Access Catalogue (englisch: elektronischer Bibliothekskatalog)
OrgKG	Gesetz zur Bekämpfung des illegalen Rauschgifthandels und anderer Erscheinungsformen der Organisierten Kriminalität
o.V.	ohne Verfasser
OVG	Oberverwaltungsgericht
OWi	Ordnungswidrigkeiten
OWiG	Gesetz über die Ordnungswidrigkeiten
PC	Personal Computer (englisch: privater Rechner)
PDV	Polizeidienstvorschrift
PFHB	Polizeifachhandbuch
PIR	Polizei Info Report (Zeitschrift)
PKS	Polizeiliche Kriminalstatistik
Pkw	Personenkraftwagen
PolG	Polizeigesetz
PolG NRW	Polizeigesetz des Landes Nordrhein-Westfalen
Pr.	Preußisches
ProstG	Gesetz zur Regelung der Rechtsverhältnisse der Prostituierten (Prostitutionsgesetz)
PVD	Polizeivollzugsdienst
RdErl.	Runderlass
RGSt	Entscheidungen des Reichsgerichts in Strafsachen
RiStBV	Richtlinien für das Strafverfahren und das Bußgeldverfahren
Rn.	Randnummer
RR	Rechtsprechungsreport

S.	Seite(n)/Satz
sog.	sogenannt(e)
SOG LSA	Gesetz über die öffentliche Sicherheit und Ordnung des Landes Sachsen-Anhalt
StGB	Strafgesetzbuch
StPO	Strafprozessordnung
str.	strittig
StrÄG	Strafrechtsänderungsgesetz
StraFo	Strafverteidiger Forum (Zeitschrift)
StrafR	Strafrecht
StV	Strafverteidiger (Zeitschrift)
StVG	Straßenverkehrsgesetz
StVO	Straßenverkehrs-Ordnung
StVZO	Straßenverkehrszulassungsordnung
TierSchG	Tierschutzgesetz
TPG	Gesetz über die Spende, Entnahme und Übertragung von Organen und Geweben (Transplantationsgesetz)
ua	und andere
URL	Uniform Resource Locator (englisch: Internetadresse)
usw	und so weiter
uU	unter Umständen
Var.	Variante
VG	Verwaltungsgericht
VGH	Verwaltungsgerichtshof
vgl.	vergleiche
VO	Verordnung
Vor./Vorbem.	Vorbemerkung
www.	world wide web (englisch: weltweites Netz)
zB	zum Beispiel
zit.	zitiert
ZJS	Zeitschrift für das Juristische Studium
zT	zum Teil
ZustVO/ZuständigkeitsVO	Zuständigkeitsverordnung

Literaturverzeichnis

Beck'scher Onlinekommentar StGB, 48. Edition, 1.11.2020 (zit.: BeckOK StGB/*Bearbeiter*)

Erhardt, E., Strafrecht für Polizeibeamte, 6. Aufl. 2020 (zit.: *Erhardt* StrafR Polizeibeamte)

Fischer, T., Strafgesetzbuch mit Nebengesetzen, Kommentar, 68. Aufl. 2021 (zit.: *Fischer*)

Joecks, W./Jäger, C., Studienkommentar StGB, 13. Aufl. 2021 (zit.: *Joecks/Jäger* StGB)

Joecks, W., Studienkommentar StPO, 4. Aufl. 2015 (zit.: *Joecks* StPO)

Karlsruher Kommentar zur Strafprozessordnung – mit GVG, EGGVG und EMRK, 8. Aufl. 2019 (zit.: KK-StPO/*Bearbeiter*)

König, J./Gnant, W., Eingriffsrecht Sachsen – Maßnahmen der Polizei nach der StPO und dem Polizeigesetz des Freistaats Sachsen, 2004 (zit.: *König/Gnant* EingriffsR Sachsen)

Kühl, K., Strafrecht – Allgemeiner Teil, 8. Aufl. 2017 (zit.: *Kühl* StrafR AT)

Lackner, K./Kühl, K., Strafgesetzbuch, Kommentar, 29. Aufl. 2018 (zit.: Lackner/Kühl/*Bearbeiter*)

Leipziger Kommentar StGB, 5. Bd., §§ 110–145d, 12. Aufl. 2009 (zit.: LK/*Bearbeiter*)

Leipziger Kommentar StGB, 7.1 Bd., §§ 211–231 StGB, 12. Aufl. 2018 (zit.: LK/*Bearbeiter*)

Leipziger Kommentar StGB, 8. Bd., §§ 242–262 StGB, 12. Aufl. 2010 (zit.: LK/*Bearbeiter*)

Maunz, T./Dürig, G., Grundgesetz – Kommentar (Loseblatt), 92. Aufl. 2020 (zit.: Maunz/Dürig/*Bearbeiter*)

Meyer-Goßner, L./Schmitt, B., Strafprozessordnung, Kommentar, 63. Aufl. 2020 (zit.: Meyer-Goßner/Schmitt/*Bearbeiter*)

Münchener Kommentar zum Strafgesetzbuch, Bd. 1, §§ 1–37 StGB, 4. Aufl. 2020 (zit.: MüKoStGB/*Bearbeiter*)

Münchener Kommentar zum Strafgesetzbuch, Bd. 4, §§ 185–262 StGB, 3. Aufl. 2017 (zit.: MüKoStGB/*Bearbeiter*)

Nimtz, H., Strafrecht für Polizeibeamte, Bd. 1: Grundlagen und Delikte gegen die Person, 6. Aufl. 2018 (zit.: *Nimtz* StrafR I)

Nolden, W., Prüfungsrelevante Irrtümer im Strafrecht – Ein Fallbuch für Studierende im Polizeivollzugsdienst, 2019 (zit.: *Nolden* Irrtümer)

Roxin, C./Greco L., Strafrecht Allgemeiner Teil Bd. I. Grundlagen. Der Aufbau der Verbrechenslehre, 5. Aufl. 2020 (zit.: *Roxin/Greco* StrafR AT I)

Roxin, C., Strafrecht Allgemeiner Teil Bd. II. Besondere Erscheinungsformen der Straftat, 2003 (zit.: *Roxin* StrafR AT II)

Schmidt, R., Strafrecht – Besonderer Teil II, Straftaten gegen das Vermögen, 21. Aufl. 2019 (zit.: *Schmidt* StrafR BT II)

Schönke, A./Schröder, H., Strafgesetzbuch, Kommentar, 30. Aufl. 2019 (zit.: Schönke/Schröder/*Bearbeiter*)

Wessels, J./Beulke, W./Satzger, H., Strafrecht Allgemeiner Teil, 50. Aufl. 2020 (zit.: *Wessels/Beulke/Satzger* StrafR AT)

Wessels, J./Hettinger, M./Engländer, A., Strafrecht Besonderer Teil/1, Die Straftaten gegen Persönlichkeits- und Gemeinschaftswerte, 44. Aufl. 2020 (zit.: *Wessels/Hettinger/Engländer* StrafR BT I)

Wessels, J./Hillenkamp, T./Schuhr, J., Strafrecht Besonderer Teil/2, Die Straftaten gegen Vermögenswerte, 43. Aufl. 2020 (zit.: *Wessels/Hillenkamp/Schuhr* StrafR BT II)

1. TEIL
Grundlagen

A. Einteilung der Rechtsgebiete und sachliche Zuständigkeit der Polizei

In der deutschen Rechtsordnung sind drei Teilbereiche zu unterscheiden: 1

- Bürgerliches Recht
- Öffentliches Recht
- Strafrecht.

Das **Bürgerliche Recht** steht unter dem Prinzip der Gleichordnung. 2

Ausgangsfall:

Fahrzeugführer A bremst zu spät und verursacht ungewollt einen Verkehrsunfall mit dem vor ihm fahrenden Fahrzeug des B, wodurch dieses stark beschädigt wird.

B als geschädigter Bürger möchte von A als gleichgeordneter Bürger, der den Unfall verursacht hat, Schadensersatz.

Zum Schutz privater Rechte ist die Polizei nach § 1 II PolG NRW[1] nur subsidiär zuständig. So gibt sie etwa personenbezogene Daten des Unfallgegners an den Geschädigten heraus, damit dieser seine zivilrechtlichen Ansprüche durchsetzen kann. Zahlt der Unfallverursacher nicht, muss der Geschädigte selbst den Schädiger verklagen. 3

Das **Öffentliche Recht** ist geprägt vom Prinzip der Über- und Unterordnung. 4

Im Ausgangsfall hat A eine Verkehrsordnungswidrigkeit nach §§ 1 II, 49 I Nr. 1 StVO, § 24 StVG begangen. Er hat im Straßenverkehr als Verkehrsteilnehmer die im Verkehr erforderliche Sorgfalt außer Acht gelassen und dadurch einen anderen geschädigt.

Die Polizei ist nach § 1 IV PolG NRW,[2] §§ 35, 36 OWiG, § 1 ZuständigkeitsVO[3] (repressiv) sachlich originär zuständig. Sie verlangt als Behörde vom untergeordneten Bürger eine Buße bzw. ein Verwarngeld. 5

1 § 1 II SOG LSA normiert für **Sachsen-Anhalt** das Subsidiaritätsprinzip.

2 § 1 III SOG LSA legt für **Sachsen-Anhalt** die polizeiliche Aufgabe fest.

3 In **NRW** gilt die Verordnung zur Bestimmung der für die Verfolgung und Ahndung von Verkehrsordnungswidrigkeiten zuständigen Verwaltungsbehörden (ZuständigkeitsVO) v. 25.9.1979, NWGVBl. 1979, 652 = PFHB 8-42;
in **Sachsen-Anhalt** gilt § 5 I Nr. 4 Verordnung über sachliche Zuständigkeiten für die Verfolgung und Ahndung von Ordnungswidrigkeiten (ZustVO OWi) v. 2.3.2010, GVBl. LSA 2010, 106 = PFHB 5-3.

Behindern jetzt zahlreiche Schaulustige die Einsatzkräfte der Polizei, so erteilt diese dem Bürger einen Platzverweis nach § 34 PolG NRW.[4]

6 Die Polizei ist für Maßnahmen nach § 1 I 1 PolG NRW[5] im Rahmen der Gefahrenabwehr (präventiv) sachlich zuständig.

7 Auch das **Strafrecht** ist formal ein Teil des öffentlichen Rechts. Es wird aber aus traditionellen Gründen und aus dem Aspekt der hohen Bedeutung einer strafrechtlichen Verurteilung als verselbstständigter Bereich der Rechtsordnung verstanden.[6]

Verletzt A im Ausgangsfall den B beim Verkehrsunfall, kommt der Straftatbestand der fahrlässigen Körperverletzung nach § 229 in Betracht.

8 Die Polizei ist nach § 1 IV PolG NRW,[7] §§ 161, 163 StPO für die Verfolgung von Straftaten (repressiv) sachlich zuständig. In diesem Fall will der Staat gegenüber dem untergeordneten Bürger den Strafanspruch durchsetzen.

! **Beachte** aber, dass die Verfolgung der fahrlässigen Körperverletzung nach § 229 gem. § 230 entweder einen Strafantrag oder die Bejahung des besonderen öffentlichen Interesses der Strafverfolgungsbehörde (das ist die Staatsanwaltschaft) an der Strafverfolgung voraussetzt.

9 Die staatliche Gemeinschaft bestimmt auf der Grundlage der jeweiligen Gesellschaftsordnung Werte und Grundsätze, die für das menschliche Zusammenleben als bedeutsam angesehen werden. Während bestimmte leichtere Verstöße gegen Rechtsgüter häufig als Ordnungswidrigkeiten sanktioniert werden, wertet der Gesetzgeber bestimmte schwere Verstöße als Straftaten. Was ein leichterer und was ein schwererer Verstoß ist, ist also je nach Werteordnung unterschiedlich. So waren etwa verbotene Kraftfahrzeugrennen bis zum 13.10.2017 nach §§ 29 I, 49 II Nr. 5 aF StVO nur bloße Ordnungswidrigkeiten. Danach wurden sie in § 315d zu Straftaten heraufgestuft, da illegale Kraftfahrzeugrennen zunahmen und hierdurch Unbeteiligte getötet oder schwer verletzt wurden. Die Ordnungswidrigkeit reichte als Sanktionsmöglichkeit nicht mehr aus.

10 Verwirklicht der Täter mit ein und derselben Handlung sowohl einen Straftatbestand als auch eine Ordnungswidrigkeit, wird dieses Konkurrenzverhältnis von § 21 OWiG gelöst: Der Ordnungswidrigkeitentatbestand tritt zurück.

Im Ausgangsfall kann damit der Geschädigte im Wege des Zivilrechts seinen Schadensersatzanspruch durchsetzen. Im Strafrecht verfolgen und bestrafen staatliche Organe den Schädiger für die Rechtsgutverletzung der körperlichen Unversehrtheit des B. Die Ordnungswidrigkeit wird aus Subsidiaritätsgründen nicht mehr verfolgt.

[4] Für **Sachsen-Anhalt**: § 36 SOG LSA.
[5] Für **Sachsen-Anhalt**: §§ 1 I, 2 I SOG LSA.
[6] Vgl. *Nimtz* StrafR I Rn. 3.
[7] Für **Sachsen-Anhalt**: § 1 III SOG LSA.

B. Materielles und formelles Strafrecht

Zu unterscheiden sind das **materielle** und das **formelle** Strafrecht. 11

Ersteres klärt, welches Verhalten strafbar ist und welche Rechtsfolgen hieraus resultieren. Das materielle Strafrecht unterteilt sich in das **Kern-** und das **Nebenstrafrecht**. Das **Kernstrafrecht** ist im StGB geregelt. Es gliedert sich in zwei Teile. Der **Allgemeine Teil** (AT) beinhaltet Vorschriften allgemeinen Charakters. Er zieht diese quasi „vor die Klammer" des Besonderen Teils. 12

Beispiel: Notwehr nach § 32 und damit ein gerechtfertigtes Verhalten kann unabhängig vom verwirklichten Straftatbestand vorliegen. Sind die Voraussetzungen der Notwehr (Norm aus dem AT) gegeben, können damit etwa eine Körperverletzung (§ 223) oder ein Totschlag (§ 212) oder andere Straftatbestände (aus dem Besonderen Teil) gerechtfertigt sein.

Der **Besondere Teil** (BT) normiert die jeweiligen speziellen Straftatbestände, die dem Prinzip des Rechtsgüterschutzes folgen. 13

Beispiel: In § 212 ist der Totschlag geregelt, der das Leben schützt.

Das **Nebenstrafrecht** ist in zahlreichen nebengesetzlichen Bestimmungen geregelt. Für den Polizeivollzugsbeamten relevant ist hierbei insbesondere das BtMG. 14

Beispiel: Nach § 29 I Nr. 3 BtMG ist strafbar, wer Betäubungsmittel besitzt, ohne zugleich im Besitz einer schriftlichen Erlaubnis für den Erwerb zu sein. Wird A mit 20 g Marihuana ohne eine solche Erlaubnis von der Polizei aufgegriffen, greift in Bezug auf den Anfangsverdacht die genannte Norm aus dem Nebenstrafrecht.

Das **formelle Strafrecht** betrifft die Durchsetzung des materiellen Strafrechts. Es regelt das „Wie" des rechtsstaatlichen Strafverfahrens. Das formelle Strafrecht wird auch als Strafverfahrensrecht bezeichnet. Es findet sich überwiegend in der StPO, dem GG und dem GVG wieder. Das formelle Strafrecht wird im Polizeistudium neben dem präventiven Recht im Fach „Eingriffsrecht" behandelt. 15

Beispiel: Bei einem Anfangsverdacht, also dann wenn es aufgrund bestimmter Tatsachen nach kriminalistischer Erfahrung zumindest als möglich erscheint, dass eine strafbare Handlung begangen wurde, sind die Strafverfolgungsbehörden (Staatsanwaltschaft [§§ 160, 161 StPO] und Polizei [§ 163 StPO]) verpflichtet, ein Ermittlungsverfahren gegen den Beschuldigten einzuleiten.

Die im Beispiel benannte Verpflichtung bezeichnet man als **„Legalitätsprinzip"** nach § 152 II StPO. Das „muss" unterscheidet das Strafverfahren vom „kann" – dem sog. **Opportunitätsprinzip** – im Ordnungswidrigkeitenverfahren (§ 47 I OWiG) – und Gefahrenabwehrrecht. 16

C. Funktion des Strafrechts

17 Das Strafrecht hat die Funktion, bestimmte Rechtsgüter des Einzelnen (Individualrechtsgüter: zB Leib, Leben, Freiheit, Eigentum und Vermögen) und der Gemeinschaft (Allgemeinrechtsgüter: zB Staat, Rechtspflege, Umwelt, Sicherheit des Straßenverkehrs), zu schützen. Diese Rechtsgüter sind dem Gesetzgeber so wichtig, dass er hierzu eine strafrechtliche Vorschrift erlassen hat.[8] Ein solcher strafrechtlicher Schutz sichert in unserer Gesellschaft den Rechtsfrieden. Zudem garantiert er die Einhaltung der Grundwerte.

18 Zum Zweck der Strafe im Erwachsenenstrafrecht werden **absolute** und **relative** Strafzwecktheorien vertreten.[9] Für die **absolute Theorie** liegt der Grund des Strafens allein im Ausgleich des begangenen Unrechts nach dem Motto „Auge um Auge, Zahn um Zahn". Demgegenüber stehen bei den **relativen Straftheorien** die Verhinderung der Wiederholung der Straftat und damit die Prävention im Vordergrund. Die relativen Theorien unterteilen sich in die **General-** und die **Spezialprävention**. Die Generalprävention schützt die Gesellschaft und unterteilt sich weiter in die **positive** und **negative Generalprävention**. Die **positive Generalprävention** soll das Vertrauen der Gesellschaft in die Rechtsordnung stärken. Das Ziel der **negativen Generalprävention** ist es, die Gesellschaft von der Begehung einer Tat abzuschrecken. Ihr soll bewusst gemacht werden, welche Strafe auf ein Verhalten folgen kann. Die Spezialprävention zielt auf den Täter selbst ab und unterteilt sich gleichfalls in **positive** und **negative Spezialprävention**: die **positive Spezialprävention** soll zur Besserung des Täters und seiner Resozialisierung beitragen. Die **negative Spezialprävention** will hingegen den Täter durch Strafe davon abbringen, erneut eine Tat zu begehen.

19 Unser deutsches Strafrecht folgt in der **Vereinigungstheorie**[10] einer Kombination aller Strafzwecke. Während innerhalb der Strafzumessung beispielsweise aus § 46 I 1 mit der Formulierung *„Die Schuld des Täters ist die Grundlage für die Zumessung der Strafe"* Gedanken der absoluten Theorie zum Ausdruck kommen, zielt etwa § 47 I auf Prävention ab: *„Eine Freiheitsstrafe unter sechs Monaten verhängt das Gericht nur, wenn besondere Umstände, die in der Tat oder der Persönlichkeit des Täters liegen, die Verhängung der Freiheitsstrafe zur Einwirkung auf den Täter oder zur Verteidigung der Rechtsordnung unerlässlich ist."*

20 **Vereinigungstheorie:**

Absolute Theorie	**Relative Theorie**			
	Generalprävention		**Spezialprävention**	
	Positiv: Stärkung des Vertrauens der Gesellschaft in die Rechtsordnung	**Negativ:** Abschrecken der Gesellschaft	**Positiv:** Besserung des Täters	**Negativ:** Abschreckung des Täters

8 Vgl. BVerfGE 39, 1 (46) = NJW 1975, 573.
9 Zu den Straftheorien insbesondere die Zusammenfassung von *Roxin* JuS 1966, 377 ff.
10 Vgl. *Fischer* § 46 Rn. 2a.

Die Strafzwecke haben aufgrund ihrer gesetzlichen Ausprägungen auch Auswirkungen auf die Ermittlungsarbeit der Polizei. Nach § 160 II StPO hat die Staatsanwaltschaft sowohl die be- als auch die entlastenden Umstände einer Tat zu ermitteln. Die Polizei unterstützt die Staatsanwaltschaft hierbei (§ 163 StPO). 21

Da die Schuld des Täters die Grundlage für die Strafzumessung des Richters ist (Ausprägung der absoluten Theorie), muss auch die Polizei ihre Ermittlungsarbeiten – soweit möglich – an den Kriterien der Strafzumessung nach § 46 ausrichten. Hierzu gehören etwa die Ermittlungen über die Beweggründe und Ziele, die Art der Ausführung und die verschuldeten Auswirkungen der Tat. Die Staatsanwaltschaft kann sich für Ermittlungen der Rechtsfolge zusätzlich auch der Gerichtshilfe – diese ist ein sozialer Dienst der Justiz – nach § 160 III StPO bedienen. 22

D. Gesetzlichkeitsprinzip

Primäres Strafrechtsprinzip ist das **Gesetzlichkeitsprinzip**, das im Grundgesetz seinen Niederschlag gefunden hat: *„Eine Tat kann nur bestraft werden, wenn die Strafbarkeit gesetzlich bestimmt war, bevor die Tat begangen wurde“* (Art. 103 II GG) und sich auch im Strafrecht in § 1 wiederfindet. 23

Ausprägungen des Gesetzlichkeitsprinzips sind: 24

- der Bestimmtheitsgrundsatz
- das Analogieverbot
- das Verbot des Gewohnheitsrechts
- das Rückwirkungsverbot.

I. Bestimmtheitsgrundsatz

Art. 103 II GG: *„... bestimmt ...“*

Der **Bestimmtheitsgrundsatz** fordert vom Gesetzgeber die Voraussetzungen, den sog. Tatbestand (lat. *„nullum crimen sine lege“* = *„kein Verbrechen*[11] *ohne Gesetz“*) und die Strafbarkeitsfolgen (lat. *„nulla poena sine lege“* = *„keine Strafe ohne Gesetz“*), so konkret zu umschreiben, dass der Anwendungsbereich der Straftatbestände und deren Folgen sich aus dem Wortlaut ergeben bzw. sich jedenfalls durch Auslegung ermitteln lassen. 25

> **Unbestimmt:** *„Wer etwas Böses tut, der muss bestraft werden.“* Hier sind weder die Voraussetzungen *„etwas Böses tun“* noch ihre Rechtsfolge *„muss bestraft werden“* bestimmt genug. Ein Verstoß gegen den Bestimmtheitsgrundsatz nach § 103 II GG läge in einer solchen Strafnorm, die es so auch gar nicht gibt.

Andererseits müssen Gesetze für eine Vielzahl von Sachverhalten und Personen gelten und sind deshalb immer abstrakt und generell. Sie müssen aber dennoch 26

[11] Hier ist Verbrechen nicht im technischen Sinne nach § 12 I gemeint, sondern erfasst auch Vergehen nach § 12 II, gemeint ist damit jede Straftat.

bestimmt genug sein, damit der Bürger weiß, wann sein Verhalten unter Strafe steht.

> **Noch bestimmt:** § 238 I Nr. 5 stellt unter Strafe, wer einem Menschen unbefugt nachstellt, indem er beharrlich eine *andere vergleichbare Handlung* vornimmt. Erfasst sind hiervon etwa Diskreditierungen des Opfers im persönlichen und beruflichen Umfeld oder die Veröffentlichung von persönlichen Daten des Opfers im Internet. Ein Verstoß gegen Art. 103 II GG und damit den Bestimmtheitsgrundsatz liegt darin nicht. So meint § 238 I Nr. 5 nämlich nur solche Fälle, die den Nr. 1–4 ebenbürtig sind. Außerdem hat das Gesetz in anderen Normen weitere vergleichbare Situationen geschaffen. So knüpft etwa auch das Verkehrsdelikt nach § 315b I Nr. 3 an einen *ebenso gefährlichen Eingriff* wie in den vorangestellten Varianten an.[12]

II. Analogieverbot

Art. 103 II GG: *„… gesetzlich …“*

27 Eine den Täter belastende Interpretation des Gesetzes über dessen Wortlaut hinaus ist als Analogieverbot unzulässig. So ist es allein Sache des Gesetzgebers Straftatbestände zu schaffen. Die Grenzen zwischen unzulässiger Analogie und zulässiger Auslegung sind aber fließend.

> **Analogieverbot:** § 142 II Nr. 2 verbietet, dass ein Unfallbeteiligter sich vom Unfallort berechtigt oder entschuldigt entfernt und die Feststellungen nicht unverzüglich nachträglich ermöglicht. Hat sich also A als Unfallbeteiligter nur deshalb vom Unfallort entfernt, um einen schwer Verletzten ins Krankenhaus zu fahren (über einen Notstand nach § 34 gerechtfertigtes Verhalten), dann muss dieser die Feststellungen seiner Unfallbeteiligung unverzüglich nachträglich ermöglichen. Anderenfalls ist er strafbar.
>
> Bemerkt ein Unfallbeteiligter den Unfall zunächst gar nicht und entfernt sich folglich unvorsätzlich vom Unfallort, kann dieses Verhalten einem berechtigten oder entschuldigten Sich-Entfernen nicht gleichgesetzt werden. Der Begriff „unvorsätzlich“ kann nicht mehr unter den Wortlaut „berechtigt oder entschuldigt“ subsumiert werden. Die Bestrafung des nicht unverzüglich nachträglichen Ermöglichens der Feststellungen bei einem unvorsätzlichen Verhalten verstößt insofern gegen das Analogieverbot. Es handelt sich damit nicht mehr um eine zulässige Auslegung.[13]

28 Demgegenüber ist eine Analogie zugunsten des Täters erlaubt. Voraussetzung ist aber das Vorliegen einer vom Gesetzgeber unbeabsichtigten Regelungslücke bei vergleichbarer Interessenlage.

> **Kein Analogieverbot:** Irrt sich der Täter über die tatsächlichen Voraussetzungen eines anerkannten Rechtfertigungsgrundes (Erlaubnistatbestandsirrtum) (→ 2. Teil Rn. 292), glaubt er also irrig, er werde angegriffen und schlägt eine harmlose Person deshalb nieder, ist zu seinen Gunsten § 16 I 1 analog (str.) anzu-

[12] Der Gesetzgeber widerspricht einem Verstoß gegen Art. 103 II GG in BT-Drs. 16/3641, 14.
[13] Vgl. BVerfG NJW 2007, 1666.

wenden und der Vorsatzschuldvorwurf im Rahmen der Körperverletzung ist zu verneinen. Der Gesetzgeber hat diesen Irrtum versehentlich nicht ausdrücklich gesetzlich geregelt und er ähnelt dem Tatbestandsirrtum nach § 16, da sich der Täter im Tatsächlichen - wenn auch auf der Ebene der Rechtswidrigkeit - irrt.

III. Verbot von Gewohnheitsrecht

Art. 103 II GG: *„... gesetzlich ...“*

Beim Verbot von Gewohnheitsrecht handelt es sich um einen Teil des Analogieverbots.[14] **Gewohnheitsrecht** beruht auf einer langjährigen, anerkannten und überwiegend unstrittigen Übung in der Beurteilung bestimmter Probleme. Gewohnheitsrechtlich dürfen weder neue Straftatbestände geschaffen noch Strafschärfungen eingeführt werden. 29

Verbot: Gewohnheitsrechtlich darf lesbische Liebe mit Mädchen von 14-18 Jahren, die nicht bestraft ist, nicht durch Übung strafrechtlich sanktioniert werden.[15]

Etwas anderes gilt aber auch hier für Gewohnheitsrecht, das zugunsten des Täters wirkt. 30

Kein Verbot: Eine Frau schneidet an Weiberfastnacht in Köln einem Mann die Krawatte ab. Tatbestandlich liegt zwar eine Sachbeschädigung nach § 303 I vor. Aufgrund des allseits bekannten Brauches, den männlichen „Jecken“ an Karneval an die Krawatten zu gehen, handelt das „Weib“ aber nicht rechtswidrig. Trägt ein Mann in Köln an Weiberfastnacht eine Krawatte, so ist hier von einer stillschweigenden Einwilligung des Krawattenträgers kraft Gewohnheitsrechts auszugehen.

IV. Rückwirkungsverbot

Art. 103 II GG: *„... bevor die Tat begangen wurde ...“* 31

In zeitlicher Hinsicht verbietet das Gesetzlichkeitsprinzip, die Tat rückwirkend unter Strafe zu stellen. Das bedeutet, dass eine Handlung, die im Zeitpunkt ihrer Begehung noch nicht strafbar war, nicht im Nachhinein (zB durch ein nach der Tat erlassenes Gesetz), bestraft werden darf. 32

Rückwirkungsverbot: Verbotene Kraftfahrzeugrennen nach § 315d wurden durch Gesetz v. 30.9.2017[16] mit Wirkung zum 13.10.2017 eingeführt. Nicht nach § 315d können Täter vor dem 13.10.2017 bestraft werden, da diese Vorschrift erst ab diesem Datum wirksam wurde.

Das **Rückwirkungsverbot** gilt hingegen nicht im formellen Recht (→ 1. Teil Rn. 15). 33

[14] Vgl. Maunz/Dürig/*Remmert* GG Art. 103 II Rn. 79 ff.
[15] Vgl. Schönke/Schröder/*Hecker* § 1 Rn. 9.
[16] Vgl. BGBl. 2017 I 3532.

Kein Rückwirkungsverbot: Durch das 16. StrÄG vom 16.7.1979[17] wurde die Verjährungsfrist für Mord von 30 Jahren aufgehoben und normiert, dass Mord überhaupt nicht mehr verjährt. Waren also zum Zeitpunkt der Gesetzesänderung noch nicht 30 Jahre vergangen, verjährten diese Morde nicht mehr, auch wenn sie zum Zeitpunkt ihrer Begehung nach 30 Jahren hätten verjähren müssen.

E. Aufbau einer Strafnorm

34 Eine Strafnorm legt Voraussetzungen und Rechtsfolgen von Verhaltensweisen fest. Im Allgemeinen Teil betreffen die **Voraussetzungen** Vorschriften allgemeinen Charakters. Die **Rechtsfolgen** müssen dort keine Sanktionen beinhalten.

Beispiel: § 32 I: *„Wer eine Tat begeht, die durch Notwehr geboten ist* [Voraussetzung], *handelt nicht rechtswidrig* [Rechtsfolge].“

35 Voraussetzungen und Rechtsfolgen im Besonderen Teil sanktionieren den Täter und folgen dem Gesetzlichkeitsgrundsatz. Erstere benennen ein strafrechtlich relevantes Verhalten nach dem Grundsatz *„nullum crimen sine lege“*, Letztere sind Ausprägungen von *„nulla poena sine lege“*.

Beispiel: § 223 I *„Wer eine andere Person körperlich misshandelt oder an der Gesundheit schädigt* [Voraussetzungen], *wird mit Freiheitsstrafe bis zu fünf Jahren oder mit Geldstrafe bestraft* [Rechtsfolgen].“

F. Einteilung der Delikte

36 Delikte können in bestimmte Kategorien eingeteilt werden.

I. Verbrechen und Vergehen

37 Bei der Schwere der Strafandrohung ist zwischen **Verbrechen** und **Vergehen** zu unterscheiden. Die Schwere einer Strafnorm erkennt man an ihrer Rechtsfolge.

38 **Verbrechen** sind nach § 12 I rechtswidrige Taten, die im Mindestmaß mit Freiheitsstrafe von einem Jahr oder darüber bedroht sind.

Beispiele: Der Raub nach § 249 I ist mit einer Mindestfreiheitsstrafe von einem Jahr sanktioniert. Der neue Wohnungseinbruchdiebstahl nach § 244 IV besitzt ebenfalls eine Mindestfreiheitsstrafe von einem Jahr.

39 **Vergehen** nach § 12 II sind rechtswidrige Taten, die im Mindestmaß mit einer geringeren Freiheitsstrafe oder die mit Geldstrafe bedroht sind.

[17] Vgl. BGBl. 1979 I 1046.

> **Beispiel:** Der (einfache) Diebstahl nach § 242 I wird mit Freiheitsstrafe bis fünf Jahren oder mit Geldstrafe geahndet.

Relevanz hat diese Einteilung im materiellen Strafrecht für die Versuchsstrafbarkeit nach § 23 I. Der Versuch eines Verbrechens ist stets strafbar, der Versuch eines Vergehens hingegen nur, wenn er ausdrücklich unter Strafe gestellt wird. Auch ist die versuchte Anstiftung oder die Verbrechensverabredung nur bei einem Verbrechen nach § 30 I, II strafbar. Im formellen Strafrecht (→ 1. Teil Rn. 15) spielen die Begrifflichkeiten unter anderem für die Verfahrenseinstellung nach §§ 153 ff. StPO eine Rolle. Schließlich ist auch im Gefahrenabwehrrecht für den Schusswaffengebrauch im unmittelbaren Zwang wie etwa in § 64 I Nr. 3a) PolG NRW[18] für den Polizeivollzugsbeamten der dringende Tatverdacht eines Verbrechens Voraussetzung. 40

II. Allgemein-, Sonderdelikte und eigenhändige Delikte

Nach dem möglichen Täterkreis teilt man Delikte in Allgemein-, Sonderdelikte und eigenhändige Delikte ein. 41

Allgemeindelikte kann jedermann begehen. Der Gesetzgeber formuliert das Tatsubjekt hierzu – wie etwa in § 212 I – mit dem Wort „wer“. 42

Bei **Sonderdelikten** benennt der Gesetzgeber hingegen in den Voraussetzungen einen bestimmten Täterkreis, wie etwa den „Amtsträger“. Sonderdelikte können in Mittäterschaft oder mittelbarer Täterschaft nur durch Sonderdeliktspflichtige (→ 4. Teil Rn. 12 ff.) begangen werden. 43

Zu unterscheiden sind **echte** und **unechte** Sonderdelikte. Erstere liegen dann vor, wenn sie nur der Sonderdeliktspflichtige begehen kann. 44

> **Beispiel:** Wegen Falschbeurkundung im Amt nach § 348 kann sich nur ein Amtsträger strafbar machen. Ein „jedermann“, der inhaltlich etwas Falsches beurkundet, also eine schriftliche Lüge formuliert, ist hingegen straffrei.

Unechte Sonderdelikte können demgegenüber auch durch „jedermann“ begangen werden. Die Strafbarkeit für den Sonderdeliktspflichtigen ist jedoch verschärft. 45

> **Beispiel:** Jeder kann nach § 223 I eine Körperverletzung begehen. Eine Körperverletzung im Amt nach § 340 kann hingegen nur von einem Amtsträger verwirklicht werden und ist für diesen unter den dort genannten Voraussetzungen mit höherer Strafe bedroht.

Eigenhändige Delikte kann jedermann begehen, nur muss der Täter diese in eigener Person verwirklichen. Eine mittelbare Täterschaft oder eine Mittäterschaft ist hier nicht möglich, wohl aber eine Teilnahme (Anstiftung und Beihilfe) (→ 4. Teil Rn. 14). 46

[18] Für **Sachsen-Anhalt**: § 66 I Nr. 3a SOG LSA.

Beispiel: Nur derjenige, der nach § 316 ein Fahrzeug im Straßenverkehr in fahruntauglichem Zustand führt, kann täterschaftlich eine Trunkenheit im Verkehr begehen.

III. Erfolgs- und Tätigkeitsdelikte

47 Als weitere Unterteilung kann nach der Beziehung zwischen Handlung und Erfolg unterschieden werden.

48 **Erfolgsdelikte** setzen neben der Tathandlung einen Erfolg und einen ursächlichen Zusammenhang zwischen Handlung und Erfolg voraus.

Beispiel: Die Körperverletzung nach § 223 I verlangt ein Verhalten, das den Erfolg der körperlichen Misshandlung oder Gesundheitsschädigung verursacht.

49 Bei **Tätigkeitsdelikten** erschöpft sich der Unrechtstatbestand allein in der vom Gesetz umschriebenen Tätigkeit.

Beispiel: Das Führen eines Fahrzeugs im fahruntauglichen Zustand nach § 316 reicht für die Tatbestandsverwirklichung aus. Es ist nicht erforderlich, dass hierdurch ein ursächlicher Erfolg – wie etwa ein Unfall – eingetreten ist.

50 Für die Ermittlungsarbeit des Polizeivollzugsbeamten bedeutet diese Unterscheidung: Fehlt bei Erfolgsdelikten der Erfolg, kommt eine Strafbarkeit nur wegen Versuchs, nicht aber wegen Vollendung in Betracht. Insofern müssen die Voraussetzungen einer Versuchsstrafbarkeit ermittelt werden (→ 3. Teil Rn. 15 ff.). Bei Tätigkeitsdelikten setzt der Tatbestand einen solchen Erfolg nicht voraus. Die verschuldeten Auswirkungen der Tat sind für seine Vollendung nach § 46 II hier nur Umstände für die allgemeine Strafzumessung. Der Polizeibeamte muss auch diese ermitteln. Während die meisten Straftatbestände Erfolgsdelikte sind, sind die überwiegenden Ordnungswidrigkeiten Tätigkeitsdelikte.

IV. Verletzungs- und Gefährdungsdelikte

51 Nach der Intensität der Beeinträchtigung des betroffenen Handlungsobjekts sind Verletzungs- und Gefährdungsdelikte zu unterscheiden.

52 Ein **Verletzungsdelikt** setzt eine reale Schädigung voraus.

Beispiel: Eine Körperverletzung nach § 223 I begeht nur derjenige, der einen anderen körperlich misshandelt oder an der Gesundheit schädigt.

53 **Gefährdungsdelikte** können **konkret** oder **abstrakt** sein. Bei konkreten Gefährdungsdelikten ist der Eintritt der Gefahr ein gesetzlich normiertes Tatbestandsmerkmal. Insofern muss sich auch der Vorsatz hierauf beziehen.

> **Beispiel:** § 315c setzt voraus, dass der Täter *„Leib oder Leben eines anderen Menschen oder fremde Sachen von bedeutendem Wert gefährdet.“*

Abstrakte Gefährdungsdelikte beruhen auf der gesetzlichen Vermutung, dass bestimmte Verhaltensweisen für das Schutzobjekt generell gefährlich sind. Die Gefährlichkeit der Tathandlung ist nicht Tatbestandsmerkmal, sodass sich auch der Vorsatz hierauf nicht beziehen muss. 54

> **Beispiel:** § 316 bestraft die Trunkenheit im Verkehr, da es für den Straßenverkehr generell gefährlich ist, wenn Verkehrsteilnehmer im fahruntauglichen Zustand Fahrzeuge führen.

Verletzungs- und konkrete Gefährdungsdelikte sind Erfolgsdelikte. Abstrakte Gefährdungsdelikte sind Tätigkeitsdelikte (zB §§ 153 ff.) oder Delikte, bei denen der Erfolg keine Rechtsgutverletzung ist (§ 306a). 55

V. Dauer- und Zustandsdelikte

Eine weitere Einteilung kann nach der Dauer der Herbeiführung des widerrechtlichen Zustandes vorgenommen werden. 56

Bei **Dauerdelikten** ist der Tatbestand mit der Verwirklichung der Tatbestandsmerkmale vollendet. Der Zustand kann aber fortdauern, sodass er erst nach Abschluss beendet ist. 57

> **Beispiel:** A sperrt B eine Woche ein. Die Freiheitsberaubung ist mit dem Einsperren vollendet und nach einer Woche mit dem Freilassen beendet.

Bei **Zustandsdelikten** erschöpft sich der Unwert der Tat in der Herbeiführung des widerrechtlichen Zustandes. Die Tat ist durch den Eintritt des tatbestandlichen Erfolges vollendet und in der Regel auch beendet. 58

> **Beispiel:** Eine Sachbeschädigung ist mit dem Zerschlagen einer Sache zeitgleich vollendet und beendet.

VI. Begehungs- und Unterlassungsdelikte

Weiter kann nach der Art des menschlichen Verhaltens differenziert werden. Zu unterscheiden sind **Begehungs-** und **Unterlassungsdelikte**. 59

Begehungsdelikte setzen ein aktives Tun voraus. 60

> **Beispiel:** A schlägt B und verwirklicht somit eine Körperverletzung als Begehungsdelikt.

Bei **Unterlassungsdelikten** sind **echte** von **unechten** zu trennen. 61

62 Bei **echten** Unterlassungsdelikten stellt der Gesetzgeber ausdrücklich ein Nichtstun unter Strafe.

> **Beispiel:** Wegen unterlassener Hilfeleistung macht sich nach § 323c strafbar, wer etwa bei Unglücksfällen nicht Hilfe leistet.

63 **Unechte** Unterlassungsdelikte sind Spiegelbilder von Begehungsdelikten, wenn die Voraussetzungen des § 13 (Begehen durch Unterlassen) vorliegen.

> **Beispiel:** C sieht zu, wie ihr Kind B von A geschlagen wird und unternimmt nichts. C ist als Elternteil Garant und hat rechtlich für die Erfolgsverhinderung einzustehen und begeht durch ihr Nichtstun eine Körperverletzung durch Unterlassen nach §§ 223 I, 13.

VII. Vorsatz-, Fahrlässigkeitsdelikte und Erfolgsqualifikationen

64 Strafnormen können in **Vorsatz**- und **Fahrlässigkeitsdelikte** unterteilt werden. Nur vorsätzliches Verhalten ist strafbar, es sei denn, das Gesetz normiert ausdrücklich eine Strafbarkeit für fahrlässiges Verhalten (§ 15). Fehlt eine Fahrlässigkeitsstrafbarkeit, kommen aber zivilrechtliche Ansprüche in Betracht. Der Polizeivollzugsbeamte kann hier zum Schutz privater Rechte handeln.

> **Beispiel:** Die Körperverletzung kann nach § 223 I vorsätzlich und nach § 229 fahrlässig begangen werden. Die Sachbeschädigung ist hingegen nur beim vorsätzlichen Handeln unter Strafe gestellt. Handelt der Schädiger fahrlässig, kann der Polizeivollzugsbeamte nach §§ 305, 15 die Personalien des Schädigers unter den Voraussetzungen des § 1 II PolG NRW[19] erheben, damit die geschädigte Person ihre Schadensersatzansprüche geltend machen kann.

65 **Erfolgsqualifikationen** sind aus Vorsatz und Fahrlässigkeit zusammengesetzte Delikte. Sie setzen in Bezug auf das Grunddelikt Vorsatz, in Bezug auf die schwere Folge aber nach § 18 mindestens Fahrlässigkeit voraus. Nach § 11 II werden sie als Vorsatzdelikte behandelt.

> **Beispiel:** Bei der Körperverletzung mit Todesfolge nach §§ 227, 18 muss der Täter in Bezug auf die körperliche Misshandlung bzw. Gesundheitsschädigung seines Opfers vorsätzlich handeln. Beim hierdurch verursachten Tod genügt hingegen zumindest Fahrlässigkeit.

66 Fehlt es bei der Fahrlässigkeit an einer Strafbarkeit wie etwa bei der straflosen fahrlässigen Sachbeschädigung, so besteht für die Strafverfolgungsorgane keine Strafverfolgungspflicht (§§ 152 II, 160, 163 StPO).

[19] Für **Sachsen-Anhalt:** § 1 II SOG LSA.

VIII. Versuch, Vollendung, Beendigung und Unternehmen

Nach dem Grad der Tatbestandsverwirklichung unterscheidet man schließlich den **Versuch**, die **Vollendung**, die **Beendigung** und das **Unternehmen** eines Delikts. 67

Setzt man zur Tat unmittelbar an, so begeht man unter der Voraussetzung, dass der Versuch strafbar ist, eine **Versuchstat** (→ 3. Teil Rn. 40 ff.). Der Versuch kann nach § 23 II milder bestraft werden als die Vollendung. Unter Umständen kommt beim Versuch ein Rücktritt nach § 24 in Betracht, der zur Straflosigkeit führen kann. 68

> **Beispiel:** A holt zum Schlag gegen B aus, um ihn zu verletzen. A verwirklicht eine versuchte Körperverletzung nach §§ 223, 22, 23 I. Diese kann nach § 23 II gegenüber der vollendeten Tat gemildert werden. Gibt A aber nach § 24 I 1 1. Fall die Tat freiwillig auf, weil er es sich anders überlegt, erlangt er Straffreiheit.

Vollendet ist eine Tat, wenn der Täter aus autonomen Gründen alle Tatbestandsmerkmale verwirklicht hat. 69

> **Beispiel:** A steckt im Kaufhaus eine Uhr in seinen Mantel, um sie zu behalten.

Beendet ist das Delikt, wenn es seinen endgültigen Abschluss gefunden hat. 70

> **Beispiel:** A kommt mit der Diebesbeute zu Hause an. Spätestens zu diesem Zeitpunkt hat er gesicherten Gewahrsam begründet, sodass die Tat beendet ist.

Zwischen Vollendung und Beendigung kann eine sukzessive (nachträgliche) Beteiligung (Mittäterschaft oder Beihilfe) vorliegen (→ 4. Teil Rn. 21). Zudem sind die Begrifflichkeiten relevant für die Abgrenzung von Raub und räuberischem Diebstahl. Wird vor Vollendung der Tat ein qualifiziertes Nötigungsmittel zum Zwecke der Wegnahme einer fremden beweglichen Sache eingesetzt, kommt Raub in Betracht (**Merke: Erst Hauen, dann Klauen!**), wird das Nötigungsmittel nach Vollendung, aber vor Beendigung angewandt, kann räuberischer Diebstahl vorliegen (**Merke: Erst Klauen, dann Hauen!**). 71

Wo das **Unternehmen** einer Tat mit Strafe bedroht ist, sind Vollendung und Versuch gleichgestellt (§ 11 I Nr. 6). Eine Strafmilderung nach § 23 II und ein Rücktritt[20] scheiden bei diesen Delikten aus. Zu unterscheiden sind **echte** und **unechte** Unternehmensdelikte. 72

Bei Ersteren formuliert das Gesetz ausdrücklich das Unternehmen. 73

> **Beispiel:** § 81 I Nr. 1: *„Wer es unternimmt, mit Gewalt oder durch Drohung mit Gewalt den Bestand der Bundesrepublik Deutschland zu beeinträchtigen, …“*

[20] UU kommt aber eine tätige Reue, wie zB in § 83a in Betracht.

74 Anders verhält es sich bei **unechten** Unternehmensdelikten. Ohne dass es aus dem Wortlaut der Norm erkennbar ist, ist die Tat schon mit Ausführen der Handlung vollendet.

> **Beispiel:** Die *„Absatzhilfe"* in der Hehlerei nach § 259 I erfasst nach der Rechtsprechung bereits solche Handlungen, die nur auf den Absatzerfolg gerichtet sind. Vollendet ist die Hehlerei damit etwa schon dann, wenn der Täter im Einvernehmen mit dem Vortäter den Transport von Diebesgut zum Umsatzort übernimmt ohne dass es zum Umsatz (Erfolg) selbst gekommen ist.[21]

G. Elemente der Straftat

75 **Tatbestandsmäßigkeit** und **Rechtswidrigkeit** betreffen das Unrecht. In der **Schuld** wird die persönliche Vorwerfbarkeit des Verhaltens geprüft.

76 Die Voraussetzungen des Tatbestandes sind dem jeweiligen besonderen Tatbestand zu entnehmen.

> **Beispiel:** Die Körperverletzung nach § 223 I ist dann verwirklicht, wenn der Täter dem Opfer, einer anderen Person, durch eine Tathandlung eine körperliche Misshandlung oder eine Gesundheitsschädigung zufügt.

77 Nach § 15 ist nur vorsätzliches Handeln strafbar, wenn nicht das Gesetz fahrlässiges Handeln ausdrücklich mit Strafe bedroht. Insofern gehört noch zum (subjektiven) Tatbestand ein vorsätzliches Verhalten.

Zudem muss das Verhalten auch rechtswidrig sein. Dies ist dann zu verneinen, wenn Rechtfertigungsgründe vorliegen.

> **Beispiel:** Handelt der Täter in Notwehr nach § 32, dann liegt ein Rechtfertigungsgrund vor und er verhält sich nicht rechtswidrig, sodass er kein Unrecht begeht (→ 2. Teil Rn. 97 ff.).

78 Die persönliche Vorwerfbarkeit wird bei Schuldausschließungs- oder Entschuldigungsgründen aufgehoben.

> **Beispiel:** Überschreitet der Täter in einer Notwehrlage aus Furcht vor dem Angreifer die Grenzen der erforderlichen Verteidigung, wählt er also nicht das mildeste Mittel, dann wird er nach § 33 nicht bestraft und handelt entschuldigt (→ 2. Teil Rn. 225 f.).

[21] Vgl. BGH NStZ 1990, 539. Demgegenüber hat der BGH beim Tatbestandsmerkmal „Absatz" die Ansicht aufgegeben, dass die Hehlerei ein unechtes Unternehmensdelikt ist. Hierzu hatte der 3. Strafsenat des BGH (BGH NStZ 2013, 584) erfolgreich bei allen anderen Strafsenaten angefragt: 1. Strafsenat BeckRS 2013, 15726; 2. Strafsenat HRRS 2013, Nr. 872; 4. Strafsenat HRRS 2013, Nr. 975; 5. Strafsenat HRRS 2013, Nr. 92 Abs. 1 setzt nunmehr nach Ansicht der Rechtsprechung einhellig einen Absatzerfolg voraus.

H. Grundtatbestand und seine Abwandlungen

Für viele Deliktsgruppen gibt es einen sog. **Grundtatbestand**. Hierunter versteht man eine strafrechtliche Ausgangsnorm innerhalb einer Gruppe bestimmter Delikte. 79

Beispiel: Der Diebstahl nach § 242 ist der Grundtatbestand zu den sich anschließenden Modalitäten nach §§ 243 ff.

Qualifikationen sind tatbestandliche Abwandlungen von Grundtatbeständen. Sie beinhalten den Grundtatbestand und setzen weitere strafschärfende Tatbestandsmerkmale voraus, die eine höhere Strafdrohung rechtfertigen. 80

Beispiel: Der Diebstahl mit Waffen nach § 244 ist ein Qualifikationstatbestand zum einfachen Diebstahl nach § 242.

Für Qualifikationen gibt es drei Aufbaumöglichkeiten, die am Beispiel des Diebstahls mit Waffen nach §§ 242 I, 244 I Nr. 1a dargestellt werden sollen. Für die Frage, welcher Aufbau zu wählen ist, wird auf die spätere Ausführung in den Diebstahlstatbeständen verwiesen (→ 8. Teil Rn. 107). 81

1. Aufbauvorschlag: §§ 242 I, 244 I Nr. 1a 82

I. Tatbestandsmäßigkeit
1. Grundtatbestand objektiv
   § 242 I: fremde bewegliche Sache, Wegnahme
2. Grundtatbestand subjektiv
   a) Vorsatz auf I. 1.
   b) Absicht rechtswidriger Eigen- oder Drittzueignung
3. Qualifikation objektiv
   § 244 I Nr. 1a: Eine Waffe oder ein anderes gefährliches Werkzeug bei sich führen
4. Qualifikation subjektiv
   Vorsatz auf I. 3.

II. Rechtswidrigkeit
III. Schuld
IV. uU Strafantrag, § 247
V. uU minder schwerer Fall, § 244 III
VI. Ergebnis

83 **2. Aufbauvorschlag; §§ 242 I, 244 I Nr. 1a**

I. Tatbestandsmäßigkeit
1. Grundtatbestand objektiv
§ 242 I: Fremde bewegliche Sache, Wegnahme
2. Qualifikation objektiv
§ 244 I Nr. 1a: Eine Waffe oder ein anderes gefährliches Werkzeug bei sich führen
3. Grundtatbestand subjektiv
a) Vorsatz auf I. 1.
b) Absicht rechtswidriger Eigen- oder Drittzueignung
4. Qualifikation subjektiv
Vorsatz auf I. 2.

II. Rechtswidrigkeit
III. Schuld
IV. uU Strafantrag, § 247
V. uU minder schwerer Fall, § 244 III
VI. Ergebnis

84 **3. Aufbauvorschlag: §§ 242 I, 244 I Nr. 1a**

A. Grundtatbestand: § 242 I

I. Tatbestandsmäßigkeit
1. Grundtatbestand objektiv
§ 242 I: fremde bewegliche Sache, Wegnahme
2. Grundtatbestand subjektiv
a) Vorsatz
b) Absicht rechtswidriger Eigen- oder Drittzueignung

II. Rechtswidrigkeit
III. Schuld
IV. uU Strafantrag, §§ 247, 248a
V. Ergebnis

B. Qualifikation: §§ 242 I, 244 I Nr. 1a

I. Tatbestandsmäßigkeit
1. Grundtatbestand objektiv (A. I. 1.)
2. Qualifikation objektiv
§ 244 I Nr. 1a: eine Waffe oder ein anderes gefährliches Werkzeug bei sich führen
3. Grundtatbestand subjektiv (A. I. 2.)
4. Qualifikation subjektiv
Vorsatz auf B. I. 2.

II. Rechtswidrigkeit
III. Schuld
IV. uU Strafantrag, § 247
V. uU minder schwerer Fall, § 244 III
VI. Ergebnis

Tatbestandliche **Privilegierungen** sind unselbstständige Tatbestandsabwandlungen, die aus dem Grundtatbestand und strafmildernden weiteren Tatbestandsmerkmalen zusammengesetzt sind. Darüber hinaus gibt es noch Privilegierungen, die das Verfahrensrecht betreffen. 85

Beispiel: Der Diebstahl enthält eine solche tatbestandliche Privilegierung nicht. Anders sieht es beim Schwangerschaftsabbruch aus, der in § 218 III eine Strafmilderung für die Schwangere enthält. Im Diebstahl normieren §§ 247, 248a aber Privilegierungsnormen prozessualer Art, da bestimmte Diebstähle unter anderem einen Strafantrag als Strafverfahrensvoraussetzungen verlangen.

Die oben dargestellten Aufbaumöglichkeiten einer Qualifikation können auch für den Aufbau einer tatbestandlichen Privilegierung gewählt werden. Zu beachten ist hier aber, dass bei mehreren Tatbeständen aus derselben Deliktsgruppe eine Sperrwirkung zugunsten der Privilegierung eintritt. Die Strafe wird damit ausschließlich aus dem für den Täter günstigeren Tatbestand entnommen. Anderenfalls macht der günstige Strafrahmen für den Täter keinen Sinn mehr. 86

Beispiel: Bei § 218 wird die Strafe für die Schwangere nur aus Abs. 3 entnommen, sodass die Höchststrafe der Freiheitsstrafe auf ein Jahr statt – wie in Abs. 1 – auf drei Jahre beschränkt ist.

Strafzumessungsvorschriften, also keine Qualifikationen oder Privilegierungen sind Strafgesetze, die besonders schwere oder minder schwere Fälle der Ausgangsnorm bestrafen. Sie werden nach der Schuld geprüft. Zu den besonders schweren Fällen gehören auch die Regelbeispiele. Der Gesetzgeber hat bei diesen formuliert *„in der Regel"*. Anders als Qualifikationstatbestände sind diese nicht abschließend, sondern haben lediglich indizielle Wirkung. Bei Regelbeispielen müssen die Voraussetzungen, die objektiver und/oder subjektiver Natur sein können, vorliegen. Mangels Tatbestandsstruktur spricht man statt vom objektiven Tatbestand nur von „objektiven Voraussetzungen". Statt vom Vorsatz im subjektiven Tatbestand spricht man nur vom „Quasivorsatz", „vorsatzähnlichem Bewusstsein" oder „subjektiven Voraussetzungen". 87

Beispiel: Der Diebstahl im besonders schweren Fall nach § 243 ist eine Strafzumessungsnorm in Bezug auf den Grundtatbestand des § 242. Er wird erst nach der Schuld – unterteilt in objektive und subjektive Voraussetzungen – geprüft.

88 Nachfolgendes Beispiel ist den §§ 242 I, 243 I 2 Nr. 2 entnommen:[22]

I. Grundtatbestand
1. Objektiver Tatbestand
   § 242 I: fremde bewegliche Sache, Wegnahme
2. Subjektiver Tatbestand
   a) Vorsatz
   b) Absicht rechtswidriger Eigen- oder Drittzueignung

II. Rechtswidrigkeit

III. Schuld

IV. Regelbeispiele
1. Objektive Voraussetzungen
   § 243 I 2 Nr. 2: *„eine Sache stehlen, die durch ein verschlossenes Behältnis oder eine andere Schutzvorrichtung gegen Wegnahme besonders gesichert ist,"*
   (Hier sind die besonderen Umstände des Falles zu beachten, sodass die Regelwirkung auch verneint werden kann.)
2. Subjektive Voraussetzungen auf IV. 1.
3. § 243 II (Ausschluss eines besonders schweren Falls bei Geringwertigkeit in Bezug auf § 243 I 2 Nr. 1–6)

V. uU Strafantrag, § 247

VI. Ergebnis

89 Schließlich liegen **Tatbestände eigener Art** dann vor, wenn sie zwar einen kriminologischen Zusammenhang mit einem anderen Delikt aufweisen, davon jedoch durch ihre spezifische Struktur verselbstständigt sind.

Beispiele:
- Der unbefugte Gebrauch eines Fahrzeuges nach § 248b unterscheidet sich vom Diebstahl nach § 242 durch die fehlende Zueignungsabsicht in Form des dauernden Enteignungsvorsatzes.
- Bei der Entziehung elektrischer Energie nach § 248c fehlt es im Diebstahl nach § 242 an der Sachqualität.

[22] Weiterführend auch → 8. Teil Rn. 65.

2. TEIL

Das vorsätzliche vollendete Begehungsdelikt

Das nachfolgende Kapitel befasst sich mit dem vorsätzlichen vollendeten Begehungsdelikt. Es ist vom Fahrlässigkeits-, Versuchs- und unechten Unterlassungsdelikt zu unterscheiden. Nur das Versuchsdelikt wird noch im Modulabschnitt „Grundstudium“ des PVD der HSPV NRW behandelt (→ 3. Teil Rn. 1 ff.). Die anderen Deliktsgruppen gehören in andere Modulabschnitte. 1

Vorsätzlich vollendetes Begehungsdelikt		
Fahrlässigkeitsdelikt	Versuchsdelikt	Unterlassungsdelikt

1. KAPITEL. Allgemein

A. Aufbau

Prüfungsschema: Vorsätzliches vollendetes Begehungsdelikt 2

I. Tatbestandsmäßigkeit
1. Objektiver Tatbestand
2. Subjektiver Tatbestand

II. uU objektive Strafbarkeitsbedingungen

III. Rechtswidrigkeit

IV. Schuld

V. uU Strafantrag

VI. Ergebnis

B. Objektiver Tatbestand

Im ersten Prüfungspunkt des vorsätzlichen vollendeten Begehungsdelikts ist der objektive und damit äußere Tatbestand zu untersuchen. Dieser kann den Voraussetzungen einer Strafnorm entnommen werden. Dabei müssen aber nicht alle Tatbestandsmerkmale ausdrücklich benannt sein und umgekehrt muss nicht jedes benannte Merkmal geprüft werden. 3

Beispiel: Bei Erfolgsdelikten wird das ungeschriebene Merkmal der Kausalität geprüft (→ 2. Teil Rn. 12 ff.). Die Widerrechtlichkeit im Hausfriedensbruch nach § 123 ist hingegen kein Tatbestandsmerkmal, sondern nur ein Hinweis auf die allgemeine Rechtswidrigkeit (→ 9. Teil Rn. 5.).

4 Bei **Tätigkeitsdelikten** (→ 1. Teil Rn. 49) (zB § 316) prüft man grundsätzlich die Merkmale:

- Tatsubjekt,
- Tatobjekt,
- Tathandlung.

5 Bei **Erfolgsdelikten** (→ 1. Teil Rn. 49) (zB § 223) kommen noch die weiteren Tatbestandsmerkmale:

- Taterfolg,
- Kausalität

hinzu.

I. Tatsubjekt

6 Das **Tatsubjekt** kennzeichnet den Täter. Bei Allgemeindelikten (→ 1. Teil Rn. 42) kann Täter jedermann sein (zB § 223 „wer"), bei Sonderdelikten (→ 1. Teil Rn. 43) kann nur ein bestimmter Täter handeln (zB § 340 „Amtsträger").

II. Tatobjekt

7 **Tatobjekt** ist das jeweilige Tatopfer. Dieses ist mit dem geschützten Rechtsgut identisch.

> **Beispiel:** In der Sachbeschädigung nach § 303 I richtet sich das Verhalten des Tatsubjekts gegen eine fremde Sache, also gegen das Rechtsgut „Eigentum".

III. Tathandlung

8 Eine **Tathandlung** ist eine äußere, vom Willen getragene menschliche Verhaltensweise. Insofern kann der Täter allein durch innere Vorstellungen keine strafbare Tathandlung begehen. Verhaltensweisen, die allein von einem Tier ausgehen, sind ebenfalls für das Strafrecht irrelevant. Am Merkmal „vom Willen getragen" sind Handlungen von Nichthandlungen abzugrenzen. Unter den Handlungsbegriff fallen etwa:

> Spontanhandlungen, Affekt- und Kurzschlusshandlungen, Verhaltensweisen, die durch Drohungen oder vis compulsiva[1] zustande gekommen sind.

9 Demgegenüber fehlt folgenden Verhaltensweisen die Handlungsqualität:

[1] Lat. übersetzt: die Gewalt, die den Willen beugt. Eine Handlung des B liegt also auch dann vor, wenn A ihn so lange schlägt, bis B – so wie von A verlangt – eine Sache des C zerstört.

Reflexen, Verhalten im Schlaf, in der Hypnose oder der Bewusstlosigkeit, instinktive Schreckreaktionen und Verhaltensweisen, die durch vis absoluta[2] herbeigeführt werden.

IV. Taterfolg

Bei Erfolgsdelikten (→ 1. Teil Rn. 49) muss der Taterfolg eingetreten sein. 10

Beispiele: Der Totschlag setzt den Tod, die Körperverletzung eine körperliche Misshandlung oder eine Gesundheitsschädigung voraus.

Fehlt dieser, ist der Vorsatz aber auf die Tatbestandsverwirklichung gerichtet, so ist die Strafbarkeit wegen Versuchs zu prüfen (→ 3. Teil Rn. 1 ff.). 11

V. Kausalität

Bei Erfolgsdelikten muss als ungeschriebenes Tatbestandsmerkmal zwischen Handlung und Erfolg ein Bindeglied bestehen. Dieses ist in der **Kausalität** zu finden. 12

1. Theorien

Nach der **Äquivalenztheorie** ist Ursache jede Bedingung, die nicht hinweggedacht werden kann, ohne dass der konkrete Erfolg entfiele.[3] Nach dieser sog. „conditio sine qua non-Formel"[4] sind alle Bedingungen gleichwertig. 13

Da es um den konkreten Erfolg geht, dürfen **hypothetische** Ersatz- oder Reserveursachen nicht hinzugedacht werden (Irrelevanz hypothetischer Kausalverläufe). 14

Beispiel: Selbst wenn A nur noch fünf Minuten zu leben gehabt hätte und B den A erwürgt, sodass dieser deshalb früher stirbt, ist B kausal für den konkreten Todeserfolg und deshalb wegen eines vollendeten Tötungsdelikts zu bestrafen. Dass A ohnehin fünf Minuten später gestorben wäre, ist für die Strafbarkeit irrelevant.

Die Äquivalenztheorie, die jede Bedingung genügen lässt, ist uferlos, da sie nahe und ferne, typische, also gewöhnliche und atypische (ungewöhnliche) Kausalverläufe erfasst. 15

Krankenwagenfall:

A schießt mit Tötungsvorsatz auf B. Im Krankenwagen kommt B durch einen Unfall zu Tode. Ohne den Schuss wäre der verletzte B nicht im Krankenwagen transportiert worden und es wäre nicht zum tödlichen Unfall in diesem Fahrzeug gekommen. Die Handlung des A ist damit – auch wenn es nur eine mittelbare Bedingung ist – todesursächlich.

[2] Lat. übersetzt: absolute Gewalt. Eine Handlung des B liegt also nicht vor, wenn A ihn in einen Stand mit Vasen des C schubst.

[3] Vgl. BGHSt 1, 332 (333) = NJW 1951, 93.

[4] Lat. übersetzt: „Bedingung, ohne die nicht-Formel".

16 Wegen ihrer Weite, bedarf die Äquivalenztheorie einer Korrektur. Strittig ist nur, wie diese Begrenzung erreicht werden kann.

a) Subjektive Korrektur über den Irrtum über den Kausalverlauf

17 Die Rechtsprechung[5] sucht die Korrektur im subjektiven Tatbestand, wenn ein **Irrtum über den Kausalverlauf** nach § 16 I 1 vorliegt. Ein Vorsatzausschluss wird bei einer wesentlichen Fehlvorstellung angenommen. Die Abweichungen dürfen sich nicht mehr innerhalb der Grenzen des nach allgemeiner Lebenserfahrung Voraussehbaren halten und müssen insofern eine andere rechtliche Bewertung der Tat rechtfertigen.

> Im Krankenwagenfall hat A sich den Tod des B durch seinen Schuss und nicht durch einen Unfall im Krankenwagen vorgestellt. Der Irrtum über den Kausalverlauf ist nach § 16 I 1 wesentlich, da es völlig ungewöhnlich und damit unvorhersehbar ist, dass es in einem Krankenwagen für A zu einem tödlichen Unfall kommt (→ 2. Teil Rn. 284 ff.). Diese Ansicht verneint damit nicht den objektiven, sondern erst den subjektiven Tatbestand.

b) Normative Korrektur über die Lehre von der objektiven Zurechenbarkeit

18 **Die Lehre von der objektiven Zurechenbarkeit**, die von der überwiegenden Literatur vertreten wird, nimmt hingegen bereits im objektiven Tatbestand eine normative Korrektur vor.[6] Sie grenzt hier verschiedene Verhaltensweisen als nicht tatbestandsmäßig aus. Insofern hat eine zweistufige Prüfung innerhalb des objektiven Tatbestandes zu erfolgen:

1. Kausalität
2. Objektive Zurechenbarkeit.

19 Nach Klärung der Kausalität im Sinne der Äquivalenztheorie ist für die objektive Zurechenbarkeit erforderlich, dass der Täter eine rechtlich missbilligte Gefahr geschaffen und diese sich im Erfolg niedergeschlagen hat.

Keine missbilligte Gefahr ist ein vom Täter verursachter Erfolg	• der außerhalb des menschlichen Beherrschungsvermögens liegt • dessen Risikoverwirklichung erlaubt (sozialadäquat) ist • der das Risiko sogar verringert
Die Erfolgsrealisierung wird dann verneint, wenn	• das Verhalten in den Verantwortungsbereich eines Dritten oder des Opfers fällt • eine ungewöhnliche, atypische Schadensfolge vorliegt

5 Vgl. BGHSt 1, 278 (279) = NJW 1951, 810; BGHSt 38, 32 (34) = NJW 1991, 3161.

6 Vgl. *Wessels/Beulke/Satzger* StrafR AT Rn. 256 ff.

Im obigen Krankenwagenfall hat A zwar eine rechtlich missbilligte Gefahr geschaffen (Schuss auf einen Menschen). Der konkrete Todeserfolg (Tod im Krankenwagen aufgrund eines Unfalls mit demselben) ist aber völlig ungewöhnlich und damit atypisch. Insofern hat sich das von A strafrechtlich objektiv missbilligte Risiko nicht im Erfolg realisiert. Der Tod ist A damit bereits nicht objektiv zuzurechnen. Diese Ansicht verneint bereits den objektiven Tatbestand.

c) Streitentscheid

Gelangen die Ansichten zum selben Ergebnis, wenn auch an unterschiedlicher Stelle, muss der Streit – so wie im obigen Krankenwagenfall – nicht entschieden werden. Es kann also entweder die objektive Zurechenbarkeit im objektiven Tatbestand verneint werden oder erst im subjektiven Tatbestand ein wesentlicher Irrtum über den Kausalverlauf nach § 16 I 1 angenommen werden. Etwas anderes gilt aber bei Abweichungen im Ergebnis, so wie im nachfolgenden 3. Weltkriegfall. 20

Dritter Weltkriegfall:

A erzählt dem kerngesunden B, der Dritte Weltkrieg sei ausgebrochen in der Hoffnung, dass B sich dermaßen aufregt und deshalb stirbt. Tatsächlich realisiert sich die Vorstellung des A.

Lösung:

Nach der Rechtsprechung ist keine subjektive Korrektur möglich, da kein Irrtum über den Kausalverlauf vorliegt. In Betracht kommt für A ein vollendetes Tötungsdelikt.

Nach der Lehre von der objektiven Zurechenbarkeit, hat sich das strafrechtlich missbilligte Risiko hingegen nicht im Erfolg realisiert, da es atypisch ist, dass ein kerngesunder Mensch sterben kann, nur weil er sich so aufregt. Ein vollendetes Tötungsdelikt scheidet hiernach aus.

Der Polizeivollzugsbeamte sollte als Praktiker der Äquivalenztheorie der Rechtsprechung folgen, die die Korrektur im subjektiven Tatbestand vornimmt. 21

Mögliche Argumentation: Eine Einschränkung der Strafbarkeit kann nicht im Bereich der naturwissenschaftlich zu beurteilenden Kausalität ansetzen.

Im Fall zum Dritten Weltkrieg kommt damit eine Strafbarkeit nach § 212 I in Betracht. 22

2. Arten

Bestimmte Konstellationen der Kausalität sind zu unterscheiden. 23

a) Kumulative Kausalität

Von **kumulativer Kausalität** spricht man, wenn erst zwei Handlungsketten zusammen den Erfolg herbeiführen. Nach der Äquivalenztheorie ist jede Bedingung ursächlich. Mit der für die Praxis relevanten Äquivalenztheorie ist aber nach § 16 I 1 ein Irrtum über den Kausalverlauf zu prüfen (→ 2. Teil Rn. 284 ff.). 24

Beispiel: A will den C mit Gift umbringen. Auch B, der nichts vom Vorhaben des A weiß, hat das Gleiche vor. Beide schütten nacheinander unerkannt jeweils eine Giftdosis in das gleiche Getränk. C trinkt und stirbt, wobei die Giftdosen – allerdings entgegen den Vorstellungen von A und B – nur zusammen tödlich wirken.

Zwar ist für beide Täter die Kausalität nach der Äquivalenztheorie zu bejahen, da kein Verhalten hinweggedacht werden kann, ohne dass der konkrete Erfolg entfiele. Jedoch ist für beide ein wesentlicher Irrtum über den Kausalverlauf nach § 16 I 1 anzunehmen. So liegt der Erfolg für die Täter jeweils nicht mehr innerhalb der Grenzen des nach allgemeiner Lebenserfahrung Voraussehbaren. In Betracht kommt dann nur noch für jeden ein Versuch.

b) Alternative Kausalität

25 Bei der **alternativen Kausalität** fallen mehrere unabhängig voneinander gesetzte Bedingungen zeitlich zusammen, wobei jede für sich allein zur Erfolgsherbeiführung ausgereicht hätte. Für diesen Fall muss die Äquivalenztheorie korrigiert werden:

26 Bei mehreren Bedingungen, die zwar alternativ, nicht aber kumulativ hinweggedacht werden können, ohne dass der Erfolg in seiner konkreten Gestalt entfiele, ist jede dieser Bedingungen für den Erfolg ursächlich. Würde man hier die normale Äquivalenztheorie anwenden, würde für jeden Täter ein vollendetes Delikt ausscheiden und es käme nur ein Versuchsdelikt in Betracht, da der Erfolg auch ohne die eigene Bedingung eingetreten wäre, obwohl beide eine erfolgstaugliche Handlung vorgenommen haben.

Beispiel: A will den C mit Gift umbringen. Auch B, der nichts vom Vorhaben des A weiß, hat das Gleiche vor. Beide schütten nacheinander unerkannt jeweils eine Giftdosis in das gleiche Getränk. Diesmal ist aber – anders als im Fall der kumulativen Kausalität – jede Giftdosis für sich ausreichend. Zwar kann man die Bedingung eines jeden separat hinwegdenken, sodass der Tod in diesem Fall auch eingetreten wäre, jedoch kann man nicht beide Handlungen gemeinsam negieren. Insofern ist jedes Verhalten für den Erfolg ursächlich und A und B werden jeweils wegen eines vollendeten Tötungsdelikts bestraft.

c) Abgebrochene Kausalität

27 Schließlich liegt eine **abgebrochene Kausalität** vor, wenn eine bereits gesetzte Bedingung zwar zum Erfolg geführt hätte, vor dem Erfolgseintritt jedoch eine andere hiervon unabhängige Bedingung den Erfolg bewirkt. In diesem Fall ist nur die zweite Bedingung für den konkreten Erfolgseintritt kausal. Das Setzen der ersten Bedingung begründet lediglich eine Versuchsstrafbarkeit.

Beispiel: A verabreicht dem B mit Tötungsvorsatz langsam wirkendes Gift. C erschießt B noch bevor die Wirkung des Giftes vollständig einsetzt. Nur das Erschießen durch C begründet die konkrete Ursächlichkeit für den Tod des B und kann den objektiven Tatbestand des fraglichen Erfolgsdelikts erfüllen. Unmaßgeblich ist, dass B ohnehin später am Gift des A gestorben wäre. Für A kommt hingegen eine Versuchsstrafbarkeit in Betracht.

Zu einem anderen Ergebnis gelangt man aber in den Fällen, in denen die zuerst gesetzte Bedingung bis zum Erfolgseintritt für den Ersttäter vorhersehbar fortwirkt. Knüpft etwa die zweite Bedingung an die erste Bedingung für den Ersttäter erkennbar an, so werden beide Täter wegen Vollendung bestraft. 28

Bratpfannenfall:[7]

Stieftochter S schlägt mit der Bratpfanne dem tyrannischen Stiefvater V mehrmals auf den Kopf. V liegt nun bewusstlos am Boden. Diese Gelegenheit nutzt die Ehefrau E – für S vorhersehbar – aus und schlägt ihm auch mit der Bratpfanne mindestens einmal auf den Kopf. Es ist der letzte Schlag der E, der den Tod beschleunigt. V wäre aber auch später an den Verletzungen der S gestorben.

Nicht nur E ist wegen eines vollendeten Tötungsdelikts aufgrund ihrer konkret den Tod verursachenden Schläge mit der Bratpfanne zu bestrafen. Weil E die Gelegenheit nutzte, können auch die Schläge der S nicht hinweggedacht werden, ohne dass der Tod des V in seiner konkreten Gestalt entfiele. Der konkrete Tod des V wurde durch die Schläge der S erst verursacht. Auch bei S, für die der Tod des V durch weitere Schläge der E vorhersehbar ist, liegt kein Irrtum über den Kausalverlauf vor, sodass auch sie wegen eines vollendeten Tötungsdelikts zu bestrafen ist.

C. Subjektiver Tatbestand

Der **subjektive Tatbestand** kennzeichnet die innere Tatseite. Hierbei ist zwischen dem Vorsatz und den möglicherweise erforderlichen besonderen Absichten zu unterscheiden. 29

In der Klausur im Bachelorstudiengang des PVD finden sich oftmals Hinweise dazu, was sich der Täter während der Tatausführung gedacht hat. In der polizeilichen Praxis muss diese Vorstellung aber erst unter anderem im Rahmen der Vernehmungen detailliert erfragt werden. Rückschlüsse vom objektiven Geschehen auf die Tätervorstellung (zB kann man von der Brutalität der Tatausführung und der Schwere der beigebrachten Verletzungen auf einen Tötungsvorsatz schließen)[8] sind zwar möglich, schöpfen aber den subjektiven Tatbestand nicht umfassend aus. 30

I. Vorsatz

Einer Erwähnung des Vorsatzes bedarf es in der Strafnorm nicht, da das Gesetz nach § 15 grundsätzlich von vorsätzlichem Verhalten ausgeht. Vorsatz kann damit ein ungeschriebenes subjektives Tatbestandsmerkmal sein, das man in der Klausur prüfen muss. Der Vorsatz muss zum Zeitpunkt der Ausführungshandlung vorliegen. 31

Beispiel: Nimmt etwa A während des Schlagens in Kauf, dass er sein Opfer verletzt, handelt er vorsätzlich. Hatte er den Vorsatz hingegen erst nachdem er ihn versehentlich geschlagen hat (*dolus subsequenz*) oder noch bevor er ihn geschla-

[7] Vgl. BGH NJW 1966, 1823 ff.
[8] Vgl. BGH NJW 2006, 386 – Fall Karolina unter Beachtung der Hemmschwellentheorie.

gen hat (*dolus antecedenz*), im Zeitpunkt der Handlung aber nicht mehr, fehlt es am Vorsatz.

1. Definition

32 Die Frage wann ein Täter vorsätzlich handelt, ist umstritten. Im Umkehrschluss aus § 16 I 1 ist Vorsatz zumindest das Wissen (kognitives Element) um die objektive Tatbestandsverwirklichung. Kennt der Täter nach § 16 I 1 nämlich einen Umstand bei Begehung der Tat nicht, der zum gesetzlichen Tatbestand gehört, kommt allein eine Strafbarkeit wegen (unbewusster) Fahrlässigkeit in Betracht.

33 Darüber hinaus wird von der Rechtsprechung[9] und hA in der Literatur[10] noch gefordert, dass der Täter die Tathandlung und gegebenenfalls auch den kausalen Erfolg will (voluntatives Element).

34 Insofern kann definiert werden:[11]

Vorsatz ist der Wille zur Verwirklichung eines Straftatbestandes in Kenntnis aller seiner objektiven Tatumstände.[11]

Vorsatz am Beispiel der Sachbeschädigung nach § 303 I:

Objektiver Tatbestand	Subjektiver Tatbestand
Wer (Tatsubjekt)	Wissen auf Tatsubjekt
eine fremde Sache (Tatobjekt)	Wissen auf Tatobjekt
zB Schlagen (Tathandlung)	Wissen und Wollen auf Tathandlung
beschädigt oder zerstört (Taterfolg)	Wissen und Wollen auf Taterfolg
Kausalität	Wissen und Wollen auf Kausalität

2. Vorsatzarten

35 Dabei sind drei Vorsatzarten zu unterscheiden:

Eventualvorsatz	Direkter Vorsatz	Absicht
Dolus eventualis	Dolus directus 2. Grades	Dolus directus 1. Grades

a) Eventualvorsatz (dolus eventualis)

36 Der schwächste Vorsatz ist der **Eventualvorsatz**. Im Rahmen des Wissens (kognitives Element) muss der Täter die Tatbestandsverwirklichung nur zumindest für möglich halten, für das Wollen (voluntatives Element) reicht ein Billigen aus.

37 Sagt sich der Täter also ernstlich: *„Es wird schon gut gehen"*, fehlt es am voluntativen Element. Nur vage Hoffnungen genügen hingegen nicht. Das Wollen liegt

9 BGHSt 7, 363 = NJW 1955, 1688 – Lederriemen.
10 Vgl. *Fischer* § 15 Rn. 7 ff.
11 Vgl. *Wessels/Beulke/Satzger* StrafR AT Rn. 313.

demgegenüber vor, wenn der Täter der objektiven Tatbestandsverwirklichung nach dem Motto: *„Na wenn schon"* gleichgültig gegenüber steht.

Fehlt es am Wollenselement kommt bewusste, fehlt es bereits am Wissenselement unbewusste Fahrlässigkeit in Betracht. 38

In der Praxis ist die Abgrenzung dolus eventualis/bewusste Fahrlässigkeit besonders schwierig. Hierbei spielt die Problematik für den Polizeivollzugsbeamten insbesondere bei der Aufklärung von Straftaten bei Straßenverkehrsunfällen eine Rolle. 39

Beispiel 1: A überfährt mit seinem Pkw den B, sodass dieser verstirbt. Der Polizeivollzugsbeamte P befragt A, wie es zu dem Verkehrsunfall gekommen sei und was er sich hierbei gedacht habe. A antwortet, ihm wäre bewusst gewesen, dass er zu schnell gefahren sei und dass dies sicherlich gefährlich sei, dass er also möglicherweise einen Menschen hätte überfahren bzw. töten können. Er habe aber, wie stets ernsthaft darauf vertraut, dass nichts passieren werde. Hier sagt sich der Täter also ernstlich *„es wird schon gut gehen"*, sodass lediglich (bewusste) fahrlässige Tötung an B nach § 222 vorliegt.

Sagt A hingegen, er hätte Ärger mit seiner Frau gehabt und sei deshalb so schnell gefahren, ihm sei es egal gewesen, was bei seiner schnellen Fahrt passieren könnte, dann handelt A aus Gleichgültigkeit nach dem Motto *„na wenn schon"*. In Betracht kommt dann sogar ein vorsätzliches Tötungsdelikt nach §§ 212 ff.

Grundsätzlich reicht dieser schwächste Vorsatz in Form des dolus eventualis für jede Vorsatztat aus, wenn das Gesetz nicht ein absichtliches oder wissentliches Verhalten – so wie etwa in § 226 II – ausdrücklich fordert. 40

b) Direkter Vorsatz (dolus directus 2. Grades)

Beim direkten Vorsatz oder auch **dolus directus 2. Grades** genannt, weiß der Täter oder sieht es als sicher voraus, dass er den gesetzlichen Tatbestand verwirklicht. Vorsatz liegt dann auch bei einem „Nicht-Wollen" vor, also wenn der tatbestandliche Erfolg für den Täter sogar unerwünscht ist. 41

Hier ist also das Wissenselement stärker als beim dolus eventualis. Dolus directus 2. Grades ist dann erforderlich, wenn das Gesetz wissentliches Verhalten verlangt. Dabei formuliert das Gesetz hierzu etwa „wider besseres Wissen" (§ 164) oder „wissentlich" (§§ 145, 258, 226 II). 42

Beispiel 2: Für eine schwere Körperverletzung nach § 226 II reicht es nicht aus, wenn der Täter die schwere Folge aus § 226 I nur in Kauf nimmt. Er muss zumindest wissen oder es als sicher voraussehen, dass beim Opfer eine schwere Folge, etwa der Verlust eines wichtigen Gliedes des Körpers – zB ein Arm –, eintritt. Dies gilt auch dann, wenn dem Täter die schwere Folge sogar unerwünscht ist (→ 5. Teil Rn. 80 ff.).

c) Absicht (dolus directus 1. Grades)

Absicht oder **dolus directus 1. Grades** ist schließlich die stärkste Vorsatzart. Hierbei kommt es dem Täter gerade darauf an, den Erfolg oder einen bestimmten 43

Umstand zu verwirklichen. Dies ist sein Ziel oder zumindest sein Zwischenziel auf dem Weg zu einem Fernziel. Damit steht das Willenselement im Vordergrund. Beim Wissenselement ist es irrelevant, ob die Tatbestandsverwirklichung als sicher vorhergesehen oder nur für möglich gehalten wird. Auch ein absichtliches Verhalten muss der Gesetzgeber in der Norm ausdrücklich formulieren. Hierzu benutzt er idR die Formulierung „absichtlich" (§§ 145, 258, 226 II).

Beispiel 3: Im Beispiel 2 kann die schwere Folge der Körperverletzung – der Verlust des Armes – nach § 226 II auch beabsichtigt sein oder als Zwischenziel für ein anderes Fernziel dienen (→ 5. Teil Rn. 81).

	Wissen = kognitives Element	**Wollen = voluntatives Element**
Eventualvorsatz (dolus eventualis)	Zumindest mit der Möglichkeit rechnen (schwach)	Billigendes in Kauf nehmen (schwach)
Direkter Vorsatz (dolus directus 2. Grades)	Sicher (stark)	Auch wenn dem Täter der Erfolg sogar unerwünscht ist (kein Wollen) oder er den Erfolg billigend in Kauf nimmt (schwach)
Absicht (dolus directus 1. Grades)	Zumindest mit der Möglichkeit rechnen (schwach)	Zielgerichtet (stark)

II. Besondere Absichten

44 Über den allgemeinen Vorsatz hinaus setzen einige Delikte **spezielle subjektive Tatbestandsmerkmale** voraus. Diese Absichten stehen selbstständig neben dem Vorsatz und sind damit zusätzlich neben jeder Vorsatzart (dolus eventualis, dolus directus 2. Grades, dolus directus 1. Grades) zu prüfen. Diese Absichten beziehen sich nicht – anders als der Vorsatz – auf bereits geprüfte objektive Tatbestandsmerkmale. Sie müssen vielmehr zum Vorsatz hinzukommen und sind Merkmale allein in der Tätervorstellung. Deshalb nennt man Delikte mit diesen besonderen subjektiven Tatbestandsmerkmalen auch „Delikte mit überschießender Innentendenz".

Beispiel: Beim Diebstahl nach § 242 I muss sich der Vorsatz auf alle objektiven Tatbestandsmerkmale (Sache, fremd, beweglich, Wegnahme) beziehen. Als besondere Absicht kommt die Absicht hinzu, sich oder einem Dritten die Sache rechtswidrig zuzueignen. Diese Absicht muss nur in der Psyche des Täters vorliegen. Hat dieser etwa Bargeld in seine Tasche gesteckt, um es für sich zu behalten, ist unmaßgeblich, ob er sich die Sache wirklich zugeeignet hat, also den Eigentümer aus seiner Position wirklich verdrängt hat und das Bargeld für eigene Zwecke ausgegeben hat. Maßgeblich ist allein, ob er im Zeitpunkt der Wegnahme Enteignungsvorsatz und Aneignungsabsicht besessen hat (→ 8. Teil Rn. 44 ff.).

Es ist jeweils gesondert festzustellen, welche konkrete Vorsatzform für diese besondere allein in der Tätervorstellung vorkommende Absicht erforderlich ist. Es ist nämlich keineswegs so, dass die Formulierung *„in der Absicht"* oder *„um … zu"* immer eine Absicht im Sinne des dolus directus 1. Grades meint. Nur solche selbstständigen Absichten, die zugunsten des Täters formuliert sind, setzen nach hM diesen starken Vorsatz voraus. 45

> **Beispiel:** § 263: *„in der Absicht … sich oder einem Dritten einen rechtswidrigen Vermögensvorteil zu verschaffen, …"*
>
> Der Betrüger muss die Bereicherung, die das Gesetz zugunsten des Täters formuliert, erstreben und damit mit dolus directus 1. Grades handeln.

Ist die Absicht hingegen zum Nachteil des Opfers formuliert, genügt idR dolus directus 2. Grades. Dahinter steht die Überlegung, dass anderenfalls diese Absicht nur selten vorliegen und deshalb die Norm leerlaufen würde. Schließlich handelt der Täter idR um seines Vorteils wegen, nicht aber um sein Opfer zu schädigen. 46

> **Beispiel:** § 274 I Nr. 1: *„… in der Absicht, einem anderen Nachteil zuzufügen, …"*
>
> Für die Urkundenunterdrückung genügt es, dass der Täter sicher weiß, dass sein Verhalten dem Opfer einen Nachteil zufügt. Er muss diesen Nachteil weder als End- noch als Zwischenziel erstreben.

D. Objektive Bedingung der Strafbarkeit

Objektive Strafbarkeitsbedingungen werden auch als Tatbestandsannex bezeichnet. Sie sind bei wenigen Delikten Voraussetzung eines Tatbestandes, auf den sich weder Vorsatz noch Fahrlässigkeit beziehen müssen. Leider kann man der Formulierung des Gesetzes nicht entnehmen, ob es sich um eine objektive Strafbarkeitsbedingung oder ein objektives Tatbestandsmerkmal handelt. Merken Sie sich deshalb die für das Studium und die Praxis relevanten Strafbarkeitsbedingungen: 47

- Die Rechtmäßigkeit der Diensthandlung beim Widerstand gegen Vollstreckungsbeamten nach §§ 113 III, 114 III, 115 I.
- Die Begehung einer Straftat nach §§ 177, 184i bei Straftaten aus Gruppen nach § 184j.
- Die nichterweisliche Wahrheit der ehrenrührigen Tatsachen nach § 186.
- Den Eintritt der schweren Folge (Tod eines Menschen oder schwere Körperverletzung) bei der Beteiligung an einer Schlägerei nach § 231.
- Die Begehung einer rechtswidrigen Tat beim Vollrausch nach § 323a.

E. Rechtswidrigkeit

Hat der Täter objektiv und subjektiv tatbestandlich gehandelt und liegt uU eine objektive Bedingung der Strafbarkeit vor, ist nun zu klären, ob sein Verhalten **rechtswidrig** war. 48

I. Nicht offene und offene Tatbestände

49 Zu unterscheiden sind **nicht offene** und **offene** Tatbestände.

1. Negative Rechtswidrigkeitsprüfung

50 **Nicht offene Tatbestände** sind die Regel. Hier indiziert die Tatbestandsmäßigkeit die Rechtswidrigkeit. Nur wenn ausnahmsweise Rechtfertigungsgründe (Erlaubnisnormen) eingreifen, ist ein Verhalten legitimiert und damit gerechtfertigt. Geprüft wird damit idR negativ, ob Rechtfertigungsgründe fehlen. Erlaubnissätze können aus dem StGB stammen wie etwa die Notwehr nach § 32, der Notstand nach § 34 oder die rechtfertigende Einwilligung (ungeschrieben, aber arg. aus § 228). Sie können aber auch aus der gesamten Rechtsordnung entnommen werden. Dies entspricht dem Prinzip der Einheit der Gesamtrechtsordnung. Es kann im Strafrecht nicht das verboten sein, was im Zivilrecht (zB §§ 228, 904 BGB) oder Öffentlichen Recht (§ 127 StPO) erlaubt ist.

2. Positive Rechtswidrigkeitsprüfung

51 In einigen wenigen **offenen Tatbeständen** formuliert das Gesetz positiv, wann die Tat rechtswidrig ist.

> **Beispiele:** §§ 240 II, 253 II *„Rechtswidrig ist die Tat, wenn die Anwendung der Gewalt oder die Androhung des Übels zu dem angestrebten Zweck als verwerflich anzusehen ist."*

52 In der Nötigung (§ 240) und der Erpressung (§ 253) muss man nach der hier ebenfalls erforderlichen negativen Prüfung (→ 2. Teil Rn. 50) bei fehlenden Rechtfertigungsgründen zusätzlich noch positiv untersuchen, ob die Zweck-Mittel-Relation verwerflich ist. Der Täter handelt also erst dann rechtswidrig, wenn sowohl Rechtfertigungsgründe fehlen als auch die Zweck-Mittel-Relation verwerflich ist. Damit prüft man in der Rechtswidrigkeit bei offenen Tatbeständen zwei Prüfungspunkte:

1. Negative Prüfung	2. Positive Prüfung
Fehlen Rechtfertigungsgründe?	Ist die Mittel-Zweck-Relation verwerflich?

53 Die positive Prüfung der Verwerflichkeit ist hier angezeigt, weil Nötigung und Erpressung (unter anderem) die Willensentschließungs- und Willensbetätigungsfreiheit schützen. Würde bei diesen Delikten die Tatbestandsmäßigkeit die Rechtswidrigkeit vermuten lassen, würde man sich wegen der Weite der Tatbestände täglich wegen Nötigung oder Erpressung strafbar machen.

> **Beispiel:** A fordert seinen Chef C erfolgreich auf, ihm eine Gehaltserhöhung zu geben, anderenfalls werde er kündigen.
>
> Objektiv und subjektiv tatbestandlich hat A eine Erpressung nach § 253 I begangen. So hat er C mit dem empfindlichen Übel, der Kündigung, gedroht und ihn hierdurch zu einem Handeln, der Verpflichtung und Zahlung einer Gehaltserhöhung, genötigt, wodurch es zu einem Vermögensschaden bei C kam. A handelte

> vorsätzlich und mangels fälligen und einredefreien Anspruchs auf die Gehaltserhöhung zum Zeitpunkt der Drohung auch mit rechtswidriger Eigenbereicherungsabsicht. Rechtfertigungsgründe liegen nicht vor. Jedoch ist nach § 253 II weder das Mittel (Drohung mit der Kündigung) noch der Zweck (Erlangung einer Gehaltserhöhung) verwerflich. Auch die Zweck-Mittel-Relation ist nicht verwerflich, sodass die Erpressung insgesamt nicht rechtswidrig ist.

II. Rechtfertigungsgründe für Polizeivollzugsbeamte

Bei Polizeivollzugsbeamten sind polizeiliche Eingriffsbefugnisse und die allgemeinen Rechtfertigungsgründe zu unterscheiden. 54

1. Polizeiliche Eingriffsbefugnisse

Zunächst gibt es Rechtfertigungsgründe, die allein dem staatlichen Hoheitsträger zustehen. Der Polizeivollzugsbeamte, der berufsbedingt objektiv und subjektiv tatbestandsmäßig ein Delikt verwirklicht, kann durch Eingriffsbefugnisse, die präventiver oder repressiver Natur sind, gerechtfertigt sein. 55

> **Beispiel:** Die vom Polizeivollzugsbeamten P aufgrund von „Gefahr im Verzug" angeordnete und durchgeführte Wohnungsdurchsuchung nach §§ 102, 105 StPO rechtfertigt den objektiv und subjektiv tatbestandlich verwirklichten Hausfriedensbruch nach § 123 I 1. Fall.

2. Anordnung des Vorgesetzten

Nach § 35 S. 2 BeamtStG sind Beamte der Länder und damit Landespolizeibeamte verpflichtet, die dienstlichen Anordnungen ihrer Vorgesetzten auszuführen und deren allgemeine Richtlinien zu befolgen. Sie können insofern in Konflikt kommen, wenn die Anordnung rechtswidrig ist. Auch rechtswidrige Weisungen können nämlich verbindlich sein. Nach § 36 II BeamtStG haben die Beamten ihre Bedenken unverzüglich auf dem Dienstweg geltend zu machen und sich bei Fortbestand der Bedenken an den nächst höheren Vorgesetzten zu wenden (Remonstrationsrecht). Wird die Anordnung bestätigt, ist diese verbindlich und stellt einen Rechtfertigungsgrund dar.[12] Etwas anderes gilt nur dann, wenn das aufgetragene Verhalten die Würde des Menschen verletzt oder strafbar oder ordnungswidrig und die Strafbarkeit oder Ordnungswidrigkeit für den Beamten erkennbar ist. In diesem Fall liegt kein Rechtfertigungsgrund vor. Letzteres gilt nach § 36 III BeamtStG auch für eine Anordnung, die eine sofortige Ausführung verlangt, weil Gefahr im Verzug besteht und die Entscheidung der oder des höheren Vorgesetzten nicht rechtzeitig herbeigeführt werden kann. 56

Eine rechtswidrige unverbindliche Weisung, die keinen Rechtfertigungsgrund darstellt, ist etwa folgendem Fall zu entnehmen: 57

[12] Vgl. *Wessels/Beulke/Satzger* StrafR AT Rn. 708; aA für einen Schuldausschließungs- bzw. Entschuldigungsgrund *Fischer* Vor § 32 Rn. 16.

Der Vorgesetzte V gibt dem Polizeivollzugsbeamten P einen Schießbefehl gegen eine Person, ohne dass die Voraussetzungen des § 64 PolG NRW[13] vorliegen oder andere Rechtfertigungsgründe in Betracht kommen. Nach dieser Norm dürfen Schusswaffen nur aus den abschließend dort genannten engen Gründen gebraucht werden. Schießt P dennoch und trifft die Person, hat er sich wegen eines Körperverletzungs- oder Tötungsdelikts strafbar gemacht.

3. Strafrechtliche Rechtfertigungsgründe

58 Allgemeine Rechtfertigungsgründe stehen jedermann zu.

59 Fraglich ist nur, ob sich auch Staatsorgane wie zB Polizeivollzugsbeamte bei Eingriffen in Bürgerrechte auf allgemeine Rechtfertigungsgründe berufen können, oder ob die repressiven und präventiven Eingriffsbefugnisse für diese abschließend sind.

60 Unstrittig greift auch für den Polizeivollzugsbeamten die Notwehr nach § 32, wenn er selbst angegriffen wird.[14] Ob für diese aber die Nothilfe gegeben ist, wenn ein Angriff auf einen Bürger vorliegt, ist umstritten.[15]

61 So ist für eine Verteidigung des Bürgers im Rahmen von Notwehr bzw. Nothilfe – bis auf die wenigen Fälle des Rechtsmissbrauchs (Gebotensein) – nicht Voraussetzung, dass das angegriffene Rechtsgut gegenüber dem Eingriffsgut überwiegt. Eine Güterabwägung (Verhältnismäßigkeit im engeren Sinne) in Bezug auf die widerstreitenden Rechtsgüter findet hier nicht statt.[16] Selbst die Tötung eines Menschen zugunsten von Sachwerten kann hier erlaubt sein.[17]

62 Maßnahmen des Polizeibeamten als ausgeübte exekutive Staatsgewalt müssen demgegenüber nach Art. 20 III GG, § 2 PolG NRW[18] aber immer auch verhältnismäßig/angemessen im engeren Sinne sein. Eine Güterabwägung ist hier zwingend erforderlich. So ist zB nach § 64 I Nr. 2a PolG NRW[19] der Schusswaffengebrauch gegen Personen unter anderem nur zur Verhinderung der Fortsetzung eines Verbrechens zulässig. Art. 2 EMRK normiert für den Staat die Unzulässigkeit der Tötung von Menschen zugunsten von Sachwerten.

63 Bei der Notwehr bzw. Nothilfe des Bürgers kann sogar die Ausübung von Folter erlaubt sein, während für Polizeibeamte das Folterverbot nach Art. 104 I 2, 1 I GG, Art. 3 EMRK gilt.

Fall:

Der unbewaffnete X hat bei einem einfachen Diebstahl dem E 100.000 EUR gestohlen, um sie zu behalten (§ 242 I: Vergehen). Der herbeigerufene Polizeibeamte

13 Für **Sachsen-Anhalt:** § 66 II SOG LSA.
14 Vgl. *Kühl* StrafR AT § 7 Rn. 148.
15 Zum ähnlichen Streit über die Anwendbarkeit des § 34 auf staatliches Handeln vgl. Schönke/Schröder/*Perron* § 34 Rn. 7.
16 → 2. Teil Rn. 123.
17 Vgl. *Fischer* § 32 Rn. 40.
18 Für **Sachsen-Anhalt:** § 5 SOG LSA.
19 Für **Sachsen-Anhalt:** § 66 I Nr. 2 SOG LSA.

A verfolgt den flüchtenden Täter und schießt diesen, mangels anderer Möglichkeiten ihn aufzuhalten, ins Bein.

Nach § 64 I Nr. 3a PolG NRW[20] ist der Schusswaffengebrauch durch Polizeibeamte gegen Personen nur zulässig, wenn sich diese der Festnahme oder Identitätsfeststellung durch Flucht zu entziehen versuchen und eines Verbrechens dringend verdächtig sind.

X hat aber ein Vergehen (Diebstahl) begangen. Verwaltungsrechtlich ist der Gebrauch der Schusswaffe durch A folglich rechtswidrig. In Bezug auf das Strafrecht könnte seine Körperverletzung im Amt nach § 340 I, III aber nach § 32 wegen Nothilfe für E gerechtfertigt gewesen sein, wenn der Schuss auf den fliehenden X die erforderliche und gebotene Verteidigung des noch gegenwärtigen, rechtswidrigen Angriffs auf das Eigentum des E darstellt.

a) Rein öffentlich-rechtliche Theorie

Ein Teil der Literatur vertritt die Auffassung, dass sich Staatsorgane nur für sich 64
selber, nicht aber in Bezug auf den Bürger im Rahmen der Nothilfe auf § 32 berufen können. Begründet wird dies mit der Erwägung, dass die speziellen für hoheitliches Handeln erlassene Ermächtigungsnormen der Polizeigesetze sonst praktisch leerliefen.[21]

A handelt nach dieser Ansicht in Bezug auf die Körperverletzung im Amt an X rechtswidrig. Er ist, da er sich auch nicht auf § 35 berufen kann, nicht nur disziplinarrechtlich aufgrund seines verwaltungsrechtswidrigen Verhaltens, sondern sogar strafrechtlich wegen Körperverletzung im Amt nach § 340 I, III verantwortlich.

b) Strafrechtliche Theorie

Die hM, wozu auch die Rechtsprechung gehört, geht demgegenüber davon aus, 65
dass sich auch ein Polizeivollzugsbeamter im Dienst nicht nur auf Notwehr, sondern auch auf das Nothilferecht berufen kann, sodass zumindest seine strafrechtliche Haftung entfällt.[22] In § 57 II PolG NRW[23] normiert schließlich der Gesetzgeber: *„Die Vorschriften über Notwehr und Notstand bleiben unberührt."*

Nach der strafrechtlichen Theorie handelt A in Bezug auf die Körperverletzung im Amt nach § 32 im Wege der Nothilfe gerechtfertigt, wenn die Verteidigung erforderlich und geboten war. Da sich A aber polizeirechtswidrig verhalten hat, bleiben disziplinarrechtliche Rechtsfolgen offen.

c) Stellungnahme

Im Sinne der Rechtsprechung sollte der strafrechtlichen Theorie gefolgt werden. 66

[20] Für **Sachsen-Anhalt:** § 66 I Nr. 3a SOG LSA.
[21] Vgl. *Linder* Die Polizei 1972, 276 (278).
[22] Vgl. BGH NStZ 2005, 31 f.
[23] Für **Sachsen-Anhalt:** § 60 II SOG LSA.

Mögliche Argumentation: Die strafrechtlichen Gebots- und Verbotsnormen richten sich nicht nur an den Bürger, sondern auch an den Amtsträger. Dann aber ist nicht einzusehen, warum nicht auch umgekehrt die strafrechtlichen Erlaubnisnormen beiden - wenn auch mit weiteren Voraussetzungen - zugutekommen sollen.

Zudem bricht Bundesrecht (§ 32) Landesrecht (PolG NRW)[24] und nicht umgekehrt.

III. Grundgedanke aller Rechtfertigungsgründe und Aufbauhinweis

67 Grundgedanke aller Rechtfertigungsgründe ist das **Prinzip des mangelnden oder überwiegenden Interesses.**

1. Prinzip des mangelnden Interesses

68 Fehlt das durch die tatbestandsmäßige Handlung betroffene Interesse, weil dessen Träger auf seinen Schutz wirksam verzichtet, so ist die Handlung gerechtfertigt. Das Opfer hat also **kein Interesse** an der Rechtsgutbewahrung. Auf diesem Prinzip beruhen die rechtfertigende und die mutmaßliche Einwilligung.

2. Prinzip des überwiegenden Interesses

69 Wenn das durch die tatbestandsmäßige Handlung verletzte Interesse mit einem durch die Handlung geschützten Interesse in Konflikt tritt, ist die Handlung gerechtfertigt, wenn das **geschützte das verletzte Interesse überwiegt**. Diesem Interesse folgen insbesondere die Notwehr nach § 32, die rechtfertigenden Notstände nach §§ 228, 904 BGB, § 34 und das Festnahmerecht nach § 127 StPO.

3. Aufbauhinweis

70 In der Falllösung sind alle in Betracht kommenden Rechtfertigungsgründe zu prüfen und zwar für jeden Tatbestand einzeln.

71 Vorrangig ist stets zu untersuchen, ob ein Fall des mangelnden Interesses vorliegt. Nur wenn dies nicht der Fall ist, kommt man zur Prüfung von Rechtfertigungsgründen, die dem Prinzip des überwiegenden Interesses zuzuordnen sind. Die Notwehr hat dabei einen Vorrang gegenüber dem rechtfertigenden Notstand, dem eine Auffangfunktion zukommt. Innerhalb der Notstände gehen die zivilrechtlichen Rechtfertigungsgründe (§§ 228, 904 BGB) als speziellere Normen dem strafrechtlichen Notstand (§ 34) vor.

72 Bei einem Festnahmevorgang kommt § 127 StPO als Rechtfertigungsgrund in Betracht.[25] Daneben gilt nach hM aber auch die Notwehr nach § 32, selbst wenn hierdurch die engeren Voraussetzungen der Festnahme umgangen werden.[26]

[24] Für **Sachsen-Anhalt:** SOG LSA.
[25] Bei Polizeibeamten ist § 127 II StPO spezieller als § 127 I StPO.
[26] Vgl. *Mitsch* JuS 2000, 849 (850).

Beachte damit folgende Reihenfolge:

Kein Festnahmevorgang	Festnahmevorgang
• Rechtfertigende Einwilligung • Notwehr, § 32 • Zivilrechtlicher defensiver Notstand, 228 BGB • Zivilrechtlicher aggressiver Notstand, § 904 BGB • Rechtfertigender Notstand, § 34	• Vorläufige Festnahme, § 127 StPO • Notwehr, § 32

Rechtfertigungsgründe bestehen immer aus einem objektiven und nach hM auch aus einem subjektiven Teil.[27] 73

IV. Tatbestandsausschließendes Einverständnis und rechtfertigende Einwilligung

Will der Verletzte seine rechtlich geschützten Rechtsgüter preisgeben, kann dies je nach Eigenart des speziellen Straftatbestandes tatbestandsausschließend oder rechtfertigend wirken. 74

1. Voraussetzungen des Einverständnisses

Ein **tatbestandsausschließendes Einverständnis** kommt dann in Betracht, wenn der objektive Tatbestand ausdrücklich oder durch seine Definition ein Handeln gegen oder ohne den Willen des Rechtsgutträgers verlangt. Mangels Tatbestandsmäßigkeit ist dann auf eine rechtfertigende Einwilligung nicht mehr einzugehen. 75

Als Voraussetzungen sind folgende Prüfungspunkte zu beachten: 76

Prüfungsschema: Einverständnis
1. Innere Zustimmung zum Zeitpunkt der Tat
2. Natürliche Willensfähigkeit
3. Kein Willensmangel in Form einer Drohung (wohl aber bei einer Täuschung).

Liegt eine bewusste innere Zustimmung zum Zeitpunkt der Tat vor, wobei allein der natürliche Wille zählt und wurde dieser Wille nicht mittels Drohung – möglicherweise aber aufgrund einer Täuschung – herbeigeführt, entfällt die Tatbestandsmäßigkeit. Dies gilt auch dann, wenn der Täter dieses Einverständnis nicht kennt. Dann kommt jedoch eine Strafbarkeit wegen (untauglichen) Versuchs in Betracht.[28] 77

[27] Vgl. Schönke/Schröder/*Sternberg-Lieben* Vorbem. §§ 32 ff. Rn. 13; zur gegenteiligen objektiven Theorie *Schroeder* JZ 1991, 682 (683).

[28] Zum Irrtum über ein tatbestandsausschließendes Einverständnis, das als Tatumstandsirrtum nach § 16 I 1 zum Vorsatzausschluss führt → 2. Teil Rn. 66 ff.

Beispiele:

§ 248b

- Erlaubt A dem B, dass dieser mit seinem Pkw fährt, hat B – so wie der Wortlaut dies explizit fordert – nicht nach § 248b I ein Kraftfahrzeug gegen den Willen des Berechtigten in Gebrauch genommen.
- Das tatbestandsausschließende Einverständnis ist auch dann wirksam, wenn B dem A vortäuscht, dass dieser für den Gebrauch Geld bekäme. Eine Strafbarkeit nach § 248b I scheidet dann aus. Zu prüfen ist aber ein Betrug nach § 263 I.
- Ein unwirksames Einverständnis liegt aber dann vor, wenn B dem A, um das „Einverständnis" zu erlangen, eine Pistole an die Schläfe setzt und A nur unter diesem Druck zustimmt. B ist hier unter anderem strafbar nach § 248b I.
- Ist A mit dem Gebrauch seines Pkw einverstanden, weiß B hiervon nichts und nimmt das Fahrzeug in Unkenntnis dieses Einverständnisses in Gebrauch, kommt nur ein (untauglicher) Versuch (→ 3. Teil Rn. 27 ff.) des unbefugten Gebrauchs eines Fahrzeugs in Betracht, der nach § 248b II strafbar ist.

§ 242

- Willigt A ein, dass B seine Sache einsteckt und behält, liegt schon keine Wegnahme nach § 242 I vor. Die Wegnahme setzt nämlich unter anderem den Bruch fremden Gewahrsams voraus. Dieser verlangt ein Handeln gegen oder ohne den Willen des Berechtigten, woran es vorliegend fehlt.
- Ein Einverständnis zum Zeitpunkt der Tathandlung mittels Täuschung ist wirksam und führt zur Straflosigkeit wegen Diebstahls. In Betracht kommt aber auch hier ein Betrug nach § 263 I.
- Bei einer Drohung liegt kein wirksames Einverständnis des A vor und B begeht einen Raub.
- Kennt B das tatsächlich vorliegende Einverständnis des A nicht, dessen Sache einzustecken, scheidet Vollendung aus und es kommt ein untauglicher Diebstahlsversuch (→ 8. Teil Rn. 26) in Betracht, dessen Strafbarkeit aus § 242 II folgt.

2. Voraussetzungen der Einwilligung

78 Verlangt das Gesetz weder ausdrücklich noch durch eine Definition eines Tatbestandsmerkmals ein Handeln gegen oder ohne den Willen des Berechtigten, dann kommt eine **rechtfertigende Einwilligung** in Betracht. Im Rahmen der Körperverletzung wird eine Einwilligung in § 228 ausdrücklich vorausgesetzt. Im Übrigen beruht sie auf dem für den Beteiligten günstigen Gewohnheitsrecht.[29] Die rechtfertigende Einwilligung bedarf folgender kumulativ vorliegender Voraussetzungen, wobei nur die Verfügungsbefugnis einer grundsätzlichen Erwähnung in der Prüfung bedarf. Im Übrigen müssen nur die problematischen Punkte geprüft werden.

[29] Zur Zulässigkeit zugunsten des Täters → 1. Teil Rn. 29.

Prüfungsschema: Rechtfertigende Einwilligung

1. **objektive Voraussetzungen**
   a) Verfügungsbefugnis
   b) alleiniger Rechtsgutinhaber
   c) Einwilligungsfähigkeit
   d) keine wesentlichen Willensmängel
   e) kein Verstoß gegen die guten Sitten
   f) ausdrückliche oder konkludente Erklärung vor der Tat
2. **subjektive Voraussetzungen**
   in Kenntnis und zum Zwecke der Einwilligung
3. **Ergebnis**

a) Verfügungsbefugnis

Die Einwilligung setzt zunächst voraus, dass der Einwilligende über das Rechts- 79
gut verfügen (disponieren) darf. Die **Verfügungsbefugnis** besteht ausschließlich bei höchstpersönlichen Rechtsgütern. Etwas anderes gilt nur für das Rechtsgut „Leben". Auch wenn es sich um ein höchstpersönliches Rechtsgut handelt, folgt bereits aus § 216, dass die Tötung eines Menschen – auch auf dessen Verlangen hin und damit trotz Einwilligung – grundsätzlich strafbar ist.

Beispiele:

- Der Eigentümer darf dem Täter erlauben, seine Sache zu zerstören. Die Sachbeschädigung nach § 303 I ist dann durch Einwilligung gerechtfertigt.
- Der Inhaber der körperlichen Unversehrtheit kann dem Täter erlauben, dass er von diesem geschlagen wird. Auch die Körperverletzung nach § 223 I ist dann durch Einwilligung gerechtfertigt.

Indisponibel sind hingegen die Rechtsgüter der Allgemeinheit. Hier wirkt eine 80
Einwilligung nicht rechtfertigend.

Beispiel: Aussagedelikte nach §§ 153 ff., die die Rechtspflege schützen, sind nicht aufgrund einer rechtfertigenden Einwilligung – von wem auch immer – erlaubt.

b) Alleiniger Rechtsgutinhaber

Der Einwilligende muss alleiniger Inhaber des Rechtsguts sein. 81

Beispiel: Alle Miteigentümer müssen bei einer Sachbeschädigung nach § 303 I in die Zerstörung oder Beschädigung der Sache durch einen Dritten einwilligen. Anderenfalls wirkt sich die Einwilligung für den Täter nicht rechtfertigend aus.

c) Einwilligungsfähigkeit

Der Einwilligende muss – anders als beim tatbestandsausschließenden Einver- 82
ständnis – einwilligungsfähig sein. Er muss nach seiner Verstandesreife und

Urteilsfähigkeit die Wirkungen und Folgen seiner Einwilligung erfassen.[30] Bei Erwachsenen ist diese Fähigkeit regelmäßig gegeben. Sie kann aber trotzdem durch ins Gewicht fallende psychische Störungen wie Geisteskrankheiten oder Trunkenheit fehlen.[31]

83 Kinder unter sieben Jahre sind nicht einwilligungsfähig. Bei Personen von 7–17 Jahren genügt grundsätzlich – wie auch im Zivilrecht bei der Verantwortung für unerlaubte Handlungen nach § 828 BGB – die tatsächliche Einsichts- und Urteilsfähigkeit. Bei mangelnder Einsichtsfähigkeit ist die Zustimmung des gesetzlichen Vertreters Voraussetzung.

Strittig ist nur, ob dies auch bei Einwilligungen im Zusammenhang mit Vermögensrechten gilt.

Handyfall:
Die reife E, die 17 Jahre alt ist, erlaubt dem T ihr Handy zu zertreten.

84 **aa) Geschäftsfähigkeit.** Teilweise wird bei der Einwilligung in die Verletzung von Vermögensrechten analog §§ 107 ff. BGB die volle Geschäftsfähigkeit des Betroffenen bzw. die Einwilligung durch den gesetzlichen Vertreter verlangt.[32]

Hiernach ist die Einwilligung der E im Handyfall, die als 17-Jährige nach §§ 106, 2 BGB nur beschränkt geschäftsfähig ist, unbeachtlich, sodass sich T nach § 303 I wegen Sachbeschädigung strafbar gemacht hat.

85 **bb) Verstandesreife und Urteilsfähigkeit.** Nach überwiegender Ansicht in Rechtsprechung und Literatur kommt es auch bei der Verletzung von Vermögensrechten auf die Verstandesreife und Urteilsfähigkeit des Betroffenen an.[33]

Da E im Handyfall in der Entwicklung reif genug war, ist hiernach die Einwilligung wirksam und die tatbestandliche Sachbeschädigung des T gerechtfertigt.

86 **cc) Stellungnahme.** Zu folgen ist der praxisrelevanten Rechtsprechung.

Mögliche Argumentation: Die Einwilligung ist kein Rechtsgeschäft, sodass die Geschäftsfähigkeit unmaßgeblich sein muss und es allein auf die hier vorliegende Verstandesreife und Urteilsfähigkeit ankommen kann. Nur so kann auch einheitlich ohne Differenzierung nach Art des Rechtsguts eine Bewertung vorgenommen werden.

[30] Vgl. BGH NStZ 2000, 87.
[31] Vgl. BGHSt 4, 88 (90) = NJW 1953, 912.
[32] Vgl. Schönke/Schröder/*Sternberg-Lieben* Vorbem. §§ 32 ff. Rn. 39.
[33] Vgl. *Wessels/Beulke/Satzger* StrafR AT Rn. 567.

d) Keine wesentlichen Willensmängel

Ferner darf die Einwilligung nicht an wesentlichen Willensmängeln leiden. Eine durch Nötigung erzwungene Einwilligung ist regelmäßig – wie auch beim tatbestandsausschließenden Einverständnis – unwirksam. 87

> **Beispiel:** A fordert den B unter vorgehaltener Pistole auf, ihm zu erlauben, ihn zu schlagen. Aus Furcht, er werde erschossen, stimmt B seinen Verletzungen durch A zu.

Vom tatbestandsausschließenden Einverständnis unterscheidet sich die rechtfertigende Einwilligung dadurch, dass durch Täuschung erschlichene Einwilligungen grundsätzlich erheblich sind und dem Rechtfertigungsgrund entgegenstehen. Dies gilt zumindest dann, wenn der Willensmangel rechtsguterheblich ist. In diesem Fall ist die rechtfertigende Einwilligung ebenfalls unwirksam. 88

> **Beispiel:** A willigt in die Verabreichung der Spritze durch B ein, wobei B dem A die gesundheitsschädliche Wirkung der Injektion verschweigt.

Bezieht sich der Willensmangel hingegen auf Randfragen oder Begleitumstände, ist er also nicht rechtsguterheblich und damit nicht einwilligungserheblich, steht dieser Willensmangel nicht der wirksamen Einwilligung entgegen. 89

> **Beispiel:** A willigt in die Blutentnahme ein, weil B ihm vortäuscht, A bekomme hierfür von einer Blutspendeorganisation 100 EUR.

e) Kein Verstoß gegen die guten Sitten

Bei Körperverletzungsdelikten darf die Einwilligung in die Tat nach § 228 nicht sittenwidrig sein. Mit Blick auf Art. 103 II GG muss der unbestimmte Rechtsbegriff der Sittenwidrigkeit verfassungskonform und damit äußerst eng ausgelegt werden. Deshalb genügt hierfür nicht, dass das mit der Körperverletzung verfolgte Ziel sittenwidrig ist. 90

> **Beispiel:** Auch wenn der Einwilligende etwa einen Wucherpreis für die notwendige Blutspende verlangt, ist die Einwilligung in die Körperverletzung trotz dieses Zwecks wirksam, auch wenn der zivilrechtliche Vertrag nach § 138 BGB wegen Sittenwidrigkeit nichtig ist.

Nach Ansicht der neueren Rechtsprechung[34] und Teilen der Literatur[35] ist für das Sittenwidrigkeitsurteil demgegenüber grundsätzlich auf Art und Gewicht des Körperverletzungserfolgs und auf den Grad der möglichen Lebensgefahr abzustellen. 91

34 Vgl. BGHSt 49, 34 (42) = NStZ 2004, 204.
35 Vgl. LK/*Hirsch* § 228 Rn. 9.

Beispiele für Sittenwidrigkeiten:

- Surfing von Personen auf einem Autodach, wobei es aufgrund der schnellen Geschwindigkeit und dem unkontrollierten Fahren eines Angetrunkenen zu Lebensgefahren durch einen Sturz vom Autodach kommen kann.[36]
- Sadomasochistische lebensgefährliche Verhaltensweisen durch erbetenes Würgen des Geschlechtspartners mit einem Stahlrohr.[37]

92 Der mit der Tat verfolgte Zweck ist nach dieser Ansicht für die Beurteilung der Sittenwidrigkeit nur ausnahmsweise von Bedeutung. Dies gilt dann, wenn die betreffende Körperverletzung für sich allein betrachtet als sittenwidrig anzusehen wäre, eine solche negative Bewertung aber durch einen positiven oder jedenfalls einsehbaren Zweck kompensiert wird.

Beispiel: Lebensgefährliche ärztliche Eingriffe werden mit Einwilligung des Patienten zum Zwecke der Lebenserhaltung vorgenommen. Diese Einwilligung ist wegen des Zwecks der Lebensrettung trotz der Lebensgefährlichkeit nicht sittenwidrig.

93 § 228 trägt dem hohen Stellenwert der Unverletztheit von Körper und Gesundheit Rechnung und ist damit eine nicht analogiefähige Ausnahmevorschrift. Folglich findet die Norm auch nicht auf andere Tatbestände Anwendung.

f) Ausdrückliche oder konkludente Erklärung vor der Tat

94 Für die Einwilligung ist anders als für das tatbestandsausschließende Einverständnis eine ausdrückliche oder konkludente (schlüssige) Erklärung vor der Tat erforderlich. Sie muss damit nach außen kundgegeben worden sein.

g) Subjektive Einwilligungsvoraussetzung

95 Verlangt man mit der hM bei Rechtfertigungsgründen ein subjektives Rechtfertigungselement, muss der Täter schließlich – anders als beim tatbestandsausschließenden Einverständnis – auch in Kenntnis und aufgrund der Einwilligung handeln. Fehlt dem Täter das subjektive Rechtfertigungselement, kommt ein versuchtes Delikt in Betracht.[38]

3. Zusammenfassende Gegenüberstellung

96

Tatbestandsausschließendes Einverständnis	Rechtfertigende Einwilligung
Entscheidend ist nur der natürliche Wille.	Verstandesreife und Urteilsfähigkeit des Opfers ist erforderlich.
Eine Täuschung ist unbeachtlich.	Rechtsgutsbezogene Täuschungen führen zur Unwirksamkeit der Einwilligung.
Maßgeblich ist allein der innere Wille.	Die Kundgabe des Willens nach außen ist erforderlich.

[36] Vgl. OLG Düsseldorf NStZ-RR 1997, 325.
[37] Vgl. BGHSt 49, 166 (169 f.) = NStZ 2004, 621.
[38] Vgl. zur abweichenden Versuchslösung *Wessels/Beulke/Satzger* StrafR AT Rn. 579.

V. Notwehr nach § 32

Die **Notwehr** nach § 32 ist der zentrale Rechtfertigungsgrund im Strafrecht und sollte daher gut beherrscht werden. Ein tatbestandsmäßiges Verhalten wird durch die Notwehr am weitreichendsten erlaubt. Selbst die Tötung eines Menschen zum Schutz von Sacheigentum kann uU durch Notwehr gerechtfertigt sein.[39] Eine Güterabwägung bezüglich des „Ob" der Verteidigung findet – anders als bei den Notständen – nicht statt.[40] Dabei wird das Notwehrrecht von zwei tragenden Prinzipien geprägt.[41] 97

Selbstverteidigungsprinzip:	Der Notwehrübende muss im Notfall den Schutz seiner eigenen Rechtsgüter in die Hand nehmen dürfen.
Rechtsbewährungsprinzip:	Der Notwehrübende ist als Repräsentant der Rechtsordnung der aktuelle Verteidiger des Rechts: Das Recht braucht dem Unrecht nicht zu weichen.

Die Notwehr setzt in seinem objektiven Teil die Notwehrlage und die Notwehrhandlung, in seinem subjektiven Teil die Kenntnis der Notwehr und den Notwehrwillen voraus. Wird die Notwehr nicht durch den Angegriffenen sondern von einem Dritten verübt, spricht man von **Nothilfe**. Verteidigt der Polizeivollzugsbeamte den Bürger gegenüber dem Angreifer, kann sein Verhalten als Nothilfe gerechtfertigt sein (→ 2. Teil Rn. 59 ff.). 98

Prüfungsschema: Notwehr (§ 32) 99
1. objektive Voraussetzungen
- a) Notwehrlage, § 32 II
  - aa) Angriff
  - bb) gegenwärtig
  - cc) rechtswidrig
- b) Notwehrhandlung
  - aa) Verteidigung, § 32 II
  - bb) Erforderlichkeit, § 32 II
    - (1) Eignung
    - (2) mildestes Mittel
  - cc) Gebotensein, § 32 I: Fälle des Rechtsmissbrauchs

2. subjektive Voraussetzungen
In Kenntnis der Notwehrlage und mit Verteidigungswillen
3. Ergebnis

1. Notwehrlage

Für eine Notwehrlage muss nach § 32 II ein **Angriff** vorliegen, der **gegenwärtig** und **rechtswidrig** sein muss. 100

[39] Vgl. BGH BeckRS 1982, 00180 = StV 1982, 219 (220).
[40] Das „Wie" wird im Rahmen des mildesten Mittels in der Erforderlichkeit abgewogen.
[41] Beachte aber die Fälle des Rechtsmissbrauchs im Merkmal „geboten".

a) Angriff

101 **Angriff** ist jede durch eine menschliche Handlung drohende Verletzung rechtlich geschützter Güter oder Interessen.

102 Ein Angriff durch Tiere unterfällt nur dann dem Notwehrrecht, wenn ein Mensch ein Tier als Angriffsmittel einsetzt. Anderenfalls kommt nur ein Defensivnotstand nach § 228 BGB in Betracht.

> **Beispiel:** Hetzt A seinen Hund auf B und erschlägt B diesen im Rahmen der Erforderlichkeit, ist die Sachbeschädigung des B durch § 32 gerechtfertigt. Greift der Hund des A den B von sich aus an, kann die Sachbeschädigung nicht nach § 32, wohl aber nach § 228 S. 1 BGB gerechtfertigt sein.

103 Ein Angriff kann nach hM[42] auch in einem garantenpflichtwidrigen Unterlassen bestehen.

> **Beispiel:** Vater V weigert sich, seiner Tochter T sein für diese lebenswichtiges Blut zur Verfügung zu stellen. Entnimmt Arzt A gegen den Willen des V für T das Blut des V, so ist die tatbestandliche Körperverletzung an V nach § 32 im Rahmen der Nothilfe gerechtfertigt. V, der Beschützergarant für T ist, hat diese durch Unterlassen angegriffen.

104 Notwehrfähig sind alle Individualrechtsgüter wie zB Eigentum, Leib, Leben, Vermögen und Freiheit. Etwas anderes gilt nur bei kaum messbaren Rechtsgutangriffen wie zB die unerhebliche Beeinträchtigung der allgemeinen Handlungsfreiheit durch das Vordrängeln an der Kasse.

105 Angriffe auf Allgemeininteressen wie etwa die Sicherheit des Straßenverkehrs sind nach hM nicht nothilfefähig. Es ist allein Aufgabe des Staates diese Rechtsgüter zu verteidigen. Staatsnothilfe ist die absolute Ausnahme für Art. 20 IV GG. Zu beachten ist aber, dass Individualrechtsgüter (zB Eigentum, Besitz, Vermögen) auch dem Staat zustehen können, sodass diesbezüglich Nothilfe zulässig ist.

> **Beispiel:** Verletzt A den Einbrecher E, der einen im Eigentum des Landes stehenden PC stiehlt, ist die Körperverletzung nach § 32 gerechtfertigt.

106 Nothilfe für Tiere als „andere" nach § 32 II wurde vom Landgericht Magdeburg[43] bejaht. Hier hatten Tierschützer einen Hausfriedensbruch zulasten einer Tierzuchtgesellschaft begangen, um schwerwiegende Verstöße gegen die Tierschutznutztierverordnung aufzudecken. So blieben die Behörden in Kenntnis der Umstände untätig. Das Landgericht argumentierte in der Nothilfe mit Art. 20a GG, der den Tierschutz als Staatsziel bestimmt. Auch zog es die §§ 1, 17 TierSchG heran. Darüber hinaus lag neben der Nothilfe auch ein rechtfertigender Notstand nach § 34 vor.

[42] Vgl. *Roxin/Greco* StrafR AT I § 15 Rn. 11.
[43] Vgl. LG Magdeburg BeckRS 2017, 130506.

Nothilfe auch auf Tiere als „andere" zu erstrecken erscheint bedenklich. So wäre dann in der Nothilfe für ein Tier – mangels Güterabwägung – auch als letztes Mittel die Tötung eines tierquälenden Menschen möglich. Aus Sicht des Verfassers kann eine so intensive Grundrechtsverletzung aber nicht über die Nothilfe erlaubt sein. Für Tiere kommt insofern nur Notstand nach § 34 unter Beachtung der Güterabwägung in Betracht. 107

b) Gegenwärtigkeit

Der Angriff ist **gegenwärtig**, wenn er 108

- unmittelbar bevorsteht,
- gerade stattfindet oder
- noch andauert.

Damit ist die scharfe Notwehr nur in der akuten Bedrängnissituation erlaubt. 109

Insofern bedarf es einer Präzisierung, wann der Angriff bereits unmittelbar bevorsteht und wie lange er noch andauert. 110

Der Angriff steht **unmittelbar bevor**, wenn der Angreifer mit einem Verhalten beginnt, das unmittelbar in die eigentliche Verletzungshandlung umschlagen soll.[44] Bei einem vorsätzlichen Angriff ist dies die Handlung, die dem Versuchsbeginn unmittelbar vorgelagert ist.[45] 111

> **Beispiel:** A ergreift eine Waffe. Er hantiert damit, um auf B zu schießen. Die Schussbereitschaft hätte innerhalb weniger Sekunden hergestellt werden können. Trotz dieses notwendigen Zwischenschritts, liegt wegen der kurzen Zeitspanne, schon eine unmittelbare und akute Bedrohung und damit ein gegenwärtiger Angriff vor. Dass ein unmittelbares Ansetzen zum Versuch (→ 3. Teil Rn. 40 ff.) noch nicht gegeben ist, ist hierbei unerheblich.

Ein drohender künftiger Angriff genügt hingegen nach hM noch nicht.[46] Diesen Angriff darf man nur über den Notstand nach § 34, wenn dessen Voraussetzungen vorliegen, nicht aber über die Notwehr nach § 32 abwenden. 112

> **Beispiel:** Mieter M, der in einem Mehrfamilienhaus wohnt, bringt Brennmaterial und Zündstoff in seine Wohnung. Er möchte damit am nächsten Tag das Mehrfamilienhaus des V anzünden. Entreißt V hierfür dem M das Material und verletzt diesen, scheidet eine Notwehr in Bezug auf sein Eigentum bzw. eine Nothilfe in Bezug auf Körperverletzungs- und Tötungsdelikte an den Mietern nach § 32 aus. Der Angriff steht noch nicht unmittelbar bevor. In Betracht kommt aber Notstand nach § 34.

Bei **Dauerdelikten** dauert der Angriff solange an, wie der rechtswidrige Zustand fortdauert. Bei **Zustandsdelikten** dauert der Angriff bis zur materiellen Beendigung der Tat an. 113

[44] Vgl. *Kühl* StrafR AT § 7 Rn. 40, 41.
[45] Vgl. BGH BeckRS 2017, 131375.
[46] Vgl. *Fischer* § 32 Rn. 19.

Beispiele:
- A wird von B eingesperrt. Der Angriff des B auf die Fortbewegungsfreiheit des A (§ 239 als Dauerdelikt) dauert die ganze Zeit noch fort.
- A flieht nach einem Raub mit der Beute (Nacheilefall). Der Angriff ist noch gegenwärtig, solange der Täter noch keinen sicheren Gewahrsam begründet hat.

114 Ein abgeschlossener Angriff ist hingegen nicht mehr gegenwärtig.

Beispiel: A kommt nach einem Diebstahl mit seiner Beute zu Hause an. Erfährt der Eigentümer vom Wohnsitz des Diebes und schlägt er den A in dessen Wohnung nieder, ist eine Verteidigung seines Eigentums – mangels Gegenwärtigkeit – nicht mehr von § 32 gedeckt.

c) Rechtswidrigkeit

115 **Rechtswidrig** ist der Angriff, wenn er von der Rechtsordnung missbilligt wird.

aa) Bei Angriffen von Bürgern. Sofern es um Angriffe von Bürgern geht, gilt Folgendes:

116 Der Angriff ist stets rechtswidrig, wenn er seinerseits den Tatbestand und die Rechtswidrigkeit eines Strafgesetzes erfüllt.

Beispiel: A schlägt zurück, nachdem B den A zuvor schlagen wollte. Notwehr des A gegen die versuchte Körperverletzung des B ist zulässig.

117 Eine Notwehr scheidet aus, wenn der Angriff seinerseits gerechtfertigt ist. In diesem Fall missbilligt die Rechtsordnung diesen nämlich nicht.

Beispiel: A schlägt in Notwehr den B. B hat mangels Rechtswidrigkeit des nach § 32 gerechtfertigten Angriffs seinerseits kein Notwehrrecht gegen A.

118 Der Angriff braucht nicht schuldhaft zu sein.

Beispiel: A und B befinden sich auf einem einsamen Boot im eisigen Ozean, das zu sinken droht. Das Boot kann nur noch eine gewisse Zeit eine einzige Person tragen. A will B aus dem Boot werfen, um zu überleben. Verteidigt sich B hiergegen und verletzt den A, ist seine Körperverletzung durch Notwehr gerechtfertigt, da der Angriff auf das Leben des B rechtswidrig und nur nach § 35 entschuldigt ist (→ 2. Teil Rn. 233 ff.).

119 Der Angriff kann auch rechtswidrig sein, wenn der Angreifende keinen Straftatbestand erfüllt.

Beispiel: A, der erkennt, dass der schusselige B gerade aufgrund seiner heftigen Gestikulation dabei ist, die wertvollen Vasen des C vom Tisch zu hauen, hindert diesen an der fahrlässigen Eigentumsverletzung, indem er ihn festhält. Die Nöti-

> gung des A gegenüber B ist durch Nothilfe aufgrund des von der Rechtsordnung missbilligten Angriffs auf das Eigentum des C gerechtfertigt. Daran ändert auch der Umstand nichts, dass die fahrlässige Sachbeschädigung straflos ist.

bb) Bei Angriffen von Polizeibeamten. Auch wenn gegenwärtige Angriffe von Polizeibeamten vorliegen, kann der Bürger hiergegen uU Notwehr üben. Für die Rechtswidrigkeit des Angriffs des Polizeibeamten müssen aber nicht alle formellen und materiellen Voraussetzungen einer Eingriffsbefugnis vorliegen. Vielmehr ist nach Ansicht des BGH der „strafrechtliche Rechtmäßigkeitsbegriff" maßgeblich.[47] Bei hoheitlichem Handeln ist der Angriff etwa auch bei materieller Rechtswidrigkeit, also bei inhaltlichen Fehlern, rechtmäßig. Der Bürger hat hier die Möglichkeit im Nachgang den Rechtsweg zu beschreiten. Allein die örtliche oder sachliche Unzuständigkeit, die Nichtbeachtung wesentlicher Formvorschriften, das nicht sorgsame Ausüben eines eventuellen Ermessens und ein willkürliches oder grob unverhältnismäßiges Verhalten führen zur Rechtswidrigkeit des Angriffs des Polizeibeamten, sodass nur in diesem Fall Notwehr hiergegen möglich ist. Grund ist, dass die vollstreckenden Polizeibeamten oftmals in einer unübersichtlichen Situation schnell handeln müssen. 120

> **Beispiel:** Ausländer A besitzt eine wirksame Duldung. Dennoch verfügt die Ausländerbehörde die Abschiebung und beauftragt Polizeibeamte, die die Duldung nicht kennen, diese durch Verbringung zum Frankfurter Flughafen zu vollziehen. Als die Polizeibeamten die Abschiebung vornehmen wollen, wehrt sich A mit mehreren wuchtigen Messerstichen gegen einen der eingesetzten Polizeibeamten P. Dieser bleibt unverletzt.
>
> Die versuchte gefährliche Körperverletzung des A an P nach §§ 223, 224 I Nr. 2, II, 22, 23 I ist nicht durch Notwehr nach § 32 gerechtfertigt. Zwar liegt ein gegenwärtiger Angriff auf die Fortbewegungsfreiheit des A vor, dieser ist aber trotz materieller Rechtswidrigkeit nicht rechtswidrig iSd § 32, da keine der oben genannten Fehler nach dem materiellen Rechtmäßigkeitsbegriff vorliegen.

2. Notwehrhandlung

Die Notwehrhandlung setzt eine **Verteidigung** voraus, die **erforderlich** (§ 32 II) und **geboten** (§ 32 I) ist. Hierfür ist maßgeblich, wie ein Durchschnittsbetrachter in der Lage des Angegriffenen die im Zeitpunkt des Angriffs gegebenen und objektiven Umstände beurteilt hätte.[48] Überschreitet der Angegriffene hingegen die Grenzen der Notwehr, kommt ein Notwehrexzess nach § 33, der einen Entschuldigungsgrund darstellt, in Betracht (→ 2. Teil Rn. 222 ff.). 121

a) Verteidigung

Verteidigung ist die Abwendung eines Angriffs. Sie richtet sich ausschließlich gegen den Angreifer und dessen Rechtsgüter. 122

[47] Vgl. BGH NJW 2015, 3109.

[48] Vgl. *Wessels/Beulke/Satzger* StrafR AT Rn. 513.

b) Erforderlichkeit

123 **Erforderlich** ist eine Verteidigung, die geeignet ist den Angriff abzuwehren und das mildeste Mittel hierzu darstellt.

> **Tipp:** Die Erforderlichkeit aus der Notwehrhandlung nach § 32 II darf nicht verwechselt werden mit der Verhältnismäßigkeit im Eingriffsrecht nach § 2 PolG NRW![49] Während im Eingriffsrecht eine Maßnahme geeignet, erforderlich (mildeste Mittel) und angemessen (verhältnismäßig im engeren Sinne) sein muss, definiert man die Erforderlichkeit in der Notwehr selbst als geeignetes Verhalten, den Angriff abzuwehren, das das mildeste Mittel darstellt. Eine Prüfung der Angemessenheit erfolgt hier nicht! Benutzen Sie deshalb in der Notwehr nie das Wort „Verhältnismäßigkeit“.

124 **Geeignet** ist ein Verhalten, das eine auch noch so unwahrscheinlich kleinste Chance eröffnet, dass die Verteidigung den Angriff, wenn nicht vollständig abwehrt, so doch wenigstens abschwächt, erschwert oder verzögert.[50]

125 Ferner muss die Verteidigung mit dem **mildesten Mittel** erfolgen.

126 Steht nur ein einziges geeignetes Mittel zur Verfügung und greift der Angegriffene zu diesem Mittel, wird die Verteidigung stets mit dem mildesten Mittel verübt.

127 Bei mehreren geeigneten Mitteln muss der Angegriffene dasjenige wählen, das die Rechtsgüter des Angreifers am wenigsten beeinträchtigt. Er kann sich aber für dasjenige entscheiden, welches die endgültige Gefahr am besten beseitigt. Auf riskante Mittel muss er sich dabei nicht einlassen.

128 Schutzwehr, also die defensive Abwehr eines Angriffs etwa durch Abblocken der Schläge ist gegenüber Trutzwehr, also die Verteidigung durch Gegenangriff wie etwa das Zurückschlagen, kein milderes Mittel, wenn es keine sofortige und endgültige Abwehr des Angriffs erwarten lässt.[51]

129 Für die Verwendung von Waffen oder gefährlichen Werkzeugen hat die Rechtsprechung eine abgestufte Reaktionsfolge entwickelt.[52] Wenn möglich ist der Einsatz der Waffe bzw. des gefährlichen Werkzeugs zunächst anzudrohen, dann ist ein Warnschuss abzugeben. Danach ist der nicht lebensgefährliche Einsatz (zB Schüsse auf die Beine) und als letzte Möglichkeit der tödliche Gebrauch erlaubt. Maßgeblich sind die Umstände des Einzelfalles.

> **Beispiel:** A schlägt B. Ist A aggressiv und stark, während B von kleiner Körperkonstitution ist, muss B zumindest nicht den Waffeneinsatz ankündigen oder einen Warnschuss abgeben, wenn sich A davon aus objektiver Sicht eines Durchschnittsbetrachters nicht hätte abschrecken lassen. Es genügt, wenn er die Waffe zur Verteidigung in Form eines nicht lebensgefährlichen Einsatzes nutzt. Ist auch dies nicht möglich, darf er seinen Angreifer sogar direkt erschießen.

49 Für **Sachsen-Anhalt:** § 5 SOG LSA.
50 Vgl. *Fischer* § 32 Rn. 28.
51 Vgl. MüKoStGB/*Erb* § 32 Rn. 120.
52 Vgl. BGHSt 26, 143 (146) = NJW 1975, 1423.

Eine Verteidigungshandlung ist nicht das mildeste Mittel, wenn Polizeikräfte anwesend sind und den Angriff mit milderen Mitteln abwehren können.[53] Private Notwehr ist insofern gegenüber staatlichem Schutz subsidiär. 130

Beispiel: A setzt sich vor den Pkw des B und hindert ihn physisch daran, die Einfahrt zu verlassen. B könnte A mit Schlägen vertreiben, während die anwesende Polizei den Blockierer wegtragen kann. Hier ist eine Notwehrhandlung vonseiten des B nicht erforderlich und damit nicht nach § 32 gerechtfertigt.

Der Notwehrübende ist hingegen nicht verpflichtet dem gegenwärtigen rechtswidrigen Angriff vorübergehend auszuweichen und polizeiliche Hilfe erst noch herbeizuholen.[54] 131

Beispiel: Der kräftige A will den flinken B gerade schlagen. B könnte zwar wegrennen, noch bevor er von der Faust des A getroffen wird. Dennoch verteidigt er sich gegen A, indem er diesen mit einem Bierkrug des C schlägt, wodurch dieser zerbricht. Die Körperverletzung, die B gegenüber A begeht, ist eine Verteidigung gegen den Angriff des A auf dessen körperliche Unversehrtheit. Sie ist auch geeignet den Angriff abzuwenden. Da A kräftig ist und gerade zuschlagen will, ist die Verteidigung mit dem Bierkrug auch das mildeste und nicht riskante Mittel. Wegrennen muss er nicht. Dies folgt aus dem Rechtsbewährungsprinzip (das Recht muss dem Unrecht nicht weichen), → 2. Teil Rn. 97. Die Verteidigung ist geboten und B handelte in Kenntnis und zum Zwecke der Verteidigung. Die Sachbeschädigung an dem Krug des C kann hingegen nur im Rahmen eines Aggressivnotstandes nach § 904 BGB erlaubt sein (→ 2. Teil Rn. 156).

c) Geboten sein

Schließlich muss die Notwehr nach § 32 I **geboten** sein. Eine Handlung ist nicht geboten, wenn dem Angegriffenen ein anderes Verhalten zuzumuten ist, insbesondere die Verteidigung einen Rechtsmissbrauch darstellen würde. In diesen Fällen entfällt entweder die Notwehr überhaupt oder sie ist zumindest eingeschränkt. Dem Angriff muss zunächst, wenn möglich, ausgewichen werden (nur in diesen Fällen muss das Recht dem Unrecht weichen). Wenn dies nicht möglich ist, darf vorrangig Schutzwehr geübt werden, wenn hierdurch keine berechtigten Interessen preisgegeben werden müssen. Schließlich kann Trutzwehr angewandt werden. 132

Zu den Rechtsmissbrauchsfällen zählen: 133

!

Notwehr entfällt:

- Bagatellangriffe
- Krasses Missverhältnis
- Absichtsprovokation

Notwehr ist eingeschränkt:

- Bestimmter Personenkreis

[53] Vgl. *Kühl* StrafR AT § 7 Rn. 120.
[54] Vgl. RGSt 32, 391 (392 f.).

- schuldlos handelnde Personen
- Personen mit enger persönlicher Beziehung
- Sonst schuldhaft herbeigeführte Notwehrlage

134 **aa) Ausschluss der Notwehr.** Keine Notwehr darf geübt werden bei Bagatellangriffen, Fällen des krassen Missverhältnisses oder der Absichtsprovokation.

135 Während bereits ein notwehrfähiger Angriff bei sozialüblichen Belästigungen oder kaum messbaren Rechtsgutbeeinträchtigungen ausscheidet, liegt eine Notwehrlage bei geringfügigen, kurzfristigen oder reversiblen Verletzungen des angegriffenen Individualrechtsguts vor. Die Notwehr ist aber bei solchen **Bagatellangriffen** aus dem Gesichtspunkt des Rechtsmissbrauchs ausgeschlossen.

Beispiel: Ein Fußgänger blockiert eine Parklücke (Bagatellangriff). Der Pkw-Führer darf ihn nicht gewaltsam im Rahmen einer Nötigung nach § 240 beiseiteschieben. Es liegt zwar ein gegenwärtiger rechtswidriger Angriff des Fußgängers auf die allgemeine Handlungsfreiheit des Pkw-Führers vor, da nach § 12 V StVO derjenige Vorrang an der Parklücke hat, der sie als Fahrzeugführer zuerst erreicht. Jedoch muss dieser den rechtswidrigen Angriff dulden. Eine Notwehr ist hier rechtsmissbräuchlich und damit nicht geboten.[55]

136 Eine Abwehr eines Angriffs, deren Folgen im **krassen Missverhältnis** zum drohenden Schaden stehen, ist ebenfalls missbräuchlich und gänzlich unzulässig.[56]

Beispiel: Der gelähmte Gartenbesitzer G sitzt mit seinem Gewehr an seinem Kirschenbaum und benutzt dieses, um die Vögel von seinem mit Früchten übersäten Baum abzuhalten. Der Schuljunge S entwendet einige Kirschen. Auch wenn sich S durch das Androhen oder einen Warnschuss nicht davon abhalten lässt mit einigen Kirschen zu verschwinden, darf G nicht mit dem Gewehr auf S schießen. Er muss den gegenwärtigen und rechtswidrigen Angriff des S dulden. Eine Notwehr ist hier rechtsmissbräuchlich und damit nicht geboten.

Bei der **Absichtsprovokation** wird ein Angriff absichtlich provoziert, um den anderen unter dem Deckmantel der Notwehr zu verletzen. Die Notwehr ist hier ausgeschlossen.[57]

Beispiel: A beleidigt den B. Wie beabsichtigt, will B den A deshalb schlagen. A nutzt – wie von vornherein geplant – die Gelegenheit, um den B einmal tüchtig zu verprügeln. Das Verhalten des A ist nicht durch Notwehr geboten.

137 **bb) Einschränkung der Notwehr.** Die Notwehr ist eingeschränkt gegenüber bestimmten Personengruppen und im Falle der sonst schuldhaft herbeigeführten Notwehrlage.

55 Vgl. BGHSt 26, 51 (52) = NJW 1975, 656.
56 Vgl. OLG Hamm NJW 1972, 1826 (1827).
57 Vgl. BGH NStZ 1993, 133.

Bei Angriffen **schuldlos handelnder Personen** wie Kinder oder Volltrunkene oder **erkennbar Irrende** und bei Personen, die zueinander in einer **engen persönlichen Beziehung** stehen, wie etwa Ehegatten, sind die Verteidigungsbefugnisse beschränkt. 138

Beispiel: Greift der fünfjährige A mit einem Messer den Erwachsenen B an, so muss B zunächst ausweichen. Wenn dies nicht möglich ist, muss B defensive Schutzwehr üben, also sich etwa durch Vorhalten von Schutzvorrichtungen schützen, bevor er – unter möglichster Schonung des Angreifers – zur Trutzwehr übergehen kann und dem A seinerseits Verletzungen zufügen darf.

Anders als bei der Absichtsprovokation ist bei der **sonst schuldhaft herbeigeführten Notwehrlage** das Notwehrrecht nur eingeschränkt. 139

Eine sonst schuldhaft herbeigeführte Notwehrlage liegt immer dann vor, wenn das provozierte Vorverhalten zwar nicht beabsichtigt, aber sonst vorsätzlich oder fahrlässig herbeigeführt wurde und rechtlich verboten war, wobei es eine vorhersehbare und adäquate Folge der vom Täter begangenen Pflichtverletzung darstellt. Die Rechtsprechung lässt aber auch ein nur sozialethisch missbilligenswertes Verhalten genügen, wenn es dem Gewicht nach einer schweren Beleidigung gleichkommt.[58] 140

Beispiel: In einem überfüllten Eilzug setzt sich A zu B ins Abteil. Er öffnet das Fenster, um den nur leicht bekleideten B aus dem Abteil „hinaus zu ekeln". Das Fenster wird im Folgenden mehrfach von A geöffnet und von B wieder geschlossen. Irgendwann reicht es B und er zieht ohne Vorankündigung sein Messer. A hätte wegrennen können, aber er nimmt seinerseits sein Messer und tötet B.

Das Öffnen des Fensters war zwar kein rechtlich verbotenes Verhalten, es war aber verwerflich und kam dem Gewicht einer schweren Beleidigung gleich. A hat den Angriff auf seinen Leib bzw. sein Leben fahrlässig provoziert. Durch das vermehrte Öffnen und Schließen des Fensters entstand eine Eskalationsgefahr, sodass weitere sich steigernde Verhaltensweisen des B kausal und vorhersehbar waren. A hätte ausweichen können, was er nicht tat. Das Tötungsdelikt des A an B ist deshalb wegen Rechtsmissbrauchs nicht nach § 32 geboten und damit auch nicht gerechtfertigt.

3. Subjektive Notwehrvoraussetzungen

Schließlich muss der sich Verteidigende nach Ansicht der Rechtsprechung 141

- der Notwehrlage bewusst sein und
- die Notwehrhandlung mit dem Willen begehen, sich zu verteidigen.

Dies folgt aus der Formulierung *„um ... abzuwenden"*. 142

Für das Bewusstsein (kognitives Element) reicht nach Ansicht des 1. Strafsenats des BGH aus, dass der Täter die rechtfertigenden Umstände nur für möglich hält.[59] 143

[58] Vgl. BGHSt 42, 97 (101) = NStZ 1996, 380.
[59] Vgl. BGH JA 2017, 627.

144 Der Verteidigungswillen kann auch bei mehreren Motiven vorliegen. Dann darf der Verteidigungszweck durch die anderen Motive (zB Hass, Wut) des Täters nicht völlig in den Hintergrund geraten.[60]

VI. Notstände

145 Als Notstand bezeichnet man einen Zustand einer Gefahr für menschlich geschützte Interessen, dessen Abwendung nur auf Kosten fremder Rechtsgüter möglich ist. Er ist ein Auffangrechtfertigungsgrund wenn andere Rechtfertigungsgründe nicht eingreifen. Anders als die Notwehr ist der Notstand geprägt von einer allgemeinen Güter- und Interessenabwägung (Verhältnismäßigkeit). Im Hinblick auf die Beschädigung oder Zerstörung von Sachen sind §§ 228 S. 1, 904 S. 1 BGB spezieller gegenüber § 34.

Merke:
1. Der Notstand hat – anders als die Notwehr – immer eine Verhältnismäßigkeitsprüfung.
2. Die zivilrechtlichen Notstandsregeln (§§ 228 S. 1, 904 S. 1 BGB) sind vor dem strafrechtlichen Notstand nach § 34 zu prüfen.

1. Defensivnotstand, § 228 S. 1 BGB

146 Der vorrangige zivilrechtliche Notstand ist § 228 BGB. Hier bewältigt der Täter die Notstandslage dadurch, dass er auf die Sache einwirkt, von der die Gefahr selbst ausgeht. Er wird auch als Verteidigungs- oder **Defensivnotstand** bezeichnet.

Kampfhundefall:
Um den Kampfhund des B von sich abzuhalten, erschießt A, der keine anderen Möglichkeiten hat, diesen. Die Sachbeschädigung am Hund (nach § 90a BGB sind Tiere zwar keine Sachen, auf sie werden aber die für Sachen geltenden Vorschriften entsprechend angewandt) des B kann nach § 228 S. 1 BGB gerechtfertigt sein.

147 **Prüfungsschema: Defensivnotstand (§ 228 S. 1 BGB)**

1. objektive Voraussetzungen
- a) Notstandslage
  - aa) drohende Gefahr für ein notstandsfähiges Rechtsgut
  - bb) Gefahr geht unmittelbar von einer Sache aus
- b) Notstandshandlung
  - aa) Beschädigung/Zerstörung der fremden Sache, von der die Gefahr ausgeht
  - bb) Erforderlichkeit
    - (1) geeignet
    - (2) relativ mildestes Mittel

[60] Vgl. BGH NStZ 1996, 29.

c) Verhältnismäßigkeit: Geschütztes Rechtsgut darf nicht außer Verhältnis zum Sachschaden stehen

2. subjektive Voraussetzungen
Kenntnis der Notstandslage und Gefahrabwendungswille

3. Ergebnis

a) Notstandslage

In der Notstandslage ist Voraussetzung, dass eine **drohende Gefahr** vorliegt, die (auch mittelbar) von einer Sache ausgeht. Eine drohende Gefahr ist gegeben, wenn eine auf tatsächlichen Umständen gegründete Wahrscheinlichkeit des Eintritts eines Schadens besteht. Ob eine Wahrscheinlichkeit vorliegt, ist vom Standpunkt eines nachträglichen Beobachters, dem die im kritischen Augenblick wesentlichen Umstände bekannt sind, objektiv zu beurteilen.[61] 148

Die Gefahr muss nicht gegenwärtig sein. Genügend ist damit ein gegenüber der gegenwärtigen Gefahr in § 904 S. 1 BGB, § 34 verminderter Wahrscheinlichkeitsgrad. Notstandsfähig sind Rechtsgüter jeder Art. 149

Da es wahrscheinlich ist, dass der Kampfhund des B Leib oder Leben des A verletzen wird und der Hund nach § 90a S. 3 BGB als Sache behandelt wird, liegt eine Notstandslage vor.

b) Notstandshandlung

Die Notstandshandlung erlaubt nur die **Beschädigung oder Zerstörung** der fremden Sache, von der die Gefahr ausgeht. 150

Der Notstand darf sich damit nur gegen den Kampfhund des B richten.

Wie im Rahmen der Notwehr versteht man unter der **Erforderlichkeit** der Notstandshandlung ein **geeignetes Verhalten**, welches das **relativ mildeste Mittel** darstellt. Der Notstand unterscheidet sich aber von der Notwehr gerade im mildesten Mittel. Anders als dort ist nämlich die Möglichkeit der Gefahr auszuweichen oder sie abzuwenden, ohne dabei fremde Güter zu verletzen, immer das mildeste Mittel. Auch das Herbeirufen von staatlichen Hilfspersonen wird dem Notstand Übenden grundsätzlich zugemutet werden können. 151

Anders als bei der Notwehr setzt die Rechtfertigung nach § 228 BGB S. 1 voraus, dass der durch die Notstandshandlung eintretende Schaden **nicht außer Verhältnis** zur abgewendeten Gefahr steht. 152

Da der Täter beim Defensivnotstand auf die gefährliche Sache selbst einwirkt und sich nicht wie beim aggressiven Notstand auf Kosten eines Dritten der Notlage entledigt, fällt die Güterabwägung im Falle des § 228 BGB grundsätzlich zugunsten des Notstand Übenden aus. So darf das geschützte Rechtsgut nur nicht außer Verhältnis zum Sachschaden stehen. 153

[61] Vgl. *Fischer* § 34 Rn. 4.

154 Danach sind Leben und Gesundheit höherwertiger als Sachgüter. Bei Sachgütern kommt es auf die Wertrelation an. Bei Tieren, die als Sachen behandelt werden, sind dabei auch ideelle Gesichtspunkte zu berücksichtigen.

Im obigen Kampfhundefall ist die Tötung des Hundes geeignet und mangels anderer Möglichkeiten das einzige und damit mildeste Mittel. Der Leib- und Lebensschutz steht nicht außer Verhältnis zur Tötung des Hundes und damit zu dem Sachschaden.

- Zur Rettung eines Mischlingshundes darf ein vielfach wertvoller Rassehund getötet werden, wenn sich der Angriff auf andere Art und Weise nicht abwenden lässt.[62]
- Unverhältnismäßig ist aber etwa die Verletzung eines Hundes zum Schutz vor Verschmutzungen eines Kleidungsstücks.

c) Subjektive Notwehrvoraussetzungen

155 Schließlich muss der Täter in **Kenntnis und zum Zweck des Notstandes** handeln.

2. Aggressivnotstand, § 904 S. 1 BGB

156 Beim **Aggressivnotstand** nach § 904 S. 1 BGB bewältigt der Täter die Notstandslage dadurch, dass er zur Gefahrenabwehr auf eine fremde Sache einwirkt, von der die Gefahr selbst jedoch nicht ausgeht.

Regenschirmfall:
Um einen Kampfhund des X von sich abzuhalten, entreißt A dem B – mangels anderer Möglichkeiten – seinen Regenschirm, der durch die Bisse des Hundes Schaden nimmt. Die Sachbeschädigung nach § 303 I am Schirm kann durch § 904 BGB gerechtfertigt sein.

157 **Prüfungsschema: Aggressivnotstand (§ 904 S. 1 BGB)**

1. objektive Voraussetzungen
- a) Notstandslage
  - aa) gegenwärtige Gefahr für ein notstandsfähiges Rechtsgut
  - bb) Gefahr geht nicht unmittelbar von einer Sache aus
- b) Notstandshandlung
  - aa) Einwirkung auf irgendeine fremde Sache, von der die Gefahr nicht ausgeht
  - bb) Notwendigkeit der Einwirkung
    - (1) geeignet
    - (2) relativ mildestes Mittel
  - cc) Verhältnismäßigkeit: Geschütztes Rechtsgut muss erheblich mehr wert sein, als der Sachschaden

2. subjektive Voraussetzungen
Kenntnis der Notstandslage und Gefahrabwendungswillen

3. Ergebnis

[62] Vgl. OLG Koblenz NJW-RR 89, 541.

a) Notstandslage

Anders als in der Notstandslage in § 228 S. 1 BGB ist für § 904 S. 1 BGB eine **gegenwärtige Gefahr** – auch hier aus Sicht eines nachträglichen Beobachters – erforderlich. Die Gefahr darf auch nicht von einer Sache ausgehen. Wie bei § 228 BGB kann die Gefahr aber für ein beliebiges Rechtsgut vorliegen. 158

Eine gegenwärtige Gefahr besteht, wenn zur Abwendung von Schäden für das Rechtsgut sofortige Abhilfe erforderlich ist. Sie kann über längere Zeit andauern, wenn mit Schadenseintritt jederzeit zu rechnen ist (sog. Dauergefahr). 159

b) Notstandshandlung

Eine Notstandshandlung liegt vor, wenn der Täter auf eine fremde Sache einwirkt, von der die Gefahr nicht ausgeht. Die Gefahrenabwehr muss objektiv **notwendig** sein. Beim Aggressivnotstand gelten dieselben Voraussetzungen wie bei der Erforderlichkeit im Rahmen der Notwehr. Die Notstandshandlung muss damit **geeignet** sein und das **mildeste Mittel** darstellen. Auch hier sind aber, wie bereits oben iRd § 228 S. 1 BGB ausgeführt, strengere Voraussetzungen an das mildeste Mittel zu stellen, als im Rahmen der Notwehr. 160

Schließlich muss der abgewandte Schaden **im Verhältnis zum angerichteten Schaden unverhältnismäßig groß sein.** Anders als beim Defensivnotstand wird damit die Güterabwägung zugunsten des Erhaltungsgutes vorgenommen, da von Letzterem gerade nicht die Gefahr ausgeht. 161

Bei einer Gefahr für Leben und Gesundheit muss das Sacheigentum zurücktreten. Etwas anderes gilt aber dann, wenn eine Gefahr für die körperliche Integrität im Falle ihrer Verwirklichung nur ganz unerhebliche Blessuren nach sich zöge und gleichzeitig ein erheblicher Sachschaden droht. Stehen sich Sachgüter gegenüber, ist eine geldwerte Abwägung vorzunehmen. Ist der Sachschaden mindestens 50 % für die bedrohte Sache höher, ist die Verhältnismäßigkeit gewahrt. Bei Tieren sind aber auch hier ideelle Gesichtspunkte zu berücksichtigen. 162

> Für A lag eine gegenwärtige Leibes- oder Lebensgefahr durch den Kampfhund vor. Die Beschädigung bzw. Zerstörung des Schirms des B ist geeignet, die Gefahr abzuwehren. Sie stellt auch das einzige und damit mildeste Mittel dar. Der abgewendete Schaden für das Leben bzw. die körperliche Unversehrtheit ist gegenüber dem Sachschaden an dem Schirm unverhältnismäßig groß, sodass im obigen Regenschirmfall auch die Verhältnismäßigkeit gewahrt ist. ◀

c) Subjektive Notstandsvoraussetzungen

Schließlich muss der Täter **in Kenntnis und zum Zweck** des Notstandes handeln. 163

3. Rechtfertigender Notstand (§ 34)

Der **rechtfertigende Notstand** ist gegenüber den spezielleren Notständen nach §§ 228, 904 BGB subsidiär. Nur wenn also keine fremden Sachen beeinträchtigt werden, sondern andere Rechtsgüter, kommt allein § 34 in Betracht. 164

Taxifall:

Der Taxifahrer T verfolgt mit einem Fahrgast F im Fahrzeug ein anderes Auto, in dem eine Frau O hineingezerrt wird und vergewaltigt werden soll. Die Freiheitsberaubung des T gegenüber F kann nach § 34 gerechtfertigt sein.

165 **Prüfungsschema: Rechtfertigender Notstand (§ 34)**

1. **objektive Voraussetzungen**
   a) Notstandslage
      aa) gegenwärtige Gefahr für ein notstandsfähiges Rechtsgut
      bb) Rechtswidrigkeit
   b) Notstandshandlung
      aa) Eingriff in ein fremdes Rechtsgut
      bb) nicht anders abwendbar = Erforderlichkeit
         (1) geeignet
         (2) relativ mildestes Mittel
      cc) Verhältnismäßigkeit: Geschütztes Rechtsgut muss erheblich mehr wert sein, als das beeinträchtigte Rechtsgut; Angemessenheit des Mittels, § 34 S. 2
2. **Subjektive Voraussetzungen**
   in Kenntnis der Notstandslage und Gefahrabwendungswillen
3. **Ergebnis**

a) Notstandslage

166 Wie iRd § 904 S. 1 BGB besteht eine **gegenwärtige Gefahr**, wenn zur Abwendung von Schäden für das Rechtsgut vom Standpunkt eines nachträglichen Beobachters sofortige Abhilfe erforderlich ist.

Im obigen Taxifall lag eine gegenwärtige Gefahr für die sexuelle Selbstbestimmung der O vor.

167 Anders als in § 32 werden auch Dauergefahren erfasst. Hierunter versteht man einen gefahrdrohenden Zustand von längerer Dauer, der jederzeit in eine Rechtsgutbeeinträchtigung umschlagen kann, ohne dass dieser Zeitpunkt jedoch konkret feststeht. Eine solche Dauergefahr ist dann gegenwärtig, wenn sie so dringend ist, dass sie nur durch unverzügliches Handeln wirksam abgewendet werden kann.

Spannerfall:

Ein Ehepaar E wird von dem Spanner S seit Monaten nächtlich in ihrem Schlafzimmer aufgesucht. Sicherheitsmaßnahmen verhindern das Verhalten des S nicht. Nachdem S erneut in das eheliche Schlafzimmer eingedrungen und auf die Straße geflohen ist, verletzt der dem S nacheilende Ehemann den S.

Da der Angriff auf das Hausrecht und die Intimsphäre im Spannerfall nicht mehr gegenwärtig ist, sodass Notwehr nach § 32 ausscheidet, kommt allein eine Rechtfertigung wegen Notstandes nach § 34 in Betracht. Da die Gefahr bestand, dass

S wiederkommen werde, lag eine gegenwärtige Gefahr für die Rechtsgüter des Ehepaares in Form einer Dauergefahr vor.[63]

Die Gefahr muss zudem rechtswidrig sein. Wie beim Notwehrrecht auch, darf eine Notstandshandlung dann nicht vorgenommen werden, wenn der Täter verpflichtet ist, die Gefahr oder die Verletzung seiner Rechtsgüter hinzunehmen. 168

b) Notstandshandlung

In der Notstandshandlung greift der Täter in ein fremdes Rechtsgut ein. Dabei darf die Gefahr **nicht anders abwendbar** sein und *„bei **Abwägung der widerstreitenden Interessen**, namentlich der betroffenen Rechtsgüter und des Grades der ihnen drohenden Gefahren,* [muss] *das geschützte Interesse das beeinträchtigte wesentlich überwieg*[en].“ Zudem muss die Tat ein **angemessenes** Mittel sein, um die Gefahr abzuwenden. 169

Die Gefahr **ist nicht anders abwendbar**, wenn sie erforderlich ist, also **geeignet** ist, die Gefahr abzuwenden und das **mildeste Mittel** darstellt. Hier soll auf die Ausführungen zu §§ 228, 904 BGB verwiesen werden (→ 2. Teil Rn. 151, 160). 170

Im **Taxifall** griff T in die Freiheit des F ein. Durch die Verfolgungsfahrt bestand die Möglichkeit, der O zu helfen. Ein anderes Mittel stand – mangels Sachverhaltsangaben – nicht zur Verfügung. Damit war das Verhalten des T auch erforderlich.

Bei der Güterabwägung sind alle schutzwürdigen Interessen zu berücksichtigen. In die Abwägung fließt auch die Angemessenheit nach § 34 S. 2 ein. Rechts- und sozialethische Schranken sind damit in der Verhältnismäßigkeit zu prüfen. 171

Abwägungskriterien sind damit: 172

- Wert der beteiligten Rechtsgüter
- Grad der drohenden Gefahr
- Intensität des Schadens
- Verschulden der Notstandslage
- Berufliche Gefahrtragungspflichten (Polizei, Feuerwehr).

Im **Taxifall** ist das geschützte Interesse die sexuelle Selbstbestimmung der O, während das durch die Verfolgungsfahrt beeinträchtigte Interesse die Fortbewegungsfreiheit des F ist. Auch wenn beide Rechtsgüter Freiheitsrechte darstellen, überwiegt die Beeinträchtigung der sexuellen Selbstbestimmung der O gegenüber der nur kurzen Beeinträchtigung der Fortbewegungsfreiheit des F.

Demgegenüber wird die Güterabwägung in folgenden Fällen nicht gelingen: 173

- Ein Vermögenserhaltungsinteresse von 10.000 EUR überwiegt einem Eingriffsinteresse von 9.000 EUR eben nicht „wesentlich“.

[63] Beispiel nach *Joecks/Jäger* StGB § 34 Rn. 18.

- Auch bei einer Abwägung „Leben" gegen „Leben" überwiegt kein Leben dem anderen Leben wesentlich. Hier ist § 35 zu prüfen (→ 2. Teil Rn. 233 ff.).

174 Probleme wirft der **Nötigungsnotstand** auf. Seit der Ersetzung der §§ 52, 54 aF durch die §§ 34, 35 im Zuge des zweiten Strafrechtsreformgesetzes vom 4.7.1969[64] ist der Nötigungsnotstand gesetzlich nicht mehr ausdrücklich geregelt. Insofern ist nunmehr die dogmatische Frage unter historischen Gesichtspunkten offen, wie der als tatsächliche Erscheinungsform weiterhin existierende Nötigungsnotstand in die neue Ordnung der Notstandsvorschriften einzugliedern ist. Ein Nötigungsnotstand liegt vor, wenn der Täter zugleich Opfer einer Nötigung ist und dazu gebracht wird, eine Straftat gegen einen unbeteiligten Dritten zu verüben und die Tat begeht, um sich oder anderen die Verwirklichung des angedrohten Übels zu ersparen.

▶ **Nötigungsnotstandsfall:**

Unter der Androhung, die Tochter T des A anderenfalls zu erschießen, nötigt B den A, einen Bankraub gegen C zu begehen.

175 Überwiegend wird eine Rechtfertigung nach § 34 abgelehnt, da der Umstand, dass sich der Genötigte auf die Seite des Unrechts geschlagen hat, mit zu berücksichtigen sei.[65] Die Annahme des § 34 hätte nämlich zur Folge, dass der Betroffene sein Notwehrrecht verlieren würde. In Betracht kommt jedoch eine Entschuldigung nach § 35.

Der Raub nach § 249 ist hiernach nicht gem. § 34 gerechtfertigt. Das Erhaltungsgut (Leben) überwiegt die beeinträchtigten Rechtsgüter Eigentum und Willensentschließungsfreiheit nicht wesentlich, da sich A auf die Seite des Unrechts gestellt hat. Anderenfalls könnte C gegen den Raub – mangels Rechtswidrigkeit des Angriffs – keine Notwehr üben. Zu prüfen ist dann § 35.

176 Nach einer Mindermeinung[66] kommt dennoch § 34 in Betracht. So erfasse der rechtfertigende Notstand aufgrund seines Abwägungserfordernisses („wesentliches Überwiegen") nur solche Fälle, in denen es sich um den Schutz hochwertiger Güter durch einen Eingriff in geringwertige Güter handele. Eine Versagung des Notwehrrechts des Angegriffenen sei in diesen Fällen nicht unbillig.

Da das Erhaltungsgut Leben gegenüber den beeinträchtigten Rechtsgütern Eigentum und Willensentschließungsfreiheit wesentlich überwiegt und der Umstand unmaßgeblich ist, dass sich A auf die Seite des Unrechts begeben hat, fällt die Güterabwägung zugunsten des A aus. Sollte das Verhalten auch erforderlich gewesen sein, handelt A gerechtfertigt.

64 BGBl. 1969 I 717.
65 Vgl. Schönke/Schröder/*Perron* § 34 Rn. 41b.
66 Vgl. *Joecks/Jäger* StGB § 34 Rn. 45 ff.

Der Polizeivollzugsbeamte sollte der hM folgen. 177

Mögliche Argumente: § 35 führt zu einem angemessenen Ergebnis und nimmt dem Angegriffenen nicht das Notwehrrecht.

c) Subjektive Notstandsvoraussetzungen

Schließlich muss der Täter in Kenntnis und zum Zweck des Notstandes handeln. 178

VII. Vorläufiges Festnahmerecht

Bei dem Rechtfertigungsgrund der **vorläufigen Festnahme** nach § 127 StPO differenziert man zwischen der auf Anwesenheit, Identifizierung und Verhaftung abzielenden Festnahmebefugnis. 179

Für die Staatsanwaltschaft und die Beamten des Polizeivollzugsdienstes (Ermittlungspersonen der Staatsanwaltschaft müssen diese nicht sein)[67] enthält § 127 StPO spezielle Festnahmebefugnisse. Zielt hier die Festnahme auf die Identitätsfeststellung ab, greifen §§ 127 I 2, 163b StPO unter Beachtung der Formvorschrift nach § 163c StPO ein. Soll die Festnahme die Verhaftung sichern, ist § 127 II StPO die richtige Ermächtigungsgrundlage. Hierfür muss „Gefahr im Verzug" vorliegen und die Voraussetzungen eines Haft- (§§ 112 ff. StPO) oder eines Unterbringungsbefehls (§ 126a StPO) gegeben sein. Die Formvorschriften der §§ 114a–114c StPO sind zu beachten. 180

Jeder Bürger kann demgegenüber nach § 127 I 1 StPO einem auf frischer Tat Betroffenen oder Verfolgten unter den dort genannten Voraussetzungen zur Sicherung der Anwesenheit oder Identitätsfeststellung festnehmen. 181

Merke: Der Bürger hat bei der vorläufigen Festnahme eine öffentliche Aufgabe!

Gerechtfertigt sind hier insbesondere Freiheitsberaubungen oder Nötigungen. Unter noch darzustellenden Umständen kann aber auch eine Körperverletzung oder eine Sachbeschädigung erlaubt sein (→ 2. Teil Rn. 197). Anders als die auf Verhaftung abzielende Festnahmebefugnis für die Staatsanwaltschaft und die Beamten des Polizeidienstes nach §§ 127 II, 112 II StPO setzt § 127 I StPO nur einen Fluchtverdacht, nicht eine auf Tatsachen gestützte Flucht oder Fluchtgefahr voraus. 182

§ 127 I 1 StPO in Form der anwesenheitssichernden Festnahmebefugnis hat auch für Polizeivollzugsbeamte Bedeutung. So können diese auch außerhalb ihrer örtlichen Zuständigkeit auf das Jedermannrecht zugreifen.[68] Zum Teil wird auch vertreten, dass bei flüchtenden auf frischer Tat betroffenen Tätern eine 183

[67] Lesen Sie hierzu die Verordnung über die Ermittlungspersonen der Staatsanwaltschaft v. 30.4.1996, NWGVBl. 1996, 180 = PFHB 3-2-1. In **Sachsen-Anhalt** gilt die Verordnung über die Ermittlungspersonen der Staatsanwaltschaft v. 9.8.2001, GVBl. LSA 2001, 334 = PFHB 3-2-1.

[68] Vgl. Meyer-Goßner/Schmitt/*Schmitt* StPO § 127 Rn. 7.

vorläufige Festnahme der Polizeivollzugsbeamten zur Klärung der Haftgründe möglich ist.[69]

Arten von Festnahmebefugnissen:

	Anwesenheitssichernde Festnahmebefugnis		Identifizierungs-sichernde Festnahmebefugnis	Auf Verhaftung abzielende behördliche Festnahmebefugnis
EGL[70]	§ 127 I 1 StPO		§§ 127 I 2, 163b StPO	§ 127 II StPO
Wer	Polizeivollzugsbeamte/ Staatsanwaltschaft	Jeder-mann	Polizeivollzugsbeamte/Staatsanwaltschaft	
Form	§§ 114a–114c StPO	–	§ 163c StPO	§§ 114a–114c StPO

184 Die nachfolgenden Ausführungen konzentrieren sich auf das für das Strafrecht relevante „Jedermannrecht" nach § 127 I 1 StPO. § 127 I 2, II StPO betreffen hingegen das Fach „Eingriffsrecht".

185 **Prüfungsschema: Vorläufige Festnahme (§ 127 I 1 StPO)**

1. objektive Voraussetzungen
- a) Festnahmelage
  - aa) auf frischer Tat betroffen oder verfolgt
  - bb) Fluchtverdacht oder Identität nicht sofort feststellbar
- b) Festnahmehandlung
  - aa) Festnahme
  - bb) Verhältnismäßigkeit

2. subjektive Voraussetzungen
in Kenntnis und zum Zwecke der Festnahme

3. Ergebnis

1. Voraussetzungen des § 127 I 1 StPO

a) Festnahmelage

186 In der Festnahmelage des § 127 I 1 StPO ist Voraussetzung, dass jemand **auf frischer Tat betroffen oder verfolgt** wurde und **der Flucht verdächtig** ist oder **seine Identität nicht sofort festgestellt werden kann.**

187 **aa) Tat.** Zu prüfen ist, wie die Tat beschaffen sein muss und ob diese auch tatsächlich begangen wurde.

188 **(1) Beschaffenheit der Tat.** Die Tat kann eine versuchte oder vollendete Straftat sein. Eine Ordnungswidrigkeit genügt hingegen nicht. Sie muss rechtswidrig begangen worden sein. Zudem muss der Festgenommene strafmündig, also nach § 19 mindestens 14 Jahre alt sein.[71] Im Übrigen ist aber nicht erforderlich, dass der

[69] Vgl. *König/Gnant* EingriffsR Sachsen Rn. 396.
[70] Ermächtigungsgrundlage.
[71] Vgl. *Satzger* JURA 2009, 107 (108) mwN, hier ist dann aber § 32 zu prüfen.

Täter schuldhaft gehandelt hat, da auch bei schuldlosem Verhalten die Möglichkeit schuldunabhängiger Verhängung von Maßregeln der Besserung und Sicherung besteht. Für das Erfordernis eines Strafantrags, einer Ermächtigung oder eines Strafverlangens stellt § 127 III StPO klar, dass diese im Zeitpunkt der Festnahme noch nicht gegeben sein müssen. Dass es sich um ein Privatklagedelikt nach § 374 I StPO handelt, steht der vorläufigen Festnahme ebenfalls nicht entgegen.[72]

(2) Tatverdacht. Strittig ist, ob die Tat wirklich begangen worden sein muss oder ob ein Tatverdacht genügt. 189

Festnahmefall:

A, der gerade bestohlen wurde, sieht den B wegrennen. In der irrigen Vorstellung, B sei der Täter, rennt A ihm hinterher und hält ihn fest. Tatsächlich lief B nur deshalb so eilig, weil er seinen Zug nicht verpassen wollte.

- Strenge Tatlösung
  Nach der **strengen Tatlösung** ist § 127 I 1 StPO nur bei einer vom Festgenommenen tatsächlich begangenen Straftat zulässig.[73]
  Da B im Festnahmefall tatsächlich keinen Diebstahl begangen hat, ist eine Freiheitsberaubung nach § 239 I nicht über § 127 I 1 StPO gerechtfertigt. A handelt im Erlaubnistatbestandsirrtum (→ 2. Teil Rn. 292 ff.), da er die tatsächlichen Voraussetzungen eines anerkannten Rechtfertigungsgrundes (vorläufige Festnahme) verkannte. Nach der herrschenden rechtsfolgenverweisenden eingeschränkten Schuldtheorie (→ 2. Teil Rn. 296) entfällt der Vorsatz-Schuldvorwurf analog § 16. Insofern scheidet eine Vorsatzstrafbarkeit wegen Freiheitsberaubung aus. Hätte A bei genauerem Hinsehen erkennen können, dass B nicht der Dieb war, ist grundsätzlich eine Fahrlässigkeitsstrafbarkeit zu prüfen. Bei § 239 ist die Fahrlässigkeit aber nicht sanktioniert. Sollte A den B bei der Festnahme verletzt haben, ist bei pflichtwidriger Verkennung des Irrtums eine fahrlässige Körperverletzung nach § 229 anzunehmen.
- Verdachtslösung
  Nach der überwiegend in der Rechtsprechung vertretenen **Verdachtslösung** reicht für § 127 I 1 StPO ein Tatverdacht aus.[74]
  Hiernach ist im Festnahmefall die Freiheitsberaubung des A nach § 127 I 1 StPO wegen des eiligen Laufens des B und damit wegen des Tatverdachts gerechtfertigt.
- Stellungnahme
  Ist der Irrtum unvermeidbar (jeder andere hätte die Personen auch verwechselt) und entfällt deshalb einhellig eine Vorsatzstrafbarkeit, entweder mit der strengen Tatlösung über den Erlaubnistatbestandsirrtum oder mit der Verdachtslösung direkt über § 127 I 1 StPO, gelangen die Ansichten einhellig zur Straflosigkeit. Dasselbe gilt beim vermeidbaren Irrtum (jeder andere hätte die Personen nicht verwechselt), wenn eine Fahrlässigkeitsstrafbarkeit wie bei §§ 239, 240, 303 nicht möglich ist. In diesen Fällen ist ein Streitentscheid nicht erforderlich. Nur bei einem vermeidbaren Irrtum bei möglicher Fahrlässigkeit – wie etwa bei § 229 – muss also der Streit entschieden werden.

[72] Vgl. KK-StPO/*Schultheis* § 127 Rn. 47.

[73] Vgl. Lackner/Kühl/*Kühl* Vor. § 32 Rn. 23.

[74] Vgl. BGH NJW 1981, 745.

Ob ein Tatverdacht in § 127 I 1 StPO für eine vorsätzliche Körperverletzung nach § 223 I genügt, muss etwa in folgendem Fall im Rahmen der Rechtswidrigkeit beantwortet werden. A hätte im obigen Festnahmefall erkennen können, dass B nicht der Täter ist, weil etwa ganz viele Menschen – für jeden objektiv erkennbar – gerade zum Zug gerannt sind und A willkürlich den B verdächtigte. Dennoch hält er B so fest, dass dieser blaue Flecke bekommt. In dieser Konstellation sollte der praxisrelevanten Rechtsprechung gefolgt werden, die eine Rechtfertigung bei einem Tatverdacht annimmt und eine Vorsatzstrafbarkeit verneint und auch keine Fahrlässigkeitsstrafbarkeit mehr prüft.

! **Mögliche Argumente:** § 127 I 1 StPO stammt aus dem Prozessrecht und steht am Beginn der Ermittlungen. Insofern muss auch bei Privatpersonen ein dringender Tatverdacht des Festgenommenen ausreichen.

190 **bb) Frisch.** Die Tat ist „frisch", wenn ihre (vermeintliche) Begehung noch fortdauert oder die Festnahme im unmittelbaren zeitlichen und räumlichen Zusammenhang mit der (vermeintlichen) Tat erfolgt.[75]

191 **cc) Betroffen oder verfolgt.** Der Täter wird „betroffen", wenn er am (mutmaßlichen) Tatort oder in dessen unmittelbarer Nähe vom Festnehmenden wahrgenommen und gestellt wird.

192 Auf frischer Tat **„verfolgt"** ist derjenige, der den (mutmaßlichen) Tatort zwar bereits verlassen hat, aber entweder bei der Flucht beobachtet und direkt verfolgt wurde oder wer unmittelbar nach der Tat aufgrund am Tatort vorhandener Spuren verfolgt wird, sodass jedenfalls ein enger zeitlicher Zusammenhang zur Tat besteht.

193 **dd) Fluchtverdacht oder Identität nicht feststellbar.** Festnahmegrund ist der Fluchtverdacht oder der Umstand, dass die Identität nicht feststellbar ist.

194 **Fluchtverdacht** liegt dann vor, wenn der Festnehmende nach dem erkennbaren Verhalten des Täters vernünftigerweise damit rechnen muss, dass sich der Verdächtige der Strafverfolgung entziehen wird, wenn er nicht alsbald festgenommen wird.[76]

195 **Zur Feststellung der Identität** ist die Festnahme zulässig, wenn der Betroffene, weil er Angaben zur Person verweigert oder sich nicht ausweisen kann, nicht ohne Vernehmung oder Nachforschungen identifiziert werden kann, die Feststellung aber an Ort und Stelle nicht möglich ist.[77] Ist der Festnehmende in diesem Fall ein Polizeivollzugsbeamter, so ist nach § 127 I 2 StPO die Vorschrift des § 163b I StPO anwendbar.

b) Festnahmehandlung

196 In der Festnahmehandlung sind die **Festnahme** des Betroffenen und damit einhergehende Beeinträchtigungen erlaubt. Zudem ist als ungeschriebene Voraussetzung der **Verhältnismäßigkeitsgrundsatz** zu beachten. Aus diesem wird

[75] Vgl. Meyer-Goßner/Schmitt/*Schmitt* StPO § 127 Rn. 5.
[76] Vgl. *Joecks/Jäger* StPO § 127 Rn. 7.
[77] Vgl. Meyer-Goßner/Schmitt/*Schmitt* StPO § 127 Rn. 11.

auch gefolgert, dass mildere Mittel gestattet sind, um den Betroffenen an der Flucht zu hindern.

Erlaubt sind hiernach: 197

- Festnahmen
- Anwendung körperlicher Gewalt mit der Gefahr oder Folge körperlicher Verletzungen (festes Zupacken)
- Sachbeschädigungen durch das feste Zupacken
- Wegnahmen des Autoschlüssels, zur Verhinderung der Flucht
- Drohen mit Schusswaffen
- Warnschüsse
- Anspringen, zu Fall bringen und am Boden fixieren.

Verboten sind hingegen: 198

- ernsthafte Beschädigungen der Gesundheit
- lebensgefährliches Würgen
- Erschießen oder Anschießen
- Durchsuchungen.

c) Subjektive Festnahmevoraussetzungen

Schließlich muss der Festnehmende die **Festnahmelage kennen und wissen**, 199
dass seine Handlung der Festnahme dient. Zudem muss er einen **Festnahmewillen** besitzen.

2. Abgrenzung § 127 I 1 StPO und § 32 StGB

Ein Täter, der auf frischer Tat betroffen oder verfolgt wird, begeht gleichzeitig 200
auch einen gegenwärtigen rechtswidrigen Angriff. Der hiergegen Einschreitende befindet sich folglich sowohl in einer Festnahmelage nach § 127 I 1 StPO als auch in einer Notwehrlage nach § 32 StGB. Insofern stellt sich die Frage welcher Rechtfertigungsgrund einschlägig ist. Damit der Einschreitende gerechtfertigt ist, müssen die vollständigen Voraussetzungen des jeweiligen Rechtfertigungsgrundes und der Zweck der Handlung (Verteidigung/Festnahme) vorliegen. Liegt beides vor, können beide Rechtfertigungsgründe nebeneinander eingreifen. Liegen die vollständigen Voraussetzungen nur eines Rechtfertigungsgrundes vor oder verfolgt der Einschreitende nur einen bestimmten Zweck, kommt nur der passende Rechtfertigungsgrund in Betracht.

> **Abgrenzungsfall:**
>
> A entdeckt, wie Dieb D in der Wohnung des A nach Beute sucht. Als D mit der Beute flüchtet, nimmt A die Verfolgung auf, um sein Eigentum wiederzuerlangen und D der Polizei zu übergeben. Als A den D eingeholt hat, stellt er diesem ein Bein, sodass dieser stürzt und sich verletzt. Er reißt ihm ferner gewaltsam das Diebesgut aus der Hand und hält ihn am Boden fest, bis die Polizei eintrifft.
>
> Die Körperverletzung nach § 223 I und die Nötigung nach § 240 durch A, indem dieser dem D ein Bein stellt, ist sowohl nach § 32 als auch nach § 127 I 1 StPO gerechtfertigt. So liegen alle Voraussetzungen beider Rechtfertigungsgründe vor und A verfolgt den Zweck sowohl der Verteidigung als auch der Festnahme. Die Nötigung nach § 240 durch A, indem er dem D gewaltsam das Diebesgut

entreißt ist nur nach § 32 gerechtfertigt. Schließlich ist alleiniger Zweck die Wiedererlangung des Diebesgutes und eine Verteidigung des Eigentums des A. Das Festhalten durch die Freiheitsberaubung nach § 239 bzw. die Nötigung nach § 240 ist schließlich über § 127 I 1 StPO gerechtfertigt. Hier liegen allein dessen Voraussetzungen vor und alleiniger Zweck ist die Festnahme. Schließlich hat D die Beute nicht mehr.

F. Schuld

201 Im Rahmen der persönlichen Vorwerfbarkeit sind grundsätzlich **Schuldausschließungs-** und **Entschuldigungsgründe** zu prüfen. Darüber hinaus kann beim Erlaubnistatbestandsirrtum - wie noch zu zeigen sein wird - der **Vorsatz-Schuldvorwurf** mit der rechtsfolgenverweisenden eingeschränkten Schuldtheorie analog § 16 I 1 entfallen (→ 2. Teil Rn. 296).

Übersicht über die wichtigsten Prüfungspunkte in der Schuld:

Schuldausschließungsgründe	Entschuldigungsgründe	Vorsatz-Schuldvorwurf
• § 19 • §§ 20, 21 • § 17	• § 33 • § 35 • § 35 analog?	Entfällt beim Erlaubnistatbestandsirrtum analog § 16 I 1

I. Schuldausschließungsgründe

202 Die Schuld kann ausgeschlossen sein wegen

- Strafunmündigkeit des Kindes nach § 19 oder
- seelischer Störungen nach § 20.

203 Sie kann ausgeschlossen oder vermindert sein wegen

- fehlender Unrechtseinsicht nach § 17 je nachdem, ob der Irrtum vermeidbar ist oder nicht.

204 Sie kann vermindert sein wegen

- Gründen aus § 20 nach § 21.

1. Strafmündigkeit

205 Kinder, die noch nicht 14 Jahre alt sind, sind nach § 19 **strafunmündig**. Insofern kann gegen sie nicht strafrechtlich eingeschritten werden. Auch bei Kindern können aber Ermittlungen der Polizei und der Staatsanwaltschaft notwendig werden, wenn strafmündige Personen an der Tat des strafunmündigen Kindes beteiligt sind. Bei Verfahren gegen Kinder informiert die Polizei nach PDV 382 Ziff. 3.2.7 das Jugendamt.

206 Jugendliche (§ 1 II JGG) zwischen 14 und 17 Jahren sind bedingt schuldfähig. Sie müssen nach § 3 JGG einsichtsfähig sein und nach dieser Einsicht handeln, um strafrechtlich zur Verantwortung gezogen zu werden.

Ab 18 Jahren besteht die volle Strafmündigkeit. Die Frage, ob bei Heranwachsenden (§ 1 II JGG: 18–20-Jährige) Jugend- oder Erwachsenenstrafrecht gilt, berührt die Schuldfähigkeit hingegen nicht. Sie hat nur Bedeutung für die Frage, ob für den Täter günstigeren Rechtsfolgen im Jugendstrafrecht (Erziehungsmaßregeln, Zuchtmittel, Jugendstrafe) Anwendung finden. 207

Strafunmündigkeit	Bedingte Schuldfähigkeit	Strafmündigkeit
0–13 Jahre	14–17 Jahre	18–unbegrenzt
§ 19	§ 3 JGG	Normalfall

2. Seelische Störungen nach §§ 20, 21

Liegt einer der enumerativ aufgezählten Defekte in § 20 (krankhafte seelische Störung, tiefgreifende Bewusstseinsstörung, Intelligenzminderung oder eine schwere andere seelische Störung) vor, so ist in einem weiteren Schritt zu klären, wie sich solche Defekte auf die Einsichts- und Steuerungsfähigkeit auswirken. Sind diese ausgeschlossen, dann handelt der Täter ohne Schuld. Sind diese defektbedingt erheblich vermindert, dann kann nach §§ 21, 49 I die Strafe nur gemildert werden. 208

Praxisfälle beziehen sich hier typischerweise auf alkoholisierte Täter. 209

Merke! Der Vollrausch lässt sich als „tiefgreifende Bewusstseinsstörung“ oder als „krankhafte seelische Störung“ erfassen. !

a) Promillewerte

Die Rechtsprechung hat eine Regel aufgestellt, ab welchen Grenzen eine Schuldunfähigkeit oder eine verminderte Schuldfähigkeit nahe liegt.[78] 210

Deliktsart	§ 20	§ 21
Tötungsdelikte	3,3 Promille	2,2 Promille
andere Delikte	3,0 Promille	2,0 Promille

Diese Werte sind aber keine starren Grenzen. Vielmehr kommt es immer auf den Einzelfall an. Maßgeblich ist dabei auch das Verhalten im Zusammenhang mit der Tat. Kann sich etwa der Beschuldigte kaum auf seinen Beinen halten und ist nicht zu komplexen Handlungen in der Lage, ist dies ein Indiz für seine Schuldunfähigkeit. Ein weiteres Kriterium ist die Trinkgewohnheit. Handelt es sich bei dem Täter um einen unerfahrenen Trinker, gelangt man deutlich früher zu einer verminderten Schuldunfähigkeit als bei einem an Alkohol gewöhnten Täter. 211

Ab welchem Promillewert die Schuld des Täters ausgeschlossen oder vermindert ist, wird in der Praxis vor Gericht idR mithilfe eines Sachverständigen individuell bestimmt. 212

Kann der Täter infolge des Rausches nicht bestraft werden oder ist dies nicht auszuschließen, dann kommt eine Strafbarkeit wegen Vollrauschs nach § 323a 213

[78] Vgl. BGH NStZ 1997, 592.

in Betracht. Hiernach wird der Täter mit Freiheitsstrafe bis zu fünf Jahren oder mit Geldstrafe bestraft.

b) Vorsätzliche actio libera in causa[79]

214 Will der Täter eine Straftat begehen, könnte dieser auf die Idee kommen, sich bewusst in den Zustand der Schuldunfähigkeit zu begeben, um in diesem Zustand die Tat zu verwirklichen. Dann erhofft sich der Täter nur eine Strafbarkeit aus § 323a, die grundsätzlich geringer ist als eine solche ohne Vollrausch.

Fall:
Um O zu töten (§ 212) betrinkt sich A, sodass er im Zeitpunkt der Abgabe des tödlichen Schusses den Zustand des § 20 (3,3 Promille) erreicht hat.

215 Eine Literaturmeinung[80] bestraft den Täter nur wegen Vollrauschs nach § 323a (Strafmaß: Geldstrafe oder Freiheitsstrafe bis fünf Jahre). Ein anderes Ergebnis widerspreche dem Grundsatz „keine Strafe ohne Gesetz" nach Art. 103 II GG (→ 1. Teil Rn. 23). Eine im Übrigen hierzu vertretene Rechtsfigur der **„actio libera in causa"** sei verfassungswidrig. Da aber eine Strafbarkeit allein nach § 323a von der überwiegenden Ansicht der Literatur[81] und Rechtsprechung[82] als unbillig – da rechtsmissbräuchlich – empfunden wird, kommt eine Bestrafung wegen Totschlags (5–15 Jahre) über die Grundsätze der „actio libera in causa" in Betracht.

216 Hierunter versteht man das verantwortliche Ingangsetzen eines Geschehensablaufs, das im Zustand der Schuldunfähigkeit zur Tatbestandsverwirklichung führt, wobei die in causa freie Handlung darin liegt, dass der schuldfähige Täter den Zustand des § 20 selbst herbeiführt. Nach der von der Rechtsprechung[83] bevorzugten **Vorverlagerungstheorie** wird nicht an die unmittelbar tatbestandsverwirklichende Handlung angeknüpft, sondern an den Akt, durch den sich der Täter in die schuldunfähige Lage versetzt hat. Insofern ist die actio libera in causa lediglich ein spezieller Anwendungsfall der allgemeinen Kausalitäts- und Zurechnungsregeln. Besteht in dem Moment, indem sich der Täter in den Defekt begibt, ein Schuldbezug auch zu einem späteren Verhalten, darf der Schuldvorwurf bereits hieran geknüpft werden. Um die Versuchsstrafbarkeit nicht vorzuverlagern, kann aber das „Sich-Berauschen" nur genügen, wenn es sich auch als unmittelbares Ansetzen zur Tat (§ 22) darstellt (→ 3. Teil Rn. 40 ff.).

217 Bei verhaltensgebundenen Straßenverkehrsdelikten (§§ 315c, 316; § 21 StVG) ist nach Ansicht des BGH[84] die „actio libera in causa" nicht anwendbar, da die Tathandlungen nach dem Wortlaut des Gesetzes hier im „Führen eines Kraftfahrzeugs im Straßenverkehr" liegt, was gerade nicht mit dem Herbeiführen des Rauschzustandes gleichgesetzt werden kann.

[79] Lat. übersetzt: in der Ursache freie Handlung.
[80] Vgl. *Salger* NStZ 1993, 561.
[81] Vgl. Schönke/Schröder/*Perron* § 20 Rn. 33 mwN.
[82] Vgl. BGHSt 34, 29 (33) = NStZ 1986, 311.
[83] Vgl. BGHSt 17, 259 ff. = NJW 1962, 1578; BGHSt 21, 381 ff. = NJW 1968, 657.
[84] Vgl. BGHSt 42, 235 (238) = NStZ 1997, 228; BGH NStZ 2000, 584; 1999, 448.

Damit ergibt sich folgender Prüfungsaufbau nach der Vorverlagerungstheorie: 218

Prüfungsschema: actio libera in causa 219

I. Delikt durch die unmittelbare Tathandlung (im obigen Fall das Schießen)
   1. Tatbestandsmäßigkeit
      a) Objektiver Tatbestand
      b) Subjektiver Tatbestand
   2. Rechtswidrigkeit
   3. Schuld (-) da krankhafte seelische Störung oder tiefgreifende Bewusstseinsstörung nach § 20
   4. Ergebnis: Ablehnung des Delikts

II. Delikt durch die Herbeiführung des Defektes in Verbindung mit der Rechtsfigur der vorsätzlichen actio libera in causa (im obigen Fall durch das Sich-Betrinken)
   1. Voraussetzungen
      a) Vorsatz auf Rausch
      b) Vorsatz auf Begehung einer bestimmten Tat (bei Fehlen weiter mit III. § 323a)
   2. Rechtliche Anerkennung und Darstellung der Vorverlagerungstheorie
      a) kein verhaltensgebundenes Delikt (§§ 315c, 316, 21 StVG) (bei verhaltensgebundenen Delikten weiter mit III. § 323a)
      b) Tat hat bereits das unmittelbare Ansetzen erreicht.
   3. Rechtswidrigkeit
   4. Schuld
   5. uU Strafantrag
   6. Ergebnis

III. § 323a
Tritt hinter actio libera in causa – sollte diese vorliegen – zurück.

A ist in dem Moment, indem er O erschießt, beim Totschlag nach § 212 I, mit 3,3 Promille aufgrund einer krankhaften seelischen Störung oder einer tiefgreifenden Bewusstseinsstörung, nach § 20 schuldunfähig. Er hat damit keinen Totschlag durch das Erschießen begangen.

Da er aber Vorsatz, sowohl auf das Sich-Betrinken als auch auf den Totschlag an O besaß, kommt eine Strafbarkeit nach § 212 I in Verbindung mit der Rechtsfigur der vorsätzlichen „actio libera in causa" durch das Sich-Betrinken in Betracht. § 212 I ist kein verhaltensgebundenes Delikt und A hat den Erfolg (Tod) bereits herbeigeführt, sodass er das Stadium des unmittelbaren Ansetzens überschritten hat. Damit liegt eine Strafbarkeit wegen Totschlags nach § 212 I durch die Herbeiführung des Defektes in Verbindung mit der Rechtsfigur der „actio libera in causa" vor. § 323a tritt hierhinter zurück.

3. Verbotsirrtum nach § 17

Der **Verbotsirrtum** nach § 17, der zur Schuldlosigkeit oder zur Strafmilderung führen kann, wird erst im Zusammenhang mit den anderen Fehlvorstellungen an späterer Stelle dargestellt (→ 2. Teil Rn. 270 f.). 220

II. Entschuldigungsgründe

221 Beim Begehungsdelikt kommen der Notwehrexzess nach § 33 und der entschuldigende Notstand nach § 35 als geschriebene Entschuldigungsgründe in Betracht. Schließlich ist zu prüfen, ob ein übergesetzlicher entschuldigender Notstand nach § 35 analog (also ungeschrieben) möglich ist.

Notwehrexzess	Entschuldigender Notstand	Übergesetzlicher entschuldigender Notstand
§ 33	§ 35	§ 35 analog?

1. Notwehrexzess nach § 33

222 Überschreitet der Täter die Grenzen der Notwehr aus Verwirrung, Furcht oder Schrecken, handelt dieser nach § 33 entschuldigt.

a) Asthenische Affekte

223 Ein Notwehrexzess liegt damit nur aus den drei vom Gesetzgeber genannten **asthenischen Affekten:** Verwirrung, Furcht oder Schrecken vor. Handelt der Täter hingegen aus sthenischen Affekten wie Zorn, Wut oder Kampfeseifer, scheidet § 33 aus. Treten beide Affekte nebeneinander und dominieren die asthenischen Affekte, so kommt ebenfalls ein Notwehrexzess in Betracht.[85]

b) Überschreitung der Grenzen der Notwehr

224 Die Grenzen der Notwehr können in dreifacher Hinsicht überschritten werden.

Intensiver Notwehrexzess	Extensiver Notwehrexzess	Putativnotwehrexzess

225 **aa) Intensiver Notwehrexzess.** Zunächst kommt ein intensiver Notwehrexzess in Betracht. Dieser liegt dann vor, wenn eine Notwehrlage tatsächlich gegeben ist, der Angriff also gegenwärtig und rechtswidrig, nur die Notwehrhandlung nicht erforderlich oder uU geboten ist.[86]

Fall:

A wird von B angegriffen. Obwohl A kräftig ist und es ausgereicht hätte, den B niederzuschlagen, greift A aus Furcht zum Messer und verletzt diesen damit.

226 § 33 erfasst unstreitig den intensiven Notwehrexzess.

A ist zwar mangels des mildesten Mittels nicht nach § 32 im Rahmen einer gefährlichen Körperverletzung nach §§ 223 I, 224 I Nr. 2 gerechtfertigt. Da er aber aus einem asthenischen Affekt (Furcht) handelt und die Grenzen der Erforderlichkeit der Notwehr überschreitet, ist A nach § 33 diesbezüglich entschuldigt.

85 Vgl. BGHSt 3, 194 (198) = NJW 1952, 1304.

86 Vgl. Schönke/Schröder/*Perron/Eisele* § 33 Rn. 7.

bb) Extensiver Notwehrexzess. Beim extensiven Notwehrexzess verteidigt sich der Täter, obwohl der Angriff noch nicht (vorzeitiger extensiver Notwehrexzess) vorliegt oder bereits abgeschlossen (nachzeitiger extensiver Notwehrexzess) ist. 227

Fall:
B greift A an. A tritt auf B aus Verwirrung ein, obwohl B bereits bewusstlos auf dem Boden liegt (nachzeitiger extensiver Notwehrexzess).

Die rechtliche Bewertung dieser Konstellation ist umstritten. 228

- Keine Anwendbarkeit des § 33

  Nach einer überwiegenden Ansicht, die von der Rechtsprechung[87] und Teilen der Literatur[88] vertreten wird, sind Fälle des extensiven Notwehrexzesses nicht von § 33 erfasst.

A ist hiernach weder nach § 32 gerechtfertigt noch nach § 33 entschuldigt und folglich wegen eines Körperverletzungsdelikts zu bestrafen.

- Anwendbarkeit des § 33

  Demgegenüber will die Gegenansicht auch den extensiven Notwehrexzess,[89] teilweise auch nur beim nachzeitigen Notwehrexzess,[90] über § 33 erfassen. Ob der Täter die Grenzen in der Intensität oder in zeitlicher Hinsicht überschreitet, mache keinen Unterschied. Auch beim extensiven Exzess werde ausschließlich der rechtswidrig Angreifende geschädigt.

A ist hiernach mangels Gegenwärtigkeit des Angriffs zwar nicht nach § 32 gerechtfertigt, wohl aber nach § 33 entschuldigt.

- Stellungnahme

  Zu folgen ist der praxisrelevanten Rechtsprechung, die beim extensiven Notwehrexzess § 33 verneint.

Mögliches Argument: Beim extensiven Notwehrexzess fehlt es an einer ausreichenden Unrechtsminderung.

cc) Putativnotwehrexzess. Beim Putativnotwehrexzess irrt sich der Täter über das tatsächliche Vorliegen einer Notwehrlage (Erlaubnistatbestandsirrtum) und überschreitet irrig die zulässigen Grenzen der Verteidigung. 229

[87] Vgl. BGH NStZ 1987, 20.
[88] Vgl. *Fischer* § 33 Rn. 2.
[89] Vgl. BeckOK StGB/*Heuchemer*, 48. Ed. 1.11.2020, § 33 Rn. 8.
[90] Vgl. *Wessels/Beulke/Satzger* StrafR AT Rn. 701.

Fall:
A glaubt irrig, er werde von B angegriffen. Obwohl A kräftig ist und es ausgereicht hätte, den B niederzuschlagen, greift A zum Messer und verletzt diesen damit.

230 Diese Fälle, die vom Wortlaut des § 33 nicht erfasst werden, führen nicht zur Entschuldigung.[91] Maßgeblich sind in solchen Fällen die allgemeinen Irrtumsregeln. Zum einen irrt der Täter über das Vorhandensein einer Notwehrlage, was – wie bei der Putativnotwehr – als Erlaubnistatbestandsirrtum angesehen wird und zu einer Strafbarkeit wegen Fahrlässigkeit analog § 16 I 1 führen kann (→ 2. Teil Rn. 292 ff.). Zum anderen überschreitet der Täter mit seiner Abwehrhandlung die Grenzen dessen, was zur Abwehr des Angriffs erforderlich wäre, wenn die von ihm angenommene Notwehrlage tatsächlich bestünde (Erlaubnisirrtum, § 17), → 2. Teil Rn. 289 ff. Im Ergebnis ist der Erlaubnisirrtum nach § 17 vorrangig.

Die gefährliche Körperverletzung des A ist weder – mangels Angriffs – nach § 32 gerechtfertigt, noch – mangels realem intensiven Notwehrexzess – nach § 33 entschuldigt. Waren die Irrtümer, es läge eine Notwehrlage vor und die Verteidigungshandlung sei erforderlich unvermeidbar, ist § 17 S. 1 gegeben, sodass A schuldlos handelte. War ein Irrtum vermeidbar, so kann die Strafbarkeit nach §§ 17 S. 2, 49 I nur gemildert werden.

231 **Daraus folgt folgender Aufbau des § 33:**

232 **Prüfungsschema: Notwehrexzess (§ 33)**

I. Täter handelt aus Verwirrung, Furcht oder Schrecken (asthenischer Affekt)

II. Täter überschreitet bei bestehender Notwehrlage die Grenzen der Notwehrhandlung (intensiver Notwehrexzess)

§ 33 daher unanwendbar bei
- extensivem Notwehrexzess
- Putativnotwehrexzess

2. Entschuldigender Notstand nach § 35

233 Der **entschuldigende Notstand** greift insbesondere dann ein, wenn eine Rechtfertigung nach § 34 an der Verhältnismäßigkeit oder Angemessenheit scheitert. Unter § 35 fällt mit der überzeugenderen Argumentation der Rechtsprechung auch der Nötigungsnotstand.[92]

234 Anders als beim rechtfertigenden Notstand ist eine Teilnahme (Anstiftung und Beihilfe) beim entschuldigenden Notstand möglich. § 35 lässt schließlich die vorsätzliche und rechtswidrige Haupttat bestehen. Auch Notwehr kann gegen nach § 35 entschuldigte Taten verübt werden, da der Angriff rechtswidrig bleibt.

[91] Vgl. BeckOK StGB/*Heuchemer*, 48. Ed. 1.11.2020, § 33 Rn. 13.
[92] Vgl. Schönke/Schröder/*Perron* § 34 Rn. 41b; hierzu auch → 2. Teil Rn. 174 ff.

Bootsfall:
A wirft B aus einem Boot, das zu kentern droht, um zu überleben. Dabei stirbt B. Ein Dritter kann an der Tat als Teilnehmer beteiligt sein: Telefoniert A etwa aus Verzweiflung mit seiner Mutter M über Handy und bittet sie um Rat, was er in dieser ausweglosen Situation tun könne und überredet diese ihn, den B über Bord zu werfen, handelt M als Anstifterin zum Tötungsdelikt tatbestandlich und rechtswidrig. Sie ist aber als Mutter und damit Angehörige ebenfalls nach § 35 entschuldigt.

B kann gegen das Verhalten des A Notwehr nach § 32 üben, indem er A seinerseits verletzt oder tötet (→ 2. Teil Rn. 97 ff.).

Der entschuldigende Notstand ist wiederum in Notstandslage, Notstandshandlung und Notstandswille zu unterteilen. 235

Prüfungsschema: Entschuldigender Notstand (§ 35) 236

I. Notstandslage
1. gegenwärtige Gefahr
2. für Leben, Leib, Freiheit
3. für sich, einen Angehörigen oder eine andere ihm nahestehende Person

II. Notstandshandlung
1. nicht anders abwendbar
2. Zumutbarkeit, die Gefahr hinzunehmen, § 35 I 2

III. Notstandswille
Kenntnis der Notstandslage und Gefahrabwendungswillen

IV. Ergebnis

a) Notstandslage

Erforderlich ist damit, wie auch iRd § 34, das Vorliegen einer **gegenwärtigen Gefahr**. Anders als beim rechtfertigenden Notstand, dürfen aber nur die existentiellen Rechtsgüter **„Leib, Leben und Freiheit“** betroffen sein. Unter Freiheit versteht man dabei nur die Fortbewegungsfreiheit, nicht aber die allgemeine Handlungsfreiheit. § 35 unterscheidet sich auch von § 34 im geschützten Personenkreis. Der entschuldigende Notstand besteht nur bei **Gefahren für den Täter selbst, für seine Angehörigen nach § 11 I Nr. 1 und für die dem Täter nahestehenden Personen**. Bei Letzteren ist maßgeblich, ob durch die Gefahr beim Täter eine seelische Zwangslage bewirkt wird. Insofern ist eine persönliche Nähebeziehung wie bei einem Freund oder Lebensgefährten erforderlich. 237

b) Notstandshandlung

Die Gefahr darf **nicht anders abwendbar** sein. Auch hier ist die Erforderlichkeit angesprochen, sodass die Handlung **geeignet** sein und das **mildeste Mittel** zur Gefahrenabwendung bilden muss. 238

239 Anders als beim rechtfertigenden Notstand findet aber eine Güterabwägung nicht statt. Damit kann auch ein Verhalten entschuldigt sein, bei dem sich Leben und Leben gegenüberstehen.

Das Hinauswerfen des B im obigen **Bootsfall** war als Notstandshandlung geeignet und – mangels Alternativen – auch das mildeste Mittel. Unmaßgeblich ist dabei, dass sich gleichrangige Rechtsgüter, das Leben des A und das Leben des B, gegenüberstanden.

240 Zu beachten ist insbesondere § 35 I 2. Hiernach entfällt der Entschuldigungsgrund, wenn dem Täter nach den Umständen, namentlich weil er die Gefahr selbst verursacht hat oder weil er in einem besonderen Rechtsverhältnis steht, zugemutet werden konnte, die Gefahr hinzunehmen.

241 Die erste Einschränkung betrifft im Wesentlichen Fälle, in denen der Täter eine ihm selbst drohende Gefahr verursacht hat.

Fall:

A hat einen Mord begangen und überredet den B ihm vor Gericht als Zeuge ein Alibi zu geben.

Die Strafbarkeit des A wegen Anstiftung zur uneidlichen Falschaussage des B nach §§ 153, 26 ist auch, wenn es das einzige Mittel ist, den A vor einer Freiheitsstrafe zu bewahren, nicht nach § 35 entschuldigt. So hat er nach § 35 I 2 die Gefahr des Freiheitsentzuges selbst durch die Tötung eines Menschen verursacht. Ihm ist die Beeinträchtigung seiner Fortbewegungsfreiheit deshalb auch zuzumuten.

242 Die Grenze der Zumutbarkeit endet aber dann, wenn mit der Hinnahme der Gefahr der sichere oder höchstwahrscheinliche Tod verbunden ist.[93]

Droht das Boot im obigen **Bootsfall** nur deshalb zu kentern, weil A seinen Pflichten nicht nachgekommen ist, die Fahrtauglichkeit des Bootes zu überprüfen, dann hat er zwar die Gefahr verursacht, ihm ist aber bei konkret drohender Lebensgefahr nicht zuzumuten, zu sterben. Er ist folglich auch in diesem Fall nach § 35 entschuldigt, wenn er B aus dem Boot wirft, wodurch dieser stirbt.

243 Die zweite Einschränkung des entschuldigenden Notstandes betrifft die erhöhte Gefahrtragungspflicht. Diese haben etwa Polizeivollzugsbeamte und Feuerwehrmänner. Sie sind aber ebenfalls nicht verpflichtet in den sicheren Tod zu gehen.[94]

c) Subjektive Notstandsvoraussetzungen

244 Schließlich muss der Täter **in Kenntnis** der Gefahrlage und **zum Zweck** der Gefahrabwendung mit Rettungswillen tätig geworden sein.

93 Vgl. Schönke/Schröder/*Perron* § 35 Rn. 25.

94 Vgl. *Fischer* § 35 Rn. 12.

Unterschiede § 34/§ 35: 245

	§ 34	§ 35
Notstandslage	• gegenwärtige Gefahr für jedes Rechtsgut • kein geschützter Personenkreis	• gegenwärtige Gefahr für Leib, Leben oder Freiheit • geschützter Personenkreis: für sich selbst, Angehörige oder nahestehende Personen
Notstandshandlung	Güterabwägung	keine Güterabwägung
Teilnahme	nicht möglich	möglich
Notwehr	nicht möglich	möglich

3. Übergesetzlicher entschuldigender Notstand nach § 35 analog

Die Entschuldigungsgründe des Strafgesetzbuches sind nicht abschließend. 246
Rechtsprechung und Literatur sind frei, zugunsten des Täters weitere Entschuldigungsgründe zu entwickeln.

Möglicherweise könnte der **übergesetzliche entschuldigende Notstand** analog 247
§ 35 einen solchen Entschuldigungsgrund darstellen.

Fall:

A sieht, dass zwei ihm unbekannte Bergsteiger bewusstlos am Seil hängen. B hängt oben, während sich C am unteren Ende befindet. Das Seil droht zu reißen, wenn A nicht unverzüglich den C abschneidet, damit B überleben kann. A rettet B, tötet aber dabei zwangsläufig den C.

Der Totschlag an C nach § 212 I ist nicht nach § 34 gerechtfertigt, da Leben gegen Leben nicht abgewogen werden kann. Auch § 35 greift nicht ein, weil der unbekannte B für C keine geschützte nahestehende Person war. Es könnten aber die Voraussetzungen des § 35 analog vorliegen, da eine gegenwärtige Gefahr für das Leben des B bestand und die Handlung erforderlich war. Eine erhöhte Gefahrtragungspflicht des B bestand nicht, die ohnehin nicht dazu führen kann, dass B seinen Tod erdulden muss. Folglich könnte A nach § 35 analog entschuldigt sein, wenn er in Kenntnis und zum Zwecke der Gefahrabwendung handelte.

a) Gewohnheitsrechtliche Anerkennung

In der Literatur wird teilweise vertreten, § 35 analog greife zugunsten des Täters 248
bei außergewöhnlichen Konfliktsituationen gewohnheitsrechtlich ein, wenn § 35 mangels des geschützten Personenkreises scheitert. Die Voraussetzungen würden im Übrigen denen des § 35 entsprechen. Darüber hinaus dürften aber nicht bislang ungefährdete Personen „geopfert" werden.[95]

Da C ohnehin gestorben wäre und die Voraussetzungen des § 35 im Übrigen vorliegen, wäre das Tötungsdelikt des A hiernach gem. § 35 analog über einen übergesetzlichen entschuldigenden Notstand entschuldigt.

[95] Vgl. *Roxin/Greco* StrafR AT I § 22 Rn. 163.

b) Keine gewohnheitsrechtliche Anerkennung

249 Demgegenüber hat die Rechtsprechung[96] einen solchen Entschuldigungsgrund bis heute nicht anerkannt.

> Hiernach ist A mangels Entschuldigung wegen eines Tötungsdeliktes zu bestrafen.

c) Stellungnahme

250 Gefolgt werden sollte der Rechtsprechung. Damit ist ein übergesetzlicher entschuldigender Notstand nach § 35 analog abzulehnen.

> ! **Mögliche Argumentation:** Der Gesetzgeber hat sich ausdrücklich gegen eine diesbezügliche Entschuldigung entschieden, da er klar normiert hat, dass eine Entschuldigung nur für den dort geschützten Personenkreis eingreifen kann. Eine planwidrige Regelungslücke, die für eine Analogie zugunsten des Täters Voraussetzung ist (→ 1. Teil Rn. 27), liegt damit nicht vor.

III. Vorsatz-Schuldvorwurf

251 Der **Vorsatz-Schuldvorwurf** wird an späterer Stelle im Zusammenhang mit den Irrtümern dargestellt (→ 2. Teil Rn. 296).

G. Strafantrag

252 Das Fehlen eines Strafantrags stellt ein Verfahrenshindernis dar. Bei eingeschränkten Antragsdelikten kann er allerdings dann ersetzt werden, wenn die Staatsanwaltschaft das besondere öffentliche Interesse an der Strafverfolgung bejaht.

253 Zu unterscheiden sind Offizial- und Antragsdelikte.

I. Offizialdelikte

254 **Offizialdelikte** (ex officio) werden von Amts wegen verfolgt. Hier muss kein Strafantrag geprüft werden, sodass dieser Prüfungspunkt in der Klausur wegfällt.

255 Im Modulabschnitt „Grundstudium" gehören zu den Offizialdelikten:

- §§ 224, 226 II, 226a, 211 ff., 304
- §§ 242, 243, 244, 244a, 246, sofern sie nicht unter § 247 fallen
- §§ 242, 246, sofern sie nicht unter § 248a fallen

II. Antragsdelikte

256 **Antragsdelikte** sind die Ausnahme und entstammen grundsätzlich dem Bagatellbereich.

[96] Vgl. BGH NJW 1953, 513, der versucht mit der Rechtsfigur eines Verbotsirrtums weiterzuhelfen.

1. Voraussetzungen

Antragsdelikte setzen voraus: 257

1. Antragsberechtigte, §§ 77, 77a: Grundsätzlich Verletzter
2. Antragsfrist, §§ 77b, 43 StPO: Dreimonatsfrist
3. Zuständige Stelle und Form: § 158 II StPO: bei Gericht oder der Staatsanwaltschaft schriftlich oder zu Protokoll, oder bei einer Behörde des Polizeidienstes schriftlich

2. Arten

Zu unterscheiden sind eingeschränkte (relative) und uneingeschränkte (absolute) Antragsdelikte. 258

a) Uneingeschränkte Antragsdelikte

Bei **uneingeschränkten Antragsdelikten** kann die Straftat ausnahmslos nur auf Antrag nach §§ 77 ff. verfolgt werden. Wird durch den Berechtigten kein Antrag gestellt, muss die Staatsanwaltschaft das Ermittlungsverfahren nach § 170 II StPO einstellen, da ein Verfahrenshindernis vorliegt. Die Klausuren enthalten grundsätzlich den Hinweis im Bearbeitervermerk, dass eventuell erforderliche Strafanträge gestellt sind. Aber auch ohne diesen Hinweis sollte man klausurtaktisch davon ausgehen, dass der Berechtigte einen Strafantrag gestellt hat oder noch stellen kann. 259

Im Modulabschnitt „Grundstudium" gehören zu den uneingeschränkten Antragsdelikten 260

- der Haus- und Familiendiebstahl nach § 247 in Fällen der §§ 242, 243, 244, 244a, 246;
- der Hausfriedensbruch nach § 123 I wegen § 123 II.

b) Eingeschränkte Antragsdelikte

Bei **eingeschränkten Antragsdelikten** hängt hingegen die Strafverfolgung von zwei alternativen Voraussetzungen ab. Entweder stellt hier der Berechtigte nach §§ 77 ff. einen Strafantrag oder die Strafverfolgungsbehörde hält ein Einschreiten von Amts wegen aufgrund des besonderen öffentlichen Interesses für geboten. Ob das besondere öffentliche Interesse vorliegt, richtet sich nach der RiStBV.[97] Selbst wenn in der Klausur ein Hinweis darüber fehlt, ob ein Strafantrag gestellt wurde, sollte man bei diesen Delikten festhalten, dass unter der Voraussetzung, dass ein Strafantrag gestellt wurde oder das besondere öffentliche Interesse an der Strafverfolgung bejaht werden kann, das Delikt verfolgbar ist. 261

Aus dem Modulabschnitt „Grundstudium" gehören hierzu: 262

- die einfache Körperverletzung nach §§ 223, 230;
- die Sachbeschädigung nach §§ 303, 303c;
- der Diebstahl und die Unterschlagung geringwertiger Sachen nach §§ 242, 246, 248a.

97 Vgl. etwa Nr. 234 der Richtlinien für das Strafverfahren und das Bußgeldverfahren (RiStBV) v. 1.1.1977, BAnz. S. 245 = PFHB 3-8.

2. KAPITEL. Irrtümer

Täter oder Teilnehmer können **Irrtümern** unterliegen. Als Irrtum bezeichnet man das Nichtübereinstimmen von Vorstellung und Wirklichkeit. Behandelt wird an dieser Stelle nur die Fehlvorstellung, bei der sich der Beteiligte eine für ihn günstigere Sach- oder Rechtslage vorstellt (sog. Irrtümer zugunsten des Beteiligten). 263

Die umgekehrte Fehlvorstellung, in der der Beteiligte eine für ihn ungünstige Sach- oder Rechtslage für gegeben hält, bleibt dem Kapitel „Das Versuchsdelikt" vorbehalten (→ 3. Teil Rn. 1 ff.). 264

A. Tatumstands- und Verbotsirrtum

I. Überblick

Das Gesetz unterscheidet zunächst zwei Irrtümer: 265

- Tatumstands- bzw. Tatbestandsirrtum (§ 16),
- Verbotsirrtum (§ 17).

1. Tatumstands- bzw. Tatbestandsirrtum nach § 16 I

Prüfungsschema: Tatumstands- bzw. Tatbestandsirrtum (§ 16 I) 266

I. Vorsatzdelikt
   1. Tatbestandsmäßigkeit
      a) Objektiver Tatbestand
      b) Subjektiver Tatbestand, § 16 I 1 prüfen, falls bejaht:
   2. Ergebnis: Keine Vorsatzstrafbarkeit

II. Fahrlässigkeitsdelikt iVm § 16 I 2, wenn nach § 15 strafbar
Die Sorgfaltspflichtverletzung folgt dann aus der Vermeidbarkeit des Irrtums (**Achtung!** Das Fahrlässigkeitsdelikt gehört nicht in den Modulabschnitt „Grundstudium".)

Der Tatumstandsirrtum nach § 16 I 1 setzt voraus, dass der Beteiligte bei Begehung der Tat einen Umstand nicht kennt, der zum gesetzlichen Tatbestand gehört. Der Täter irrt sich damit im Tatsächlichen.[98] 267

Fall:

A steckt die dem B gehörende Uhr in seine Tasche ein in der irrigen Vorstellung, es sei seine eigene.

[98] Zur umgekehrten Konstellation, die einen untauglichen Versuch darstellt noch → 3. Teil Rn. 36.

268 Als Rechtsfolge führt die Fehlvorstellung zum fehlenden Vorsatz. Nach § 16 I 2 bleibt aber die Strafbarkeit wegen Fahrlässigkeit unberührt.

Zwar hat A objektiv nach § 242 I eine fremde dem B gehörende bewegliche Sache weggenommen, er kennt aber den Tatumstand der Fremdheit nicht, weil er irrig glaubt, es handele sich um seine eigene Sache. Nach § 16 I 1 entfällt damit der Vorsatz. Da ein fahrlässiger Diebstahl nicht mit Strafe bedroht ist (§ 15), bleibt A straflos.

269 Weil der Vorsatz entfällt, wird dieser Irrtum auch im subjektiven Tatbestand geprüft.

2. Verbotsirrtum nach § 17

270 **Prüfungsschema: Verbotsirrtum (§ 17)**

I. Tatbestandsmäßigkeit
1. Objektiver Tatbestand
2. Subjektiver Tatbestand

II. uU objektive Strafbarkeitsbedingungen

III. Rechtswidrigkeit

IV. Schuld
- § 17, Voraussetzungen prüfen, falls bejaht:
- bei Unvermeidbarkeit nach § 17 S. 1: ohne Schuld (Ende der Prüfung)
- bei Vermeidbarkeit nach §§ 17 S. 2, 49 I: Milderungsmöglichkeit

V. uU Strafantrag

VI. Ergebnis

271 Der **Verbotsirrtum** nach § 17 setzt voraus, dass dem Täter bei Begehung der Tat die Einsicht fehlt, Unrecht zu tun. Der Täter irrt sich damit nicht im Tatsächlichen, sondern im Rechtlichen.[99] Als Rechtsfolge muss danach differenziert werden, ob der Irrtum vermeidbar ist oder nicht. Dieser ist vermeidbar, wenn dem Täter sein Vorhaben unter Berücksichtigung seiner Fähigkeiten und Kenntnisse hätte Anlass geben müssen, über dessen mögliche Rechtswidrigkeit nachzudenken oder sich zu erkundigen und wenn er auf diesem Wege zur Unrechtseinsicht gekommen wäre.[100] Bei Unvermeidbarkeit handelt der Täter nach § 17 S. 1 ohne Schuld, bei Vermeidbarkeit kann die Strafe nach §§ 17 S. 2, 49 I gemildert werden. Dieser Irrtum wird in der Schuld geprüft.

272 Die Vermeidbarkeit des Irrtums ist die Regel:

▶ **Fall:**
A glaubt, wenn er die Vase des B zerschlagen würde, kämen allein zivilrechtliche Schadensersatzansprüche auf ihn zu. Er stellt sich vor, Sachbeschädigung sei nicht strafbar.

[99] Zum umgekehrten Verbotsirrtum, der als Wahndelikt straflos ist noch → 3. Teil Rn. 36.
[100] Vgl. *Fischer* § 17 Rn. 8.

A hat den objektiven und subjektiven Tatbestand der Sachbeschädigung nach § 303 I erfüllt. Er wusste, dass er eine fremde Sache zerstören würde und wollte dies auch. Rechtfertigungsgründe lagen nicht vor. Er glaubte aber irrig, sein Verhalten sei erlaubt. Damit irrte er sich im Rechtlichen. Hätte er sich Rechtsrat eingeholt, hätte er erkannt, dass sein Verhalten als Sachbeschädigung strafbar ist. Der Irrtum ist damit vermeidbar, sodass nach §§ 17 S. 2, 49 I die Strafe aus § 303 I nur gemildert werden kann.

Die Unvermeidbarkeit des Irrtums ist die Ausnahme: 273

Fall:

A ist Produzent von Musik mit politischem Gedankengut. Er lässt ein ausführliches anwaltliches Gutachten zu bestimmten Inhalten seiner Musik durch einen auf diesem Rechtsgebiet versierten Rechtsanwalt anfertigen. Dieser bescheinigt ihm in einem schriftlichen detaillierten Gutachten die strafrechtliche Unbedenklichkeit des Liedgutes. Tatsächlich ist die Musik rechtsextremistisch und richtet sich gegen die freiheitliche demokratische Grundordnung. A lässt daraufhin in dem Glauben, der Inhalt seiner Musik sei erlaubt, entsprechende CDs produzieren.[101]

A erfüllt den objektiven und subjektiven Tatbestand nach § 86 I Nr. 4, II (Verbreiten von Propagandamitteln verfassungswidriger Organisationen) in mittelbarer Täterschaft nach § 25 I 2. Fall durch die gutgläubig beauftragten Produzenten. Er hat durch die Anfertigung der CDs Propagandamittel, die nach ihrem Inhalt dazu bestimmt sind, Bestrebungen einer ehemaligen nationalsozialistischen Organisation fortzusetzen, herstellen lassen. Da er den Inhalt der CDs kannte, handelte er auch vorsätzlich. Rechtfertigungsgründe liegen nicht vor. A hat sich in einem unvermeidbaren Verbotsirrtum nach § 17 S. 1 befunden. Der Täter hatte keinen Anlass über die Rechtswidrigkeit seines Verhaltens nachzudenken. Schließlich ist das Gutachten kein bloßes Gefälligkeitsgutachten oder eine erkennbare mangelhafte Auskunft eines Rechtsanwalts. Es ist vielmehr ein schriftliches und detailliertes Gutachten eines versierten Rechtsanwalts. A hat alles ihm Zumutbare getan. In diesem Fall ist der Verbotsirrtum unvermeidbar und A handelt ohne Schuld.

3. Zusammenfassung

Zusammenfassend kann festgestellt werden, dass der Tatumstandsirrtum für den Täter günstiger ist, da bei Vermeidbarkeit eine Fahrlässigkeitsstrafbarkeit gegenüber einer Vorsatzstrafbarkeit mit Milderungsmöglichkeit zu einer geringeren Bestrafung führt. 274

	Tatumstandsirrtum, § 16	**Verbotsirrtum, § 17**
Voraussetzungen	bei Begehung der Tat	
	Einen Umstand nicht kennen, der zum gesetzlichen Tatbestand gehört. (= Irrtum im Tatsächlichen)	Die Einsicht fehlt, Unrecht zu tun. (= Irrtum im Rechtlichen)

[101] Vgl. BGH StV 2014, 13.

	Tatumstandsirrtum, § 16	Verbotsirrtum, § 17	
Rechtsfolgen	§ 16 I 1: Vorsatz (–) § 16 I 2: uU Fahrlässigkeit (+)	unvermeidbar § 17 S. 1: Ohne Schuld	vermeidbar §§ 17 S. 2, 49 I: Milderungsmöglichkeit
Aufbau	im Vorsatz	in der Schuld	

II. Sonderfälle

275 Im Anschließenden sollen folgende Sonderfälle vorgestellt werden:

- Error in persona vel obiecto (Irrtum über die Person bzw. das Tatobjekt)
- Aberratio ictus (Fehlgehen des Schlages)
- Irrtum über den Kausalverlauf
- Subsumtionsirrtum.

1. Error in persona vel (in) obiecto (Irrtum über die Person bzw. das Tatobjekt)

276 Irrt sich der Täter über die Identität des Tatobjektes, wobei Angriffs- und Verletzungsobjekt identisch sind, so liegt ein **error in persona vel obiecto** vor.

Merke: Derjenige, der getroffen werden sollte, ist nicht da, sodass der falsche getroffen wurde.

277 In diesem Fall könnte der Täter nach § 16 I 1 einen Umstand nicht kennen, der zum gesetzlichen Tatbestand gehört. Die Identität ist aber kein relevanter Tatumstand, wenn die Objekte gleichwertig sind. Etwas anderes gilt bei Ungleichwertigkeit der Tatobjekte. Dann kommt nach § 16 I 1 am getroffenen Objekt kein Vorsatz, wohl aber Fahrlässigkeit nach § 16 I 2 in Betracht. Am vorgestellten Objekt ist ein Versuch zu prüfen (→ 3. Teil Rn. 1 ff.).

Beispiel:

- A will B umbringen. Er verwechselt den B mit dem C und tötet diesen in der Vorstellung, den B zu erschießen. A ist wegen eines vollendeten Tötungsdeliktes nach §§ 211 ff. an C zu bestrafen. Da die Tatobjekte B und C beides Menschen und insofern gleichwertig sind, ist der Irrtum nach § 16 I 1 irrelevant und A handelt vorsätzlich in Bezug auf den getöteten C. Ein Versuch an B wird nicht mehr geprüft, da der Irrtum unbeachtlich ist.
- Will A den B töten und verwechselt er diesen aber aufgrund seiner Kurzsichtigkeit mit dem großen Hund des B, so scheidet eine Sachbeschädigung nach § 303 I an dem Hund des B nach § 16 I 1 mangels Vorsatzes aus. „Mensch" und „fremde Sache" sind nämlich ungleichwertige Rechtsgüter. Eine fahrlässige Sachbeschädigung steht nicht unter Strafe. Zu prüfen ist aber ein versuchtes Tötungsdelikt an B.

2. Aberratio ictus (Fehlgehen des Schlages)

Bei der **aberratio ictus** ist im Gegensatz zum error in persona das Angriffs- und Verletzungsobjekt nicht identisch. 278

Merke: Derjenige, der getroffen werden sollte ist da, der Täter hat aber daneben getroffen.

In diesen Konstellationen nimmt der Täter auch die Verletzung des versehentlich getroffenen Tatobjektes nicht billigend in Kauf. Anderenfalls läge kein Vorsatzproblem vor. 279

Fall:

A will B umbringen, der Schuss geht fehl und trifft versehentlich den neben B stehenden C. Damit hat A nicht gerechnet.

Umstritten ist, ob das Fehlgehen der Tat nach § 16 I 1 ein erheblicher Tatumstand ist. 280

a) Formelle Gleichwertigkeitstheorie

Die **formelle Gleichwertigkeitstheorie**[102] behandelt die aberratio ictus als Unterfall des error in persona vel obiecto. Sind die Objekte gleichwertig, ist der Irrtum unbeachtlich, sind die Objekte hingegen ungleichwertig, greift § 16 I 1 ein. 281

Da sowohl B als auch C Menschen sind, sind die Objekte gleichwertig und A verkennt damit keinen Umstand, der zum gesetzlichen Tatbestand gehört. Er ist wegen eines vollendeten Tötungsdelikts an C zu bestrafen.

b) Konkretisierungstheorie

Die herrschende **Konkretisierungstheorie**,[103] die auch in der Rechtsprechung vertreten wird[104] nimmt bei der aberratio ictus hingegen stets einen beachtlichen Irrtum nach § 16 I 1 an. Insofern kommt, auch bei Gleichwertigkeit der Objekte, Fahrlässigkeit am getroffenen und Versuch am vorgestellten Objekt in Betracht. 282

Hiernach liegt ein relevanter Irrtum nach § 16 I 1 vor, der den Vorsatz in Bezug auf die Tötung des C entfallen lässt. In Betracht kommt diesbezüglich eine fahrlässige Tötung nach § 222. An B liegt ein versuchtes Tötungsdelikt vor (→ 3. Teil Rn. 1 ff.).

c) Stellungnahme

Es soll der praxisrelevanten Konkretisierungstheorie gefolgt werden. 283

Mögliche Argumente: Der Täter konkretisiert seinen Vorsatz auf ein bestimmtes Objekt. Er will nicht irgendein Objekt der Gattung verletzen. Die formelle Gleich-

[102] Vgl. *Loewenheim* JuS 1966, 313.
[103] Vgl. *Beulke* JURA 1988, 641 (644).
[104] Vgl. BGHSt 34, 53 (55) = NJW 1986, 2261.

wertigkeitstheorie unterstellt einen nicht vorhandenen „dolus generalis" und differenziert, trotz der Unterschiedlichkeit nicht zwischen error in persona vel obiecto und aberratio ictus.

3. Irrtum über den Kausalverlauf

284 Da sich der Vorsatz auf alle Tatbestandsmerkmale beziehen muss, kommt auch ein **Irrtum über den Kausalverlauf** in Betracht. Bei diesem sind wie beim error in persona vel obiecto zwar Angriffs- und Verletzungsobjekt identisch, der Erfolg tritt aber anders als vorgestellt ein. Nicht jede Abweichung zwischen dem tatsächlichen und dem vorgestellten Kausalgeschehen ist aber beachtlich. Der Vorsatz nach § 16 I 1 entfällt nämlich nach der Rechtsprechung[105] und der hM[106] dann nicht, wenn die Abweichungen unwesentlich sind und sie sich nach der allgemeinen Lebenserfahrung noch in den Grenzen des Voraussehbaren halten.

285 Dabei kann der Erfolg später oder früher als geplant eintreten.

a) Erfolg tritt später ein, als geplant

Jauchegrubenfall:[107]

A will B erschießen. Nachdem er auf B geschossen hat, versenkt er die vermeintliche Leiche in der Jauchegrube, wodurch B erst stirbt.

Da A den B im Zeitpunkt des Anschießens töten will, ihn aber nicht hierdurch, sondern durch Ersticken in der Jauchegrube getötet hat, ist zu prüfen, ob der Umstand, dass der Erfolg nach der Vorstellung des Täters bereits vorher eingetreten ist, nach § 16 I 1 ein relevanter Tatumstand ist. A will B töten und hat dies auch getan. Die zeitliche Abweichung des wirklichen vom vorgestellten Ursachenverlauf ist nur gering und damit rechtlich ohne Bedeutung. A ist damit wegen eines vollendeten Tötungsdelikts durch das Anschießen zu bestrafen.

b) Erfolg tritt früher ein, als geplant

Kofferkastenfall:[108]

A will seine Ehefrau B umbringen. Hierzu plant er, die B in seinem Auto in den Kofferkasten zu stecken, von ihr im 100 km entfernten Wald eine Lebensversicherung unter eigenem Bezugsrecht unterschreiben zu lassen und sie im Anschluss zu erschießen. Als A den Kofferkasten im Wald öffnet, ist B bereits erstickt.

Da A die B erst im Wald erschießen will, sie aber bereits vorher durch das Verbringen in den Kofferkasten seines Fahrzeugs gestorben ist, ist zu prüfen ob das Tötungsdelikt vorsätzlich geschah, oder ob ein relevanter Tatumstandsirrtum nach § 16 I 1 vorliegt. Der Irrtum über den Kausalverlauf ist wesentlich, wenn der Täter die Schwelle zum Versuch noch nicht überschritten hat. Ein unmittelbares Ansetzen liegt erst dann vor, wenn er nach seiner Vorstellung die Schwelle zum „Jetzt geht's los" überschreitet und Handlungen vornimmt, die nach seinem Tatplan der Erfüllung eines Tatbestandsmerkmals vorgelagert sind, in die Tat-

105 Vgl. BGHSt 38, 32 (34) = NJW 1991, 3161.
106 Vgl. *Wessels/Beulke/Satzger* StrafR AT Rn. 383.
107 Vgl. BGHSt 14, 193 = NJW 1960, 1261.
108 Vgl. BGH NJW 2002, 1057.

bestandshandlung unmittelbar einmünden und das geschützte Rechtsgut nach seiner Vorstellung in eine konkrete Gefahr bringen (→ 3. Teil Rn. 40 ff.). Daran fehlt es hier, da A die B erst lange Zeit später und in einer Entfernung von 100 km vom Wohnort töten will. Zudem will er dem Tatopfer noch eine Unterschrift abnötigen und damit ist noch ein zwischengeschaltetes Geschehen erforderlich. Damit liegt eine wesentliche Abweichung vom Kausalverlauf vor, die zum Vorsatzausschluss nach § 16 I 1 führt. In Betracht kommt aber eine Bestrafung des A wegen Freiheitsberaubung mit Todesfolge nach §§ 239 IV, 18. Die fahrlässige Tötung nach § 222 tritt hierhinter in Gesetzeskonkurrenz zurück.

4. Subsumtionsirrtum

Schließlich spricht man von einem **Subsumtionsirrtum**, wenn der Täter den Sachverhalt infolge unrichtiger Bewertung den einschlägigen Gesetzesbegriffen nicht unterstellt, obwohl er volle Kenntnis des Sachverhalts besitzt. Eine fehlerhafte Subsumtion führt nur dann nach § 16 I 1 zum Vorsatzausschluss, wenn dem Täter die Parallelwertung in der Laiensphäre fehlt, er also den rechtlichen Bewertungsinhalt nicht erfasst hat. 286

Beispiel: A glaubt irrig, durch den Abschluss des Kaufvertrages mit B sei er schon Eigentümer der von ihm gekauften Uhr geworden und entwendet diese noch vor ihrer Übereignung nach § 929 BGB in der irrigen Vorstellung, keine fremde bewegliche Sache wegzunehmen. Hier liegt zwar objektiv ein Diebstahl vor, da noch eine fremde, dem B gehörende, bewegliche Sache weggenommen wurde. Das Abstraktionsprinzip separiert schließlich den schuldrechtlichen Kaufvertrag von der dinglichen Übereignung der Sache, sodass die Uhr noch für A fremd ist. Subjektiv fehlt A jedoch der Vorsatz auf die Fremdheit. Er kennt als Laie den Unterschied zwischen Verpflichtungs- und Verfügungsgeschäft nicht und glaubt damit keine fremde Sache wegzunehmen. Dieser Irrtum ist damit nach § 16 I 1 relevant und führt zum Vorsatzausschluss.

Bewertet der Täter in der Laiensphäre das Tatbestandsmerkmal hingegen richtig, glaubt aber sein Verhalten sei erlaubt, liegt nur ein Verbotsirrtum nach § 17 vor. 287

Beispiel: A glaubt, dass er sich nicht wegen Urkundenfälschung nach § 267 I 2. Fall strafbar macht, wenn er mit einem Radiergummi die Striche auf einem Bierdeckel wegradiert. Hier ist der Vorsatz auf die Urkundsqualität zu bejahen, da er in Laienart weiß, dass ein Bierdeckel eine Gedankenerklärung verkörpert und zum Beweis geeignet ist zu klären, wie viele Getränke ein Gast getrunken hat und zu diesem Beweis auch bestimmt ist und der konkrete Gastwirt aus den Räumlichkeiten und damit aus dem Umständen erkennbar ist. Seine Fehlvorstellung kann lediglich einen vermeidbaren Verbotsirrtum nach §§ 17 S. 2, 49 I darstellen, sodass seine Strafe gemildert werden kann.

B. Irrtümer in der Rechtswidrigkeit

288 In der Rechtswidrigkeit sind Erlaubnis-, Erlaubnistatbestands- und der Doppelirrtum zu unterscheiden.

I. Erlaubnisirrtum

1. Voraussetzungen und Rechtsfolgen

289 Beim **Erlaubnisirrtum** (= indirekter Verbotsirrtum) liegt ein Irrtum über die Existenz **(Erlaubnisexistenzirrtum)** oder die rechtlichen Grenzen **(Erlaubnisgrenzirrtum)** eines anerkannten Rechtfertigungsgrundes vor. Der Täter irrt nicht über Tatsachen, sondern bewertet sein Verhalten in der Rechtswidrigkeit falsch.[109]

Fälle:

- A glaubt irrig, er habe als Elternteil ein Züchtigungsrecht[110] und schlägt sein Kind B, da dieses nicht gehorcht (Erlaubnisexistenzirrtum).
  A weiß, dass er tatbestandlich eine Körperverletzung begeht. Er glaubt aber irrig, sein Verhalten sei erlaubt, weil es ein elterliches Züchtigungsrecht gäbe.
- C glaubt irrig im Rahmen der Notwehr müsse er nicht das mildeste Mittel wählen. Deshalb erschießt A den B als dieser ihn körperlich angreift, statt ihn nur zu schlagen (Erlaubnisgrenzirrtum).
  Auch hier weiß C, dass er tatbestandlich ein Tötungsdelikt begeht. Er befindet sich auch objektiv in einer Notwehrlage. Er dehnt aber die Notwehrhandlung zu seinen Gunsten aus.

290 Der Erlaubnisirrtum folgt den Regeln des § 17. Er wird als indirekter Verbotsirrtum bezeichnet. Der Täter bewertet seine Rechtswidrigkeit falsch und ist nicht rechtstreu. Bei Unvermeidbarkeit der Fehlvorstellung ist die Schuld ausgeschlossen. Bei Vermeidbarkeit des Irrtums kann die Strafe nach §§ 17 S. 2, 49 I gemildert werden.

A hätte bei angestrengtem Nachdenken erkennen können, dass es kein Züchtigungsrecht gibt. Auch C hätte im Rahmen der Notwehr nach § 32 erkennen können, dass nicht jedes Mittel zur Verteidigung erlaubt ist.

Beide Irrtümer waren damit vermeidbar. Die Körperverletzung des A und der Totschlag des C können damit nur nach §§ 17 S. 2, 49 I gemildert werden.

2. Aufbau

291 Wie der direkte Verbotsirrtum wird auch der indirekte Verbotsirrtum nach § 17 als Schuldausschließungsgrund in der Schuld geprüft.

[109] Zum umgekehrten Erlaubnisirrtum, der als Wahndelikt straflos ist noch → 3. Teil Rn. 36.

[110] Durch das Gesetz zur Ächtung der Gewalt in der Erziehung und zur Änderung des Kindesunterhaltsrechts v. 2.11.2000 (BGBl. 2000 I 1479) in Kraft seit 8.11.2000, wurde das elterliche Züchtigungsrecht in § 1631 II BGB ausdrücklich abgeschafft.

Prüfungsschema: Vorsatzdelikt

I. Tatbestandsmäßigkeit
1. Objektiver Tatbestand
2. Subjektiver Tatbestand

II. Rechtswidrigkeit
Es lagen objektiv nicht die Voraussetzungen eines Rechtfertigungsgrundes vor.

III. Schuld
1. Entschuldigungsgründe
2. Schuldausschließungsgründe
   a) §§ 19, 20, 21, 17 direkt
   b) § 17 indirekt (Irrtum über die Existenz oder die rechtlichen Grenzen eines Rechtfertigungsgrundes)
      - unvermeidbar: ohne Schuld (Ende der Prüfung)
      - vermeidbar: Milderungsmöglichkeit nach §§ 17 S. 2, 49 I

IV. uU Strafantrag

V. Ergebnis

II. Erlaubnistatbestandsirrtum

1. Voraussetzungen und Rechtsfolgen

Ein **Erlaubnistatbestandsirrtum** liegt demgegenüber dann vor, wenn der Täter die tatsächlichen Voraussetzungen eines anerkannten Rechtfertigungsgrundes verkennt. Er unterliegt damit einer Fehlvorstellung über Rechtfertigungsumstände, die ihn, wenn diese vorlägen, rechtfertigen würden. Sein Irrtum liegt damit, anders als beim Erlaubnisirrtum, im Tatsächlichen und nicht im Rechtlichen. 292

Feuerzeugfall:

Der ängstliche A bittet den B um Feuer. A glaubt irrig, B hole seine Pistole aus der Manteltasche. Jeder Dritte hätte erkannt, dass B nur sein Feuerzeug herausholt. Der so irrende A schlägt den B deshalb nieder, was auch an sich ein geeignetes und – mangels Alternativen – mildestes Mittel darstellen würde.

A glaubt irrig, es läge eine Notwehrlage nach § 32 vor. Da er sich im Übrigen auch in den Grenzen der Notwehr bewegt, liegt ein Erlaubnistatbestandsirrtum vor (Putativnotwehr).

Auch im Polizeialltag sind solche Fehlvorstellungen nicht die Ausnahme, wenn etwa ein Polizeivollzugsbeamter verfolgte vermeintliche Täter verwechselt und im Rahmen einer nur irrig vorgestellten Nothilfe (Putativnothilfe) einen Unbeteiligten verletzt oder tötet. Umgekehrt kann auch ein Täter einen Polizeivollzugsbeamten irrig für einen Angreifer halten. Zu denken sei nur an den „Hells Angels Fall", indem ein Polizeibeamter eines Spezialeinsatzkommandos getötet wurde. 293

Hells Angels Fall:[111]

Ein Polizeibeamter des Spezialeinsatzkommandos versuchte gewaltsam in die Wohnung eines Mitglieds der Rockergruppe „Hells Angels“ zu kommen um dessen Wohnung zu durchsuchen. Da das Mitglied sich irrig und unvermeidbar vorstellte, es handele sich um einen Anschlag auf sein Leben durch ein Mitglied der konkurrierenden Rockergruppe „Bandidos“, gab dieser zwei Schüsse durch die Glastür ab und verletzte den Polizeibeamten tödlich.

Da in einer solchen Situation ein sofortiger Schusswaffeneinsatz gegen die (vermeintlichen) Angreifer gerechtfertigt gewesen wäre, nahm der BGH einen Erlaubnistatbestandsirrtum an.

294 Die rechtliche Behandlung dieses Irrtums ist umstritten, da das fehlende Unrechtsbewusstsein weder in § 16 noch in § 17 explizit geregelt ist.

a) Strenge Schuldtheorie

295 Nach der strengen Schuldtheorie[112] ist das Bewusstsein, Unrecht zu tun, Teil der Schuld. Hiernach muss – wie beim Erlaubnisirrtum – § 17 Anwendung finden. Es kommt damit auf die Vermeidbarkeit oder Unvermeidbarkeit des Erlaubnistatbestandsirrtums an.

A hat im **Feuerzeugfall** eine Körperverletzung nach § 223 I tatbestandlich und rechtswidrig begangen, weil objektiv kein gegenwärtiger rechtswidriger Angriff nach § 32 vorlag. Da er sich aber irrig vorstellte, seine körperliche Unversehrtheit werde angegriffen und sich im Übrigen im Rahmen der Notwehrhandlung bewegte, fehlte ihm nach § 17 die Einsicht, Unrecht zu tun. Der Irrtum war aber aufgrund der Ängstlichkeit des A vermeidbar, da jeder Dritte erkannt hätte, dass B nur sein Feuerzeug aus seiner Tasche holt. Insofern kann die Strafbarkeit wegen Körperverletzung nach §§ 17 S. 2, 49 I nur gemildert werden.

Im **„Hells Angels Fall“** war der Irrtum aber unvermeidbar, sodass das Mitglied nach § 17 S. 1 ohne Schuld handelte und nicht nach §§ 211 ff. bestraft wurde.

b) Eingeschränkte rechtsfolgenverweisende Schuldtheorie

296 Der Irrtum über die tatsächlichen Voraussetzungen eines Rechtfertigungsgrundes lässt nach der eingeschränkten rechtsfolgenverweisenden Schuldtheorie den Vorsatzschuldvorwurf analog § 16 I 1 entfallen, sodass in der Rechtsfolge die Tat wie ein Fahrlässigkeitsdelikt zu behandeln ist.[113] Eine direkte Anwendung des § 16 I 1 kommt nicht in Betracht, da der Täter keinen Tatumstand sondern einen Rechtfertigungsumstand verkennt. Auch entfällt durch diesen Irrtum nicht schon der Vorsatz, wie bei § 16 I 1 direkt, sondern erst der Vorsatz-Schuldvorwurf.

Mangels Vorsatz-Schuldvorwurfes ist damit eine Vorsatzstrafbarkeit nach § 223 I im **Feuerzeugfall** zu verneinen. In Betracht kommt aber eine fahrlässige Körperverletzung nach § 229, da A – wie jeder Dritte auch – den Erlaubnistatbestandsirrtum hätte erkennen können.

[111] Vgl. BGH BeckRS 2012, 00743.
[112] Vgl. *Dornseifer* JuS 1982, 761 (765).
[113] Vgl. BGHSt 3, 105 ff. = NJW 1952, 1023; BGHSt 3, 194 ff. = NJW 1952, 1304; BGH NStZ 1983, 500.

Im **„Hells Angels Fall“** handelte der Täter aber nicht sorgfaltswidrig, sodass auch keine Fahrlässigkeitsstrafbarkeit nach § 222 in Betracht kam.

c) Stellungnahme

Es soll der praxisrelevanten eingeschränkten rechtsfolgenverweisenden Schuldtheorie gefolgt werden. 297

!

Mögliche Argumente: Zwar weiß der Täter wie in § 17, dass er ein Rechtsgut verletzt, sein Irrtum liegt aber anders als in § 17 im Tatsächlichen, sodass er an sich rechtstreu ist. Damit muss auch der für den Täter günstigere Tatumstandsirrtum – wenn auch nur in seinen Rechtsfolgen – entsprechend Anwendung finden. Nur so kommt der Unterschied zum Erlaubnisirrtum zum Ausdruck.

2. Aufbau nach der eingeschränkten-rechtsfolgenverweisenden Schuldtheorie

Folgt man der rechtsfolgenverweisenden eingeschränkten Schuldtheorie (→ 2. Teil Rn. 296), soll der Erlaubnistatbestandsirrtum im Vorsatz-Schuldvorwurf, einem eigenen Prüfungspunkt in der Schuld, geprüft werden. Dabei muss zunächst untersucht werden, ob überhaupt ein Erlaubnistatbestandsirrtum gegeben ist. Hierfür muss hypothetisch gefragt werden, ob der Täter – sollte seine tatsächliche Fehlvorstellung zutreffen – gerechtfertigt gewesen wäre. Wird dies bejaht, liegt ein Erlaubnistatbestandsirrtum vor. Anschließend sollte die rechtliche Einordnung des Irrtums in § 16 analog oder § 17 diskutiert und sich für die rechtsfolgenverweisende eingeschränkte Schuldtheorie entschieden werden. 298

Prüfungsschema: Eingeschränkte-rechtsfolgenverweisende Schuldtheorie

I. Vorsatzdelikt

1. Tatbestandsmäßigkeit
   a) Objektiver Tatbestand
   b) Subjektiver Tatbestand
2. Rechtswidrigkeit
   Objektiv lagen die Voraussetzungen eines Rechtfertigungsgrundes nicht vor.
3. Schuld
   a) Entschuldigungsgründe
   b) Schuldausschließungsgründe
   c) Vorsatz-Schuldvorwurf
      aa) Irrtum über die tatsächlichen Voraussetzungen eines anerkannten Rechtfertigungsgrundes (+)
      bb) Vorsatz Schuldvorwurf nach § 16 analog entfällt
      (Abgrenzung zur strengen Schuldtheorie nach § 17)
   d) Ergebnis: keine Vorsatzstrafbarkeit

II. Fahrlässigkeitsdelikt iVm § 16 I 2, wenn nach § 15 strafbar

Die Sorgfaltspflichtverletzung folgt aus der Vermeidbarkeit des Erlaubnistatbestandsirrtums
(**Achtung!** Das Fahrlässigkeitsdelikt gehört nicht in das Teilmodul „Grundstudium“)

III. Doppelirrtum

299 Beim **Doppelirrtum** stellt sich schließlich der Täter irrig Rechtsfertigungsumstände vor (Erlaubnistatbestandsirrtum) und irrt sich darüber hinaus noch über die Reichweite des Rechtfertigungsgrundes (Erlaubnisirrtum).

Fall:

A glaubt irrig, B, der eine Axt in der Hand hat und noch etwas entfernt steht, würde ihn nunmehr erschlagen. Deshalb schießt A – in vorgestellter Notwehr – dem B genau ins Herz, ohne dies vorher – für ihn möglich – anzudrohen. Er glaubt zum sofortigen Todesschuss berechtigt zu sein.

300 Der Doppelirrtum wird über § 17 gelöst. Dass der Täter neben dem Erlaubnisirrtum noch einen Erlaubnistatbestandsirrtum besitzt, kann ihn nicht entlasten und gegenüber dem Täter, der nur über die Reichweite des Rechtfertigungsgrundes irrt, besser stellen. Insofern kommt es allein auf die Vermeidbarkeit des Irrtums an.

Hätte A, trotz Aktivierung all seiner Wertvorstellungen, Erkenntniskräfte und Erkundigungsmöglichkeiten den Irrtum nicht vermeiden können, handelte A in Bezug auf ein Tötungsdelikt nach § 17 S. 1 schuldlos. Anderenfalls kann die Strafe nur nach §§ 17 S. 2, 49 I gemildert werden.

301 Der bereits oben dargestellte Putativnotwehrexzess (→ 2. Teil Rn. 229 f.) folgt ebenfalls den Regeln eines Doppelirrtums.

C. Irrtümer in der Schuld

302 Auch in der Schuld sind der Irrtum über die tatsächlichen Voraussetzungen eines anerkannten Entschuldigungsgrundes sowie der Irrtum über die Existenz oder rechtlichen Grenzen eines Entschuldigungsgrundes zu unterscheiden.

I. Irrtum über die tatsächlichen Voraussetzungen eines Entschuldigungsgrundes

303 Beim **Irrtum über die tatsächlichen Voraussetzungen eines Entschuldigungsgrundes** stellt sich der Täter irrig eine Sachlage vor, bei deren Eingreifen die Tat zwar rechtswidrig, nicht aber schuldhaft herbeigeführt wurde.

Fall:

A sitzt mit B in einem Boot. Er schaut nicht genau hin. A glaubt irrig, das Boot kentere und wirft B raus, um zu überleben, wodurch B stirbt. Hier irrt sich A über die tatsächlichen Voraussetzungen des entschuldigenden Notstandes.

304 § 35 II ist hierbei maßgeblich. Ist der Irrtum unvermeidbar, so ist der Täter – wie auch bei § 17 – straflos. Ist der Irrtum allerdings vermeidbar, so wird die Strafe – anders als bei § 17 – nach §§ 35 II 2, 49 I zwingend (obligatorisch) und nicht nur

möglicherweise (fakultativ) gemildert. Dem § 35 II ist ein allgemeiner Gedanke zu entnehmen, sodass er auch für andere Entschuldigungsgründe gilt.

> Da A glaubt, dass das Boot untergeht, weil er nicht genau hinschaut, ist der Irrtum vermeidbar, sodass der Totschlag nach § 212 gem. §§ 35 II 2, 49 I zu mildern ist.

II. Irrtum über die Existenz oder die rechtlichen Grenzen eines Entschuldigungsgrundes

Der **Irrtum über die Existenz oder die rechtlichen Grenzen eines Entschuldigungsgrundes** ist gesetzlich nicht geregelt. Er ist – wie auch der Erlaubnisirrtum – ein Irrtum im Rechtlichen. 305

> **Fall:**
> Droht ein Boot, auf dem sich A und B befinden, wirklich zu kentern und glaubt A, zur Rettung seiner Sachwerte (Koffer), könnte er auch das Leben des B opfern, liegt ein Irrtum über die rechtlichen Grenzen des entschuldigenden Notstandes vor. So greift § 35 nur bei einer gegenwärtigen Gefahr für Leib, Leben oder Freiheit, nicht aber bei einer solchen für das Eigentum (Koffer) ein.

Dieser Irrtum ist nicht gesetzlich geregelt, sodass nur ein Verbotsirrtum nach § 17 in Betracht kommt, der wiederum zwischen Vermeidbarkeit und Unvermeidbarkeit differenziert. 306

> Die irrige Annahme des A, er sei nach § 35 entschuldigt, ist – mangels gegenteiliger Anhaltspunkte – vermeidbar, sodass seine Strafe nach §§ 17 S. 2, 49 I gemildert werden kann.

3. TEIL
Das Versuchsdelikt

Versuchsdelikt		
Fahrlässigkeitsdelikt	Vorsätzlich vollendetes Begehungsdelikt	Unterlassungsdelikt

Nachfolgendes Kapitel befasst sich mit dem Versuchsdelikt. Die Strafgesetze 1
wollen Rechtsgüter vor Verletzung aber auch schon vor ihrer Gefährdung schützen. Tritt der Erfolg einer Straftat nicht ein, ist die Tat noch nicht vollendet. Das Rechtsgut wurde nicht verletzt, kann aber schon nach der Vorstellung des Täters gefährdet worden sein. Daher steht in besonders geregelten Fällen nicht nur die Vollendung einer Straftat sondern auch der Versuch einer Tat unter Strafe.[1]

Das Gesetz formuliert den Versuch in § 22. Dort heißt es: *„Eine Straftat versucht,* 2
wer nach seiner Vorstellung von der Tat zur Verwirklichung des Tatbestandes unmittelbar ansetzt."

A. Einordnung in die Zeitphasen

Von dem Entschluss bis zur Beendigung einer Tat durchläuft ein Vorsatzdelikt 3
viele Zeitphasen.

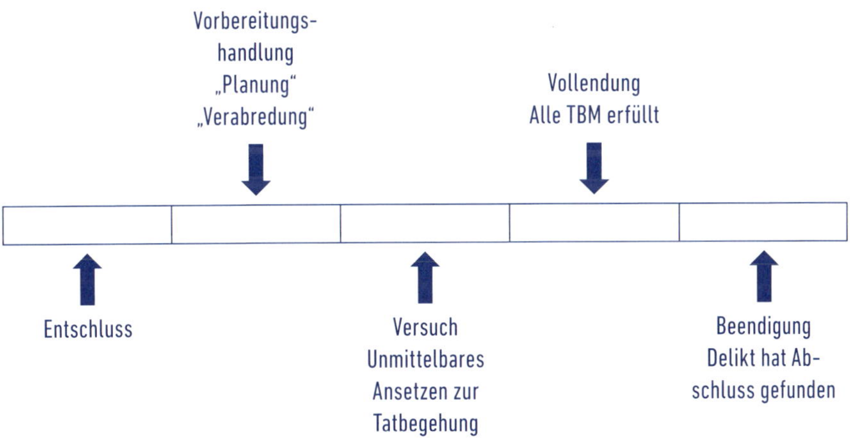

I. Entschluss

Zunächst muss der Täter sich entschließen, eine Straftat zu begehen. Nach dem 4
Motto „die Gedanken sind frei" ist der **Entschluss** grundsätzlich straflos. Etwas anderes gilt aber dann, wenn sich mehrere Beteiligte zu einem Verbrechen (→ 1. Teil Rn. 38) verabreden (§ 30 II). Diese Ausnahmenorm ist für die **polizeiliche Praxis** von großem Interesse.

[1] Hierzu *Kettner* JA 1999, 124.

II. Vorbereitungshandlung

5 Bei der **Vorbereitungshandlung** handelt es sich in der Regel um die Planungsphase einer Straftat. Aber auch Tätigkeiten, die sich darauf beschränken die Tat vorzubereiten, zB das Besorgen von Einbruchswerkzeug, das Fahren zum Tatort etc, fallen unter die Vorbereitungshandlung. Die Tätigkeiten zielen zwar auf die Tatbestandsverwirklichung hin aber sie setzen noch nicht dazu an. Die Vorbereitungshandlungen sind grundsätzlich straflos.

6 Es gibt aber auch hier Ausnahmen, indem schon im Gesetz die Vorbereitungshandlung unter Strafe gestellt ist.

1. § 83 Vorbereitung eines hochverräterischen Unternehmens
2. § 98 Landesverräterische Agententätigkeit
3. § 149 Vorbereitung und Fälschung von Geld und Wertzeichen
4. § 234a Vorbereitung einer Verschleppung
5. § 80 Vorbereitung eines Angriffskrieges
6. § 30 Versuch der Beteiligung

7 § 30 setzt damit nicht nur den Entschluss, sondern auch die Vorbereitungshandlungen unter Strafe. Sie ist folglich auch in der **polizeilichen Praxis** von besonderer Bedeutung.[2]

III. Versuch

8 Der **Versuch** ist daher eine Handlung, die zeitlich zwischen der Vorbereitungshandlung und der Vollendung einer Straftat liegt. Er ist also eine begonnene aber noch nicht vollendete Tat.

IV. Vollendung

9 Ein **vollendetes Delikt** ist dadurch gekennzeichnet, dass sämtliche Tatbestandsmerkmale erfüllt wurden. Bei der Vollendung ist der Erfolg eingetreten und die Tatbestandsverwirklichung liegt vor.

V. Beendigung

10 Mit der **Beendigung** hat das gesamte Handlungsgeschehen sein Ende, das Delikt hat also seinen endgültigen Abschluss gefunden.

> **Beispiel:** Der Täter hat sich endgültig vom Tatort entfernt und die Beute in Sicherheit gebracht.

11 Vollendung und Beendigung können zusammentreffen. Beispiel: Todeseintritt beim Totschlag nach § 212 I erfolgt erst, wenn der Täter sich schon vom Tatort entfernt hat.

[2] Vgl. dazu den Beispielfall → 3. Teil Rn. 52.

Bis zur Beendigung ist eine (sukzessive) Beteiligung möglich. Auch Verjährungsfristen beginnen mit der Beendigung der Tat. Dies folgt aus § 78a. 12

B. Aufbau

Für den Aufbau der Prüfung des Versuchs ergeben sich zum vollendeten Begehungsdelikt einige Besonderheiten. Beim Versuch ist objektiv etwas „schiefgegangen", was subjektiv aber geplant wurde. Da der objektive Tatbestand nicht verwirklicht wurde, wird hier im Gegensatz zum vollendeten Begehungsdelikt nicht mit der Prüfung des objektiven Tatbestandes begonnen. Vielmehr wird der Schwerpunkt auf die Prüfung des subjektiven Teils gelegt. Im „objektiven Teil" wird nur noch das unmittelbare Ansetzen geprüft. Es findet also im Tatbestand eine spiegelverkehrte Prüfung statt. Darüber hinaus besteht die Möglichkeit nach § 24 strafbefreiend vom Versuch zurückzutreten. 13

Prüfungsschema: Versuch (§§ 22, 23 I) 14

I. Vorprüfung
1. Nichtvollendung der Tat
2. Strafbarkeit des Versuchs

II. Tatbestandsmäßigkeit
1. Subjektiver Tatbestand — Tatentschluss
Vorsatz und sonstige subjektive Tatbestandsmerkmale
2. Objektiver Tatbestand — Unmittelbares Ansetzen

III. Rechtswidrigkeit

IV. Schuld

V. Rücktritt vom Versuch gem. § 24
1. Abgrenzung fehlgeschlagener/unbeendeter/beendeter Versuch
2. Rücktrittshandlung
3. Freiwilligkeit

VI. uU Strafantrag

C. Prüfung des Versuchs im Einzelnen

I. Vorprüfung

Im ersten Prüfungspunkt muss festgestellt werden, dass das **Delikt nicht vollendet** ist. Der objektive Tatbestand wurde nicht oder nicht vollständig verwirklicht. 15

Beispiel: Fehlen eines Tatbestandmerkmals wie das Ausbleiben des Erfolges (A schießt auf B und verfehlt diesen) oder die mangelnde objektive Zurechnung des Erfolges (A schießt auf B und trifft diesen. B stirbt aber nicht an seinen Verletzungen durch den Schuss, sondern an einer falschen Spritze, die B im Krankenhaus versehentlich vom Pfleger P erhält).

In der Regel wird hier nur noch die Nichtvollendung kurz festgestellt. Die eigentliche Prüfung der

16 Tatbestandsverwirklichung erfolgte bereits in der vorangestellten Prüfung des vollendeten Delikts. Bei einfachen Sachverhalten kann auch direkt mit der Versuchsprüfung begonnen werden.

> **Beispiel:** A schießt auf F um sie zu töten. Der Schuss verfehlt jedoch das Ziel. Bevor er erneut schießen kann, wird er von Polizeibeamten überwältigt.

17 **Die Strafbarkeit des Versuchs** ergibt sich aus § 23 I. Der Versuch ist bei Verbrechen (§ 12 I) stets strafbar. Bei Vergehen (§ 12 II) ist der Versuch nur strafbar, wenn es das Gesetz ausdrücklich bestimmt.[3]

> **Beispiele:**
> - § 212 I ist als Verbrechen (Mindestfreiheitsstrafe nicht unter einem Jahr) im Versuch stets strafbar; eine Erwähnung im Gesetz ist nicht notwendig.
> - § 242 I ist als Vergehen (Mindestfreiheitsstrafe von unter einem Jahr) in Abs. 2 im Versuch mit Strafe bedroht.
> - § 123 I ist im Versuch nicht strafbar, da er kein Verbrechen ist und die Strafbarkeit des Vergehens im Gesetz nicht angedroht wird.

18 Bei selbstständigen Qualifikationen und Privilegierungen richtet sich die Einordnung nach dieser Vorschrift, bei besonders schweren und minder schweren Fällen nach dem Grunddelikt (§ 12 III).

II. Tatentschluss

19 Für die Prüfung des **Tatentschlusses** ist es wichtig, sich noch einmal die Begründung der Rechtsprechung für die Strafbarkeit des Versuchs zu verinnerlichen. Diese vertritt seit jeher eine subjektive Versuchstheorie, welche die Bestrafung an die Betätigung des **verbrecherischen Willens** knüpft.[4]

20 Der Tatentschluss beinhaltet also den Vorsatz des Täters, den Tatbestand zu verwirklichen. Erforderlich ist der Wille der Verwirklichung eines Straftatbestandes in Kenntnis all seiner objektiven Tatumstände.[5]

21 Hier wird unter dem Prüfungspunkt des Tatentschlusses die gesamte Subsumtion des Tatbestandes eines Delikts vorgenommen, die sonst beim Vollendungsdelikt im objektiven Tatbestand stattfindet. Es muss der volle Tatvorsatz bezogen auf eine bestimmte Straftat vorliegen. **Die Prüfung aller objektiven Merkmale wird also subjektiv vorgenommen.**

> **Beispiel:** A will den Pkw des B anzünden. Dafür zündet er einen Grillanzünder an und legt ihn auf den Vorderreifen des Pkw. Sodann verlässt er den Tatort. Nur durch Zufall entdeckt B den Grillanzünder und kann noch im letzten Moment verhindern, dass der Wagen sich entzündet.
>
> Der subjektive Tatbestand – Tatentschluss – wird nun folgendermaßen geprüft:

[3] Vgl. zur Differenzierung zwischen Verbrechen und Vergehen → 1. Teil Rn. 37 ff.
[4] Vgl. BGHSt 2, 74 (76); BGHSt 41, 94 (96) = NJW 1995, 2176; hierzu auch *Fischer* § 22 Rn. 2a.
[5] Vgl. *Wessels/Beulke/Satzger* StrafR AT Rn. 939.

A müsste Vorsatz hinsichtlich aller Tatbestandsmerkmale des § 306 I Nr. 4 gehabt haben.

1. A müsste also Vorsatz auf das Anzünden eines fremden Kfz gehabt haben. Kfz sind Fahrzeuge, die durch Maschinenkraft bewegt werden. Fremd ist eine Sache, wenn sie nicht im Alleineigentum des Täters steht. A wusste, dass es sich bei dem Pkw um ein fremdes Kfz handelte, da es im Alleineigentum des B stand.
2. Weiterhin müsste A Vorsatz gehabt haben, den Pkw in Brand zu setzen. Inbrandsetzen bedeutet, eine Sache so anzuzünden, dass sie nach Entfernen des Brandmaterials selbstständig weiterbrennen kann. A wusste, dass durch den Grillanzünder der Pkw abbrennen kann. Diesen Erfolg wollte er auch.
3. Auch hinsichtlich der Kausalität und der objektiven Zurechnung hat A mit dem notwendigen Vorsatz gehandelt.

Bei dem Tatentschluss ist immer die Vorsatzart ausreichend, die auch für das 22
vollendete Delikt erforderlich ist. Reicht Eventualvorsatz für die Deliktsvollendung aus, so genügt dessen Vorliegen auch für den Versuch.[6]

Macht der Täter seinen Vorsatz von einer Bedingung abhängig muss zwischen 23
objektiver und subjektiver Bedingung unterschieden werden. Ist der Täter nicht sicher, ob er den Tatbestand begehen wird, hängt sein Tatentschluss von einer subjektiven Bedingung ab. Er ist dann nur tatgeneigt aber nicht tatentschlossen.[7] Hängt die Bedingung hingegen von objektiven Geschehnissen ab, zB von dem Umstand, dass der Täter sein Opfer antrifft, lässt die objektive Bedingung den Tatentschluss nicht entfallen.[8]

Daneben sind beim Tatentschluss auch mögliche deliktsspezifische Absichten 24
zu prüfen.[9] Begeht also der Täter zB einen versuchten Diebstahl, so muss nicht nur Vorsatz hinsichtlich aller objektiven Tatbestandsmerkmale des § 242 bei ihm vorliegen, sondern er muss auch mit rechtswidriger Zueignungsabsicht gehandelt haben.[10]

1. „Agent provocateur"

Der Einsatz eines **„agent provocateurs"**[11] durch die Polizei bezweckt die Bege- 25
hung eines Tatversuchs mit der Möglichkeit einer guten Beweissicherung. Die Rechtsprechung geht davon aus, dass der Einsatz von V-Personen und von verdeckt arbeitenden Polizeivollzugsbeamten zur Bekämpfung besonders gefährlicher und schwer aufklärbarer Kriminalität, zu der auch der Rauschgifthandel gehört, notwendig und zulässig ist.[12]

Für die Strafbarkeit eines solchen „agent provocateurs" ergibt sich folgende Be- 26
sonderheit: Der „agent provocateur" will die Tat nicht vollenden, sondern nur das Versuchsstadium erreichen und den Erfolg verhindern. Er begeht also als

6 Definition aus § 248b IV.; *Wessels/Beulke/Satzger* StrafR AT Rn. 939.
7 *Wessels/Beulke/Satzger* StrafR AT Rn. 941.
8 Vgl. Lackner/Kühl/*Kühl* § 22 Rn. 2.
9 Vgl. *Wessels/Beulke/Satzger* StrafR AT Rn. 939.
10 Zur Zueignungsabsicht noch iRd § 242 → 8. Teil Rn. 39 ff.
11 Hierzu iRd Teilnahme → 4. Teil Rn. 86.
12 BVerfG NJW 1987, 1874; BGHSt 32, 115 (121 ff.) = NStZ 1984, 36; BGHSt 32, 345 = NJW 1984, 2300.

Täter keinen strafbaren Versuch, weil sein Vorsatz nicht auf die Verwirklichung bzw. Vollendung des Tatbestandes gerichtet ist. Es mangelt ihm daher an dem notwendigen Tatentschluss.

2. Untauglicher Versuch

27 Unter einem **untauglichen Versuch** versteht man einen **strafbaren** Versuch, der nach den tatsächlich gegebenen Umständen entgegen den Vorstellungen des Täters entweder aus tatsächlichen oder aus rechtlichen Gründen nicht zur Verwirklichung des Tatbestandes führen kann.[13] Der Täter stellt sich also einen Sachverhalt vor, bei dessen wirklichem Vorliegen sein Handeln den gesetzlichen Tatbestand erfüllen würde. Der Mangel im Vorstellungsbild des Täters entspricht einem umgekehrten Tatbestandsirrtum (§ 16).[14]

28 Die Untauglichkeit kann sich zunächst aus dem **Tatobjekt** oder dem **Tatmittel** ergeben.

Beispiel:

- A will das Fahrrad des B stehlen. In der Dunkelheit verwechselt er sein eigenes Fahrrad mit dem des B und fährt damit davon.
- Hier fehlt es an dem objektiven Tatbestandsmerkmal „fremd" iSd § 242 I, es liegt also kein taugliches **Tatobjekt** vor.
- A will B töten. Er glaubt irrig in einer Flasche befindet sich Gift und kippt die Flüssigkeit dem B in den Kaffee.

Hier fehlt es an einem tauglichen **Tatmittel** für den Totschlag nach § 212 I.

29 Die Untauglichkeit kann sich aber auch im Weiteren aus dem untauglichen **Tatsubjekt** ergeben.

30 Nach hM in Rechtsprechung[15] und Literatur[16] ist auch hier ein untauglicher Versuch denkbar. So ist auch die besondere Täterqualifikation ein Tatumstand, der wie das „Tatobjekt" und das „Tatmittel" durch die irrtümliche Vorstellung des Täters ersetzt werden kann. Die Abgrenzung des untauglichen Versuchs zum (straflosen) Wahndelikt hängt aber von der Ursache für die irrige Annahme der **Täterqualität** ab. Dabei kommt ein Wahndelikt dann in Betracht, wenn der Täter infolge falscher rechtlicher Interpretation von einer besonderen Pflichtenposition für sich ausgeht.

Beispiel:

- A arbeitet als Reinigungskraft in einer Behörde. In der irrigen Vorstellung, sie sei deshalb Beamtin, schlägt sie eine Person während ihrer Reinigungstätigkeit.
- A besitzt keinen Tatentschluss auf eine Körperverletzung im Amt nach § 340, da sie in keinem Fall als Reinigungskraft Amtsträgerin geworden ist. Es liegt ein strafloses Wahndelikt vor.

[13] Vgl. *Fischer* § 22 Rn. 39; BGHSt 14, 350 = NJW 1960, 1820.
[14] Vgl. *Wessels/Beulke/Satzger* StrafR AT Rn. 979; zum Tatumstandsirrtum bereits → 2. Teil Rn. 266 ff.
[15] Vgl. RGSt 72, 112.
[16] Vgl. *Fischer* § 22 Rn. 46.

Zu einem strafbaren untauglichen Versuch kommt es hingegen, wenn der Täter irrtümlich einen Umstand annimmt, der im Falle seines wirklichen Vorliegens die vom jeweiligen Delikt geforderte Subjektsqualität des Täters begründet. 31

Beispiel:

- A ist tatsächlich kein Beamter geworden, da er versehentlich von einer unzuständigen Stelle vereidigt worden ist. In der irrigen Vorstellung, er sei Beamter, schlägt er während der Ausübung seines Dienstes den B.
- A besitzt Tatentschluss auf eine Körperverletzung im Amt, da er Amtsträger gewesen wäre, wenn die Beamtenernennung von der zuständigen Stelle vorgenommen worden wäre. Es liegt ein untauglicher Versuch durch ein untaugliches Tatsubjekt vor.[17]

Die Strafbarkeit des untauglichen Versuchs ergibt sich für die Rechtsprechung allein aus subjektiven Gesichtspunkten. Danach ist es für die Strafbarkeit des Versuchs ausreichend, dass der Täter auf der Grundlage seiner Vorstellung von der Tat zur Verwirklichung unmittelbar angesetzt hat.[18] Auf die Tauglichkeit bzw. Richtigkeit kommt es grundsätzlich nicht an.[19] 32

Die Literatur stützt die Strafbarkeit des untauglichen Versuchs auf den Wortlaut des § 23 III. 33

In § 23 III ist geregelt, dass auch ein Täter bestraft wird selbst wenn er aus **grobem Unverstand** verkannt hat, dass der Versuch nach **Art des Gegenstandes**, an dem, oder des **Mittels**, mit dem die Tat begangen werden sollte, überhaupt nicht zur Vollendung führen kann. Auch wenn hier das **Tatsubjekt** nicht ausdrücklich erwähnt wird, soll auch dieses erfasst sein. Grober Unverstand liegt dann vor, wenn der Täter völlig abwegige Vorstellungen von gemeinhin bekannten Ursachenzusammenhängen besitzt. 34

Beispiel: A schießt mit einer Schreckschusspistole auf ein Flugzeug, in der Vorstellung, es könne hierdurch abstürzen.

Da der grob unverständige Versuch gem. § 23 III strafbar ist und die Gerichte von Strafe nur absehen oder sie gem. § 49 II mildern können, geht die Literatur im Umkehrschluss davon aus, dass ein untauglicher Versuch ohne groben Unverstand, wie jeder Versuch, erst recht strafbar ist. 35

3. Wahndelikt

In Abgrenzung zum untauglichen Versuch liegt beim **straflosen Wahndelikt** bei dem Täter die irrige Annahme vor, sein in tatsächlicher Hinsicht vollständig und richtig erkanntes Verhalten falle unter eine Verbotsnorm, die es in Wirklichkeit nicht gibt oder die er infolge falscher Auslegung zu seinem Nachteil überdehnt.[20] 36

Folgende Fälle sind dabei zu unterscheiden: 37

[17] Zu diesem Beispiel auch die ausformulierte Lösung in *Nolden* Irrtümer Fall 30, 91.
[18] Zum unmittelbaren Ansetzen → 3. Teil Rn. 40 ff.
[19] Vgl. *Fischer* § 22 Rn. 40; BGHSt 34, 356 = NJW 1987, 2524; BGHSt 40, 257 = NStZ 1995, 80.
[20] Vgl. *Fischer* § 22 Rn. 49.

Beispiele:

- Der volljährige A verkehrt geschlechtlich mit seinem 17-jährigen Freund und glaubt, dies sei noch strafbar.
  Hier glaubt der Täter, dass er gegen ein Strafgesetz verstößt, das es nicht mehr gibt (umgekehrter, direkter Verbotsirrtum).[21]
- Der erwachsene A schreibt für seine Fehlzeiten in der Schule dem Lehrer eine Entschuldigung. Hierin erklärt er unzutreffend, er sei krank gewesen. Er unterschreibt mit seinem eigenen Namen. A glaubt irrig hiermit eine Urkundenfälschung nach § 267 I 1. Fall zu begehen.
  Hier glaubt der Täter aufgrund einer falschen rechtlichen Wertung, eine inhaltlich falsche Urkunde sei unecht. Unterschreibt der Täter – wie hier – mit seinem eigenen Namen, handelt es sich aber nur um eine straflose schriftliche Lüge. Mangels Identitätstäuschung liegt tatsächlich keine unechte Urkunde vor. A subsumiert also zu seinen Ungunsten das Merkmal „unecht" in § 267 I 1. Fall unzutreffend mit „unwahr" (umgekehrter Subsumtionsirrtum).[22]
- A wird von B angegriffen. Um den Angriff abzuwehren schlägt A den B nieder. Dabei glaubt A, er dürfe sich nicht verteidigen.
  Hier stellt sich der Täter irrig vor, ein tatsächlich gerechtfertigtes Verhalten sei nicht gerechtfertigt (umgekehrter Erlaubnisirrtum).[23]

38 Strafrechtlich relevant ist nur der Versuch, eine wirklich bestehende Strafnorm zu verletzen (Art. 103 II GG).[24] Stellt sich der Täter lediglich vor, es gäbe eine Strafnorm, die sein Verhalten unter Strafe stellt, begeht er lediglich ein straffreies Verhalten. Das Wahndelikt ist daher immer straflos. Im subjektiven Tatbestand, also im Tatentschluss, muss in diesen Fällen der Irrtum und die Straflosigkeit des Täters festgestellt werden.

4. Abergläubischer Versuch

39 Beim **abergläubischen Versuch** handelt es sich um einen Versuch bei dem der Täter auf die Wirksamkeit nicht existierender oder nach dem Stand der wissenschaftlichen Erkenntnis jedenfalls nicht nachweisbarer magischer Kräfte vertraut, zB Teufelsanbetung, Verhexen, Voodoo Zauber, Totbeten etc. Der abergläubische Versuch ist straflos, denn es würde, selbst wenn der vom Täter angestrebte Erfolg tatsächlich einträte, nach derzeitigen Erkenntnissen an der Kausalität fehlen.[25]

III. Unmittelbares Ansetzen

40 Objektive Vorrausetzung des Versuchs ist gem. § 22 das **„unmittelbare Ansetzen"** zur Tatbestandsverwirklichung. Hier findet die für die Strafbarkeitsschwelle entscheidende Abgrenzung zwischen strafloser Vorbereitungshandlung und strafbarem Versuch statt (vgl. Skizze → 3. Teil Rn. 3).

[21] Zum Verbotsirrtum → 2. Teil Rn. 270.
[22] Zum Subsumtionsirrtum bereits → 2. Teil Rn. 286.
[23] Zum Erlaubnisirrtum bereits → 2. Teil Rn. 289.
[24] Hierzu bereits → 1. Teil Rn. 27, 29.
[25] Vgl. *Fischer* § 22 Rn. 48.

1. Allgemein

Hat der Täter bereits ein Tatbestandsmerkmal verwirklicht, und mit der Ausführungshandlung des Delikts bereits begonnen, bereitet die Abgrenzung keine Probleme, da hier immer ein unmittelbares Ansetzen gegeben ist.[26] 41

> **Beispiel:** A will eine Tankstelle überfallen und bedroht bereits den Tankwart mit einer Waffe als er von der Polizei überwältigt wird.
>
> Hier ist das unmittelbare Ansetzen gegeben, da er bereits das qualifizierte Nötigungsmittel, also ein Tatbestandsmerkmal des § 249 I, verwirklicht hat.

Fraglich ist, wie die Abgrenzung erfolgen soll, wenn noch keine Tathandlung an sich vorliegt. Dazu werden mehrere Meinungen vertreten. 42

a) Formal objektive Theorie

Die **formal-objektive Theorie** fordert für das unmittelbare Ansetzen zumindest die Verwirklichung eines Tatbestandsmerkmals. 43

Kritik: Die Versuchsstrafbarkeit wird nach hinten verlagert und die Strafbarkeit beginnt zu spät. 44

b) Rein subjektive Theorie

Die rein **subjektive Theorie** stellt für das unmittelbare Ansetzen und die Strafbarkeit des Versuchs nur auf die Vorstellung des Täters ab.[27] 45

Kritik: Die Versuchsstrafbarkeit wird zu weit vorverlagert und es besteht die Gefahr des Gesinnungsstrafrechts. 46

c) Gemischt subjektive-objektive Theorie

Nach der **gemischt subjektiv-objektiven Theorie** werden für das unmittelbare Ansetzen gem. § 22 sowohl subjektive als auch objektive Elemente gefordert. 47

Ein Versuch liegt demnach vor, wenn der Täter **subjektiv** die Schwelle zum **„jetzt geht es los"** überschreitet und **objektiv** nach seiner Vorstellung von der Tat zur tatbestandsmäßigen Angriffshandlung ansetzt.[28] Diese von der Rechtsprechung und der hM vertretene Theorie versucht die Nachteile der rein objektiven und der rein subjektiven Theorie zu kompensieren, indem sie beide Elemente miteinander verbindet. 48

Danach ist für das unmittelbare Ansetzen nicht erforderlich, dass der Täter ein Tatbestandsmerkmal schon verwirklicht hat, es genügt, wenn er Handlungen vornimmt, die nach seinem Tatplan der Erfüllung eines Tatbestandsmerkmales vorgelagert sind und sein Tun ohne wesentliche Zwischenakte in die Rechtsgutverletzung bzw. Erfüllung des Tatbestands übergeht und das Rechtsgut in eine unmittelbare Gefahr bringt. Da es auf den Täterplan ankommt, ist es ohne Belang ob die Gefährdung tatsächlich eintritt. 49

[26] Vgl. *Fischer* § 22 Rn. 9; BGHSt 33, 375 = NJW 1986, 940.
[27] Vgl. BGHSt 1, 116.
[28] BGH NStZ 2003, 149 (150); BGH StV 2001, 272 (273); *Kudlich* JuS 2002, 272 (273).

50 Hier ist es für die Strafbarkeit damit zB unmaßgeblich, ob eine reale Gefahr für ein Opfer aufgrund etwa einer defekten Bombe bestand. Der Täter hat also auch in diesem Fall unmittelbar zur Tat angesetzt.

51 Es ist nicht erforderlich, hier ein Theorienstreit darzustellen. Für die Praxis und die hM ist die gemischte Theorie die heute geltende. Die beiden anderen Ansichten wurden nur zur Verständlichkeit dargestellt, da sich die heute hM aus beiden Elementen zusammensetzt.

2. Auswirkung des unmittelbaren Ansetzens in der polizeilichen Praxis

52 Das Problem der Abgrenzung zwischen strafloser Vorbereitungshandlung und strafbarem Versuch treffen wir häufig in der polizeilichen Praxis an.

Fall:

Die Polizeibeamten A und B beobachten bei Ihrer nächtlichen Streifenfahrt einen Pkw-Fahrer, der auffällig eine Tankstelle beobachtet. Die Beamten bemerken, dass der unbekannte Fahrer beginnt, sich zu maskieren. Beide gehen richtigerweise davon aus, dass der Mann die Tankstelle überfallen will. Als er den Wagen verlässt, nehmen die Beamten einen Zugriff bei günstiger Gelegenheit vor.

Hier liegt noch kein unmittelbares Ansetzen zum Raub vor. Die Grenze zur Strafbarkeit des Versuchs wäre erst bei Betreten der Tankstelle gegeben, wenn sich der Täter vorstellt, das Personal unmittelbar danach zu bedrohen. Die Beamten haben also zu einem Zeitpunkt zugegriffen, als der F sich noch in einer straflosen Vorbereitungshandlung befand. Dennoch haben die Beamten richtig gehandelt. Denn grundsätzlich gilt **Gefahrenabwehr geht vor Strafverfolgung!** Hätten die Beamten bis zum unmittelbaren Ansetzen mit dem Zugriff gewartet, wären Personen in der Tankstelle in Gefahr geraten. Die Straflosigkeit des Täters muss in diesem Fall in Kauf genommen werden.

Beim Einschreiten der Beamten im Stadium der straflosen Vorbereitungshandlung können sie sich nicht auf die Vorschriften der StPO stützen. In diesem Fall handeln die Beamten präventiv und die Ermächtigungsgrundlage ergibt sich aus dem PolG NRW.[29] Hier wäre zB eine Identitätsfeststellung zur Abwehr einer konkreten Gefahr nach § 12 I Nr. 1 PolG NRW[30] zulässig gewesen.

Anders wäre der Fall, wenn zwei Personen in dem Pkw gesessen hätten und beide Männer die Tankstelle überfallen wollten. In dieser Variante liegt auch schon eine **Straftat gem. § 30 II** (Verabredung zu einem Verbrechen = Raub) vor (→ 3. Teil Rn. 5).

53 Bei anderen Fällen, bei denen keine Menschen in Gefahr geraten, wartet man vernünftigerweise bis der Täter unmittelbar ansetzt, um eine Strafbarkeit zu gewährleisten.

Fall:

Die Polizeibeamten A und B beobachten bei Ihrer nächtlichen Streifenfahrt einen Pkw-Fahrer der offensichtlich in ein Bürogebäude einbrechen will.

29 Für **Sachsen-Anhalt** gilt das SOG LSA.

30 Für **Sachsen-Anhalt:** § 20 I SOG LSA.

In diesem Fall würde man mit dem Zugriff warten, bis der Täter zum Einbruch unmittelbar ansetzt. Eine Gefahr für Menschen besteht nicht, da das Bürogebäude nachts nicht besetzt ist. Eine Strafbarkeit des Täters wäre aber gesichert. Mithin würde hier ein repressives Einschreiten auf den Grundlagen der StPO vorliegen.

Für die Entscheidung ob ein repressives oder präventives polizeiliches Handeln geboten ist, lässt sich keine griffige Faustformel finden. Dennoch sollte der Prävention im Zweifel immer der Vorrang eingeräumt werden, zumindest dann, wenn mit einem erheblichen Schaden zu rechnen ist. 54

3. Unmittelbares Ansetzen bei notwendiger Mitwirkung des Opfers

Ein Problem stellen auch die Fälle dar, in dem der Täter alle notwendigen Voraussetzungen geschaffen hat, für die Erfolgsvollendung aber noch die Mitwirkung des Opfers erforderlich ist. 55

Fälle:

(1) Im Hause des Apothekers A war in der Nacht eingebrochen worden. Die Täter hatten die Beute noch nicht mitgenommen sondern in Säcke zum Abtransport stehen lassen. Während Ihres Aufenthaltes hatten sie auch aus einer Schnapsflasche des A getrunken. A, der den Einbruch bemerkt hatte, füllte nun in die Schnapsflasche ein tödliches Gift in der Hoffnung, die Täter würden wiederkommen um die Beute zu holen und dann davon trinken. Gleichzeitig verständigte er die Polizei, die sich im Objekt versteckte, um die Täter vor Ort festzunehmen. A verließ sein Haus. Kurze Zeit später bekam er Befürchtungen, dass die Beamten möglicherweise von dem Schnaps trinken könnten. Daher informierte er die Polizeibeamten über den vergifteten Schnaps.[31]

(2) A will B töten. Dazu begibt er sich in die Wohnung des B, als dieser im Urlaub ist. Er manipuliert mehrere Lichtschalter, sodass sie bei Benutzung dem B einen tödlichen Stromschlag versetzen sollen. Noch bevor B aus dem Urlaub kommt wird durch Zufall die Manipulation durch den Hausmeister entdeckt.

In beiden Fällen stellt sich die Frage ob A durch das Einfüllen des Giftes oder der Manipulation am Lichtschalter schon unmittelbar zu einem versuchten Tötungsdelikt angesetzt hat.

Der BGH hat bei der Problematik, dass nach dem Tatplan die Mitwirkung des Opfers zu dessen Selbstschädigung zwingend erforderlich ist, in seiner damaligen Entscheidung folgenden Regel formuliert: Danach ist das unmittelbare Ansetzen erst zu bejahen, wenn sich das Opfer so in den Wirkungskreis des Tatmittels begibt, dass sein Verhalten bei ungestörtem Fortgang unmittelbar in die Tatbestandsverwirklichung münden kann. Erst dadurch entsteht eine konkrete Rechtsgutgefährdung. 56

Dies gilt aber nur, wenn für den Täter das Erscheinen des Opfers noch ungewiss ist und er sein Erscheinen nur für möglich hält.[32] 57

[31] Vgl. Beispiel BGHSt 43, 177 = NStZ 1998, 241.

[32] Vgl. BGHSt 43, 177 = NStZ 1998, 241; BGH NStZ 2001, 476.

58 Hält der Täter hingegen das Erscheinen des Opfers für sicher, liegt ein unmittelbares Ansetzen bereits mit Abschluss der Tathandlung vor. Schon in diesem Moment ist eine konkrete Rechtsgutgefährdung gegeben.

In Fall (1) hat A noch nicht unmittelbar zu dem Tötungsdelikt angesetzt. Er hat zwar das Geschehen aus der Hand gegeben, es war für ihn aber völlig ungewiss, ob die Täter überhaupt am Tatort erneut erscheinen würden. Daher hatten sie sich noch nicht in den Wirkungskreis des Tatmittels begeben. Zudem war auch wegen der Anwesenheit der Polizei mit einer Festnahme zu rechnen, sodass die Einbrecher gar keine Gelegenheit gehabt hätten, von dem Schnaps zu trinken. Eine konkrete Gefährdung des Lebens bestand hier also aus Tätersicht noch nicht und eine Versuchsstrafbarkeit scheidet aus.

In Fall (2) hat A bereits unmittelbar angesetzt. Er war sich sicher, dass B aus dem Urlaub zurückkommen würde und die Lichtschalter dann auch bedienen würde. Somit lag eine konkrete Lebensgefährdung bereits mit Abschluss der Manipulation der Lichtschalter vor.

4. Unmittelbares Ansetzen bei Mittäterschaft

59 Auch bei der Tatbeteiligung Mehrerer an einem Versuch wirft das unmittelbare Ansetzen, also der Beginn des Versuchs, Fragen auf.

Fall:

A und B wollen den Tankwart T überfallen. Dabei soll A Gewalt anwenden. B soll vor dem Gebäude warten und erst hinzutreten wenn A das Opfer gefesselt hat. Danach soll B das Geld aus der Kasse nehmen. T, der das Vorhaben rechtzeitig erkennt, kann den A, der auf T zukommt um diesen zu schlagen, seinerseits gewaltsam davon abhalten. Zum Hinzutreten des B kommt es deshalb auch nicht mehr. A und B werden festgenommen.

60 Hier stellt sich nun die Frage, ob auch B schon unmittelbar zur Tatbestandsverwirklichung angesetzt hat, da bisher nur A gehandelt hat.

61 Auf wessen Handeln beim Versuch einer mittäterschaftlichen Begehung abzustellen ist, ist strittig.[33]

a) Einzellösung

62 Nach der von der Mindermeinung vertretenen **Einzellösung** wird ein Mittäter erst dann wegen Versuchs bestraft, wenn er selbst zur Tat unmittelbar angesetzt hat.[34]

Nach dieser Ansicht könnte B noch nicht wegen Versuchs bestraft werden, da er zum Zeitpunkt der Festnahme noch keinen Tatbeitrag geleistet hat. Da lediglich A zur Tatbestandsverwirklichung unmittelbar angesetzt hat, befindet sich B noch in einer straflosen Vorbereitungshandlung.

[33] Vgl. zur Mittäterschaft noch → 4. Teil Rn. 16ff.
[34] Vgl. *Kratzsch* JA 1983, 578 (587).

Diese Meinung widerspricht aber dem allgemeinen Zurechnungsprinzip der Mittäterschaft. Die Mittäterschaft zeichnet sich gerade dadurch aus, dass die einzelnen objektiven Tatbeiträge den anderen Mittätern zugerechnet werden. Daher muss hier das Verhalten des A (das Zukommen auf T, um diesen zu schlagen) auch dem B schon zugerechnet werden.[35] 63

b) Gesamtlösung

Den Grundlagen der Zurechnung trägt die von der Rechtsprechung und der hM vertretene **Gesamtlösung** Rechnung. Danach beginnt bei der Mittäterschaft, aufgrund der gegenseitigen Zurechnung der verschiedenen Tatbeiträge, der Versuch für jeden Beteiligten bereits dann, wenn nur einer von ihnen dem gemeinsamen Tatplan entsprechend, in das Ausführungsstadium eintritt und unmittelbar ansetzt.[36] 64

> Nach dieser Ansicht wird das unmittelbare Ansetzen des A, dem B zugerechnet und beide sind wegen versuchten Raubes in Mittäterschaft zu bestrafen.

5. Unmittelbares Ansetzen bei mittelbarer Täterschaft

> **Fall:**
>
> A will seinen im Pflegeheim lebenden Vater töten. Dafür mischt er in eine Spritze, die die Krankenschwester dem Vater jeden Abend mit einem leichten Schlafmittel spritzt, unbemerkt ein schnell wirkendes Gift. Danach verlässt A das Pflegeheim und geht nach Hause. Als die ahnungslose Schwester abends dem Vater die Spritze geben will, stolpert sie auf dem Flur und lässt die Spritze fallen. Dabei zerbricht die Spritze. 65
>
> Hier stellt sich die Frage, ob A schon unmittelbar zu dem versuchten Tötungsdelikt in mittelbarer Täterschaft angesetzt hat.

Wann das unmittelbare Ansetzen bei der mittelbaren Täterschaft[37] gegeben ist, ist wie bei der Mittäterschaft umstritten. Die Meinungsvielfalt ist hier sehr umfangreich, sodass an dieser Stelle nur die zwei wichtigsten Meinungen dargestellt werden sollen. 66

a) Akzessorietätstheorie (Gesamtlösung)

Nach **der Akzessorietäts- oder Gesamtlösung** beginnt das Versuchsstadium auch für den mittelbaren Täter erst in dem Moment, in dem der Tatmittler unmittelbar zur Tatbestandsverwirklichung ansetzt. Das Einwirken auf den Tatmittler und dessen dem mittelbaren Täter zurechenbares Verhalten bilden eine normative Einheit. Der mittelbare Täter handelt durch den Tatmittler und somit nicht früher als dieser. Die bei der Mittäterschaft entwickelte Gesamtlösung ist auf die mittelbare Täterschaft zu übertragen.[38] 67

[35] Vgl. *Rath* JuS 99, 144; *Roxin* JuS 1979, 13.
[36] Vgl. Schönke/Schröder/*Eser-Bosch* § 22 Rn. 55; *Fischer* § 22 Rn. 21.
[37] Vgl. zur mittelbaren Täterschaft nach § 25 I 2. Fall → 4. Teil Rn. 30 ff.
[38] Vgl. Schönke/Schröder/*Eser-Bosch* § 22 Rn. 54a.

Nach dieser Ansicht hat A noch nicht unmittelbar angesetzt, da die Schwester sich noch auf dem Flur befand. Sie selber hatte noch nicht unmittelbar angesetzt.

b) Rechtsgutgefährdungstheorie

68 Die vom BGH und der hL vertretenen Meinung lässt das Versuchsstadium für den mittelbaren Täter dann beginnen, wenn er mit seiner Einwirkung auf den Tatmittler das Rechtsgut unmittelbar gefährdet oder das Geschehen aus der Hand gibt und ohne weitere Einflussmöglichkeiten auf den Tatmittler überträgt.[39] Erst dann wenn der mittelbare Täter keine Einwirkungsmöglichkeit mehr besitzt, setzt er die Kausalkette vollständig in Gang.

Hier hat A das Gift bereits in die Spritze gefüllt. Nachdem er das Pflegeheim verlassen hat, hat er das Geschehen aus der Hand gegeben. Er hatte keine Einwirkungsmöglichkeit mehr. A hat nach dieser Meinung mithin unmittelbar zur Tatbestandsverwirklichung angesetzt.

6. Unmittelbares Ansetzen bei der Teilnahme

Fall:

69 Der Apotheker A besorgt seinem Freund F Gift, damit dieser seine Frau töten kann. Doch bevor F das Gift einsetzen kann, stirbt die Ehefrau des F bei einem Verkehrsunfall.

Hier stellt sich die Frage ob A sich schon wegen Beihilfe zu einem versuchten Tötungsdelikt strafbar gemacht hat.

70 Für den Teilnehmer gelten nach hM die gleichen Grundsätze wie bei der Mittäterschaft. Der Teilnehmer gerät mit dem Haupttäter ins Versuchsstadium.[40] Hier gilt der Akzessorietätsgrundsatz. Erst wenn der Haupttäter unmittelbar ansetzt, beginnt auch für den Teilnehmer die Strafbarkeit wegen Teilnahme zum Versuch. Wenn der Haupttäter das Versuchsstadium nicht erreicht, kommt nur die versuchte Teilnahme in Betracht.[41] Dabei ist aber zu beachten, dass § 30 eine Strafbarkeit nur für die versuchte Anstiftung und dann nur bei einem Verbrechen vorsieht. Eine versuchte Beihilfe ist mithin straflos.

IV. Persönlicher Strafaufhebungsgrund Rücktritt nach § 24

71 Gemäß § 24 I wird *„wegen Versuchs … nicht bestraft, wer freiwillig die weitere Ausführung der Tat aufgibt oder deren Vollendung verhindert. Wird die Tat ohne Zutun des Zurücktretenden nicht vollendet, so wird er straflos, wenn er sich freiwillig und ernsthaft bemüht, die Vollendung zu verhindern."*

39 Vgl. BGHSt 30, 363 (365) = NStZ 1982, 197; BGHSt 40, 257 (269) = NStZ 1995, 80; BGH StV 2001, 271 (273); *Wessels//Beulke/Satzger* StrafR AT Rn. 975.

40 Vgl. Schönke/Schröder/*Eser-Bosch* § 22 Rn. 55b.

41 Vgl. *Fischer* § 22 Rn. 21a.

Die Vorschrift des § 24 will dem Täter eine Strafbefreiung beim Rücktritt vom Versuch verschaffen. Nach der bereits vom Reichsgericht entwickelten und von der stetigen Rechtsprechung vertretenen kriminalpolitischen Theorie, soll durch den strafbefreienden Rücktritt dem bereits straffällig gewordenen Täter eine **„goldene Brücke"** zum Rückzug gebaut werden.[42] 72

Der Rücktritt vom Versuch nach § 24 ist ein **persönlicher Strafaufhebungsgrund**.[43] Daraus folgt, dass der strafbefreiende Rücktritt erst geprüft werden kann, wenn zuvor die eigentliche Strafbarkeit wegen Versuchs (Tatbestand Rechtswidrigkeit und Schuld) festgestellt worden ist. Man kann eine Strafe nur aufheben, wenn man sie vorher positiv festgestellt hat. Der Rücktritt wird daher immer erst nach der Schuld geprüft. Der bisher gelernte dreistufige Deliktsaufbau (Tatbestandsmäßigkeit, Rechtswidrigkeit und Schuld) erhält einen weiteren vierten Prüfungspunkt, den persönlichen Strafaufhebungsgrund. 73

1. Fehlgeschlagener Versuch

Für die Anwendung des § 24 ist es notwendig, dass aus Tätersicht die Vollendung der Tat überhaupt noch möglich ist. Für die Rechtsprechung und die hL ist § 24 daher dann nicht anwendbar, wenn es sich um einen fehlgeschlagenen Versuch handelt. Von einem solchen ist ein Rücktritt nicht möglich.[44] 74

Ein Versuch ist fehlgeschlagen, wenn der Täter nach der letzten Ausführungshandlung[45] erkannt hat, dass er mit den ihm zur Verfügung stehenden Mitteln den tatbestandlichen Erfolg nicht oder zumindest nicht ohne zeitlich relevante Zäsur herbeiführen kann.[46] In diesen Fällen besteht für die Annahme der Ungefährlichkeit und Reue des Täters und somit für seine Straflosigkeit kein Grund.[47] 75

Beispiele:

- A bricht in ein Haus ein um eine Münzsammlung zu stehlen. Doch im Haus findet er die Münzen nicht, da der Eigentümer sie bei einer Bank im Safe deponiert hat.
- A will den Politiker P erschießen. Der erste Schuss verfehlt P. Bevor er erneut schießen kann, wird P von den Personenschützern in Sicherheit gebracht.
- A will den Politiker P erschießen. Der Schuss verfehlt P. Weitere Munition hat A nicht. Er müsste nun in zeitlichem Abstand nach Hause gehen, um sich weitere Munition zu holen.

Bei der Beurteilung ob ein fehlgeschlagener Versuch vorliegt, kommt es nicht darauf an, ob der Versuch tatsächlich noch objektiv möglich ist oder nicht, sondern es ist nur auf die Vorstellung des Täters abzustellen. 76

[42] Vgl. Schönke/Schröder/*Eser-Bosch* § 24 Rn. 2; *Puppe* NStZ 1984, 490; RGSt 73, 52 (60).
[43] Vgl. BGHSt 7, 296 (299) = NJW 1955, 915; *Fischer* § 24 Rn. 2; Schönke/Schröder/*Eser-Bosch* § 24 Rn. 4.
[44] Vgl. BGH NJW 2003, 1057; *Wessels/Beulke/Satzger* StrafR AT Rn. 1008; BGH NStZ-RR 2006, 168.
[45] So die in der Rspr. vorherrschende Lehre vom Rücktrittshorizont.
[46] Vgl. BGH NStZ 2006, 685; BGHSt 40, 75 = NStZ 1994, 535; *Wessels/Beulke/Satzger* StrafR AT Rn. 1010.
[47] Vgl. BGH NStZ 2005, 263; *Nimtz* StrafR I Rn. 292.

Beispiel: A geht irrig davon aus, dass der Nachschlüssel nicht für die Innentür des Gebäudes geeignet ist und bricht daher den begonnenen Diebstahlsversuchs ab. Tatsächlich klemmte die Tür nur und der Nachschlüssel war geeignet.

77 Bei der Prüfung des § 24 muss daher immer zuerst festgestellt werden, dass kein fehlgeschlagener Versuch vorliegt.

78 Dabei darf der fehlgeschlagene Versuch nicht mit dem untauglichen Versuch – von dem ein Rücktritt nach § 24 I 2, II 2 noch möglich ist – verwechselt werden.

Untauglicher Versuch	Fehlgeschlagener Versuch
Ein Versuch, der nach den tatsächlich gegebenen Umständen **entgegen den Vorstellungen des Täters** aus tatsächlichen Gründen **nicht zur Verwirklichung des Tatbestandes führen kann**.	Ein Versuch bei dem der Täter nach der letzten Ausführungshandlung davon ausgeht, dass er mit den ihm zur Verfügung stehenden Mitteln den tatbestandlichen Erfolg nicht oder zumindest nicht ohne zeitlich relevante Zäsur herbeiführen kann.
Rücktritt gem. § 24 I 2 bzw. § 24 II 2 möglich	**Rücktritt gem. § 24 ausgeschlossen**

2. Rücktritt des Alleintäters gem. § 24 I

79 Wenn ein fehlgeschlagener Versuch nicht vorliegt, besteht für den Täter die Möglichkeit des Rücktritts gem. § 24. Der Rücktritt des Alleintäters ist in § 24 I geregelt. Der Wortlaut des 24 unterscheidet hier zwischen verschiedenen Versuchsmöglichkeiten. Weitere Voraussetzung für die Rücktrittsregelung gem. § 24 I 1 ist daher die Unterscheidung vom unbeendeten Versuch (Alt. 1) und beendeten Versuch (Alt. 2). Von dieser Unterscheidung hängt ab, was genau der Täter tun muss, also welche Rücktrittsleistungen von ihm erwartet werden, um die Straffreiheit zu erlangen. Eine solche Entscheidung darf deshalb nicht offen bleiben.[48]

a) Unbeendeter Versuch

80 **Unbeendet** ist der Versuch dann, wenn der Täter nach Abschluss der Ausführungshandlungen noch nicht alles getan zu haben glaubt, was nach seiner Vorstellung von der Tat zu ihrer Vollendung notwendig ist.[49]

81 Beim unbeendeten Versuch muss der Täter **freiwillig die weitere Ausführung der Tat aufgeben**. Dabei bedeutet „aufgeben", dass der Täter von der weiteren Realisierung des Entschlusses aufgrund eines entsprechenden Gegenentschlusses Abstand nimmt. Die Tat gibt der Täter auf, wenn er von der konkreten Tat ablässt, wie sie iRd infrage kommenden Straftatbestandes durch das Tatobjekt und das angestrebte Tatziel gekennzeichnet ist. Dazu reicht grundsätzlich ein schlichtes Nichtweiterhandeln.[50]

[48] Vgl. *Fischer* § 24 Rn. 14.
[49] Vgl. BGH NStZ-RR 2002, 73; BGHSt 36, 226 = NJW 1989, 3231.
[50] Vgl. BGH NStZ 2007, 399.

> **Beispiel:** A will P erschießen und drückt auch ab. Die Kugel verfehlt ihr Ziel. A hat aber mindestens noch vier Patronen im Magazin. A dürfte nicht noch einmal zielen und schießen, damit § 24 I 1 Alt. 1 eingreifen kann.

b) Beendeter Versuch

Ein **beendeter Versuch** liegt vor, wenn der Täter nach Abschluss der Ausführungshandlungen alles getan zu haben glaubt, was nach seiner Vorstellung von der Tat zur Herbeiführung des tatbestandlichen Erfolges notwendig ist, sodass der beabsichtigte Erfolg nunmehr ohne weiteres Zutun des Täters eintreten kann.[51] 82

Beim beendeten Versuch muss der Täter gem. § 24 I 1 Alt. 2 **freiwillig die Vollendung der Tat verhindern**, was neben dem Entfalten von einer bewussten Aktivität auch das Verhindern des Erfolgseintritts voraussetzt. In diesem Fall wird also vom Täter eine auf Erfolgsverhinderung gerichtete Tätigkeit verlangt. Hierbei spielt es auch keine Rolle, dass dafür dritte Personen eingeschaltet werden. 83

> **Beispiel:** A will P vergiften. Dafür vergiftet er den Tee des P mit einem Mittel, das 2 Stunden nach der Einnahme tödlich wirkt. A müsste für einen wirksamen Rücktritt, P in ein Krankenhaus bringen oder den Notarzt rufen also selbst aktiv werden.

Wird der Erfolgseintritt ohne Mitwirkung des Täters nicht vollendet, so wird er gem. § 24 I 2 nur straflos wenn er sich freiwillig und ernsthaft um die Verhinderung der Vollendung bemüht hat. 84

> **Beispiel:** A will den P vergiften und verabreicht ihm die erforderliche Giftmenge. Danach verlässt er das Haus des P. P begibt sich nach Ausbruch von Schweißausbrüchen selber zum Arzt, der ihn rettet. Zwischendurch plagen A, der nichts von Ps Verhalten weiß, Gewissensbisse, er alarmiert den Notarzt damit § 24 I 1 Alt. 1 eingreifen kann.

Hier hat sich P selbst gerettet. Dennoch erlangt A Straffreiheit, da er sich ernsthaft um die Verhinderung des Erfolges bemüht hat. 85

Fraglich und strittig ist, welche Anforderungen an die aktive Tätigkeit des Täters für eine Straffreiheit nach § 24 I 1 Alt. 2 gestellt werden. 86

> **Beispiel:** A will seine Frau töten und schießt auf sie. E wird dadurch schwer verletzt. A erkennt, dass E durch die Verletzung sterben wird wenn er nicht alsbald Rettungsmaßnahmen einleitet. Als A erkennt was er gemacht hat, beschließt er ihr zu helfen. Er fährt sie mit seinem PKW bis auf 90 Meter an einen Nebeneingang eines Krankenhauses heran. Da er um seine Entdeckung fürchtet fährt er sie nicht direkt ins Krankenhaus, sondern lässt sie aussteigen und entfernt sich. Er hofft, dass sie den Weg alleine zurücklegen wird. Nach einigen Metern bricht

[51] Vgl. BGHSt 33, 299 = NStZ 1986, 25; Schönke/Schröder/*Eser-Bosch* § 24 Rn. 14; *Fischer* § 24 Rn. 14a.

E jedoch bewusstlos zusammen. Sie kann nur gerettet werden, weil ein zufällig vorbeikommender Mann sie entdeckt und ins Krankenhaus bringt.

87 Hier stellt sich also die Frage, ob A mit strafbefreiender Wirkung vom Tötungsdelikt zurückgetreten ist. Da hier ein beendeter Versuch vorliegt, ist fraglich ob seine Tätigkeit ausreicht die Vollendung zu verhindern. Die Meinungsvielfalt ist hier sehr umfangreich, sodass an dieser Stelle nur die zwei wichtigsten Meinungen dargestellt werden sollen.

88 **aa) Bestleistungstheorie.** Nach der in der Literatur vertretenen Bestleistungstheorie ist eine Verhinderung der Vollendung nur dann gegeben, wenn der Täter objektiv oder zumindest aus seiner Sicht heraus die bestmöglichen Rettungsmaßnahmen ergreift. Er darf sich nicht mit Maßnahmen begnügen, die wie er erkennt, möglicherweise unzureichend sind wenn ihm bessere Verhinderungsmöglichkeiten zur Verfügung stehen.[52] Wer lediglich eine unsichere Rettungsmaßnahme ergreift, hält den Erfolgseintritt weiterhin für möglich und nimmt ihn auch billigend in Kauf, handelt also immer noch mit „dolus eventualis" (→ 2. Teil Rn. 36) hinsichtlich der Tatbestandsverwirklichung. Da dieser für die Annahme einer vorsätzlichen Vollendungstat ausreicht, kann damit nicht gleichzeitig ein Rücktritt begründet werden.

89 **bb) Chanceneröffnungstheorie.** Die von der Rechtsprechung und der hM in der literaturvertretenen Chanceneröffnungstheorie geht davon aus, dass eine Vollendung dann gegeben ist, wenn das Verhalten des Täters durch Ingangsetzen einer neuen Kausalreihe zumindest mit ursächlich für die ausgebliebene Deliktsvollendung und zudem Ausdruck des Willens sei, die Tat aufzugeben. Ohne Belang ist dabei, ob der Täter noch mehr hätte tun können.[53]

90 Dieser praxisnahen Meinung ist zu folgen. Aus dem Wortlaut des § 24 ergibt sich, dass der Täter lediglich den Erfolg verhindern muss, nicht aber, dass er dies auf die bestmögliche Weise tun muss. Der BGH stellt auch hier wieder den Opferschutzgesichtspunkt in den Vordergrund. Es ist für das Opfer günstiger, wenn der Täter wenigstens teilweise Rettungsmaßnahmen einleitet. Es werden also über die Kausalität des Rettungshandelns keine weiteren Anforderungen an die Tätigkeit des Täters gestellt.

91 **c) Abgrenzung unbeendeter Versuch – beendeter Versuch**

Beispiel: A hat bei einem Streit dem P ein Messer in den Leib gestoßen. Dabei nimmt er bei seiner Handlung den Tod des P billigend in Kauf. Er zieht nach dem Stoß das Messer aus dem Körper des Verletzten und verlässt den Raum. Dabei geht er irrtümlich davon aus, dass P nicht lebensgefährlich verletzt ist. Tatsächlich hätte aber die Verletzung ohne ärztliche Behandlung nach zwölf Stunden zum Tode geführt.

[52] Vgl. *Herzberg* NJW 1989, 867.
[53] Vgl. BGH NStZ 2006, 503 (505); *Bloy* JuS 1987, 535.

Für die in §24 nur angedeutete Unterscheidung zwischen unbeendetem und beendetem Versuch ist die Vorstellung des Täters, wie weit er seine Tat schon verwirklicht hat, entscheidend. Es kommt also darauf an, ob der Täter nach der letzten von ihm konkret vorgenommenen Ausführungshandlung (hier der Messerstich) den Eintritt des tatbestandsmäßigen Erfolges für möglich hält (sog. Rücktrittshorizont).[54] Auf den ursprünglichen Tatplan kommt es hier nicht an. 92

Wenn A den Erfolgseinritt für möglich gehalten hätte (hier den Tod des P), so wäre der Versuch beendet gewesen. Entsprechendes gilt für den Täter, der sich überhaupt keine Vorstellungen über die Folgen seines Tuns macht (A verlässt den Raum und macht sich keine Gedanken darüber, ob der Stich zum Tode des P führt).[55] 93

Ein strafbefreiender Rücktritt würde dann voraussetzen, dass der Täter durch eigene aktive Tätigkeit den Erfolg verhindert. 94

In der Praxis führte das oft dazu, dass bei fehlender Feststellung über das Vorstellungsbild des Täters, ihm unterstellt wurde, dass ihm der Erfolgseintritt gleichgültig war; mit der Folge, dass ein beendeter Versuch bejaht wurde. Hier hat der BGH nun festgestellt, dass eine solche Gleichgültigkeit des Täters hinsichtlich des Erfolgseintritts positiv festgestellt werden muss.[56] Hierzu bedarf es einer zusammenfassenden Würdigung aller maßgeblichen objektiven Umstände. 95

Entscheidend sind hier die objektiven konkreten Umstände eines jeden Falles, zB Äußerungen des Täters, Gefährlichkeit der Handlung, Verhalten nach der Tat, anderer rettungsbereiter Personen vor Ort etc. Solche Umstände können Rückschlüsse auf das Verhalten des Täters zulassen und müssen daher gründlich ermittelt werden (→ 3. Teil Rn. 134). 96

Wichtig ist, dass man positiv feststellt, dass sich der Täter über den Erfolgseintritt keine Gedanken gemacht hat. 97

Wenn über das Vorstellungsbild des Täters keine Feststellungen gemacht worden sind oder nicht möglich sind, dann kann ihm nicht unterstellt werden, dass ihm der Erfolgseintritt gleichgültig war. Hier greift zugunsten des Täters der Grundsatz „in dubio pro reo" und man muss von einem unbeendeten Versuch ausgehen.[57] 98

Zusammengefasst muss also bei der polizeilichen Ermittlungstätigkeit wie folgt differenziert werden: 99

[54] Vgl. BGH NJW 1993, 2061; BGH NStZ 2005, 263; BGHSt 39, 221 = NStZ 1993, 433.
[55] Vgl. BGH NStZ 2015, 509.
[56] Vgl. BGH NStZ-RR 2014, 241.
[57] Vgl. BGH NStZ-RR 2014, 241.

Bei ermitteltem Rücktrittshorizont:

1. Vorstellung noch nicht alles zur Tatbestandsverwirklichung Erforderliche getan zu haben
   Unbeendeter Versuch
2. Vorstellung schon alles zur Tatbestandsverwirklichung Erforderliche getan zu haben
   Beendeter Versuch
3. Keine Vorstellung
   Beendeter Versuch

Bei nicht ermittelbarem Rücktrittshorizont

„in dubio pro reo"
Unbeendeter Versuch

100 Ein beendeter Versuch liegt auch dann vor, wenn der Täter nur glaubt, dass das bereits Getane ausreicht, obwohl die Handlung objektiv gar nicht zur Erfolgsherbeiführung geeignet ist.

Beispiel: Wie Ausgangsfall, nur hier geht A irrtümlich davon aus, dass P lebensgefährlich verletzt ist. Er verlässt den Raum mit dem Vorsatz, dass P in der nächsten Stunde an dem Stich sterben wird. Tatsächlich ist P nur leicht verletzt und der Stich reichte nicht aus, um ihn zu töten.

101 Rechnet der Täter (wie hier der A im Ausgangsfall) hingegen nach der letzten Ausführungshandlung nicht mit dem Eintritt des Erfolges, so ist der Versuch unbeendet. Notwendig ist dabei nur, dass die Vollendung aus der Sicht des Täters noch möglich ist.[58] Dabei spielt es auch keine Rolle, dass der Täter die Gefahrenlage nicht richtig erkannt hat. Ein unbeendeter Versuch liegt also immer dann vor, wenn der Täter glaubt, dass ohne weiteres Zutun der Erfolg nicht eintreten wird.[59]

102 Ein unbeendeter Versuch ist auch dann gegeben, wenn der Täter mit dem Versuch begonnen hat und die Vollendung noch herbeiführen könnte, von weiteren Handlungen aber absieht, da die Absicht des Täters auf ein über den versuchten Tatbestand hinausgehendes Ziel gerichtet war und der Täter dieses außertatbestandliche Handlungsziel erreicht hat.

Beispiel: A und P leben in einer Obdachlosenunterkunft. Der A stellt fest, dass P ihm ständig Zigaretten aus seinem Schrank stiehlt. A will dem P daraufhin einen Denkzettel verpassen und ihm deutlich machen, dass er keine Diebstähle mehr dulde. Dazu hat er bei einem Streit dem P ein Messer in den Leib gestoßen. Dabei nimmt er bei seiner Handlung den Tod des P billigend in Kauf. Er zieht nach dem Stoß das Messer aus dem Körper des Verletzten und verlässt den Raum, nachdem

58 Sonst fehlgeschlagener Versuch.
59 Vgl. Schönke/Schröder/*Eser-Bosch* § 24 Rn. 14.

> P ihm versicherte, dass er nie wieder Zigaretten von A nehmen würde. A erkennt, dass P nicht lebensgefährlich verletzt ist.

A konnte hier strafbefreiend vom versuchten Tötungsdelikt zurücktreten. Er hatte zwar sein Ziel, dem P einen Denkzettel zu verpassen, erreicht. Tat iSd § 24 ist aber nur die Tat im sachlich-rechtlichen Sinn, also die umschriebene tatbestandsmäßige Handlung und der tatbestandsmäßige Erfolg (hier der Tod). Ein außertatbestandliches Handlungsziel kann bei der Abgrenzung zwischen unbeendetem und beendetem Versuch nicht berücksichtigt werden.[60] 103

Auch ein **korrigierter Rücktrittshorizont** hat bei der Abgrenzung beendeter/unbeendeter Versuch eine Bedeutung. Von einem korrigierten Rücktrittshorizont spricht man, wenn der Täter nach der Ausführungshandlung seine erste Vorstellung über den Erfolgseintritt ändert. 104

> **Beispiel:** A und P leben in einer Obdachlosenunterkunft. Der A stellt fest, dass P ihm ständig Zigaretten aus seinem Schrank stiehlt. A will dem P daraufhin einen Denkzettel verpassen und ihm deutlich machen, dass er keine Diebstähle mehr dulde. Dazu hat er bei einem Streit dem P ein Messer in den Leib gestoßen. Dabei nimmt er bei seiner Handlung den Tod des P billigend in Kauf. Nach der Handlung geht P davon aus, dass die Stichverletzung ausreicht, um den Tod alsbald herbeizuführen. Kurz danach stellt er fest, dass die Verletzung nur oberflächlich ist und keineswegs zum Tode führt. Dennoch lässt er von weiteren Tathandlungen ab.

Der BGH erkennt die Korrektur des Vorstellungsbildes in engen Grenzen an.[61] Der Versuch ist daher noch nicht beendet, wenn der Täter zwar zunächst irrtümlich den Eintritt des Todes für möglich hält, aber alsbald seinen Irrtum erkennt und feststellt, dass die Verletzungen nicht tödlich sind. In diesem Fall reicht schlichtes Nichtweiterhandeln für den Rücktritt aus. „Alsbald“ wird zeitlich eng verstanden. Darüber hinaus wird eine räumliche Nähe vorausgesetzt. 105

Auch eine umgekehrte Korrektur des Rücktrittshorizontes ist möglich. Rechnet der Täter zunächst nicht mit einem tödlichen Ausgang und erkennt alsbald, dass er sich geirrt hat und die Verletzung doch tödlich ist, liegt ein beendeter Versuch vor. In diesem Fall muss der Täter für einen strafbefreienden Rücktritt aktiv Rettungsmaßnahmen einleiten. 106

d) Freiwilliges Handeln

Ein weiteres Merkmal des strafbefreienden Rücktritts ist, dass der Täter freiwillig handelt. 107

Nach der älteren aber immer wieder genannten Franck'schen Formel liegt Freiwilligkeit vor, wenn der Täter sich sagt: 108

„Ich will nicht, obwohl ich kann“

60 Vgl. BGH NJW 1993, 2061; BGHSt 39, 221 = NStZ 1993, 433; Schönke/Schröder/*Eser-Bosch* § 24 Rn. 17d.

61 Vgl. BGH NStZ 2013, 6.

109 Und Unfreiwilligkeit, wenn er sich sagt:

„Ich kann nicht, obwohl ich will"

110 Diese Formel wird heute von der hM differenziert betrachtet, da die Formulierung auch auf einen fehlgeschlagenen Versuch hindeutet, bei dem ein Rücktritt grundsätzlich schon ausgeschlossen ist (→ 3. Teil Rn. 74). Die Formulierung „ich kann nicht, obwohl ich will", beschreibt bereits die objektive Unmöglichkeit den tatbestandlichen Erfolg herbeizuführen und mithin den fehlgeschlagenen Versuch.

111 Daher wird bei der Freiwilligkeit heute nach hM nur noch geprüft, ob der vom Täter geplanten Tatausführung subjektive Hinderungsgründe entgegenstehen. Dabei wird zwischen **autonomen** (selbstgesetzten) und **heteronomen** (fremdbestimmten) Gründen differenziert.[62]

112 **Freiwillig** handelt daher, wer ohne Veränderung der äußeren Tatumstände aus innerer Entscheidung von der Tat zurücktritt. Die Beurteilung der Freiwilligkeit erfolgt unter subjektiven Gesichtspunkten aus Tätersicht. Zu prüfen ist hier die innere Einstellung des Täters, die objektiven Gegebenheiten dürfen nur soweit zur Prüfung mit herangezogen werden, als sie Rückschlüsse auf die Vorstellung des Täters zulassen.[63]

113 Freiwillig ist der Rücktritt dann, wenn er nicht durch zwingende Hinderungsgründe veranlasst wird, sondern der eigenen autonomen Entscheidung des Täters entspringt. Insoweit können Gewissensbisse, Reue, Scham, Mitleid aber auch Angst vor Strafe maßgeblich sein.[64] Dabei ist es nicht relevant, wenn der Anstoß von außen kommt. Die Freiwilligkeit wird auch bejaht, wenn die Motive des Täters sittlich anstößig sind.

114 **Unfreiwillig** handelt der Täter, wenn er durch Hinderungsgründe veranlasst wird, die vom Willen des Täters unabhängig sind, er also von heteronomen Gründen bestimmt wird. Das ist immer dann der Fall, wenn die Tatausführung objektiv unmöglich geworden ist (zB der Täter kann den Tresor nicht öffnen).[65] Unfreiwilligkeit liegt aber auch dann vor, wenn die Tat objektiv noch möglich ist, der Täter aber aus subjektiven Gründen nicht weiterhandeln kann.[66] Das kann schon dann vorliegen, weil bei dem Täter unüberwindbare Hemmungen ausgelöst werden (zB der Täter will die Kinder im Schlaf töten, sie wachen aber auf und er ist gehemmt; oder der Täter kann kein Blut sehen). Ein anderer Grund für Unfreiwilligkeit kann sein, dass sich die Sachlage zu seinen Ungunsten so wesentlich verändert hat, dass er die damit verbundenen Nachteile nicht in Kauf nehmen will, ihm das Risiko zur Tatbestandsverwirklichung zu groß geworden ist (zB Täter will eine Tankstelle überfallen, aber es befinden sich zu viele Kunden in der Tankstelle, sodass ihm das Risiko zu hoch ist).

62 Vgl. BGHSt 35, 184 (186) = NJW 1988, 1603; BGH NStZ 1999, 395 (396); *Fischer* § 24 Rn. 19; Schönke/Schröder/*Eser-Bosch* § 24 Rn. 43. *Wessels/Beulke/Satzger* StrafR AT Rn. 1068.

63 Vgl. Schönke/Schröder/*Eser-Bosch* § 24 Rn. 44.

64 Vgl. BGHSt 21, 216 = NJW 1967, 1189; OLG Düsseldorf NJW 1999, 2911; *Wessels/Beulke/Satzger* StrafR AT Rn. 1068.

65 Wenn der Täter die Unmöglichkeit erkennt, liegt schon ein fehlgeschlagener Versuch vor.

66 Vgl. Schönke/Schröder/*Eser-Bosch* § 24 Rn. 47.

e) Möglichkeit des Rücktritts bei nur vorläufiger Abstandnahme von der Tat

Häufig wird auch in Rechtsprechung und Literatur diskutiert, ob ein Rücktritt auch dann möglich ist, wenn der Täter nur vorläufig seinen Tatplan aufgibt, also die Tatausführung nur zeitlich verschieben will. 115

> **Beispiel:** A will die Münzsammlung des P stehlen. Als sich P im Urlaub befindet, bricht A in das Haus des P ein und versucht den Safe mit der Münzsammlung aufzubrechen. Dabei stellt er fest, dass die Wahl des mitgebrachten Werkzeuges nicht gut war. Zwar könnte er damit den Safe öffnen, dies würde jedoch wesentlich mehr Zeit in Anspruch nehmen als mit dem richtigen Werkzeug. A packt seine Sachen ein und beschließt in den nächsten Tagen mit geeigneterem Werkzeug wiederzukommen. Dazu kommt es jedoch nicht, da A vorher verhaftet wird.

Fraglich ist hier, ob A wirksam vom versuchten Wohnungseinbruchdiebstahl gem. § 244 I Nr. 3 zurücktreten konnte. Der Rücktritt war grundsätzlich möglich, da es sich nicht um einen fehlgeschlagenen Versuch handelte. A hätte den Safe noch aufbrechen können. Der Rücktritt geschah auch freiwillig, da durch das schlechtere Werkzeug, das Risiko zur Tatbestandsverwirklichung nicht zu groß geworden war. Hier stellt sich vielmehr die Frage, ob dem Rücktritt entgegensteht, dass A die Tat nur vorübergehend aufgeben wollte. Er hat nicht endgültig von der Tat Abstand genommen. 116

An dieser Stelle sollen zu diesem Streit nur die zwei wichtigsten Meinungen dargestellt werden. 117

aa) Abstrakte Betrachtungsweise. Nach der abstrakten Betrachtungsweise, die von Stimmen in der Literatur vertreten wird, ist ein Rücktritt vom Versuch nur dann möglich, wenn der Täter von seinem gesamten verbrecherischen Tatplan endgültig Abstand nimmt.[67] Die Strafaufhebung ist ein besonderes Privileg für diejenigen, die von der Tat Abstand nehmen, nicht für diejenigen, die die Tatausführung auf einen späteren Zeitpunkt verschieben. § 24 will lediglich den geläuterten und ungefährlichen Täter privilegieren. Wer die Tat lediglich verschiebt, bleibt weiterhin gefährlich und mithin strafwürdig. 118

> A ist hiernach nicht vom versuchten Wohnungseinbruchdiebstahl nach § 24 I 1 1. Fall zurückgetreten.

bb) Eingeschränkt abstrakte Betrachtungsweise. Nach der eingeschränkt abstrakten Betrachtungsweise, die von der Rechtsprechung und der hM in der Literatur vertreten wird ist ein Rücktritt vom Versuch dann möglich, wenn der Täter von der konkreten Tat endgültig Abstand nimmt.[68] Der Vorbehalt, die Tat irgendwann einmal später vielleicht erneut zu versuchen, steht dem Rücktritt aber nicht entgegen. Dieser praxisnahen Meinung ist zu folgen. Der Wortlaut des § 24 spricht lediglich vom Aufgeben der Tat. Damit kann aber nur die konkrete Tatausführung 119

[67] Vgl. *Jescheck* MDR 55, 563; Schönke/Schröder/*Eser-Bosch* § 24 Rn. 39, 40.
[68] Vgl. BGHSt 33, 142 = NStZ 1985, 358; BGH NStZ 1999, 395 (396).

gemeint sein. Wenn das Rücktrittsprivileg nur demjenigen zugutekommt, der von der Tat endgültig Abstand nimmt, würde man die fortbestehende verbrecherische Gesinnung bestrafen. Mithin würde ein Gesinnungsstrafrecht vorliegen und man würde praktisch eine seelische Läuterung vom Täter erwarten. Dies ist mit unserem Strafrecht nicht vereinbar.

A hat hiernach durch freiwillige Aufgabe der Tat nach § 24 I 1 1. Fall Straffreiheit erlangt.

120 Dagegen fehlt es aber auch nach dieser Meinung an einer Abstandnahme, wenn der Täter bei einer von einem Gesamtvorsatz getragenen Tat nur von einer Einzelhandlung absieht, um sein Ziel auf ähnliche, bereits konkretisierte Weise weiterverfolgt[69] (zB der Stalker ruft nicht mehr ständig sein Opfer an, sondern schickt ihr laufend Pizzadienste ins Haus).

121 **Prüfungsschema: Rücktritt des Alleintäters (§ 24 I)**

I. Vorprüfung
II. Tatbestandsmäßigkeit
III. Rechtswidrigkeit
IV. Schuld
V. Rücktritt vom Versuch
- **1. Rücktritt gem. § 24 I 1 Hs. 1**
  - a) Kein fehlgeschlagener Versuch
  - b) Vorliegen eines unbeendeten Versuchs
  - c) Rücktrittshandlung Nichtweiterhandeln
  - d) Freiwilligkeit
- **2. Rücktritt gem. § 24 I 1 Hs. 2**
  - a) Kein fehlgeschlagener Versuch
  - b) Vorliegen eines beendeten Versuchs
  - c) Rücktrittshandlung Erfolgsverhinderung durch aktives Tun
  - d) Freiwilligkeit
- **3. Rücktritt gem. § 24 I 2**
  - a) Kein fehlgeschlagener Versuch
  - b) Rücktrittshandlung ernsthaftes Bemühen zur Erfolgsverhinderung
  - c) Freiwilligkeit

VI. uU Strafantrag

3. Rücktritt bei mehreren Tatbeteiligten gem. § 24 II

122 Sind mehrere an der Tat beteiligt, so kann gem. § 24 II ein Rücktritt des **einzelnen Tatbeteiligten** nur unter besonderen Voraussetzungen in Betracht kommen. Da es sich bei § 24 um einen persönlichen Strafaufhebungsgrund handelt, kommt er auch nur den Beteiligten zugute (Anstifter, Gehilfe oder Mittäter), bei dem die Voraussetzungen vorliegen. Der Rücktritt eines Tatbeteiligten, wirkt sich

[69] Vgl. Schönke/Schröder/*Eser-Bosch* § 24 Rn. 40.

daher nicht auf die anderen Beteiligten aus. Vielmehr ist bei jedem gesondert ein eventuell vorliegender Rücktritt zu prüfen.

Auch bei § 24 II ist aber zuvor zu prüfen, ob ein fehlgeschlagener Versuch vorliegt. 123
Wenn dies bejaht wird, ist auch hier der Rücktritt ausgeschlossen.

Ein wichtiger Unterschied zu dem Rücktritt des Einzeltäters gem. § 24 I ist, dass 124
in § 24 II nicht zwischen unbeendeten und beendeten Versuch unterschieden wird. Gemäß § 24 II können Beteiligte grundsätzlich nur durch aktive Erfolgsverhinderung zurücktreten, da sie durch schlichtes Nichtweiterhandeln in der Regel die Erfolgsverhinderung durch die anderen Beteiligten nicht verhindern können. Eine Ausnahme von diesem Grundsatz gilt nur dann, wenn ein unbeendeter Versuch vorliegt und die Erfolgsherbeiführung alleine in der Hand des rücktrittwilligen Täters liegt.[70]

Fall:

A und B wollen in Mittäterschaft eine Bank überfallen. Da B etwas fußlahm ist, einigen sie sich bei Ihrer Planung darauf, dass B den Fluchtwagen fahren soll und A mit einer Waffe die Bank überfällt. Am Tattag steht B mit seinem Auto wie vereinbart einige Straßen von der Bank entfernt. A begibt sich zur Bank und bedroht die Angestellten mit einer Waffe. Bevor er das Geld bekommt, packt ihn die Reue und er verlässt schnell die Bank.

Hier konnte A durch schlichtes Nichtweiterhandeln zurücktreten, da die Erfolgsherbeiführung als Mittäter nur in seinen Händen lag. Nach der Gesamtlösung (→ 3. Teil Rn. 64) hat auch B einen versuchten schweren Raub oder eine versuchte schwere räuberische Erpressung begangen, in dem A unmittelbar zur Tat ansetzte. Für einen Rücktritt müsste B sich seinerseits nach § 24 II 2 sich freiwillig und ernsthaft bemüht haben, die Vollendung zu verhindern. Hierfür liegen keine Anhaltspunkte vor, sodass B ein Versuchsdelikt begangen hat.

Ansonsten umfasst die verschärfte Rücktrittsregelung des § 24 II drei Fälle. 125

a) Rücktritt durch Verhinderung der Vollendung nach § 24 II 1

In § 24 II 1 wird Straffreiheit gewährt, wenn der Erfolgseintritt durch rechtzeitiges 126
Dazwischentreten des Tatbeteiligten verhindert wird. Hier muss also der Tatbeteiligte wie der Alleintäter bei einem beendeten Versuch, aktiv tätig werden. Diese Tätigkeit muss kausal für die Nichtvollendung der Haupttat sein.

Fall:

A und B wollen in Mittäterschaft in das Haus der C mithilfe eines von A angefertigten Nachschlüssels einbrechen. Am Tatort hat B schon den Schlüssel ins Schloss gesteckt, als A Gewissensbisse bekommt. Er lässt sich von B den Nachschlüssel zurückgeben und verlässt den Tatort. Auch B kann ohne den Nachschlüssel, nicht ins Haus, da alle Fenster mit einer Alarmanlage gesichert sind. Das ist A auch bekannt. B verlässt daher auch den Tatort.

Hier konnte A durch das Ansichnehmen des Schlüssels die Vollendung zum Wohnungseinbruchdiebstahl verhindern. Er ist aktiv tätig geworden und diese

[70] Vgl. BGH NStZ 1999, 359.

Tätigkeit war für die Nichtvollendung auch kausal. Der persönliche Strafaufhebungsgrund gem. § 24 II 1 liegt für A vor.

B kann sich nicht auf den Rücktritt berufen, da für ihn ein fehlgeschlagener Versuch vorlag. Ihm war bewusst, dass er ohne den Nachschlüssel nicht die Möglichkeit hat, in das Haus einzubrechen.

b) Rücktritt durch Verhinderungsbemühen bei Nichtvollendung ohne Zutun des Beteiligten § 24 II 2 Alt. 1

127 In § 24 II 2 Alt. 1 ist der Fall geregelt, wenn der Tatbeteiligte zwar aktiv versucht hat den Erfolg zu verhindern, seine Tätigkeit aber für das Ausbleiben des Taterfolges nicht kausal war. Das kann zu einem der Fall sein, wenn der Versuch bereits als solcher zum Scheitern verurteilt ist (das vom Gehilfen gelieferte Gift reicht nicht zur Tötung des Opfers) oder der Erfolgseintritt durch andere verhindert wird.[71]

Fall:

A und B wollen in Mittäterschaft in das Haus der C mithilfe eines von A angefertigten Nachschlüssels einbrechen. Am Tatort hat B schon den Schlüssel ins Schloss gesteckt, als A Gewissensbisse bekommt. Er verlangt von B den Nachschlüssel heraus, um den Tatort zu verlassen. B aber weigert sich. A der keine Möglichkeit sieht, an den Schlüssel zu kommen, verlässt den Tatort. Unterwegs verständigt er die Polizei. Doch bevor die Polizei am Tatort erscheint, hat der Eigentümer B erfolgreich überwältigt und eingesperrt.

Da A sich hier ernsthaft um die Nichtvollendung des Wohnungseinbruchdiebstahls bemüht hat, kann er strafbefreiend gem. § 24 II 2 Alt. 1 zurücktreten.

c) Rücktritt durch Verhinderungsbemühen bei tatbeitragsunabhängiger Vollendung § 24 II 2 Alt. 2

128 In § 24 II 2 Alt. 2 ist der Fall geregelt, dass der Tatbeteiligte sich ernsthaft um die Vollendungsverhinderung der Tat bemüht, diese aber trotz seiner Bemühungen vollendet wird. Im Unterschied zu den vorherigen Fällen ist es hier zur Tatvollendung gekommen. Die Tat ist also nicht im Versuch steckengeblieben. Dabei ist es aber wichtig, dass der Tatbeitrag des Zurücktretenden nicht mehr kausal für die Vollendung war.

129 Dabei unterscheidet man zwei Möglichkeiten:

130 Der Beteiligte hat seinen Tatbeitrag im Versuchsstadium vollständig neutralisiert:

Beispiel: A und B wollen in Mittäterschaft in das Haus der C einbrechen. Dabei soll A an der Kreuzung Schmiere stehen. A bekommt Gewissensbisse und verlässt den Tatort. Mit seinem Handy verständigt er die Polizei. Leider kommen sie zu spät und können den B erst durch die Nahbereichsfahndung festnehmen.

[71] Vgl. Schönke/Schröder/*Eser-Bosch* § 24 Rn. 94; *Fischer* § 24 Rn. 42.

Der Beitrag des Zurücktretenden wird von den anderen Beteiligten nicht benutzt, da er nicht mehr benötigt wird.[72] 131

Beispiel: A und B wollen in Mittäterschaft in das Haus der C mithilfe eines von A angefertigten Nachschlüssels einbrechen. Am Tatort hat B schon den Schlüssel ins Schloss gesteckt, als er bemerkt, dass die Tür nicht verschlossen ist. A bekommt Gewissensbisse und verlässt den Tatort. Unterwegs verständigt er die Polizei. Doch bevor diese am Tatort erscheint, hat B den Einbruch schon vollendet. B wird erst durch die Nahbereichsfahndung festgenommen.

In beiden Fällen konnte A trotz Vollendung der Tat wirksam zurücktreten, da er sich ernsthaft und freiwillig um die Vollendungsverhinderung der Tat bemüht hat.

d) Freiwilligkeit

Auch bei § 24 II wird subjektiv freiwilliges Handeln verlangt. Dabei sind die Voraussetzungen die gleichen, wie in § 24 I (→ 3. Teil Rn. 107). 132

Prüfungsschema: Rücktritt bei der Tatbeteiligung mehrerer Täter (§ 24 II) 133

I. Vorprüfung
II. Tatbestandsmäßigkeit
III. Rechtswidrigkeit
IV. Schuld
V. Rücktritt vom Versuch
  1. Rücktritt gem. § 24 II 1
    a) Kein fehlgeschlagener Versuch
    b) Rücktrittshandlung aktive Erfolgsverhinderung (nur in Ausnahmefällen reicht schlichtes Nichtweiterhandeln)
    c) Freiwilligkeit
  2. Rücktritt gem. § 24 II 2
    a) Kein fehlgeschlagener Versuch
    b) Rücktrittshandlung ernsthaftes Bemühen zur Erfolgsverhinderung
    c) Freiwilligkeit
VI. uU Strafantrag

4. Auswirkung des Rücktritts in der polizeilichen Praxis

Da der § 24 zu einer völligen Straffreiheit führt, kommt dem Rücktritt in der polizeilichen Praxis eine große Bedeutung zu. Gerade für die Strafverteidigungen eröffnen sich hier viele Möglichkeiten. Deshalb sollte bei Ermittlungsverfahren (insbesondere bei versuchten Tötungsdelikten) immer an einen möglichen Rücktritt gedacht werden. Aus diesem Grund muss auch bei Vernehmungen die Vorsatzseite des Täters, hinsichtlich eines möglichen Rücktritts, gründlich hinterfragt werden. Einfach liegen die Dinge, wenn der Täter über die Einschätzung des Erfolgseintritts mit den Strafverfolgungsorganen redet. Ansonsten muss aus 134

[72] Vgl. Schönke/Schröder/*Eser-Bosch* § 24 Rn. 97.

den objektiven Begleitumständen auf das innere Einstellungsbild des Täters geschlossen werden. Hierbei können zB die Äußerungen des Täters nach seiner Handlung eine wichtige Rolle spielen. Auch sein Verhalten und die Frage, ob noch andere rettungsbereite Personen vor Ort waren etc, können ein wichtiger Aspekt bei der Beurteilung des Vorstellungsbildes des Täters sein. Nur mithilfe dieser Aspekte kann positiv festgestellt werden, ob sich der Täter keine Gedanken über den Erfolgseintritt gemacht hat (→ 3. Teil Rn. 91).

135 Wichtig ist dabei, ob sich der Täter der realen Möglichkeit bewusst war, dass sich der Taterfolg einstellen werde, oder ob er sich gar keine Gedanken über den Erfolgseintritt gemacht hat. Lässt sich diese Annahme bejahen, so kann er Straffreiheit nur erlangen, wenn er eine aktive Tätigkeit vorgenommen hat um den Erfolg zu verhindern.

4. TEIL

Täterschaft und Teilnahme

Bei der Art der Beteiligung an einer Straftat ist grundsätzlich zwischen Täterschaft und Teilnahme zu unterscheiden (§ 28 II). 1

Täterschaft	Teilnahme
• Alleintäter, § 25 I 1. Fall • Mittelbarer Täter, § 25 I 2. Fall • Mittäter, § 25 II	• Anstifter, § 26 • Gehilfe, § 27

Innerhalb dieser Beteiligungen gibt es im Wesentlichen vier Abgrenzungsprobleme. Diese betreffen die Abgrenzung von: 2

- Mittäterschaft und Beihilfe → 4. Teil Rn. 24 ff.
- Mittelbare Täterschaft und Anstiftung → 4. Teil Rn. 41 ff.
- Anstiftung und Beihilfe → 4. Teil Rn. 59 ff.; 65 ff.
- Beihilfe und Straflosigkeit → 4. Teil Rn. 71 ff.; 75 ff.

1. KAPITEL. Grundlagen

A. Überblick

I. Täterschaft

Der **Alleintäter** nach § 25 I 1. Fall begeht *„die Straftat selbst"*. 3

> **Beispiel:** A schießt mit Tötungsvorsatz auf B, wodurch dieser stirbt.

Der **mittelbare Täter** nach § 25 I 2. Fall begeht die *„Straftat ... durch einen anderen."* 4

> **Beispiel:** Arzt A, der den Patienten P töten möchte, überreicht der gutgläubigen Krankenschwester K die Giftspritze mit der Anweisung, dem P die angeblich schmerzlindernde Spritze zu verabreichen. Hierdurch stirbt P. A begeht das Tötungsdelikt (§§ 212 I, 211) durch die unvorsätzlich (undolos) handelnde K in mittelbarer Täterschaft.

Der **Mittäter** nach § 25 II begeht *„die Straftat gemeinschaftlich"* mit anderen. 5

> **Beispiel:** A und B wollen ihren Erzfeind C töten, während A den C ablenkt, schießt B auf C. A und B handeln arbeitsteilig aufgrund eines gemeinsamen Tatplans und begehen das Tötungsdelikt (§§ 212 I, 211) gemeinschaftlich.

II. Teilnahme

6 Der **Anstifter** nach § 26 *„bestimmt"* einen anderen zu dessen vorsätzlich begangener rechtswidriger Tat.

> **Beispiel:** A überredet B, den C zu erschießen. A ist Anstifter nach § 26 zum Tötungsdelikt (§§ 212 I, 211) des B.

7 Der **Gehilfe** nach § 27 leistet einem anderen zu dessen vorsätzlich begangenen rechtswidrigen Tat *„Hilfe"*.

> **Beispiel:** A besorgt dem B, der C töten möchte, die Tatwaffe. Hiermit erschießt B den C. A leistet physisch Beihilfe nach § 27 zum Tötungsdelikt (§§ 212 I, 211) des B.

III. Einheitstäter

8 Beim **Einheitstäter** unterscheidet man nicht zwischen Täterschaft und Teilnehmer. Bedeutsam ist dieser Begriff für den Bachelorstudenten im PVD im Strafrecht bei Fahrlässigkeitstaten, aber auch im Ordnungswidrigkeitenrecht und hier insbesondere im Straßenverkehrsrecht sowohl innerhalb einer Vorsatz-, als auch einer Fahrlässigkeitsnorm. Der Einheitstäter ermöglicht den Strafverfolgungsorganen bzw. den Sicherheitsbehörden jeden Tatbeteiligten als Täter zu ahnden.

> **Beispiel:** A überredet den betrunkenen B mit seinem Fahrzeug zu fahren. B überfährt einen Menschen. Hier können sowohl der unmittelbar handelnde B als auch der an sich den B „anstiftende" A Täter einer fahrlässigen Tötung nach § 222 sein.

9 Im Ordnungswidrigkeitenrecht ist der Einheitstäter in § 14 I 1 OWiG normiert. Beteiligen sich schließlich mehrere an einer Ordnungswidrigkeit, so handelt jeder von ihnen ordnungswidrig.

> **Beispiel:** Der angetrunkene A lenkt entgegen § 24a StVG sein Kraftfahrzeug mit 0,7 Promille. B hat A hierzu in Kenntnis der Tatumstände aufgefordert. A begeht eine Verkehrsordnungswidrigkeit nach § 24a StVG. Dasselbe gilt für B, auch wenn er an sich „Anstifter" ist. Dass er selbst kein Kraftfahrzeug mit 0,5 Promille Alkohol im Blut geführt hat, ist hierbei nach §§ 14 I 2, 9 I irrelevant.

B. Prüfungsreihenfolge

10 Die Täterschaft ist die stärkste Art der Beteiligung. Im Gutachten muss folglich die Täterschaft vor der Teilnahme geprüft werden.

11 Die Anstiftung wird *„gleich einem Täter bestraft"*. Die Strafe in der Beihilfe ist demgegenüber nach § 27 II 2 gem. § 49 I zu mildern. Die versuchte Anstiftung ist bei einem Verbrechen nach § 30 I strafbar und entnimmt die Rechtsfolgen den

Vorschriften des Versuchs des Verbrechens. Die versuchte Beihilfe ist hingegen stets straflos. Die Anstiftung ist also vor der schwächeren Beihilfe zu prüfen.

Merke: Täterschaft vor **Tei**lnahme (**Merke: Tä** kommt vor **Tei**!), **A**nstiftung vor **B**eihilfe (**Merke: A** kommt vor **B** bzw. § 26 vor § 27).

2. KAPITEL. Täterschaft

A. Alleintäterschaft

Dem **Alleintäter**, der alles selbst begeht, muss die Tathandlung eines anderen nicht zugerechnet werden. Diese Art der Beteiligung stellt den Normalfall dar. § 25 I 1. Fall wird damit im Oberobersatz nicht erwähnt. 12

Die Strafbarkeit des mittelbaren Täters nach § 25 I 2. Fall und des Mittäters nach § 25 II erfolgt hingegen durch Zurechnung der Tathandlung des anderen. Nicht zugerechnet werden aber eventuell in Betracht kommende besondere Absichten. Diese muss jeder Täter in eigener Person verwirklichen. Beide Beteiligungsformen (§§ 25 I 2. Fall, 25 II) bedürfen als Sonderfall der Täterschaft im Oberobersatz der Erwähnung. 13

Kein Fall der mittelbaren Täterschaft bzw. der Mittäterschaft kommt bei eigenhändigen Delikten (→ 1. Teil Rn. 46) in Betracht. Hier muss jeder Beteiligte in eigener Person die Tatbestandsmerkmale selbst erfüllen können. 14

> **Beispiel:** Täter einer Trunkenheit im Verkehr (§ 316) kann nur derjenige sein, der im fahruntauglichen Zustand ein Fahrzeug führt. Andere die das Fahrzeug selbst nicht führen, können nur Teilnehmer, nicht aber Mittäter oder mittelbare Täter sein.

Bei Sonderdelikten (→ 1. Teil Rn. 43) ist die Strafbarkeit wegen Mittäterschaft oder mittelbarer Täterschaft eingeschränkt. Diese Beteiligungsformen kommen allein dann in Betracht, wenn auch diese Person selbst die Tatsubjektsqualität besitzt. 15

> **Beispiel:** Nur ein Amtsträger, der zur Aufnahme öffentlicher Urkunden befugt ist, kann innerhalb seiner Zuständigkeit eine Falschbeurkundung im Amt (§ 348) begehen. Der hieran gemeinschaftlich Mitwirkende, dem die Tatsubjektsqualität fehlt, kann nur Teilnehmer sein.

B. Mittäterschaft nach § 25 II

Begehen mehrere eine Straftat gemeinschaftlich, wird jeder als Täter nach § 25 II bestraft. Voraussetzungen sind eine gemeinsame Tatausführung im Wege arbeitsteiligen Verhaltens und ein bewusstes und gewolltes Zusammenwirken aufgrund eines gemeinsamen Tatplans. Da es bei Fahrlässigkeitsdelikten an diesem Erfordernis fehlt, kommt nur bei Vorsatzdelikten **Mittäterschaft** in Betracht. 16

I. Aufbau

17 Zu unterscheiden ist der gemeinsame und der getrennte Prüfungsaufbau:

1. Gemeinsame Prüfung

18 Eine gemeinsame Prüfung beider Mittäter wird insbesondere in folgenden Fällen vorgenommen:

- kein Beteiligter verwirklicht alle Tatbestandsmerkmale alleine:

Beispiel: A wendet beim Raub die Gewalt gegen C an und B steckt die wertvolle Uhr des C ein.

- die Mittäter verwirklichen die tatbestandsmäßige Handlung gemeinschaftlich:

Beispiel: A und B entwenden einen dem C gehörenden Schrank, indem A diesen von der einen und B von der anderen Seite vom Tatort wegträgt.

2. Getrennte Prüfung

19 Verwirklicht aber nur ein Mittäter in seiner Person alle Tatbestandsmerkmale gilt Folgendes:

- Zu beginnen ist mit dem „Tatnächsten". Eine Zurechnung nach § 25 II erfolgt bei diesem nicht, sodass diese Norm im Oberobersatz auch nichts zu suchen hat.
- Anschließend ist der „Tatentferntere" – diesmal iVm § 25 II – zu prüfen. Es wird empfohlen nach dem objektiven und subjektiven Tatbestand in einem separaten Punkt „Zurechnung" zu klären, ob dem „Tatentfernteren" die Tathandlung des „Tatnächsten" nach § 25 II zuzurechnen ist.[1] Hier ist dann idR die Mittäterschaft von der Beihilfe abzugrenzen.

20 **Prüfungsschema: Mittäterschaft (§ 25 II)**

A. Strafbarkeit des Tatnächsten

B. Strafbarkeit des weiteren Beteiligten (iVm § 25 II)

I. Tatbestandsmäßigkeit

1. Objektiver Tatbestand

a) Tatsubjekt, Tatobjekt

b) Tathandlung: gemeinsame Ausführung im Wege arbeitsteiligen Verhaltens

c) Taterfolg, Kausalität (nur bei Erfolgsdelikten)

2. Subjektiver Tatbestand

a) Vorsatz auf den eigenen und den fremden Tatbeitrag

b) gemeinsamer Tatplan = bewusstes und gewolltes Zusammenwirken

c) uU besondere Absichten

3. Zurechnung der Tathandlung nach § 25 II

[1] Vgl. *Erhardt* StrafR Polizeibeamte Rn. 251.

II. Rechtswidrigkeit
III. Schuld
IV. uU Strafantrag
V. Ergebnis

II. Sukzessive Mittäterschaft

Ein gemeinsamer Tatplan liegt nicht nur dann vor, wenn ein solcher zwischen beiden von Anfang an vereinbart wurde. Mit der Rechtsprechung[2] ist vielmehr eine **sukzessive** (nachträgliche) **Mittäterschaft** auch noch nach Vollendung und bis zur Beendigung der Tat möglich (→ 1. Teil Rn. 67, 69, 70). 21

Beispiel: A hat aus dem Haus des C die Diebesbeute geschafft. B kommt hinzu. Beide vereinbaren, dass B nunmehr die Beute zu A transportieren solle, wo beide das Diebesgut gleichmäßig aufteilen wollen. B kann sukzessiver Mittäter zum Diebstahl des A sein.

III. Mittäterexzess

Voraussetzung für eine Strafbarkeit wegen Mittäterschaft ist, dass sich die Mittäter im Wesentlichen an den gemeinschaftlichen Tatplan halten. Geht einer der Beteiligten über das vom Tatplan vorgesehene Verhalten hinaus, so liegt ein **Exzess** vor. Eine Strafbarkeit wegen Mittäterschaft scheidet in diesem Fall für den anderen aus. 22

Beispiel: A und B verabreden, dass A dem C eine Sache entwenden, während B Schmiere stehen soll. Beide sind sich über ein gewaltloses Verhalten gegenüber dem Opfer einig. A hält sich aber nicht an die Absprache und schlägt C zum Zwecke der Wegnahme. A ist in diesem Fall wegen Raubes und B, der das Verhalten auch nicht im Nachhinein im Wege einer sukzessiven Mittäterschaft billigt, aufgrund eines Mittäterexzesses des A nur wegen Mittäterschaft zum Diebstahl zu bestrafen.

Der error in persona (→ 2. Teil Rn. 276) eines Mittäters stellt demgegenüber keinen Mittäterexzess dar. Dieser Irrtum ist auch für den anderen Mittäter grundsätzlich unbeachtlich. 23

IV. Abgrenzung: Mittäterschaft oder Beihilfe

Abgrenzungsprobleme zwischen Mittäterschaft und Beihilfe entstehen insbesondere in folgenden typischen Fallkonstellationen einer Beteiligung während der Tatausführung oder in der Vorbereitung: 24

[2] Vgl. BGH NStZ 1996, 227 (228).

- ein Beteiligter leistet bei der Tatausführung uU nur einen untergeordneten Tatbeitrag:

> **Fall 1:**
> A entwendet die Diebesbeute aus einem Gebäude, während B Schmiere steht. Beide wollen hinterher die Beute zu gleichen Anteilen aufteilen.

- die am Tatort anwesenden Beteiligten haben unterschiedlich großes Tatinteresse:

> **Fall 2:**
> B, der beim Diebstahl Schmiere steht, soll nur 10 % der Beute erhalten, während A, der die Beute einsteckt, 90 % bekommen soll.

- ein Beteiligter wirkt nur in der Vorbereitung mit:

> **Fall 3:**
> Bandenchef B, der den größten Teil der Beute bekommen soll, hat den Tatplan entworfen, den Tatort ausgekundschaftet und alle Tatwerkzeuge organisiert. Er verschafft sich aber während des Diebstahls seiner Bandenmitglieder C und D ein Alibi und besucht hierzu eine Feierlichkeit. Während der Tatausführung steht er mit C und B nicht in (telefonischem) Kontakt.

25 Allgemein werden zur Abgrenzung im Wesentlichen zwei Theorien vertreten.

1. Subjektive Theorie

26 Nach der **subjektiven Theorie** ist die innere Einstellung zur Tat ausschlaggebend. Täter ist, wer mit Täterwillen (animus auctoris), Teilnehmer ist, wer mit Teilnehmerwillen (animus socii) handelt. Während nach der alten Rechtsprechung allein die subjektive Willensrichtung maßgeblich war,[3] wird heute von der neuen Rechtsprechung[4] der Täterwillen mit der **beschränkt subjektiven Theorie** in wertender Betrachtung ermittelt, dh Tatumstände müssen nach Indizien untersucht werden, die für einen entsprechenden Willen sprechen. Wichtigste Indizien sind dabei der Grad des Interesses am Taterfolg, der Umfang der Tatbeteiligung, die Tatherrschaft bzw. der Wille zur Tatherrschaft. Allein die Duldung fremder Taten und ein eigenes Interesse an deren Erfolg begründen keine Mittäterschaft. Dies gilt sowohl für ein Begehungs- als auch ein Unterlassungsdelikt.[5]

27 Die beschränkt subjektive Theorie ist aufgrund ihrer Wertung sehr unbestimmt und führt nicht stets zu eindeutigen Ergebnissen.

[3] Vgl. RGSt 74, 84 – Badewannenfall; BGHSt 18, 87 = NJW 1963, 355 – Staschynskijfall.
[4] Vgl. BGH NStZ 1995, 285.
[5] Vgl. BGH BeckRS 2018, 13259.

Im **Fall 1** ist das Tatinteresse des B maßgeblich. Bei gleichmäßiger Beuteteilung will also B auch Täter sein. Hierfür ist auch anzuführen, dass das Schmiere-Stehen, das Geschehen hemmen und ablaufen lassen kann. Dies spricht für einen bedeutenden Tatbeitrag. Zudem liegen auch die Tatherrschaft, die im Rahmen der Mittäterschaft als funktionale Tatherrschaft bezeichnet wird und das Tatherrschaftsbewusstsein vor. Damit will B Täter sein. Er ist hiernach Mittäter.

Im **Fall 2** ist wohl von Beihilfe des B auszugehen. Sein Tatinteresse ist mit 10 % zu gering, auch wenn er einen wesentlichen Tatbeitrag leistet, indem er Schmiere steht.

Im **Fall 3** ist B als Kopf der Bande, der den größten Beuteanteil bekommen soll, aufgrund seines überragenden Tatinteresses Mittäter, selbst wenn er nicht während der Tatausführung vor Ort ist oder mit C und D in (telefonischem) Kontakt steht. Es ist also unmaßgeblich, dass er tatsächlich keine Tatherrschaft bzw. keinen Tatherrschaftswillen ausüben kann.

2. Tatherrschaftslehre

Die **Tatherrschaftslehre**[6] wird von der Literatur vertreten. Täter ist hiernach, wer als Zentralgestalt des Geschehens (= Schlüsselfigur), die planvoll lenkende oder mitgestaltende Tatherrschaft besitzt, die Tatbestandsverwirklichung somit nach seinem Willen hemmen oder ablaufen lassen kann. Der Mittäter muss durch arbeitsteiliges Zusammenwirken (funktionale Tatherrschaft) ein zur Ausführung des gesamten Planes notwendiges Teilstück beisteuern und Tatherrschaftswillen besitzen. Teilnehmer ist dagegen derjenige, der ohne eigene Tatherrschaft als „Randfigur" des realen Geschehens die Begehung der Tat veranlasst oder fördert. Das Tatinteresse ist nach dieser Ansicht zur Abgrenzung ungeeignet. 28

Im **Fall 1** ist zu berücksichtigen, dass es B durch sein „Schmiere-Stehen" in der Hand hat, ob A entdeckt werden wird. Insofern ist er ebenfalls eine Zentralgestalt des Geschehens und folglich Mittäter.

Dasselbe gilt für **Fall 2**, da allein die Tatherrschaft und das Tatherrschaftsbewusstsein zählen und das untergeordnete Tatinteresse unmaßgeblich ist.

Im **Fall 3** besitzt B, der während der Tatausführung nicht in Kontakt mit seinen Mitgliedern steht, tatsächlich keine Tatherrschaft. Er kann das Geschehen schließlich nicht hemmen oder ablaufen lassen.[7] Insofern kann mit der engen Ansicht innerhalb der Tatherrschaftslehre eine Mittäterschaft verneint werden. Dennoch nimmt ein überwiegender Teil der Tatherrschaftslehre aus wertenden (normativen) Gesichtspunkten Täterschaft des B an, da das „Minus" in der Tatausführung durch das „Plus" in der Vorbereitung wertend ausgeglichen würde. Eine Strafbarkeit nur wegen Beihilfe sei nicht sachgerecht.[8]

3. Stellungnahme

Da die Ansichten im Beispiel 2 zu unterschiedlichen Ergebnissen gelangen und 29
auch in Beispiel 3 mit der engen Ansicht innerhalb der Tatherrschaftslehre bei

[6] Vgl. *Wessels/Beulke/Satzger* StrafR AT Rn. 806.
[7] Vgl. *Puppe* NStZ 1991, 571 ff.
[8] Vgl. *Küpper* NStZ 1995, 331 (332).

der Mittäterschaft in der Vorbereitung die Ergebnisse zur subjektiven Theorie differieren, bedarf es in diesen Fällen in Prüfungen einer Stellungnahme. Der Polizeivollzugsbeamte sollte als Praktiker mit Argumenten der Rechtsprechung folgen.

C. Mittelbare Täterschaft nach § 25 I 2. Fall

30 Unumstritten ist derjenige mittelbarer Täter nach § 25 I 2. Fall, der für die Tatbestandsverwirklichung mit Wissensüberlegenheit ein menschliches Werkzeug, den sog. Tatmittler, einsetzt und hierzu einen kausalen Verursachungsbeitrag leistet. Schließlich ist das Werkzeug idR straflos, während der mittelbare Täter eine überlegene Wissensherrschaft besitzt. Er benutzt quasi den straflosen Tatmittler als seinen verlängerten Arm und begeht durch ihn eine Straftat. Auch hier kommt bei Fahrlässigkeitstaten keine mittelbare Täterschaft in Betracht.

I. Aufbau

31 Wie bei der Mittäterschaft wird auch bei der mittelbaren Täterschaft empfohlen, nach der Prüfung der objektiven und subjektiven Tatbestandsmerkmale in einem eigenen Prüfungspunkt „Zurechnung" zu klären, ob dem Hintermann die Tathandlung des Tatmittlers über § 25 I 2. Fall zuzurechnen ist.[9] Typischerweise wird hier die mittelbare Täterschaft von der Anstiftung abgegrenzt.

Prüfungsschema: Mittelbare Täterschaft, § 25 I 2. Fall

A. Strafbarkeit des Tatnächsten (Werkzeugs/Tatmittlers)
B. Strafbarkeit des Hintermannes als mittelbarer Täter (iVm § 25 I 2. Fall)
- **I. Tatbestandsmäßigkeit**
  - **1. Objektiver Tatbestand**
    - a) Tatsubjekt und Tatobjekt bezogen auf den Hintermann
    - b) Tathandlung des Tatmittlers und kausaler Tatbeitrag des Hintermanns
    - c) Taterfolg, Kausalität (nur bei Erfolgsdelikten)
  - **2. Subjektiver Tatbestand**
    - a) Vorsatz
    - b) uU besondere Absichten
  - **3. Zurechnung** der Tathandlung nach § 25 I 2. Fall
- **II. Rechtswidrigkeit**
- **III. Schuld**
- **IV. uU Strafantrag**
- **V. Ergebnis**

II. Vorsatz

32 Der Hintermann muss vorsätzlich handeln. Auch dieser kann einer Fehlvorstellung nach § 16 I 1 unterliegen. Strittig ist, ob beim error in persona (→ 2. Teil

[9] Vgl. *Erhardt* StrafR Polizeibeamte Rn. 255.

Rn. 276) des Tatmittlers ein vorsatzausschließender Irrtum im Sinne einer aberratio ictus gegeben ist, sodass mit der herrschenden Konkretisierungstheorie (→ 2. Teil Rn. 282) eine versuchte mittelbare Täterschaft und eine Fahrlässigkeitsstrafbarkeit in Betracht kommen oder ob der Irrtum auch für den Hintermann unbeachtlich ist.

Fall:
Arzt A gibt der gutgläubigen Krankenschwester K eine Giftspritze für Patient P indem er ihr vorschwindelt, es handele sich um Medizin für P. K verwechselt aber P mit dem ihm ähnlich sehenden Patienten X, sodass dieser stirbt. K fehlt der Vorsatz zur Tötung eines Menschen, sodass sie straffrei ist. A könnte aber den X durch die unvorsätzlich handelnde K getötet haben. Fraglich ist, welche Auswirkungen der error in persona des Vordermanns auf den mittelbaren Täter hat.

1. Beachtlichkeitstheorie

Nach der **Beachtlichkeitstheorie**[10] wirkt sich der unbeachtliche error in persona für das Werkzeug als aberratio ictus aus. So verfehlt das menschliche Werkzeug ihr Ziel, sodass der Irrtum beachtlich ist. 33

In Bezug auf das Tötungsdelikt an X fehlt dem A damit der Vorsatz nach § 16 I 1. A ist aber wegen eines versuchten Tötungsdeliktes an P (→ 3. Teil Rn. 1 ff.) in Tateinheit mit fahrlässiger Tötung nach § 222 an X zu bestrafen.

2. Differenzierende Theorie

Die Mindermeinung[11] **differenziert** danach, ob der Hintermann, der ein bestimmtes Opfer bzw. Objekt im Auge hat, dem Werkzeug anhand bestimmter Charakteristika die Individualisierung des Tatopfers überlässt oder nicht. Im ersten Fall muss er sich den Auswahlfehler des nicht genau angewiesenen Werkzeugs als eigenen zurechnen lassen. Der Irrtum ist damit unbeachtlich. Handelt das Werkzeug demgegenüber ohne eigene Auswahlmöglichkeit bei der Individualisierung, sind bei einer Auftragsabweichung die Regeln der *aberratio ictus* anwendbar. 34

A hat der K gegenüber nur den Namen des Patienten P genannt. Er hat ihr die Individualisierung überlassen. Folglich ist der Irrtum unbeachtlich und A handelte in Bezug auf das Tötungsdelikt an X in mittelbarer Täterschaft vorsätzlich.

3. Mögliche Argumentation für die Beachtlichkeitstheorie

Zu folgen ist der Beachtlichkeitstheorie, da es rechtlich keinen Unterschied macht, ob sich der Täter eines mechanischen Werkzeugs bedient und hiermit das Ziel verfehlt, oder ob es beim Einsatz eines menschlichen Werkzeugs zum Fehlgehen der Tat kommt.

[10] Vgl. *Roxin* StrafR AT II § 25 Rn. 169.
[11] Vgl. *Wessels/Beulke/Satzger* StrafR AT Rn. 862.

III. Zurechnung der Tathandlung nach § 25 I 2. Fall

35 Die Tathandlung des Tatmittlers muss dem Hintermann über § 25 I 2. Fall zugerechnet werden. Dabei unterscheidet man eindeutige Fälle der mittelbaren Täterschaft und Abgrenzungsfälle zur Anstiftung.

1. Eindeutige Fälle der mittelbaren Täterschaft

36 Ein eindeutiger Fall der mittelbaren Täterschaft liegt dann vor, wenn der Vordermann straffrei ist und der Hintermann diesbezüglich Wissensüberlegenheit besitzen will.

a) Mangel im objektiven Tatbestand

37 Der Strafbarkeitsmangel des Tatmittlers kann darin liegen, dass das Werkzeug **nicht objektiv tatbestandsmäßig** handelt.

Fall:

A überredet B, eine angeblich dem C gehörende Sache zu zerschlagen. Tatsächlich gehört die Sache aber B selbst, was dieser aber nicht weiß.

B hat keine fremde, sondern seine eigene Sache zerstört. Er handelt nicht objektiv tatbestandsmäßig. A, der bei B einen Irrtum hervorgerufen hat und Wissensüberlegenheit besitzt, begeht eine Sachbeschädigung in mittelbarer Täterschaft nach §§ 303 I, 25 I 2. Fall durch das objektiv tatbestandslos handelnde Werkzeug B.

b) Mangel im Vorsatz

38 Der Mangel kann auch im **Vorsatz** liegen (undolos handelndes Werkzeug).

Fall:

Arzt A, der den Patienten P töten möchte, überreicht der gutgläubigen Krankenschwester K die Giftspritze mit der Anweisung, dem P die angeblich schmerzlindernde Spritze zu verabreichen. Hierdurch stirbt P.

K hat keinen Vorsatz einen Menschen zu töten. Sie handelt unvorsätzlich (undolos). A, der diesen Irrtum bei K hervorgerufen hat, begeht ein Tötungsdelikt in mittelbarer Täterschaft nach §§ 212 I, 211, 25 I 2. Fall durch die unvorsätzlich handelnde K.

c) Mangel in der Rechtswidrigkeit

39 Ferner ist es möglich, dass der Vordermann nicht rechtswidrig handelt.

Fall:

Ein Polizeivollzugsbeamter A nimmt eine Person P fälschlicherweise fest, weil B dem A bewusst wahrheitswidrig erklärt, P sei der Dieb.

Die Freiheitsberaubung des A ist aufgrund § 127 StPO mit der Verdachtslösung[12] gerechtfertigt. B hingegen ist wegen Freiheitsberaubung in mittelbarer Täter-

[12] Vgl. *Wessels/Beulke/Satzger* StrafR AT Rn. 614.

schaft nach §§ 239 I, 25 I 2. Fall strafbar, da er sich des A als gerechtfertigt handelndes Werkzeug bedient.

d) Mangel in der Schuld

Schließlich kann der Tatmittler schuldlos handeln. 40

Fall:

Rechtsanwalt A mag C nicht. Er erklärt dem rechtsunkundigen Ausländer B bewusst wahrheitswidrig, in Deutschland sei Sachbeschädigung nicht strafbar, er dürfe ruhig die Vasen des C zerschlagen. Dies tut B, der dem A glaubt.

B unterliegt einem unvermeidbaren Verbotsirrtum und handelt nach § 17 S. 1 schuldlos. A hingegen, der weiß, dass Sachbeschädigung strafbar ist, begeht durch ein schuldlos handelndes Werkzeug eine Sachbeschädigung in mittelbarer Täterschaft nach §§ 303 I, 25 I 2. Fall.

2. Abgrenzungsfälle: mittelbare Täterschaft von der Anstiftung

Die mittelbare Täterschaft ist typischerweise von der Anstiftung bei 41

- eingebildeter Tatherrschaft,
- beim „Täter hinter dem Täter" und bei
- den Fällen möglicher freiverantwortlicher Selbsttötung

abzugrenzen.

a) Eingebildete Tatherrschaft

Glaubt der Hintermann irrig, er habe Tatherrschaft, handelt der Vordermann 42
aber voll deliktisch und hat den Hintermann durchschaut, liegt eine **eingebildete Tatherrschaft** vor. Nach der Tatherrschaftslehre kommt in diesem Fall eine vollendete Anstiftung[13] und/oder eine versuchte mittelbare Täterschaft[14] in Betracht. Folgt man, wie oben bereits ausgeführt, argumentativ als Praktiker der beschränkt subjektiven Theorie, reicht es für die vollendete mittelbare Täterschaft aus, wenn der mittelbare Täter die Tat durch ein nicht volldeliktisch handelndes Werkzeug mit Wissensherrschaft begehen will (→ 4. Teil Rn. 26, 29).

Fall:

Arzt A stellt sich irrig vor, die Krankenschwester B, die den Patienten P mit einer von A gereichten Giftspritze töten soll, wisse nicht, dass sich in der Spritze Gift befindet.

A glaubt ein Tötungsdelikt durch ein vermeintlich vorsatzlos handelndes Werkzeug in Wissensüberlegenheit zu begehen. Auch wenn B vollverantwortlich handelt ist A allein aufgrund seiner Vorstellung, ein unvorsätzlich (undoloses) Werkzeug mit Wissensüberlegenheit einzusetzen, nach der beschränkt subjektiven Theorie wegen vollendeter mittelbarer Täterschaft eines Tötungsdelikts und

[13] Vgl. *Wessels/Beulke/Satzger* StrafR AT Rn. 856 ff.

[14] Nur versuchte mittelbare Täterschaft nimmt etwa *Herzberg* JuS 1974, 574 (575) an.

> nicht lediglich wegen Anstiftung und/oder versuchter mittelbarer Täterschaft nach der Tatherrschaftslehre zu bestrafen.

b) „Täter hinter dem Täter“

43 Grundsätzlich ist der „andere“ iSv § 25 I 2. Fall, durch den der mittelbare Täter die Tat begeht oder begehen will, straflos. Eine Besonderheit ergibt sich aber beim **„Täter hinter dem Täter“**. Bei diesem setzt der Hintermann einen volldeliktisch handelnden Täter zur Tatbestandsverwirklichung ein. Wenn der Hintermann aber Wissensherrschaft besitzt, nimmt die Rechtsprechung trotz Eigenverantwortung des Tatmittlers in bestimmten Fällen auch hier eine mittelbare Täterschaft und – anders als Teile der Literatur, die das Verantwortungsprinzip betonen[15] – nicht nur eine Anstiftung an.

44 Einen Klassiker des „Täters hinter dem Täter“ stellt der Katzenkönigfall[16] dar, indem der Hintermann beim Vordermann eines vermeidbaren Verbotsirrtums hervorruft.

> **Katzenkönigfall:**
>
> A überredet den leicht beeinflussbaren und ihr hörigen Polizeivollzugsbeamten B, den C umzubringen. Dazu erzählt A bewusst wahrheitswidrig, dass die Menschheit vom baldigen Kommen des Bösen in Form des Katzenkönigs bedroht sei, und dass diese Bedrohung nur durch ein Menschenopfer in Form des Todes des C abgewendet werden könne. B, der geistig gesund ist aber der A glaubt, tötet in diesem Glauben C heimtückisch.
>
> B macht sich wegen Mordes nach § 211 strafbar, unterliegt aber nach § 17 S. 2 einem vermeidbaren Verbotsirrtum, der nur zur Milderungsmöglichkeit führt. A hingegen ist mittelbarer Täterin eines Mordes nach §§ 211, 25 I 2. Fall, da sie bei B einen vermeidbaren Verbotsirrtum hervorgerufen hat und durch Täuschung Wissensherrschaft über B besitzt.

c) Freiverantwortlichkeit

45 Schließlich muss bei den Tötungsdelikten noch die mittelbare Täterschaft von der sonst straflosen Anstiftung zum Selbstmord abgegrenzt werden.

46 Entscheidet sich das Opfer **freiverantwortlich** für den Tod, fehlt es an der für die mittelbare Täterschaft erforderlichen Willensherrschaft des Hintermanns.

47 Nach welchen Kriterien der autonome Sterbewille zu bestimmen ist, ist umstritten. Als Beispiel dient der Siriusfall.[17]

> **Siriusfall:**
>
> A gibt sich als Bewohner des Sternes Sirius aus und bewegt das leichtgläubige aber noch geistig voll gesunde Opfer O dazu, sich durch einen in die Badewanne

[15] Vgl. *Bottke* JuS 1992, 765 (768 f.).
[16] Vgl. BGHSt 35, 347 ff. = NStZ 1989, 176 ff. – Katzenkönigfall.
[17] Vgl. BGHSt 32, 38 ff. = NStZ 1984, 70 – Siriusfall.

getauchten Föhn zu töten, weil er O einredet, dieses würde dann ebenfalls als Siriusbewohner weiterleben.

aa) Exkulpationslösung. Stellt man mit der Exkulpationslösung, die von Teilen der Literatur[18] vertreten wird, darauf ab, dass das Werkzeug „schuldhaft" handeln muss, fehlt es an der Eigenverantwortlichkeit nur bei Strafunmündigen (entsprechend § 19), nicht voll verantwortlich handelnden Personen (entsprechend § 20), Menschen, die in einer Notlage entsprechend § 35 I stehen oder Jugendlichen, die aus dem Gedanken des § 3 JGG nicht die Einsichts- und Handlungsfähigkeit besitzen. 48

Da O geistig voll gesund und damit voll verantwortlich handelte, scheidet hiernach eine mittelbare Täterschaft aus. Für eine mögliche Anstiftung fehlt es – da Selbstmord straffrei ist – an einer vorsätzlichen und rechtswidrigen Haupttat. A bleibt hiernach straffrei.

bb) Einwilligungslösung. Greift man hingegen mit der von der Rechtsprechung vertretenen Einwilligungslösung[19] auf die Maßstäbe der rechtfertigenden Einwilligung (→ 2. Teil Rn. 78 ff.) zurück, fehlt die Freiverantwortlichkeit bereits dann, wenn die Einwilligung durch Willensmängel zustande gekommen ist. 49

A hat O darüber getäuscht, dass er sich selbst töten könnte. Derjenige, der den Irrtum hervorgerufen und dadurch das Geschehen bewusst und gewollt ausgelöst hat, ist Täter eines Tötungsdelikts kraft überlegenen Wissens, durch das er den Irrenden lenkt und zum Werkzeug gegen sich selbst macht. Hiernach ist A im Siriusfall mittelbarer Täter eines Tötungsdelikts.

cc) Stellungnahme. Der Praktiker soll auch hier mit der anschließenden Argumentation der von der Rechtsprechung vertretenen Einwilligungslösung folgen: 50

Mögliches Argument: Auch bei der Tötung auf Verlangen nach § 216 muss das Tötungsverlangen ernstlich und damit willensmangelfrei sein. Bei der mittelbaren Täterschaft nach §§ 212, 211, 25 I 2. Fall kann nichts anderes als bei der unmittelbaren Täterschaft gelten.

18 Vgl. MüKoStGB/*Schneider* Vor. § 211 ff. Rn. 38.

19 Vgl. BGHSt 32, 38 ff. = NStZ 1984, 70 – Siriusfall.

3. KAPITEL. Teilnahme

Die Strafbarkeiten wegen Anstiftung nach § 26 und Beihilfe nach § 27 setzen gleichermaßen eine vorsätzliche und rechtswidrige Haupttat voraus. Während der Anstifter den Haupttäter zur Tat bestimmt, hilft der Gehilfe dem Haupttäter. Beide Teilnahmeformen folgen demselben Prüfungsaufbau. Sie unterscheiden sich nur in der Teilnahmehandlung, dem sich hierauf beziehenden Vorsatz und der nur für die Beihilfe geltenden zwingenden Strafmilderung. 51

Prüfungsschema: Teilnahme (§§ 26, 27) 52

I. Tatbestandsmäßigkeit
- **1. Objektiver Tatbestand**
  - a) vorsätzliche rechtswidrige Haupttat eines anderen
  - b) Teilnahmehandlungen: Bestimmen (§ 26) oder Hilfeleisten (§ 27)
- **2. Subjektiver Tatbestand:** Vorsatz auf
  - a) vorsätzliche und rechtswidrige Haupttat eines anderen und Teilnahmehandlung
  - b) Vollendung
- **3. uU Tatbestandsverschiebung nach § 28 II**

II. Rechtswidrigkeit

III. Schuld

IV. Strafzumessung
- **1. uU § 28 I**
- **2. § 27 II 2 (nur bei der Beihilfe)**

V. uU Strafantrag

VI. Ergebnis

A. Vorsätzliche rechtswidrige Haupttat

Im objektiven Tatbestand hängt die Strafbarkeit des Teilnehmers von einer **vorsätzlichen und rechtswidrigen Haupttat eines anderen** ab. Die Schuld des Haupttäters ist unmaßgeblich. Diese beschränkte Abhängigkeit bezeichnet man auch als **„limitierte Akzessorietät"**. Die Haupttat kann vollendet oder versucht worden sein. Fehlt es an beidem, so kommt nur eine versuchte Teilnahme in Betracht, die allein im Rahmen der Anstiftung bei einem Verbrechen nach § 30 I strafbar ist. Eine versuchte Beihilfe hingegen hat der Gesetzgeber nicht unter Strafe gestellt. 53

54 Damit ergibt sich folgende Darstellung:

Haupttäter	Vollendete Tat zB § 242 I	Versuchte Tat zB §§ 242, 22, 23 I	Keine Tat Nichts
Teilnehmer, §§ 26, 27	Teilnahme zur vollendeten Tat zB §§ 242 I, 26 oder § 27	Teilnahme zur versuchten Tat zB §§ 242, 22, 23 I, 26 oder § 27	Versuchte Anstiftung zum Verbrechen (zB §§ 30 I, 249 [Raub]) ist strafbar. Versuchte Anstiftung zum Vergehen (zB § 242 [Diebstahl]) oder versuchte Beihilfe ist straflos.

55 Eine Teilnahme ist auch an einer Tat möglich, bei der der Täter einem Erlaubnistatbestandsirrtum unterliegt. Schließlich lässt dieser Irrtum mit der herrschenden rechtsfolgenverweisenden eingeschränkten Schuldtheorie (→ 2. Teil Rn. 296) nur den Vorsatz-Schuldvorwurf analog § 16 I 1 entfallen.

Fall:

B ruft bei A an und überredet den für ihn erkennbar betrunkenen Arzt A, schnellstmöglich zu einem angeblich 2 km entfernten Unfallort zu fahren. Er erklärt, dass dort ein schwerverletztes Opfer liege. Andere ärztliche Hilfe sei nicht rechtzeitig zu erlangen. A, der weiß, dass er nicht mehr fahrtauglich ist, fährt zum angegebenen Ort und findet dort keinen Verletzten. B nutzt die Zeit, um die Wohnung des A auszuräumen. Strafbarkeit der Beteiligten nach § 316 I?

Die Trunkenheit im Verkehr nach § 316 I durch A war nicht nach § 34 gerechtfertigt, da tatsächlich keine Gefahr für Leib oder Leben eines Unfallopfers bestand. A glaubte aber irrig, die tatsächlichen Voraussetzungen des Notstandes nach § 34 lägen vor. Insofern entfällt bei ihm analog § 16 I der Vorsatz-Schuldvorwurf. Eine Fahrlässigkeitstat nach § 316 II scheidet aus, da A den Erlaubnistatbestandsirrtum nicht objektiv sorgfaltswidrig und damit fahrlässig verkannte. B kann nicht mittelbarer Täter des § 316 I sein, da die Trunkenheit im Verkehr ein eigenhändiges Delikt (→ 1. Teil Rn. 46) ist und B folglich nicht durch den schuldlos handelnden A ein Fahrzeug im fahruntauglichen Zustand führen kann. B ist vielmehr Anstifter zu § 316 I. Der Erlaubnistatbestandsirrtum, der in der Schuld geprüft wird, lässt die vorsätzliche und rechtswidrige Haupttat des A unberührt.

B. Teilnahmehandlungen

56 Die Teilnahmehandlung besteht beim Anstifter im „Bestimmen" und beim Gehilfen im „Hilfeleisten".

I. Anstiftung: Bestimmen

57 Innerhalb der Teilnahmehandlung „Bestimmen" sind folgende Fragen zu klären:

- Mit welchen Mitteln kann der Anstifter den Haupttäter bestimmen?
- Kann ein bereits fest Entschlossener (omnimodo facturus) zur Tat bestimmt werden?

- Kann ein zum Grunddelikt Entschlossener noch zur Qualifikation bestimmt werden (Aufstiftung)?

Die Fragen betreffen die Abgrenzung der Anstiftung zur Beihilfe. 58

1. Mittel der Anstiftung

Die Klärung der Frage, mit welchen Mitteln man einen Haupttäter zur Tat bestimmen kann, wird insbesondere dann relevant, wenn der Anstifter mit dem Haupttäter nicht in kommunikativen Kontakt tritt. Hier wird die Anstiftung von der Beihilfe abgegrenzt. 59

Diebesfallenfall:

Als in einem Arbeitsamt häufiger Gelddiebstähle vorkommen, präpariert der ermittelnde Polizeivollzugsbeamte P einen Zwanzigeuroschein des Angestellten A und steckt diesen in dessen Jackett, das er im Dienstzimmer abgelegt hat. T entnimmt diesen heimlich dem Jackett des A und wird später durch Spuren an seinen Fingern überführt.

T hat sich aufgrund des tatbestandsausschließenden Einverständnisses (→ 2. Teil Rn. 75) nicht wegen vollendeten sondern – da er das Einverständnis nicht kannte – nur wegen versuchten Diebstahls nach §§ 242, 22, 23 I strafbar gemacht. Bei der Strafbarkeit des P muss die Anstiftung von der Beihilfe abgegrenzt werden.

Bei der Art und Weise des Bestimmens werden im Wesentlichen zwei Theorien vertreten. 60

a) Verursachungstheorie

Nach der weiten **Verursachungstheorie**[20] in der Rechtsprechung und Teilen der Literatur[21] setzt das Tatbestandsmerkmal des „Bestimmens" in § 26 lediglich die Verursachung einer fremden Tat voraus. 61

P, der durch das Präparieren des Geldes eine zur Tat anreizende Sachlage geschaffen hat, hat hierdurch den versuchten Diebstahl verursacht, sodass er den T hierzu objektiv bestimmt hat.[22]

b) Theorie des geistigen Kontakts

Nach der **Theorie des geistigen Kontakts**,[23] die in Teilen der Literatur vertreten wird, setzt das Tatbestandsmerkmal des „Bestimmens" hingegen die kommunikative Beeinflussung des Täters voraus. Das Schaffen einer zur Tat anreizenden Situation reicht daher nicht aus. 62

[20] Vgl. BGHSt 9, 370 (379) = NJW 1957, 29.

[21] Vgl. *Fischer* § 26 Rn. 3 f.

[22] P fehlt aber, wie noch zu zeigen sein wird als sog. „agent provocateur" der Vollendungsvorsatz, sodass eine Strafbarkeit des P wegen Anstiftung entfällt.

[23] Vgl. *Geppert* JURA 1997, 299 (304).

P, der mit T nicht geredet hat, hat diesen hiernach nicht zur Versuchstat bestimmt. In Betracht kommt vielmehr nur eine Beihilfehandlung.[24]

c) Stellungnahme

63 Mit der für die Praxis bedeutsamen Rechtsprechung soll bei unterschiedlichen Ergebnissen der Verursachungstheorie gefolgt werden:

! **Mögliche Argumente:** Die Verursachungstheorie stimmt mit dem Wortlaut des § 26 überein, der kein Mittel der Anstifterhandlung benennt. Da die Anstiftung schwerer bestraft wird als die Beihilfe, privilegiert sie nicht den kriminelleren Täter, der eine zur Tat anreizende Situation schafft.

2. Omnimodo facturus

64 Nur ein noch schwankender, nicht aber ein bereits fest entschlossener Haupttäter (omnimodo facturus), kann zur Tat angestiftet werden. Psychische Beihilfe kommt in Betracht, wenn der als Anstifter erfolglos Beteiligte immerhin den vom Täter selbst gefassten Tatentschluss bestärkt. Daneben oder stattdessen kann versuchte Anstiftung nach § 30 I bei einem Verbrechen gegeben sein.[25]

3. Aufstiftung

65 Das Bestimmen ist vom Hilfeleisten abzugrenzen, wenn ein Beteiligter den zum Grunddelikt fest entschlossenen Haupttäter zur Begehung einer **Qualifikation** (→ 1. Teil Rn. 80) überredet.

▶ **Fall:**

A ist entschlossen, den B zu verprügeln (§ 223 I). C überredet A, diesen dabei mit einem Messer zu verletzen (§§ 223 I, 224 I Nr. 2).

Zur **Aufstiftung** – also zur Anstiftung zu einer Qualifikation – werden im Wesentlichen zwei Theorien vertreten.

a) Unwertsteigerungstheorie

66 Nach der **Unwertsteigerungstheorie,** die überwiegend in der Rechtsprechung[26] vertreten wird, ist derjenige, der einen zur Begehung des Grunddeliktes entschlossenen Täter zu einer Qualifikation anstiftet dann wegen Anstiftung zu bestrafen, wenn der Unwert der geplanten Tat konkret gesteigert wird. Die gefährlichere Ausführungsart der Körperverletzung steigert das Tatunrecht.

C ist folglich Anstifter zur Gesamttat nach §§ 223 I, 224 I Nr. 2, 26.

[24] Auch hier fehlt P als sog. „agent provocateur" der Vollendungsvorsatz. P ist deshalb auch nicht wegen Beihilfe zu bestrafen.

[25] Vgl. BeckOK StGB/*Kudlich*, 48. Ed. 1.11.2020, § 26 Rn. 15.

[26] Vgl. BGHSt 19, 339 (340 f.) = NJW 1964, 1579.

b) Beihilfetheorie

Nach der **Beihilfetheorie**,[27] die von Teilen der Literatur vertreten wird, ist derjenige, der einen zur Begehung des Grunddeliktes entschlossenen Täter zu einer Qualifikation überredet, nicht wegen Anstiftung zu bestrafen. § 26 ist nur dort möglich, wo nicht zu einem „mehr" sondern zu einer anderen Tat (*aliud*) angestiftet wird. Überredet der Teilnehmer den Haupttäter lediglich zu einem „mehr", so ist nur eine Strafbarkeit wegen psychischer Beihilfe möglich. 67

> C, der den A zu einer gefährlichen Körperverletzung und damit zu einem „mehr" und nicht zu einer anderen Tat überredet, ist danach lediglich Gehilfe zur gefährlichen Körperverletzung des A nach §§ 223 I, 224 I Nr. 2, 27.

c) Stellungnahme

Zu folgen ist der von der Praxis vertretenen Unwertsteigerungstheorie. 68

> **Mögliches Argument:** Schon das Bestimmen zu einer anderen Tatmodalität kann für Anstiftung ausreichen, weil die konkrete Tat so noch nicht ins Auge gefasst, der Täter bezüglich des Ganzen also noch nicht *„omnimodo facturus"* war. !

II. Beihilfe: Hilfeleisten

Beihilfe kann **physisch** und **psychisch** geleistet werden: 69

> **Beispiele:** Gibt A dem B, der eine gefährliche Körperverletzung an C begehen will, hierzu das Messer, leistet A physische Beihilfe nach §§ 223 I, 224 I Nr. 2, 27. Bestärkt A den B in seinem Tatentschluss, den C mit einem Messer zu verletzten, leistet A psychische Beihilfe nach §§ 223 I, 224 I Nr. 2, 27.

Innerhalb der Teilnahmehandlung „Hilfeleisten" sind folgende Fragen zu klären, die möglicherweise zur Straflosigkeit des Helfenden führen können: 70

- Muss der Gehilfenbeitrag kausal für den Erfolg sein?
- Kann Beihilfe auch durch ein neutrales bzw. berufstypisches Verhalten begangen werden?
- Kann Beihilfe noch nach Vollendung aber vor Beendigung geleistet werden?

1. Kausalität

Die Frage, ob ein Verhalten eine (vollendete) Beihilfehandlung darstellt, wird dann insbesondere relevant, wenn es für den Erfolg nicht ursächlich geworden ist. Dann ist die vollendete Beihilfe von der straflosen versuchten Beihilfe abzugrenzen. 71

[27] Vgl. Schönke/Schröder/*Heine*/*Weißer* § 26 Rn. 8.

Fall:
A will aus der Wohnung des B Wertgegenstände entwenden. C, der bei B als Hausangestellter arbeitet, gibt A in Kenntnis der Umstände den Schlüssel zur Wohnung des B. Als A vor der Wohnung des B steht und den Schlüssel benutzen will, erkennt er, dass die Türe schon offensteht. Er entwendet folglich die Wertgegenstände des B, ohne den Schlüssel des C hierzu zu benötigen.

a) Erfolgsverursachungstheorie

72 Nach der **Erfolgsverursachungstheorie,**[28] die überwiegend in der Literatur vertreten wird, muss der Gehilfenbeitrag für den Erfolg der Haupttat mitursächlich gewesen sein.

C hat sich hiernach nicht wegen Beihilfe zum Diebstahl nach §§ 242 I, 27 strafbar gemacht. Da die versuchte Beihilfe straflos ist, bleibt C straffrei.

b) Förderungstheorie

73 Die Förderungstheorie ist Ausprägung der beschränkt subjektiven Theorie (→ 4. Teil Rn. 26). Sie wird von Rechtsprechung[29] und Literatur[30] vertreten. Hiernach muss der Gehilfenbeitrag für den Erfolg der Haupttat nicht ursächlich sein. Eine irgendwie geartete Förderung genügt.

C hat hiernach den Diebstahl des A gefördert und ist strafbar nach §§ 242 I, 27.

c) Stellungnahme

74 Der praxisrelevanten Förderungstheorie ist zu folgen.

Mögliches Argument: Der Wortlaut begrenzt die Art des Hilfeleistens nicht. So können Strafbarkeitslücken vermieden werden, die dadurch entstehen, dass die versuchte Beihilfe straflos ist.

2. Neutrales, berufstypisches Verhalten

75 Liegt die Hilfe in einer Alltagshandlung bzw. in einem **berufstypischen Verhalten** und erscheint sie äußerlich neutral bzw. sozialadäquat, ist umstritten ob hierin eine Beihilfehandlung oder eine Straflosigkeit liegt.

Fall:
Der Taxifahrer T bringt den ihm bekannten Dieb D zur außerhalb der Stadt gelegenen Villa des O, wo D einen Wohnungseinbruchdiebstahl begeht.

[28] Vgl. Schönke/Schröder/*Heine/Weißer* § 27 Rn. 6.
[29] Vgl. BGHSt 2, 129 = NJW 1952, 512.
[30] Vgl. *Wessels/Beulke/Satzger* StrafR AT Rn. 901.

In der Literatur wird teilweise die objektive Zurechnung verneint, weil es an der Schaffung eines rechtlich missbilligen Risikos fehlt.[31] Die Rechtsprechung differenziert hingegen nach dem Grad des Vorsatzes.[32] Zielt das Handeln des Haupttäters ausschließlich darauf ab, eine strafbare Handlung zu begehen und weiß (dolus directus 2. Grades, → 2. Teil Rn. 41 ff.) dies der Hilfeleistende, so ist sein Tatbeitrag als Beihilfehandlung zu werten. Weiß der Hilfeleistende dagegen nicht, wie der von ihm geleistete Beitrag vom Haupttäter verwendet wird oder hält er es lediglich für möglich (dolus eventualis, → 2. Teil Rn. 41 ff.), dass sein Tun zur Begehung einer Straftat genutzt wird, so ist sein Handeln regelmäßig noch nicht als strafbare Beihilfehandlung zu beurteilen. 76

Im obigen Taxifahrerfall hängt es damit nach der Rechtsprechung davon ab, ob T sich sicher ist, dass D einen Diebstahl begehen wird (dann Beihilfehandlung) oder ob er es nur für möglich hält und insofern den Diebstahl nur billigend in Kauf nimmt (dann straflos).

3. Abgrenzung zur Begünstigung

Nach Ansicht der Rechtsprechung[33] und einem Teil der Literatur[34] ist Beihilfe auch noch **nach der Vollendung**, aber **vor der Beendigung** (→ 1. Teil Rn. 67, 69, 70) der Tat möglich. Beihilfe nach § 27 und Begünstigung stehen dabei in einem Exklusivitätsverhältnis. Eindeutig nur Beihilfe liegt vor Tatvollendung und eindeutig nur Begünstigung nach Tatbeendigung vor. Zwischen Vollendung und Beendigung grenzt die Rechtsprechung[35] nach der inneren Willensrichtung des fraglichen Beteiligten ab. Will dieser die Haupttat beenden helfen, so kommt Beihilfe zur Tat in Betracht. Will er dem Täter die Vorteile der Vortat sichern, so liegt Begünstigung vor. 77

Fall:

Nachdem A die Wertgegenstände des B aus dessen Wohnung geschafft hat und von diesem verfolgt wird, bittet er den die Umstände kennenden und sich in der Nähe aufhaltenden C, schnellstmöglich den Transport zu seiner Wohnung zu übernehmen, weil sein Fluchtfahrzeug nicht mehr fährt. C transportiert mit seinem Fahrzeug die Diebesbeute zum Haus des A.

Die Tatbeendigung ohne die Hilfe des C ist zweifelhaft, da A verfolgt wurde. Insofern liegt es nahe, dass C bei dem Abtransport helfen wollte, die Tat zu beenden. C ist strafbar wegen Beihilfe zum Diebstahl nach §§ 242 I, 27.

Beihilfe	Abgrenzung sukzessive Beihilfe/Begünstigung	Begünstigung
Vor Vollendung	Zwischen Vollendung und Beendigung	Nach Beendigung

31 Vgl. *Wohlers* NStZ 2000, 169 (173).
32 Vgl. BGHSt 46, 107 (112) = NJW 2000, 3010; BGH NStZ 2000, 34.
33 Vgl. BGH NJW 1985, 814.
34 Vgl. Schönke/Schröder/*Heine/Weißer* § 27 Rn. 17.
35 Vgl. BGHSt 4, 132 (133) = NJW 1953, 992.

C. Vorsatz

78 Der Vorsatz des Teilnehmers muss sich nicht nur auf die objektiven Tatbestandsmerkmale, nämlich die vorsätzliche rechtswidrige Haupttat und die Teilnahmehandlung beziehen, sondern darüber hinaus noch auf die Vollendung der Tat. Insofern spricht man auch vom **Doppelvorsatz**.

I. Bestimmtheit des Teilnahmevorsatzes

79 In subjektiver Hinsicht ist zunächst Voraussetzung für den Teilnahmevorsatz, dass er sich auf eine konkrete vorsätzliche rechtswidrige Haupttat bezieht. Hieran fehlt es bei nur allgemeinen und unkonkreten Aufforderungen.

Beispiel: A sagt zu B, dass irgendjemand irgendwann einmal dem arroganten C zeigen solle, wo der Hammer hängt. B schlägt daraufhin den C.

Da es hier dem A völlig an einem konkreten Tatbild fehlt, scheiden sowohl Anstiftung als auch Beihilfe wegen fehlenden bestimmten Teilnahmevorsatzes aus.

80 Der **Anstiftervorsatz** muss die Haupttat, wenn auch nicht in allen Einzelheiten aber doch in den wesentlichen Merkmalen und Grundzügen, konkretisieren.[36] Hierbei ist zwar nicht die präzise Kenntnis aller Tatumstände wie Zeit, Ort, Objekt, Art der Ausführung erforderlich. Es reicht aber anderseits eine Aufforderung nicht aus, allgemein Straftaten oder Straftaten einer lediglich dem gesetzlichen Tatbestand nach beschriebenen Art zu begehen.[37]

Beispiel: Sagt der A dem B, dieser müsse doch einmal eine „Tankstelle machen" und raubt B deshalb die Tankstelle des C aus, dann ist diese Aufforderung so unkonkret und kann nicht nur einen Raub, sondern auch etwa eine räuberische Erpressung, einen Diebstahl oder einen Betrug umfassen, dass es an der Bestimmtheit des Anstiftervorsatzes des A fehlt.

81 An die Bestimmtheit des **Beihilfevorsatzes** werden hingegen weniger strenge Anforderungen gestellt. Maßgeblich ist hiernach nur die Erfassung der „Dimension des Unrechts der ins Auge gefassten Tat".[38]

Beispiel: Erstellt A ein falsches Wertgutachten über Diamanten und weiß er, dass er hierdurch einen Betrug des B unterstützt, haftet er strafrechtlich wegen Beihilfe zum Betrug des B. Dies gilt auch dann, wenn er nicht genau weiß, ob B das überhöhte Wertgutachten zu einer betrügerischen Beleihung oder zu einer betrügerischen Veräußerung benutzen wird.

[36] Vgl. BGHSt 37, 214 (218) = NStZ 1991, 123.
[37] Vgl. BGHSt 42, 135 (137) = NStZ 1997, 272.
[38] Vgl. BGHSt 34, 63 = NStZ 1986, 407.

II. Auswirkungen des error in persona auf den Anstifter

Der für den Haupttäter bei Gleichwertigkeit der Tatobjekte unbeachtliche „error in persona" (→ 2. Teil Rn. 276) könnte für den Anstifter nach § 16 I 1 in Bezug auf die vorsätzlich rechtswidrige Haupttat beachtlich sein. 82

Fall:

A fordert den B auf, den C umzubringen. B verwechselt aufgrund eines Identitätsirrtums den C mit dem D und tötet diesen.

Teile der Literatur[39] nehmen für den Anstifter, wie schon für den mittelbaren Täter (→ 4. Teil Rn. 23 ff.), eine „aberratio ictus" (→ 2. Teil Rn. 278 ff.) und somit einen beachtlichen Irrtum nach § 16 I 1 an, da der geplante Tatablauf vom Zielobjekt zum verwechselten Objekt ungewollt abweiche. 83

Hiernach besaß A nach § 16 I 1 keinen Vorsatz auf die vorsätzliche rechtswidrige Haupttat in Bezug auf D. Es kommt eine versuchte Anstiftung zu einem Tötungsdelikt an C (§ 30 I) und uU eine fahrlässige Tötung an D in Betracht.[40]

Nach der Rechtsprechung ist ein für den Täter unbeachtlicher „error in persona" hingegen auch für den Anstifter unbeachtlich.[41] 84

Hiernach hatte A Vorsatz auf die vorsätzliche rechtswidrige Haupttat in Bezug auf D.

Der Rechtsprechung ist zu folgen. 85

Mögliches Argument: Die Unbeachtlichkeit folgt aus der Akzessorietät (Abhängigkeit) von Anstiftung und Haupttat. Es wäre unbillig, den Anstifter im Vergleich zum Täter zu privilegieren. !

III. Vollendung

Der Vorsatz muss ferner auf die Vollendung der Tat gerichtet sein. 86

Im obigen **Diebesfallenfall** weiß P, dass in Bezug auf die Wegnahme des präparierten Geldes ein tatbestandsausschließendes Einverständnis vorliegt. Er weiß folglich in Laienart, dass der Diebstahl mangels Bruchs fremden Gewahrsams (Wegnahme gegen oder ohne Willen des Berechtigten) nur versucht werden kann, auch wenn er das Geld eingesteckt hat. Für eine Teilnahme ist aber ein Vollendungsvorsatz Voraussetzung. P ist folglich im obigen Fall als „agent provocateur" straflos (→ 4. Teil Rn. 59; → 8. Teil Rn. 28).

[39] Vgl. *Loewenheim* JuS 1966, 310 (313 f.).

[40] Vgl. *Herzberg* JuS 1999, 224 (226 f.); aA Lackner/Kühl/*Kühl* § 26 Rn. 6, der Anstiftung zum Versuch annimmt.

[41] Vgl. Pr. Obertribunal GA Bd. 7322: – Fall Rose-Rosahl.

D. Tatbestandsverschiebung nach § 28 II

87 § 28 II durchbricht die Akzessorietät (Abhängigkeit) von Täterschaft und Teilnahme, wenn besondere persönliche Merkmale die Strafe schärfen, mildern oder ausschließen. Diese Merkmale gelten nur für den Beteiligten, bei dem sie vorliegen. Damit wird der Grundsatz durchbrochen, dass der Teilnehmer nur aus dem gleichen Delikt bestraft werden kann, aus dem auch der Täter bestraft wird. Wegen § 28 II kann jeder nach seinen eigenen persönlichen Merkmalen bestraft werden.[42]

I. Besondere persönliche Merkmale

88 In § 14 I aE ist definiert, dass **besondere persönliche Merkmale** besondere Eigenschaften, Verhältnisse oder Umstände sind. Man bezeichnet diese auch als täterbezogene im Gegensatz zu tatbezogenen Merkmalen.

89 Zu diesen Merkmalen gehören insbesondere die Amtsträgereigenschaft, die Gewerbsmäßigkeit bei der Hehlerei (§§ 260, 260a) und beim Diebstahl (§ 243 I 2 Nr. 3), die Bandenmitgliedschaft beim (schweren) Bandendiebstahl (§§ 244 I Nr. 2, 244a), die Mordmerkmale der 1. und 3. Gruppe (§ 211) und das Tötungsverlangen (§ 216).

II. Strafschärfende und strafmildernde Merkmale

90 Hinter den in der Praxis gegenüber den strafausschließenden Merkmalen bedeutsameren **strafschärfenden** und **strafmildernden Merkmalen** verbergen sich Qualifikations- und Privilegierungstatbestände.

> **Beispiel:** Polizeibeamter P arbeitet als Amtsträger in der Asservatenkammer und lässt eine nach § 81a StPO entnommene Blutprobe seines Freundes B verschwinden, weil dieser ihn darum gebeten hat.
>
> P ist als Polizeibeamter und Amtsträger wegen qualifizierten Verwahrungsbruchs nach § 133 III und B wegen Anstiftung zum einfachen Verwahrungsbruch nach §§ 133 I, 26, 28 II zu bestrafen, da ihm das besondere persönliche Merkmal der Amtsträgereigenschaft fehlt.

III. Strafbegründende Merkmale nach § 28 I

91 § 28 I stimmt mit § 28 II insofern überein, als er nur bei besonderen persönlichen Merkmalen eingreift. Im Unterschied hierzu müssen die Merkmale bei § 28 I aber **strafbegründend** sein. Es darf also anders als bei § 28 II zu diesem Delikt kein Grunddelikt mit Qualifikation oder Privilegierung existieren. Strafbegründende Merkmale sind eigenständige Delikte (Aliudtatbestände). Bei § 28 I wird die Akzessorietät nicht durchbrochen, vielmehr wird der Teilnehmer akzessorisch

[42] Im Ordnungswidrigkeitenrecht ist § 14 III 2 OWiG zu beachten: *„Bestimmt das Gesetz, daß besondere persönliche Merkmale die Möglichkeit der Ahndung ausschließen, so gilt dies nur für den Beteiligten, bei dem sie vorliegen."*

bestraft, aber bei Fehlen besonderer persönlicher Merkmale wird seine Strafe nach § 49 I gemildert.

Beispiel: Der Urkundsbeamte U trägt in den Personalausweis des ihn hierum bittenden B den Doktortitel ein, obwohl dieser keinen solchen besitzt.

U hat als Amtsträger eine Falschbeurkundung im Amt nach § 348 I begangen. B ist Anstifter nach §§ 348 I, 26. Seine Strafe wird aber nach §§ 28 I, 49 I gemildert, da ihm das besondere persönliche Merkmal der Amtsträgereigenschaft fehlt.

IV. Abgrenzungsfälle von § 28 II zu § 28 I

§ 28 I ist von § 28 II abzugrenzen, wenn es um die täterbezogenen Mordmerk- 92
male der 1. (Mordlust, zur Befriedigung des Geschlechtstriebs, aus Habgier oder sonst aus niedrigen Beweggründen) und 3. Gruppe (um eine andere Straftat zu ermöglichen oder zu verdecken) geht. So ist umstritten, ob der Mord nach § 211 gegenüber dem Totschlag nach § 212 strafbegründend ist (dann § 28 I) oder einen Qualifikationstatbestand (dann § 28 II) darstellt. Dasselbe gilt für das Tötungsverlangen nach § 216, das entweder gegenüber dem Totschlag einen eigenständigen Tatbestand (dann § 28 I) oder eine Privilegierung (dann § 28 II) darstellen kann. Diese Frage wird an späterer Stelle geklärt (→ 6. Teil Rn. 14).

5. TEIL
Die Körperverletzungsdelikte

A. Überblick

1 Die Körperverletzungsdelikte stellen einen Schwerpunkt polizeilichen Handelns dar. Ausgehend von der registrierten Gesamtkriminalität des Jahres 2019 kommt ihnen laut PKS ein Anteil von 10,1 % an allen Straftaten zu. Den Hauptteil der Taten bildet die vorsätzliche, einfache Körperverletzung mit 386.517 Fällen, während die gefährliche und schwere Körperverletzung sowie die Verstümmelung weiblicher Genitalien lediglich 133.084 Fälle aufweisen. Die Aufklärungsquote der vorsätzlichen, einfachen Körperverletzung liegt bei 90,7 %, die der gefährlichen und schweren Körperverletzung, Verstümmelung weiblicher Genitalien bei 82,9 %.[1]

2 Die Körperverletzungsdelikte bilden den siebzehnten Abschnitt des StGB. Ausgehend von der Abschnittsüberschrift schützen die §§ 223–231 die „körperliche Unversehrtheit". Diese schließt das körperliche und seelische Wohlbefinden mit ein, soweit es mit körperlichen Auswirkungen einhergeht. Rein seelische Beeinträchtigungen ohne krankhaften, verobjektivierbaren körperlichen Zustand werden demgegenüber von den §§ 223 ff. nicht erfasst.

3 Systematisch lassen sich die Körperverletzungsdelikte in drei Gruppen einteilen. Den Hauptteil bilden die vorsätzlich durchgeführten Delikte der §§ 223, 224, 226, 226a und 340, die sich gegen ein beliebiges (im Fall von § 226a weibliches) Tatopfer richten. Daneben steht die fahrlässige Körperverletzung gem. § 229, ebenfalls gerichtet gegen ein beliebiges Tatopfer. Zuletzt verbleiben die körperverletzungsmäßigen „Sonderdelikte" der Misshandlung von Schutzbefohlenen gem. § 225 und der Beteiligung an einer Schlägerei gem. § 231.

Vorsatz	Fahrlässigkeit	„Sonderdelikte"
§§ 223, 224, 226, 226a, 340	§ 229	§§ 225, 231

B. Handlungsobjekt

4 Handlungsobjekt der Körperverletzungen gem. §§ 223, 224, 226, 229, 340 ist eine „andere Person", also ein anderer Mensch (bei § 226a eine „weibliche Person", also ein weiblicher Mensch). Demgemäß stellen bloße Selbstverletzungen keine Körperverletzungen dar.[2] Es besteht jedoch die Möglichkeit der Begehung einer vorsätzlichen Körperverletzung in mittelbarer Täterschaft, also zB dadurch, dass der Täter das Opfer durch Zwang oder Täuschung dazu veranlasst, sich selbst zu verletzen.[3]

1 Vgl. Polizeiliche Kriminalstatistik Berichtsjahr 2019.
2 Vgl. BGH NStZ 2009, 504.
3 Vgl. *Fischer* § 223 Rn. 2.

5 Am ungeborenen Menschen (dh an der Leibesfrucht) kann eine Körperverletzung nicht begangen werden. Die Leibesfrucht ist nicht über die §§ 223 ff., sondern nur über § 218 geschützt.[4]

C. Die einfache Körperverletzung, § 223

Bitte lesen Sie zunächst den Gesetzestext!

6 **Prüfungsschema: Einfache Körperverletzung (§ 223)**

I. Tatbestandsmäßigkeit
- **1. Objektiver Tatbestand**
  - a) andere Person
  - b) körperliche Misshandlung und/oder
  - c) Gesundheitsschädigung
  - d) Kausalität
  - e) objektive Zurechenbarkeit
- **2. Subjektiver Tatbestand – Eventualvorsatz reicht**

II. Rechtswidrigkeit – insbesondere § 32 und Einwilligung (beachte hier § 228)

III. Schuld

IV. Strafantrag, § 230

V. Ergebnis

7 Der § 223 ist der Grundtatbestand aller vorsätzlichen Körperverletzungsdelikte. Er stellt aufgrund seiner Mindeststrafandrohung von Geldstrafe ein Vergehen iSv § 12 II dar. Die **Versuchsstrafbarkeit** ist in § 223 II jedoch ausdrücklich geregelt.

I. Der objektive Tatbestand

8 Der objektive Tatbestand des § 223 I setzt sich zusammen aus dem Handlungsobjekt der anderen Person (s. oben) und aus den Taterfolgen der körperlichen Misshandlung bzw. der Gesundheitsschädigung.

9 § 223 I ist ein **Erfolgsdelikt** (→ 1. Teil Rn. 48). Für seine Vollendung ist es daher notwendig, dass der Erfolg der körperlichen Misshandlung und/oder der Gesundheitsschädigung auch tatsächlich eintritt. Geschieht dies nicht, weil zB der Schlag des Täters das Opfer verfehlt, liegt keine (vollendete) Körperverletzung, sondern nur ein nach § 223 II strafbarer Versuch (→ 3. Teil Rn. 1 ff.) vor.

10 Für die Erfüllung des § 223 I ist es ausreichend, dass einer der beiden Taterfolge vorliegt. Dennoch sollten in einem Gutachten beide Tatbestandsvarianten geprüft werden. Dies kann zum einen für die Frage einer späteren Strafzumessung relevant sein. Zum anderen wird durch eine „Doppelprüfung" vermieden, dass gegebenenfalls (nur) die falsche Variante der Vorschrift bejaht wird.

[4] Vgl. *Fischer* § 218 Rn. 3, § 223 Rn. 2.

1. Körperliche Misshandlung

Das Merkmal der körperlichen Misshandlung ist seiner Entstehungsgeschichte nach weit auszulegen.[5] 11

> **Definition:** Jede üble, unangemessene Behandlung, durch die das körperliche Wohlbefinden oder die körperliche Unversehrtheit nicht nur unerheblich beeinträchtigt wird.[6] !

Während unter einer „üblen, unangemessenen Behandlung" alle sozial un- 12
verträglichen bzw. nicht sozialadäquaten Verhaltensweisen zu verstehen sind, bestimmt sich die „Erheblichkeit" nach der Sicht eines objektiven Betrachters und nicht nach dem subjektiven Empfinden des Tatopfers (= normative Erheblichkeitsschwelle). Dennoch sind aber auch an das letztgenannte Merkmal nur geringe Anforderungen zu stellen.

Das **„körperliche Wohlbefinden"** bezieht sich auf die Körperempfindungen des 13
Opfers. Dieses muss durch das Handeln des Täters (nicht unerheblich) beeinträchtigt worden sein. Eine Schmerzempfindung ist nicht erforderlich, sodass auch psychische Beeinträchtigungen ausreichen können, wenn es hierdurch zu körperlichen Auswirkungen kommt, das heißt somatische, psychisch vegetative Beschwerden eintreten.[7]

> **Beispiele:** Schmerz infolge einer Ohrfeige, Verdrehen des Arms mit Schulterschmerzen, Bedrohung mittels eines Messers mit dabei entstehenden starken Angstgefühlen
>
> **Gegenbeispiele:** bloßes Ekelgefühl, kleine Hautrötung, Schweißausbruch

Die **„körperliche Unversehrtheit"** richtet sich auf die körperliche Integrität 14
des Tatopfers. Demgemäß spielt es hierbei keine Rolle, ob aufseiten des Opfers Schmerzen entstehen. Dauerhaft muss die körperliche Beeinträchtigung dabei aber nicht sein.

> **Beispiele:** Bewirken von Beulen, Prellungen oder Wunden, Herausschlagen von Zähnen, Abschneiden der Haare

2. Gesundheitsschädigung

Im Gegensatz zur körperlichen Misshandlung ist eine Gesundheitsschädigung 15
bei einer Beeinträchtigung des rein seelischen Wohlbefindens üblicherweise nicht gegeben (außer wenn durch die psychische Belastung ein somatisch objektivierbarer pathologischer Zustand ausgelöst wird).[8] Gesundheitsschädigungen liegen jedenfalls dann vor, wenn sich das Opfer in ärztliche Behandlung begeben muss.

[5] Vgl. BGHSt 25, 375.
[6] Vgl. BGH NStZ 2007, 218.
[7] Vgl. OLG Köln NJW 1997, 2192.
[8] Vgl. BGH NStZ-RR 2000, 106.

! **Definition:** Jede Hervorrufung oder Steigerung eines pathologischen Zustands.

Beispiele: Zufügung größerer Verletzungen, Infektion mit einer Krankheit, Herbeiführung eines Schocks oder Nervenzusammenbruchs.
Gegenbeispiele: Kratzer, blauer Fleck (weil in beiden Fällen die Erheblichkeitsschwelle nicht überschritten wird).

! **Klausurtipp:** Wenn die körperliche Misshandlung in der Form der nicht unerheblichen Beeinträchtigung der körperlichen Unversehrtheit in der Prüfung bereits bejaht wurde, spricht vieles dafür, dass auch eine Gesundheitsschädigung vorliegt. In diesem Fall kann die Prüfung dieses Merkmals sodann verkürzt werden.

II. Der subjektive Tatbestand

16 Zur Erfüllung des § 223 genügt ein Handeln mit Eventualvorsatz (→ 2. Teil Rn. 36).

III. Rechtswidrigkeit

17 Die einfache Körperverletzung kann durch das Vorliegen allgemeiner Rechtfertigungsgründe gerechtfertigt sein. Hierbei kommt der **Notwehr** gem. § 32 (→ 2. Teil Rn. 97 ff.) besondere praktische und klausurrelevante Bedeutung zu.

18 Einfache Körperverletzungen können zudem durch die **Einwilligung** (→ 2. Teil Rn. 78 ff.) des Tatopfers gerechtfertigt sein. Dies ist insbesondere bei ärztlichen Heileingriffen der Fall, welche nach ständiger Rechtsprechung den objektiven Tatbestand der Körperverletzung erfüllen,[9] ihre Rechtfertigung aber aufgrund einer konkreten oder mutmaßlichen Einwilligung des Patienten erlangen.

19 Eine Einwilligung des Tatopfers ist jedoch generell unbeachtlich, soweit die Tat gem. § 228 trotz der Einwilligung gegen die guten Sitten, also gegen das Anstandsgefühl aller billig und gerecht Denkenden, verstößt. Dies ist zB bei der Zufügung konkret lebensgefährlicher Verletzungen[10] oder der Verabreichung von Dopingmitteln[11] der Fall.

IV. Strafantrag

20 Nach § 230 ist die einfache Körperverletzung gem. § 223 ein sog. eingeschränktes Antragsdelikt (→ 2. Teil Rn. 261). Für ihre Verfolgung ist grundsätzlich ein Strafantrag erforderlich, soweit nicht die Strafverfolgungsbehörde wegen des besonderen öffentlichen Interesses ein Einschreiten von Amts wegen für geboten hält. Dies wird nach Nr. 234 RiStBV zB der Fall sein, wenn der Täter bereits einschlägig vorbestraft ist, besonders brutal gehandelt hat oder wenn erhebliche, schwerwiegende Verletzungen beim Opfer eingetreten sind.

[9] Vgl. BGHZ 108, 153; BGH NJW 2000, 885.
[10] Vgl. BGHSt 49, 34 = NStZ 2004, 204.
[11] Vgl. *Heger* JA 2003, 76.

Klausurtipp: In einer klausurtechnischen Prüfung braucht die Frage, ob ein besonderes öffentliches Interesse vorliegt, nicht beantwortet zu werden. Es reicht, auf die Vorschrift des § 230 und das sich hieraus ergebende Strafantragserfordernis hinzuweisen.

V. Konkurrenzen

Bei Verletzungen mehrerer Personen durch eine Handlung liegt gleichartige Idealkonkurrenz vor.[12] 21

Demgegenüber tritt § 223 – wie auch alle anderen Körperverletzungstatbestände – hinter den §§ 211, 212 zurück. 22

Bei Erfüllung beider Tatvarianten des § 223 ist selbstverständlich nur eine Tat gegeben. 23

D. Die gefährliche Körperverletzung, § 224

Bitte lesen Sie zunächst den Gesetzestext!

Prüfungsschema: Gefährliche Körperverletzung (§ 224) 24

I. Tatbestandsmäßigkeit
- **1. Objektiver Tatbestand**
  - a) Objektiver Tatbestand des § 223 (s. oben)
  - b) Zusätzliche objektive Tatbestandsmerkmale des § 224 StGB
    - aa) durch Beibringung von Gift oder anderer gesundheitsschädlicher Stoffe
    - bb) mittels einer Waffe oder eines anderen gefährlichen Werkzeugs
    - cc) mittels eines hinterlistigen Überfalls
    - dd) gemeinschaftlich mit einem anderen Beteiligten
    - ee) mittels einer das Leben gefährdenden Behandlung
- **2. Subjektiver Tatbestand**
  - a) Subjektiver Tatbestand des § 223 (s. oben)
  - b) Vorsatz bezüglich der zusätzlichen objektiven Tatbestandsmerkmale des § 224

II. Rechtswidrigkeit – insbesondere § 32 und Einwilligung

III. Schuld

IV. Ergebnis

Die Vorschrift des § 224 stellt eine Qualifikation (→ 1. Teil Rn. 80) zu § 223 dar. Demzufolge bildet sie ein „zusammengesetztes Delikt", für das zum einen das Grunddelikt des § 223 erfüllt sein muss und bei dem es zum anderen der zusätzlichen Erfüllung der in § 224 genannten Merkmale bedarf. 25

[12] Vgl. *Fischer* § 223 Rn. 56.

26 Anders als § 223 ist § 224 im Mindestmaß nicht mit Geldstrafe, sondern mit Freiheitsstrafe nicht unter 6 Monaten bedroht. Diese erhöhte Strafandrohung folgt aus der **besonderen Gefährlichkeit der Begehungsweise** des Delikts. In diesem Punkt unterscheidet sich § 224 von § 226, da es bei Letzterem nicht auf die Gefährlichkeit der Begehungsweise, sondern auf die Schwere der eingetretenen Tatfolge ankommt. Für § 224 ist es jedoch unerheblich, ob die besondere Gefährlichkeit der Begehungsweise zu irgendwelchen bestimmten Tatfolgen geführt hat. Alleiniger Anknüpfungspunkt für die Verwirklichung der gefährlichen Körperverletzung ist lediglich, ob der Täter die in § 224 I genannten, zusätzlichen Kriterien erfüllt.

27 Genauso wie § 223 stellt auch § 224 lediglich ein Vergehen (→ 1. Teil Rn. 39) nach § 12 II dar. Dennoch ergibt sich eine **Strafbarkeit des Versuchs** aufgrund der in § 224 II genannten, ausdrücklichen Regelung.

I. Der objektive Tatbestand

28 Der objektive Tatbestand des § 224 setzt sich aus dem (vollständigen) objektiven Tatbestand des Grunddelikts des § 223 und aus dem (objektiven) Vorliegen eines oder mehrerer der in § 224 I enumerativ aufgeführten Qualifikationsmerkmale zusammen.

29 Hinsichtlich des objektiven Tatbestands des § 223 vgl. die obigen Ausführungen (→ 5. Teil Rn. 8 ff.).

1. Beibringung von Gift oder anderer gesundheitsschädlicher Stoffe

30 Die erste Qualifikationsvariante gem. § 224 I Nr. 1 setzt sich aus dem Tatobjekt des Giftes bzw. dem anderen ge**sundheitsschädlichen Stoff** und aus der **Tathandlung des Beibringens** zusammen.[13]

Definition Gift: Jeder Stoff, der unter bestimmten Bedingungen durch chemische oder chemisch-physikalische Wirkung nach seiner Art und der vom Täter eingesetzten Menge im konkreten Fall geeignet ist, ernsthafte gesundheitliche Schäden zu verursachen.[14]

31 Dem Begriff des „Gifts" unterfallen zunächst alle herkömmlich als Gift bezeichneten Substanzen wie zB Arsen, Strychnin oder Zyankali. Darüber hinaus kann jedoch auch jeder andere Stoff die Eigenschaft eines Gifts aufweisen. Hierfür erforderlich ist per Definition nur, dass er durch seine chemische oder chemisch-physikalische Wirkung im konkreten Fall zur Herbeiführung erheblicher Gesundheitsschäden geeignet ist.

Beispiel: Stiefmutter S vermischt Joghurt mit 10 Gramm Kochsalz. Anschließend zwingt sie die vierjährige Tochter T ihres neuen Lebenspartners dazu, diesen Joghurt zu essen. Wenig später wird T äußerst übel. Sie wird ins Krankenhaus transportiert, wo ihr der Magen ausgepumpt werden muss.

[13] Die Rspr. und hL fordern einen „konkreten Fall", während nach der Gegenmeinung schon die „generelle" Eignung zur ernsthaften Gesundheitsschädigung ausreicht.

[14] Vgl. *Fischer* § 224 Rn. 4 ff.

Definition andere gesundheitsschädliche Stoffe: Alle Stoffe, die auf mechanischem, thermischem oder bakteriellem Wege wirken und im konkreten Fall dazu geeignet sind, die Gesundheit erheblich zu schädigen.

Auch bei der zweiten Variante des § 224 I Nr. 1 ist an ein Schädigungspotenzial im konkreten Fall anzuknüpfen. Anders als bei der ersten Variante muss sich die Gesundheitsschädlichkeit hier aber auf mechanischem, thermischem oder bakteriellem Wege einstellen (können). Die Art des Stoffs und ihr konkreter Einsatz müssen daher zu einer Gesundheitsschädigung führen oder eine solche zumindest befürchten lassen. 32

Beispiele: zerstoßenes Glas, zerhacktes Metall, radioaktive Stoffe, Bakterien, Viren
Gegenbeispiele: Röntgen- oder radioaktive Strahlen, elektrischer Strom (weil allesamt keine Stoffqualität)

Die Gifte oder anderen gesundheitsschädlichen Stoffe müssen dem Tatopfer **„beigebracht"** werden. 33

Definition Beibringen: Einführen der Stoffe in oder Auftragen der Stoffe auf den Körper eines anderen, sodass sie ihre schädigende Wirkung zu entfalten in der Lage sind.[15]

Durch die Tathandlung des „Beibringens" grenzt sich § 224 I Nr. 1 in Bezug auf die anderen gesundheitsschädlichen Stoffe von den gefährlichen Werkzeugen nach § 224 I Nr. 2 ab. Während beim Beibringen üblicherweise zu fordern ist, dass sich die anderen gesundheitsschädlichen Stoffe **im Inneren des Körpers auswirken** müssen, findet bei § 224 I Nr. 2 eine Einwirkung (des gefährlichen Werkzeugs) von außen statt. 34

Beispiel: Wenn Täterin T ihrer verhassten Freundin F einen Cocktail mit zerstoßenem Glas verabreicht und ihr dabei vorgibt, es handele sich um Crush-Eis, stellt dies die Beibringung eines anderen gesundheitsschädlichen Stoffs iSv § 224 I Nr. 1 dar, da das Glas seine schädigende, mechanische Wirkung im Inneren des Körpers der F entfaltet. Zerkratzt die T der F allerdings mit den Glasscherben das Gesicht, so findet die Einwirkung von außen auf den Körper des F statt und es ist nicht § 224 I Nr. 1, sondern vielmehr § 224 I Nr. 2 gegeben.

Anders ist dies aber beim Übergießen mit heißen Flüssigkeiten. Diese können wegen der Wortlautgrenze des Art. 103 Abs. 2 GG kein „Werkzeug" iSd § 224 I Nr. 2 StGB sein. Wird jemand daher mit einer heißen Flüssigkeit übergossen, handelt es sich auch bei dieser rein äußerlichen Wirkweise dann um die „Beibringung eines anderen gesundheitsschädlichen Stoffs", wenn die Schwere der Gefahr der Gesundheitsschädigung derjenigen bei innerlicher Anwendung gleichkommt.[16] 35

[15] Vgl. BGHSt 15, 114 = NJW 1960, 2254.
[16] Vgl. *Fischer* § 224 Rn. 8.

2. Mittels einer Waffe oder eines anderen gefährlichen Werkzeugs

36 Die zweite Qualifikationsvariante gem. § 224 I Nr. 2 knüpft an die Verwendung einer Waffe oder eines anderen gefährlichen Werkzeugs an.

37 Seinem Wortlaut nach nennt § 224 I Nr. 2 zunächst die „Waffe".

Definition Waffe: Alle Gegenstände, die nach ihrer Art objektiv zur Verursachung erheblicher Verletzungen bestimmt sind.

38 Somit unterfallen dem Waffenbegriff zunächst alle in § 1 WaffG bezeichneten Gegenstände, also neben Schusswaffen auch Geräte zum Abschießen von Munition, Schussapparate sowie Hieb- und Stoßwaffen und ihnen gleichstehende Geräte.[17]

39 Auch im Fall der **„geladenen Schreckschusswaffe"** ist der BGH jedoch von einer „Waffe" iSd § 224 I Nr. 2 ausgegangen.[18] Diese Entscheidung ist oftmals kritisiert worden, da eine Schreckschusswaffe eigentlich nicht zur Verletzung von Menschen hergestellt wurde, sondern zu dem Zweck, Menschen oder andere Lebewesen (nur) zu erschrecken. Im Ergebnis spielt die vorgenannte Entscheidung des BGH keine praktische Rolle. Denn selbst wenn man bezüglich der Schreckschusswaffe nicht vom Vorliegen einer „Waffe" ausginge, würde diese zumindest als ein „gefährliches Werkzeug" anzusehen sein. Die Qualifikation des § 224 I Nr. 2 wäre also auch dann erfüllt.

! **Klausurtipp:** In der Prüfung können zu dem vorgenannten Punkt beide Ansichten vertreten werden. Folgt man der Meinung des BGH, sollte aber zumindest darauf hingewiesen werden, dass diese Entscheidung eigentlich nicht mit der Waffendefinition vereinbar ist.

40 Die Waffe ist zudem ein **Unterfall des „gefährlichen Werkzeugs"**. Dies folgt aus der Formulierung „Waffe **oder eines anderen** gefährlichen Werkzeugs". Auch die Waffe muss daher (in ihrer waffenspezifischen Art) konkret „gefährlich" sein. Entfällt diese Voraussetzung, kann nicht vom Vorliegen einer „Waffe" ausgegangen werden.

Beispiel: Täter T verwendet bei seiner Körperverletzung eine nicht mehr funktionsfähige Pistole.

41 Außerdem muss die „Waffe" auch **waffenspezifisch**, also entsprechend ihrer bauartbedingten Funktion, eingesetzt werden, da sich nur dann die besondere Gefährlichkeit als „Waffe" realisiert.

Beispiel: Täter T schlägt dem Opfer O mit einer geladenen Pistole auf den Kopf. In diesem Fall erfolgt mangels Schussabgabe kein waffenspezifischer Gebrauch der Pistole, sodass T keine „Waffe" verwendet. Da die Pistole jedoch aus Metall oder hartem Kunststoff besteht und im Wege eines Schlags gegen den Kopf des

[17] Vgl. *Fischer* § 224 Rn. 19.

[18] Vgl. BGHSt 48, 197 = NStZ 2003, 606.

Opfers eingesetzt wird, liegt hier eine Tatbegehung mittels eines „anderen gefährlichen Werkzeugs“ vor. § 224 I Nr. 2 ist erfüllt, allerdings nicht in Form der „Waffe“, sondern hinsichtlich des „anderen gefährlichen Werkzeugs“.

Klausurtipp: Auch wenn die Unterscheidung zwischen der Verwendung einer „Waffe“ und eines „anderen gefährlichen Werkzeugs“ für die Erfüllung des § 224 I Nr. 2 keine praktische Relevanz besitzt, sollte in der Prüfung an diesem Punkt „sauber“ und genau gearbeitet werden. Hierdurch zeigt der Prüfling, dass die Systematik des § 224 I Nr. 2 mitsamt den Unterschieden zwischen den beiden Qualifikationsvarianten verstanden wurde.

Definition gefährliches Werkzeug: Alle beweglichen Gegenstände, die nach ihrer Beschaffenheit und der konkreten Art ihrer Benutzung im Einzelfall geeignet sind, erhebliche Körperverletzungen herbeizuführen.

Bei „Werkzeugen“ muss es sich nach hM um **bewegliche Sachen** handeln. Grund 42
hierfür ist die Wortlautgrenze des Art. 103 II GG.[19] Demzufolge kann elektrischer Strom oder ein Abgrund (den das Opfer hinuntergestoßen wird) ebenso wenig ein „Werkzeug“ sein wie unbewegliche Sachen wie Felsen oder Wände (gegen die das Opfer gedrückt oder gestoßen wird) oder Körperteile wie die Faust eines Berufsboxers.

Bei anderen Gegenständen kommt es per Definition neben der Beschaffenheit 43
auf die **konkrete Art der Benutzung im Einzelfall** an. Dies hat zur Folge, dass bestimmte Sachen in einigen Fällen als „gefährliches Werkzeug“ anzusehen sind und in anderen nicht.

Beispiel: Wenn T die O mit einem Schnürsenkel würgt, dann besteht aufgrund dieser Art der Benutzung des Schnürsenkels die Eignung, hierdurch erhebliche Verletzungen herbeizuführen und es ist von der Verwendung eines (anderen) gefährlichen Werkzeugs auszugehen. Fesselt T der O mit dem Schnürsenkel jedoch nur die Fußgelenke, so scheidet die Möglichkeit des Eintritts erheblicher Verletzungen aus und es liegt keine Verwendung eines (anderen) gefährlichen Werkzeugs vor.

Bei der Problematik des Einsatzes des sog. **„beschuhten Fußes“** ist darauf ab- 44
zustellen, um welche Art von Schuh es sich handelt, wohin mit diesem getreten wird und mit welcher Wucht dies geschieht. Im Ergebnis ist es jeweils Fallfrage, ob bei einem derartigen Tritt von einem gefährlichen Werkzeug iSd § 224 I Nr. 2 auszugehen ist. Bei schweren Tritten mit Springerstiefeln oder festen Arbeitsschuhen wird dies in der Regel der Fall sein, bei leichten Tritten mit Turnschuhen oder Sandalen meist nicht.

Klausurtipp: In einer Prüfung ist bei einem „beschuhten Fuß“ anhand der obigen Kriterien sauber zu argumentieren. Oftmals lässt sich in diesem Fall mit

19 Vgl. *Fischer* § 224 Rn. 12.

entsprechender Begründung sowohl die Annahme, als auch die Ablehnung des Merkmals des „gefährlichen Werkzeugs“ vertreten. Es kommt für die Qualität der Bearbeitung dann deutlich mehr auf die Güte der Argumentation, als auf das letztendliche Ergebnis an.

45 Wenn Gift oder ein anderer gesundheitsschädlicher Stoff iSv § 224 I Nr. 1 sich nicht im Inneren des Körpers auswirkt, sondern die Einwirkung von außen stattfindet, liegt nicht § 224 I Nr. 1, sondern § 224 I Nr. 2 in Form der Verwendung eines „gefährlichen Werkzeugs“ vor (→ 5. Teil Rn. 34).

3. Mittels eines hinterlistigen Überfalls

46 Das Wesen des hinterlistigen Überfalls nach § 224 I Nr. 3 liegt darin, dass der Täter zunächst Friedfertigkeit vortäuscht, dann jedoch planmäßig und plötzlich unter Verdeckung seiner wahren Absicht agiert und das Opfer demzufolge keine Chance hat, sich gegen die Körperverletzung zu wehren.

!

Definition Überfall: Angriff auf den Verletzten, dessen er sich nicht versieht und auf den er sich nicht vorbereiten kann.[20]

Definition Hinterlist: Hinterlistig ist der Überfall, wenn der Täter planmäßig seine Verletzungsabsicht verbirgt.[21]

47 Die Anforderungen an das Merkmal des „hinterlistigen Überfalls“ sind hoch. So muss der Täter zur Verschleierung seines geplanten Angriffs noch weitere Vorkehrungen treffen. Demgegenüber reicht die bloße Ausnutzung eines bloßen Überraschungsmoments nach hM nicht aus.[22]

Beispiele: Verdecktes Beibringen von Schlaf- oder Betäubungsmitteln, Vortäuschen von Friedfertigkeit mit nachfolgendem, unerwartetem Angriff.

Gegenbeispiele: Plötzlicher Angriff von hinten, Ausnutzen des Schlafs des Opfers.

4. Mit einem anderen Beteiligten gemeinschaftlich

48 Wenn der Täter nach § 224 I Nr. 4 mit einem anderen Beteiligten gemeinschaftlich handelt, setzt dies voraus, dass der „andere Beteiligte“ entweder Täter oder Teilnehmer ist und **aktiv** vor Ort handelt.

Beispiel: A will B verprügeln, weil ihm dieser die Freundin ausgespannt hat. Da er weiß, dass B größer ist als er, fragt er seinen Freund F, ob dieser den B nicht festhalten könne. So geschieht es. F hält B fest und A schlägt mehrfach heftig auf diesen ein. Im Ergebnis ist F mangels eigenen Tatinteresses nur Gehilfe. A ist jedoch wegen gefährlicher Körperverletzung nach § 224 I Nr. 4 zu bestrafen.

[20] Vgl. *Fischer* § 224 Rn. 22.
[21] Vgl. BGH NStZ 2001, 478.
[22] Vgl. BGH NStZ-RR 2009, 77.

In Ausnahmefällen bedarf es seitens des „anderen Beteiligten" auch keines direkten Handelns vor Ort. Wichtig ist in diesen Fällen aber eine zumindest **aktive psychische Unterstützung**.[23] 49

> **Beispiel:** Wenn A den B verprügelt und sein Freund F mit verschränkten Armen und grimmigen Gesicht neben dem Geschehen steht, macht sich A gem. § 224 I Nr. 4 strafbar. Die bloße Demonstration der jederzeitigen Eingriffsbereitschaft[24] durch F stellt eine Erhöhung der qualifikationsspezifischen Gefahr des B dar.

5. Mittels einer das Leben gefährdenden Behandlung

Umstritten ist, ob es bei der, das Leben gefährdenden, Behandlung gem. § 224 I Nr. 5 einer konkreten oder einer generellen Lebensgefahr bedarf. 50

Nach vorzugswürdiger Meinung der Rechtsprechung genügt insoweit, dass die Art der Behandlung nach den Umständen des Einzelfalls **generell** dazu geeignet ist, das Leben des Tatopfers zu gefährden.[25] Es kommt somit nicht darauf an, ob die seitens des Opfers tatsächlich erlittene Verletzung lebensgefährlich gewesen ist. Ausreichend ist vielmehr die reine Eignung des Täterhandelns zur Herbeiführung einer Lebensgefahr. 51

> **Beispiel:** T schleudert O eine volle Bierflasche gegen den Kopf. O erleidet hierdurch jedoch nur eine Beule. Obwohl O keine schwerwiegenden, insbesondere keine lebensgefährlichen, Verletzungen erlitten hat, macht sich T gem. § 224 I Nr. 5 strafbar. Denn durch den Bierflaschenwurf gegen den Kopf des O bestand zumindest die generelle Gefahr eines Schädelbruchs und damit einer lebensgefährdenden Verletzung.

II. Der subjektive Tatbestand

Da § 224 ein Qualifikationstatbestand zu § 223 ist, muss sich der Vorsatz des Täters auf beide Tatbestände erstrecken. 52

Ebenso wie bei § 223 genügt auch bezüglich der Qualifikationsmerkmale des § 224 ein Handeln mit Eventualvorsatz (→ 2. Teil Rn. 36 ff.). 53

III. Rechtswidrigkeit

Siehe dazu → 5. Teil Rn. 17 ff. 54

IV. Prüfungsaufbau

In der Prüfung bestehen verschiedene Möglichkeiten des Zusammentreffens von § 223 und § 224. Diese ergeben sich daraus, dass in einem Gutachten nicht nur diejenigen Delikte zu prüfen sind, die der Täter tatsächlich verwirklicht hat, 55

[23] Vgl. *Fischer* § 224 Rn. 24.
[24] Vgl. BGHSt 47, 383 = NStZ 2003, 86.
[25] Vgl. BGH NJW 2010, 276.

sondern auch diejenigen Delikte, deren Verwirklichung zwar nahe liegt, die aber dann schlussendlich doch nicht erfüllt sind. Die Prüfungsleistung liegt im letztgenannten Fall darin, die möglichen aber schlussendlich nicht einschlägigen Delikte aufzufinden, zu prüfen und dann mit guter, überzeugender Begründung an richtiger Stelle abzulehnen.

56 Es ergeben sich daher die zwei unterschiedlichen Klausurkonstellationen, in denen entweder § 223 und § 224 beide erfüllt sind oder nur § 223 erfüllt ist, während eine Verwirklichung des § 224 letztendlich scheitert.

57 Der Prüfungsaufbau von §§ 223, 224 sollte sich ergebnisorientiert daran ausrichten, welche der beiden vorgenannten Varianten vorliegt.

58 Sollten sowohl § 223, als auch § 224 erfüllt sein, bietet es sich an, direkt mit der Prüfung von § 224 zu beginnen. In diesem sind dann im objektiven und subjektiven Tatbestand die jeweiligen Elemente des § 223 abzuhandeln (→ 1. Teil Rn. 82 f.). Vorteil einer derartigen Prüfung ist die Zeitersparnis. Es bedarf nur der Prüfung eines Delikts, nämlich der des § 224 (zum Verhältnis zwischen § 223 und § 224 vergleiche die unten genannten Ausführungen zu den Konkurrenzen, → 5. Teil Rn. 60 ff.). Dies spart einen zweiten Ober- und Ergebnissatz, sowie die doppelte Prüfung von Rechtswidrigkeit und Schuld.

59 Ist jedoch nur § 223 erfüllt und § 224 nach einer Prüfung abzulehnen, macht es Sinn, zuerst eine vollständige Prüfung von § 223 durchzuführen und erst im Nachhinein § 224 zu prüfen und abzulehnen (→ 1. Teil Rn. 84). Würde man in einem solchen Fall direkt mit § 224 beginnen, müsste man in diesem die Voraussetzungen des § 223 prüfen und käme schlussendlich doch zur Verneinung des § 224. Sodann müsste man nochmal § 223 „nachprüfen" und in dieser Prüfung auf das bereits Geschriebene verweisen. Neben der damit einhergehenden Unübersichtlichkeit der Prüfung spricht gegen einen solchen Aufbau dass man dann den (abzulehnenden) Qualifikationstatbestand (§ 224) vor dem (anzunehmenden) Grunddelikt (§ 223) geprüft hätte. Dies stellt einen schweren, systematischen Fehler dar.

! **Klausurtipp:** Auf keinen Fall darf in der vorgenannten Situation (§ 223 einschlägig, § 224 nicht) mit der Prüfung des § 224 begonnen, dieser dann abgelehnt und in derselben Prüfung stattdessen § 223 bejaht werden. Dies stellt einen zwar üblichen, aber dennoch äußerst schwerwiegenden Fehler in Klausurarbeiten dar. Wenn die Prüfung mit § 224 gestartet wird, muss als Ergebnis auch genau diese Strafbarkeit beurteilt werden. Die Prüfung muss daher mit einem „ja" oder einem „nein" zu § 224 enden. Nicht möglich ist ein „jein", also die Aussage, dass zwar nicht § 224, dafür aber § 223 erfüllt ist. Denn in diesem Fall passen Obersatz („Könnte sich gem. § 224 strafbar gemacht haben.") und Ergebnissatz („Hat sich gem. § 223 strafbar gemacht.") nicht zusammen.

V. Konkurrenzen

60 Bei Verwirklichung mehrerer Tatbestandsvarianten des § 224 I liegt nur eine (Gesamt-)Tat vor.[26]

[26] Vgl. *Fischer* § 224 Rn. 35.

Idealkonkurrenz ist möglich mit §§ 177, 225, 226, 227, 231, 240, 249. 61

§ 223 tritt als Grunddelikt bei Erfüllung des § 224 hinter diesem zurück. 62

E. Die schwere Körperverletzung, § 226

Die Vorschrift der schweren Körperverletzung gem. § 226 beinhaltet zwei rechtlich völlig unterschiedlich zu bewertende Begehungsvarianten. So stellt § 226 I eine sog. Erfolgsqualifikation (→ 1. Teil Rn. 65) dar, bei der es ausreicht, dass dem Täter bezüglich der schweren Folge Fahrlässigkeit zur Last fällt. Demgegenüber bildet § 226 II eine „normale" Qualifikation (→ 1. Teil Rn. 80) mit der Besonderheit, dass nur bestimmte Vorsatzformen (Absicht bzw. Wissentlichkeit) zur Erfüllung des Delikts ausreichen. 63

Da im Grundstudium Strafrecht des Studiums des Polizeivollzugsdienstes an der FHöV NRW zunächst nur die **Qualifikation gem. § 226 II** besprochen wird, beziehen sich die nachfolgenden Ausführungen auch nur auf diese Begehungsvariante. 64

Bitte lesen Sie zunächst den Gesetzestext! !

Prüfungsschema: Schwere Körperverletzung (§ 226 II) 65

I. Tatbestandsmäßigkeit
- **1. Objektiver Tatbestand**
  - a) Objektiver Tatbestand des § 223 (s. oben)
  - b) Zusätzliche objektive Tatbestandsmerkmale des § 226 I
    - aa) Verlust des Sehvermögens auf einem oder beiden Augen
    - bb) Verlust des Gehörs
    - cc) Verlust des Sprechvermögens
    - dd) Verlust der Fortpflanzungsfähigkeit
    - ee) Verlust/Unbrauchbarkeit eines wichtigen Glieds
    - ff) Dauernde Entstellung
    - gg) Verfall in Siechtum, Lähmung, geistige Krankheit oder Behinderung
- **2. Subjektiver Tatbestand**
  - a) Subjektiver Tatbestand des § 223 (s. oben)
  - b) Absicht oder Wissentlichkeit bezüglich der Merkmale des § 226 I

II. Rechtswidrigkeit – insbesondere § 32 und Einwilligung

III. Schuld

IV. Ergebnis

Wie schon beschrieben knüpft § 226 im Gegensatz zu § 224 seine erhöhte Strafandrohung nicht an die Gefährlichkeit der Begehungsweise der Tat, sondern an die Schwere der eingetretenen Tatfolge. Diese muss **dauerhaft** sein. 66

§ 226 stellt aufgrund seiner Mindeststrafandrohung von ein (Abs. 1) bzw. drei Jahren (Abs. 2) ein Verbrechen (→ 1. Teil Rn. 98) iSd § 12 I dar. Demzufolge ist sein **Versuch** bereits nach § 23 I **strafbar**. 67

I. Der objektive Tatbestand

68 Der objektive Tatbestand des § 226 II setzt sich – ähnlich wie bei § 224 – aus dem (vollständigen) objektiven Tatbestand des Grunddelikts des § 223 und aus den objektiven Qualifikationsmerkmalen des § 226 I (vgl. den Gesetzestext: „eine der in Abs. 1 bezeichneten Folgen") zusammen.

69 Ebenso ist die Konstellation denkbar, dass § 224 das Grunddelikt des § 226 bildet. Denn in § 224 ist – wie bereits beschrieben – die vorsätzliche Körperverletzung gem. § 223 immer mit enthalten.

1. Verlust des Sehvermögens auf einem Auge oder beiden Augen

70 Zur Erfüllung dieser Tatbestandsvariante reicht es, wenn das Opfer das Sehvermögen fast vollständig verliert. Eine Minderung der Sehleistung auf 2 % steht daher dem Verlust gleich.[27] Unter Umständen gilt dies auch bei einer Restsehleistung von 5–10 %.[28]

2. Verlust des Gehörs

71 Im Gegensatz zum Sehvermögen muss der Verlust des Gehörs sich auf beide Ohren beziehen. Dabei reicht der Verlust der Fähigkeit, artikulierte Laute zu verstehen.[29]

3. Verlust des Sprechvermögens

72 Bei dieser Variante des § 226 I genügt der Verlust der Fähigkeit zum artikulierten Reden. Demgegenüber ist eine vollständige Stimmlosigkeit nicht erforderlich.[30]

4. Verlust der Fortpflanzungsfähigkeit

73 Der Verlust der Fortpflanzungsfähigkeit bezieht sich sowohl auf Männer, als auch auf Frauen. Damit wird neben dem Verlust der Zeugungsfähigkeit auch der Verlust der Empfängnisfähigkeit mit umfasst.[31]

5. Verlust oder Unbrauchbarkeit eines wichtigen Glieds des Körpers

!

Definition wichtiges Glied: Jeder nach außen in Erscheinung tretende Körperteil, der (durch ein Gelenk) mit dem Körper verbunden ist und für den Gesamtorganismus eine besondere Funktion erfüllt.[32]

74 Ob wichtige Glieder zwingend durch **Gelenke** mit dem Körper verbunden sein müssen, ist umstritten. Nach hL braucht dies nicht notwendigerweise der Fall zu sein, sodass zB auch die Nase oder die Ohrmuscheln[33] dem Begriff unterfallen. Die Gegenansicht hält demgegenüber am Erfordernis der Verbindung von Körper

[27] Vgl. *Fischer* § 226 Rn. 2a.
[28] Vgl. *Fischer* § 226 Rn. 2a.
[29] Vgl. *Fischer* § 226 Rn. 3.
[30] Vgl. *Fischer* § 226 Rn. 4.
[31] Vgl. BGHSt 21, 194 = NJW 1967, 737.
[32] Vgl. RGSt 3, 392.
[33] Vgl. *Wessels/Hettinger* StrafR BT I Rn. 288 mwN.

und Körperteil durch ein Gelenk fest.[34] Im Ergebnis erscheinen beide Ansichten in einer Prüfung gut vertretbar.

Die **Wichtigkeit** des Glieds bestimmt sich nach allgemeiner Bedeutung für den Gesamtorganismus. Individuelle Verhältnisse des Opfers sind nur insoweit relevant, als sie sich auf dessen körperliche Verfassung beziehen. Daher spielt die Frage der Rechts- bzw. Linkshändigkeit eine Rolle, während es zB unerheblich ist, welche Bedeutung das Glied und sein Verlust für den Beruf des Opfers haben.[35] 75

Für die dauernde Gebrauchsunfähigkeit des Glieds reicht schon dessen völlige Versteifung.[36] 76

6. Dauernde Entstellung in erheblicher Weise

Unter einer dauernden Entstellung ist die Verunstaltung der Gesamterscheinung zu verstehen. Erheblich ist diese, wenn sie mit den sonstigen, in § 226 I genannten, Auswirkungen vergleichbar ist. 77

Kommt eine Beseitigung der Entstellung durch eine **Schönheitsoperation** in Betracht, so fehlt es an der Dauerhaftigkeit, wenn die Operation mit Sicherheit durchgeführt wird oder üblich, ausführbar und zumutbar ist.[37] Das Opfer kann jedoch nicht durch eigenes, willentliches Verhalten darauf Einfluss nehmen, ob der Täter nach § 226 bestraft wird oder nicht. 78

> **Beispiel:** Wenn A dem Millionär M absichtlich zahlreiche Vorderzähne ausschlägt und feststeht, dass der Einsatz von Implantaten sich auf die Optik des M sogar vorteilhaft auswirken würde, kann M eine Bestrafung des A gem. § 226 II nicht dadurch „herbeiführen", dass er sich strikt weigert, diese Implantate fertigen und einsetzen zu lassen.

7. Verfall in Siechtum, Lähmung, geistige Krankheit, Behinderung

> **Definition Verfall:** Lang andauernder (chronischer), den Gesamtorganismus erheblich beeinträchtigender Krankheitszustand, dessen Beseitigung sich zurzeit nicht übersehen lässt.[38]

Unter Siechtum sind chronische Krankheitszustände mit Beeinträchtigung des Allgemeinbefindens von unabsehbarer Dauer wie Epilepsie und Bewusstlosigkeit zu verstehen. Die Lähmung kann sich auch auf einzelne Gliedmaßen beschränken (zB bei Versteifung des Hüftgelenks mit Notwendigkeit zur Benutzung von Krücken). Neben den geistigen Krankheiten (zB Psychosen) werden von § 226 I Nr. 3 nach Wortlaut und Systematik der Norm nur geistige Behinderungen erfasst.[39] 79

[34] Vgl. *Fischer* § 226 Rn. 6 mwN.
[35] Vgl. *Fischer* § 226 Rn. 7.
[36] Vgl. *Fischer* § 226 Rn. 8.
[37] Vgl. BGHSt 24, 315 = NJW 1972, 1143 zur Frage einer Zahnprothese.
[38] Vgl. *Fischer* § 226 Rn. 10.
[39] Vgl. zum Ganzen *Fischer* § 226 Rn. 11 ff.

II. Der subjektive Tatbestand

80 Die Herbeiführung der schweren Folge muss gem. § 226 II entweder **absichtlich oder wissentlich** erfolgen. Dies schließt eine Begehung mit Eventualvorsatz aus.

81 Absichtlichkeit (dolus directus 1. Grades, → 2. Teil Rn. 43) liegt vor, wenn es gerade das Bestreben des Täters ist, die schwere Folge nach Abs. 1 herbeizuführen. Handelt der Täter mit direktem Tötungsvorsatz, ist die Absicht ausgeschlossen, da die Folgen des § 226 I eine dauernde Schädigung eines weiter lebenden Menschen voraussetzen. Bedingter Tötungsvorsatz und Absicht schwerer Körperverletzung können demgegenüber gleichzeitig vorliegen.[40]

82 Mit Wissentlichkeit ist der direkte Vorsatz, also der dolus directus 2. Grades (→ 2. Teil Rn. 41 f.), gemeint. Hierbei muss der Täter den Eintritt der schweren Folge als sicher voraussehen.

83 **Tötungsvorsatz** schließt die Erfüllung des § 226 II nicht unbedingt aus. Wenn der Täter jedoch sicher davon ausgeht, dass das Opfer an der schweren Folge alsbald versterben wird, fehlt es für den subjektiven Tatbestand des § 226 II am Vorsatz bezüglich der Dauerhaftigkeit des Eintritts der schweren Folge.

Beispiel: T schlägt O mit einer Machete den Arm ab. Er hält es dabei nur für möglich, dass O infolge dieser Verletzung verbluten wird. Sicher ist er sich aber, dass mit dem Schlag zumindest der dauernde Verlust des Arms verbunden sein wird. Wenn O nunmehr überlebt, macht sich T zwar nicht nach § 212 wegen vollendeten, sondern (nur) nach §§ 212, 12 I, 23 I wegen versuchten Totschlags strafbar. Darüber hinaus besteht jedoch eine Strafbarkeit des T nach § 226 II, die mit seinem versuchten Totschlag in Idealkonkurrenz steht.

Anders wäre der vorliegende Sachverhalt zu beurteilen, wenn sich T sicher wäre, dass O infolge des Schlags verbluten würde. Dann wäre, selbst wenn O schlussendlich überleben würde, eine Strafbarkeit nach § 226 II ausgeschlossen, weil T keine Absicht oder Wissentlichkeit bezüglich der Dauerhaftigkeit der schweren Folge besaß.

III. Rechtswidrigkeit

84 Siehe dazu die bereits unter → 5. Teil Rn. 17 ff. gemachten Ausführungen.

IV. Prüfungsaufbau und Konkurrenzen

85 Siehe dazu ebenfalls sinngemäß die unter → 5. Teil Rn. 60 ff. gemachten Ausführungen.

[40] Vgl. *Fischer* § 226 Rn. 15.

6. TEIL
Tötungsdelikte im Überblick

Im 16. Abschnitt des StGB finden sich die Straftaten gegen das Leben nach §§ 211 ff. Auch wenn das Leben ein höchstpersönliches Rechtsgut ist, kann das Opfer grundsätzlich in kein Tötungsdelikt mit rechtfertigender Wirkung einwilligen. Anderenfalls wäre die Tötung auf Verlangen nach § 216 nicht unter Strafe gestellt. 1

Bundesjustizminister Maas brachte im März 2016 einen Referentenentwurf zur Reform der Tötungsdelikte ein. Anliegen war es zunächst, auf die Tätertypologie „Mörder" und „Totschläger", die aus der NS-Zeit stammt, zu verzichten. Des Weiteren sollte das umstrittene Mordmerkmal der „Heimtücke" durch die „Wehrlosigkeit" und die „niedrigen Beweggründe" durch „besonders verwerfliche Beweggründe" ersetzt werden. Schließlich schlug er vor, für den Mord Strafmilderungsgründe zu schaffen die, statt einer lebenslangen Freiheitsstrafe, eine Strafe nicht unter fünf Jahren vorsieht. Mit dem Entwurf stieß er auf entschiedenen Widerstand aus den Reihen der CDU/CSU Bundestagsfraktion. Die Rechtsprechung habe zu den Mordmerkmalen hinreichend bestimmte Kriterien entwickelt und mit der Rechtsfolgenlösung[1] habe sie einen Weg gefunden, von lebensnaher Freiheitsstrafe abzuweichen. Deshalb kann man sagen, dass die Reform vorerst gescheitert ist.[2] 2

A. Überblick

Im Bachelorstudiengang sind die §§ 212, 211, 216, 227, 222 von besonderem Interesse. Tötungsdelikte können vorsätzlich (§§ 212, 211, 216) oder fahrlässig (§ 222) begangen werden. Eine besondere Stellung nimmt hierbei das erfolgsqualifizierte Delikt des § 227 als kombiniertes Vorsatz-Fahrlässigkeitsdelikt ein.[3] Im Modulabschnitt „Grundstudium" hat hier nur ein Überblick über die Vorsatzdelikte zu erfolgen. 3

Alle Delikte setzen voraus, dass ein Mensch tot ist. 4

Für das Merkmal „**Mensch**" muss geklärt werden, ab wann in Abgrenzung zum Abbruch einer Schwangerschaft nach §§ 218 ff. die Leibesfrucht zum Menschen wird. Die Menschqualität beginnt mit den Eröffnungswehen. Maßgeblich für die Strafbarkeit ist stets, auf welches Tatobjekt „Mensch" oder „Leibesfrucht" eingewirkt wird. 5

Für das Merkmal „töten" muss der Zeitpunkt des **Todes** bestimmt werden. Er ist auch für die Strafbarkeit nach § 19 II, 3 II Nr. 2 TPG entscheidend. Nach dem Tod macht sich der Täter nur noch wegen Störung der Totenruhe nach § 168 strafbar. Ende des menschlichen Lebens ist der Hirntod. Nicht maßgeblich ist der Still- 6

[1] Hierzu BGHSt (GS) 30, 105.

[2] Zum Referentenentwurf und der Kritik hieran *Pisal,* Reform von Tötungsdelikten vom Tisch?, NJW Editorial Heft 24/2016 = http://bit.ly/2VhXmv0 (Tag der Abfrage: 30.3.2019).

[3] §§ 222, 227 gehören in die weiteren Modulabschnitte.

stand des Kreislaufs oder der Atmung. Auch hier ist maßgeblich, auf welches Tatobjekt „Mensch" oder „Toter" eingewirkt wird.

7 An den Tötungsvorsatz werden erhöhte Anforderungen gestellt. Der Täter, der einen Menschen töten will, muss eine erhöhte Hemmschwelle überwinden.

8 Laut Polizeilicher Kriminalstatistik (PKS) von 2019 wurden bei Straftaten gegen das Leben 2.315 Fälle erfasst. Die Aufklärungsquote bei Mord, Totschlag und Tötung auf Verlangen betrug 94%.[4]

I. Totschlag, § 212

! **Bitte lesen Sie zunächst den Gesetzestext!**

9 Der **Totschlag** in § 212 I bestraft denjenigen, der vorsätzlich einen Menschen tötet. Als Strafzumessungsnormen finden sich in § 212 II der besonders schwere und in § 213 der minder schwere Fall des Totschlags.

Prüfungsschema: Totschlag (§ 212 I)

I. Tatbestandsmäßigkeit
  1. Objektiver Tatbestand
    a) Tatsubjekt: wer
    b) Tatobjekt: einen Menschen
    c) Tathandlung: Tötungshandlung
    d) Taterfolg: Todeserfolg
    e) Kausalität: Äquivalenztheorie
  2. Subjektiver Tatbestand
II. Rechtswidrigkeit
III. Schuld
IV. uU Strafzumessung
  1. besonders schwerer Fall, § 212 II
  2. minder schwerer Fall, § 213
V. Ergebnis

II. Mord, § 211

! **Bitte lesen Sie zunächst den Gesetzestext!**

10 Verwirklicht der Täter darüber hinaus noch bestimmte Mordmerkmale, so liegt **Mord** nach § 211 vor. Hierbei differenziert das Gesetz zwischen drei Gruppen von Mordmerkmalen. Die 2. Gruppe des § 211 II beinhaltet tatbezogene Mordmerkmale, die im objektiven Tatbestand zu prüfen sind. Hierzu gehören die heimtückische und grausame Tötung oder die Tötung mit gemeingefährlichen Mitteln. Die 1. und 3. Gruppe der Mordmerkmale aus § 211 II sind im subjektiven

[4] Polizeiliche Kriminalstatistik Jahrbuch 2019, Bd. 1, 12.

Tatbestand zu prüfen. Sie formulieren täterbezogene Mordmerkmale. Dabei tötet der Täter aus Mordlust, zur Befriedigung des Geschlechtstriebs, aus Habgier, sonst niedrigen Beweggründen oder zur Ermöglichung oder Verdeckung einer anderen Straftat. Schließlich erwägt die Rechtsprechung aufgrund der absolut lebenslangen Freiheitsstrafe uU für die Heimtücke eine Rechtsfolgenlösung.[5]

Prüfungsschema: Mord (§ 211)

I. Tatbestandsmäßigkeit

1. Objektiver Tatbestand

a) wer einen Menschen tötet

b) heimtückisch, grausam oder mit gemeingefährlichen Mitteln (2. Gruppe)

2. Subjektiver Tatbestand

a) Vorsatz auf Tötung eines Menschen

b) Vorsatz auf objektive Mordmerkmale (I.1.b)

Darüber hinaus:

Heimtücke: bewusstes Ausnutzen der Arg- und Wehrlosigkeit

Grausamkeit: rohe und unbarmherzige Gesinnung

c) Mordlust, zur Befriedigung des Geschlechtstriebs, aus Habgier oder sonst niedrigen Beweggründen (1. Gruppe) oder um eine andere Straftat zu ermöglichen oder zu verdecken (3. Gruppe)

II. Rechtswidrigkeit

III. Schuld

IV. uU Rechtsfolgenlösung des BGH im Falle der Heimtücke

V. Ergebnis

III. Tötung auf Verlangen, § 216

Bitte lesen Sie zunächst den Gesetzestext!

Die **Tötung auf Verlangen** nach § 216 bestraft denjenigen, der aufgrund des ausdrücklichen und ernstlichen Verlangens des Getöteten zur Tötung bestimmt wurde. 11

Prüfungsschema: Tötung auf Verlangen (§ 216)

I. Tatbestandsmäßigkeit

1. Objektiver Tatbestand

a) einen Menschen töten

b) ausdrückliches und ernsthaftes Verlangen des Getöteten

c) zur Tötung bestimmt worden

2. Subjektiver Tatbestand

Vorsatz auf alle objektiven Tatbestandsmerkmale

II. Rechtswidrigkeit

III. Schuld

IV. Ergebnis

[5] Hierzu vertiefend BGHSt GS 30, 105 ff. = NStZ 1981, 344.

IV. Verfassungswidrigkeit der geschäftsmäßigen Förderung der Selbsttötung, § 217

12 Das BVerfG hat die geschäftsmäßige Förderung der Selbsttötung nach § 217, die durch das Gesetz vom 3.12.2015[6] in das StGB eingeführt wurde, am 26.2.2020 für verfassungswidrig erklärt.[7]

13 Diese Norm sollte ursprünglich eine gesellschaftliche Normalisierung von Sterbehilfe insbesondere durch deren Kommerzialisierung verhindern und labile Menschen, die nicht wirklich sterben wollten, vor interessengeleiteter Einflussnahme schützen. Für die nunmehrige Nichtigkeit des § 217 führt das BVerfG aus, dass das allgemeine Persönlichkeitsrecht auch das Recht auf ein selbstbestimmtes Sterben umfasse. Das Verbot des § 217 mache es demgegenüber faktisch unmöglich, Suizidhilfe, die von Art. 2 I GG erfasst sei, zu erhalten. Das Recht auf selbstbestimmtes Sterben werde durch § 217 faktisch entleert.

B. Das Verhältnis der Tötungsdelikte zueinander

14 Das Verhältnis der Vorsatztaten ist seit jeher umstritten. Auch wenn die Rechtsprechung bis heute in §§ 211, 216 gegenüber § 212 selbstständige Tatbestände mit arteigenem Unrechtsgehalt sieht,[8] befindet sie sich derzeit im Umbruch[9] und gibt zu erkennen, dass sie in Zukunft der Ansicht der Literatur[10] folgen will. Diese sieht im Totschlag nach § 212 das Grunddelikt. Die Tötung auf Verlangen nach § 216 ist hierzu die Privilegierung (→ 1. Teil Rn. 85), der Mord nach § 211 die Qualifikation (→ 1. Teil Rn. 80). Bedeutsam ist der Streit für die Anwendung des § 28 beim Teilnehmer (→ 4. Teil Rn. 91). Folgt man der derzeitigen Rechtsprechung, so sind die Mordmerkmale der 1. und 3. Gruppe als besondere persönliche Merkmale iSd § 28 I strafbegründend, sodass der Teilnehmer grundsätzlich[11] akzessorisch – wie der Täter – bestraft wird. Fehlt ihm aber ein besonderes persönliches Merkmal, dann ist die Strafe nach § 49 I zu mildern.

Erbonkelfall:

A tötet seinen Erbonkel B, um an das Erbe zu kommen. C besorgt ihm hierzu in Kenntnis der Tatumstände, aber ohne eigenes Tatinteresse, die Waffe.

A ist strafbar wegen Habgiermordes nach § 211. C ist akzessorisch ebenfalls Gehilfe zum Mord nach §§ 211, 27. Da er aber nicht habgierig handelt, ist seine Strafe nach §§ 28 I, 49 I zu mildern.

[6] Vgl. BGBl. 2015 I 2177.

[7] Vgl. BVerfG NJW 2020, 905.

[8] Vgl. BGHSt 22, 375 (377 ff.) = NJW 1969, 1181; BGHSt 36, 231 (233) = NStZ 1990, 277; BGHSt 50, 1 (5) = NStZ 2005, 381.

[9] Vgl. BGH NJW 2006, 1008.

[10] Vgl. *Wessels/Hettinger/Engländer* StrafR BT I Rn. 84.

[11] Vgl. zur Inkonsequenz bei § 216 in der ähnlich gelagerten Problematik in § 217 aF BGH NJW 1953, 1440.

Stimmt man hingegen der im Umbruch befindlichen Rechtsprechung und der 15
Literatur zu, sind die oben benannten Mordmerkmale gegenüber dem Totschlag als qualifizierende Merkmale strafschärfend, sodass nach § 28 II die Akzessorietät durchbrochen wird und jeder Beteiligte nach dem Merkmal bestraft wird, was bei ihm selbst vorliegt.

> Im obigen **Erbonkelfall** hat sich C hiernach nur wegen Beihilfe zum Totschlag nach §§ 212 I, 27 strafbar gemacht. Über § 28 II wird die Akzessorietät zum Mord durchbrochen, da dem C das strafschärfende besondere persönliche Merkmal der Habgier fehlt.

Der Rechtsprechungswende, die in naher Zukunft praxisrelevant sein wird, soll 16
hier gefolgt werden.

> **Mögliches Argument:** § 28 II ist bei täterbezogenen Mordmerkmalen anwendbar, weil es sich bei § 211 um einen strafschärfenden und somit qualifizierten Tatbestand zum Totschlag nach § 212 handelt. Es ist typisch, dass alle Merkmale des Grunddelikts in der Qualifikation enthalten sind. Auch der Mord setzt, wie der Totschlag, die Tötung eines Menschen voraus.[12]

Vorsatz			Fahrlässigkeit	Erfolgsqualifikation
Privilegierung	**Grunddelikt**	**Qualifikation**	§ 222	§§ 227, 18
§	§ 212 I	§ 211		
	Minder schwerer Fall, § 213			
	Besonders schwerer Fall, § 212 II			

C. Prüfungsreihenfolge

Vorsätzliche Tötungsdelikte sind als schwerste Delikte vor den vorsätzlichen 17
Körperverletzungsdelikten nach §§ 223 ff. zu prüfen. So ist im Tötungsvorsatz mit der herrschenden Einheitstheorie[13] der Körperverletzungsvorsatz enthalten.

Innerhalb der Tötungsdelikte entfaltet § 216 als Privilegierungstatbestand gegen- 18
über §§ 212, 211 eine Sperrwirkung. Diese Norm ist also, wenn sie naheliegt, vorrangig vor den anderen Tötungsdelikten zu prüfen.[14] Im Übrigen ist zu empfehlen, zunächst § 212 und anschließend den Qualifizierungstatbestand des § 211 darzustellen.

[12] Zu weiteren Argumenten → 10. Teil Rn. 28.

[13] Vgl. BGHSt 16, 122 (123) = NJW 1961, 1779; BGHSt 21, 265 (266) = NJW 1967, 1918.

[14] § 211 setzt zwar die Tötung eines Menschen nach § 212 voraus, sodass diese Voraussetzungen sehr wohl in § 216 mitgeprüft werden müssen. Die Strafe wird aber nicht aus § 212, sondern allein aus § 216 entnommen.

7. TEIL
Sachbeschädigungs-delikte

Sachbeschädigungsdelikte sind in der polizeilichen Praxis sehr häufig. 1

Beispiele:

Die Tatbestandsverwirklichung nach § 303 I kann, wie beim Vandalismus, der Wut des Täters entspringen. Findet dieser etwa beim Einbruch in der Wohnung keine Beute, kann er das Haus des Opfers verwüsten und alle Gegenstände zerschlagen.[1]

Wenn der Dieb das Fenster des Hauses seines Opfers mit einem Stein einschlägt, um in dessen Wohnung zu gelangen, dient die einfache Sachbeschädigung nach § 303 I der Ermöglichung eines Wohnungseinbruchdiebstahls nach § 244 I Nr. 3, IV.

Schließlich können uU „Schmierereien" an Hauswänden (§ 303 II) oder an Straßenbahnwagen (§ 304 II) über den seit 2005 durch das 39. StrÄG neu eingeführten Graffiti-Paragraphen[2] geahndet werden.

A. Antragsdelikt/Privatklagedelikt/Offizialdelikt

Die Sachbeschädigung gem. § 303 ist nach § 303c ein **eingeschränktes Antragsdelikt** (→ 2. Teil Rn. 261). Damit ist sie verfolgbar, wenn entweder ein Strafantrag vom Verletzten nach § 77 in der Dreimonatsfrist des § 77b bei den zuständigen Stellen, so auch bei der Polizei, gestellt wurde oder die Strafverfolgungsbehörde wegen des besonderen öffentlichen Interesses an der Strafverfolgung ein Einschreiten von Amts wegen für geboten hält. Diese Möglichkeit kommt insbesondere in Betracht, wenn die Tat den Rechtsfrieden empfindlich gestört hat (zB Schäden durch Vandalismus, Demonstrationsschäden) oder wenn Anhaltspunkte dafür sprechen, dass die Entscheidungsfreiheit des Verletzten beeinträchtigt ist, insbesondere aus Furcht vor Rachemaßnahmen des Täters.[3] 2

Darüber hinaus ist die Sachbeschädigung nach § 374 I Nr. 6 StPO ein **Privatklagedelikt**, dh die öffentliche Klage wird nach § 376 StPO iVm Nr. 86 II RiStBV von der Staatsanwaltschaft nur dann erhoben, wenn dies im öffentlichen Interesse liegt. Die Entscheidung über die Verweisung auf den Privatklageweg trifft nach Nr. 87 RiStBV die Staatsanwaltschaft. Besteht nach Ansicht der Behörden oder der Beamten des Polizeivollzugsdienstes kein öffentliches Interesse an der Strafverfolgung, so legen sie die Anzeige ohne weitere Ermittlungen der Staatsanwaltschaft vor. 3

[1] Hier hat die Sachbeschädigung einen eigenen Unrechtsgehalt und tritt nicht hinter dem Einbruchsdiebstahl zurück.

[2] Die Sachbeschädigung hat keinen eigenen Unrechtsgehalt und tritt hier in der Regel in Gesetzeskonkurrenz hinter §§ 242 I, 244 I Nr. 3 zurück.

[3] Vgl. *Fischer* § 303c Rn. 7.

Fall:

T hat das Fahrzeug des O vor dessen Wohnung vorsätzlich zerkratzt und die Antenne abgeknickt. T wird vom Polizeivollzugsbeamten P gestellt. O will nur seinen Schaden ersetzt bekommen, also zivilrechtlich gegen T vorgehen. Strafantrag will er also nicht stellen. Sollte P dennoch eine Anzeige fertigen?

Da O keinen Strafantrag gestellt hat kommt es darauf an, ob die Staatsanwaltschaft das besondere öffentliche Interesse an der Strafverfolgung bejaht. Ob die Voraussetzungen gegeben sind, kann der Polizeivollzugsbeamte nicht entscheiden. Er wird deshalb eine Anzeige fertigen und diese ohne weitere Ermittlungen der Staatsanwaltschaft vorlegen.

4 Die gemeinschädliche Sachbeschädigung nach § 304 ist – anders als § 303 – ein **Offizialdelikt**. Sie wird folglich von Amts wegen verfolgt.

B. Sachbeschädigung, § 303

Bitte lesen Sie zunächst den Gesetzestext!

5 Die **Sachbeschädigung** ist ein Vorsatzdelikt. Fahrlässigkeit ist hier nicht unter Strafe gestellt.[4] Bei einem Verkehrsunfall, der grundsätzlich aus Unaufmerksamkeit im Straßenverkehr passiert, ist deshalb idR nicht von einem vorsätzlichen Verhalten auszugehen.

6 Die Sachbeschädigung beinhaltet in den ersten beiden Absätzen zwei sanktionierte Verhaltensweisen. Es handelt sich um **Vergehenstatbestände**,[5] die einheitlich als Tatobjekt eine **fremde Sache** voraussetzen. Die Beweglichkeit der Sache ist – anders als etwa beim Diebstahl, der Unterschlagung oder dem Raub – kein Tatbestandsmerkmal. Hier werden von Studierenden oft Fehler gemacht, die etwa glauben, nur das Zerschlagen eines Trinkgefäßes (bewegliche Sache), nicht aber einer Schaufensterscheibe (unbewegliche Sache) sei vom Tatbestand erfasst. Ebenso unmaßgeblich für die Strafbarkeit als solche ist der Wert der Sache. Dieser spielt allerdings für die Strafzumessung eine Rolle und sollte deshalb ebenfalls ermittelt werden.

7 Während Abs. 1 ein **Beschädigen oder Zerstören** voraussetzt, genügt es bei Abs. 2, dass das **Erscheinungsbild unbefugt nicht nur unerheblich und nicht nur vorübergehend verändert** wird. Zwischen den Verhaltensweisen besteht folglich nur ein gradueller Unterschied. Dem Veränderungstatbestand kommt eigenständige Bedeutung nur zu, wenn die Handlung nicht bereits von Abs. 1 erfasst wird, da Abs. 2 Auffangfunktion hat. Als Erfolgsdelikt (→ 1. Teil Rn. 48) muss in beiden Absätzen eine Tathandlung den Erfolg kausal herbeigeführt haben.

8 Geschütztes Rechtsgut ist einheitlich das **Eigentum**. Da das Merkmal **„rechtswidrig“** in § 303 I kein Tatbestandsmerkmal ist, sondern nur ein Hinweis auf die allgemeine Rechtswidrigkeit, wirkt sich die Einwilligung des Rechtsgutinhabers

4 Zum Vorsatz bereits → 2. Teil Rn. 31 ff.

5 Zur Abgrenzung Verbrechen von Vergehen → 1. Teil Rn. 37 ff.

für den Täter erst rechtfertigend aus (→ 2. Teil Rn. 79). Demgegenüber ist das Merkmal **„unbefugt"** in § 303 II ein objektives Tatbestandsmerkmal.[6] Insofern handelt der Täter schon nicht tatbestandlich, wenn der Eigentümer oder der ihm gegenüber in der Ausübung des Gestaltungswillens Berechtigte der Sache (zB Mieter) mit der Vornahme der Zustandsveränderung einverstanden ist.

Beispiele:

- Eigentümer A beauftragt Bauunternehmer B erfolgreich, seine Mauer einzureißen.
  B begeht zwar tatbestandlich eine Sachbeschädigung nach § 303 I, dessen Verhalten ist aber über die rechtfertigende Einwilligung gerechtfertigt und folglich straflos.
- Eigentümer A beauftragt den Maler B mit dem Streichen seiner Hauswände. Hier liegt aufgrund des Einverständnisses des A bereits tatbestandlich keine unbefugte Zustandsveränderung nach § 303 II vor, sodass auch dieses Verhalten straflos ist.

Im Übrigen gelten für beide Absätze die anderen Rechtfertigungs-, Schuldausschließungs- und Entschuldigungsgründe gleichermaßen. In beiden Absätzen ist der Versuch nach Abs. 3 unter Strafe gestellt. 9

I. Aufbauschemata

Damit ergeben sich folgende Aufbauschemata: 10

Prüfungsschema: Einfache Sachbeschädigung (§ 303 I) 11

I. Tatbestandsmäßigkeit

   1. Objektiver Tatbestand

      a) fremde Sache (Tatobjekt)

      b) Tathandlung

      c) Beschädigen oder Zerstören (Taterfolg)

      d) Kausalität

   2. Subjektiver Tatbestand

      Vorsatz, dolus eventualis genügt

II. Rechtswidrigkeit (insbesondere Einwilligung)

III. Schuld

IV. Strafantrag nach § 303c

V. Ergebnis

6 Vgl. BT-Drs. 15/5313, 3.

12 **Prüfungsschema: Einfache Sachbeschädigung (§ 303 II)**

I. Tatbestandsmäßigkeit

1. Objektiver Tatbestand

a) fremde Sache (Tatobjekt)

b) Tathandlung

c) unbefugt (entfällt beim tatbestandsausschließenden Einverständnis)

d) das Erscheinungsbild nicht nur unerheblich und nicht nur vorübergehend verändern (Taterfolg)

e) Kausalität

2. Subjektiver Tatbestand

Vorsatz, dolus eventualis genügt

II. Rechtswidrigkeit

III. Schuld

IV. Strafantrag nach § 303c

V. Ergebnis

II. Tatbestandsmerkmale

1. Tatobjekt

13 Das Tatobjekt in § 303 I und II ist einheitlich eine fremde Sache.

a) Sache

14 **Sache** ist jeder körperliche Gegenstand nach §§ 90 f. BGB. Auf den Aggregatzustand (fest, flüssig, gasförmig) kommt es nicht an.[7]

Beispiele:

- Datenträger wie CDs oder Sticks
  nicht aber Daten (diese werden von §§ 303a, b erfasst)
- Mumien, Moorleichen, Skelette oder Anatomieleichen
  nicht aber der menschliche Leichnam (er ist ein Rückstand der Persönlichkeit und das Zerstückeln von Leichenteilen kann unter den Straftatbestand der Störung der Totenruhe nach § 168 fallen)
- Abgetrennte Körperteile wie Zähne
  nicht aber der lebende Mensch oder dessen Teile (der Mensch ist keine Sache, sondern ein Rechtssubjekt, hier kommen bei Beeinträchtigungen die Körperverletzungsdelikte nach §§ 223 ff. oder die Tötungsdelikte nach §§ 211 ff. in Betracht)

15 Auch Tiere können nach § 90a S. 1, 3 BGB Objekte einer Sachbeschädigung sein. Zu beachten ist hierbei auch § 17 TierSchG, der das Töten oder Quälen von Wirbeltieren, unabhängig von den Eigentumsverhältnissen in Tateinheit nach § 52 mit der Sachbeschädigung unter Strafe stellt.

[7] Vgl. *Fischer* § 303 Rn. 2.

b) Fremd

Eine Sache ist **fremd**, wenn sie **nicht im Alleineigentum** des Täters steht, **nicht aneignungsunfähig** und **nicht herrenlos** ist. 16

Das **Alleineigentum** bestimmt sich nach zivilrechtlichen Vorgaben und kann rechtsgeschäftlich (§§ 929 ff. BGB) oder gesetzlich (§§ 946 ff. BGB) erworben werden. Sachen, die damit im Miteigentum des Täters stehen, sind für diesen fremd. 17

Aneignungsunfähig sind Sachen, die nach zivilrechtlichen Grundsätzen niemandem gehören können, wozu etwa die Luft und das Wasser im Meer gehören.[8] 18

Herrenlos sind Sachen, an denen Eigentum entweder noch nie bestanden hat – wie bei wilden Tieren (§ 960 BGB) – oder aufgegeben worden ist, etwa durch bewusstes Wegwerfen einer Sache in den Papierkorb (Dereliktion nach § 959 BGB). 19

2. Tathandlungen

a) § 303 I

Tathandlungen in § 303 I sind das Beschädigen oder Zerstören. 20

Beschädigen ist jede körperliche Einwirkung auf eine Sache, durch die ihre Substanz nicht ganz unerheblich verletzt wird bzw. ihre bestimmungsgemäße Brauchbarkeit nicht nur unerheblich beeinträchtigt wird. 21

Substanzverletzungen: 22

- Verbeulen oder Zerkratzen eines Kfz durch Randalierer.
- Verbiegen eines Gartenzauns durch Jugendliche.

Brauchbarkeitsminderungen: 23

- Zerlegen einer Uhr in ihre Einzelteile, da die Uhr nur mit erheblichem Arbeitsaufwand wieder zu gebrauchen ist.
- Anbringen eines Hindernisses auf Gleisen, das mit diesen fest verbunden und nur mit erheblichem Aufwand zu entfernen ist, um die Benutzung des Schienenweges zu unterbinden.[9]
- Ablassen von Luft aus Fahrradreifen, wenn keine einsatzbereite Luftpumpe zur Verfügung steht.
- Beschmieren der Scheiben vor dem Fotoobjektiv einer Geschwindigkeitsmessanlage mit Senf, sodass die Anlage bis zur Reinigung durch die Polizei funktionsunfähig ist.[10]
- Anbringen von Reflektoren an einem Fahrzeug, mit denen die von der Kamera einer Verkehrsüberwachungsanlage gefertigte Aufnahme unbrauchbar gemacht wird. Hierin liegt eine Sachbeschädigung an der Anlage, auch wenn das Hervorrufen der Reflektion beim Auftreten des Blitzlichts nur eine ganz kurze Zeitspanne andauert und die Verkehrsüberwachungsanlage im Übrigen – vorher und nachher – funktioniert.[11]

[8] Vgl. Schönke/Schröder/*Eser/Bosch* § 242 Rn. 19.
[9] Vgl. BGHSt 44, 34 (38, 39) = NJW 1998, 2149.
[10] Vgl. OLG Stuttgart NStZ 1997, 342.
[11] Vgl. OLG München NJW 2006, 2132 (2133).

24 Kein Beschädigen sind hingegen Fälle der Sachentziehungen oder der bestimmungsgemäße Verbrauch wie der Verzehr von Lebensmitteln. In Betracht kommt bei Letzterem aber eine Strafbarkeit wegen Diebstahls nach § 242.

25 **Zerstören** ist die vollständige Vernichtung der Existenz einer Sache (zB Verbrennen eines Buches) oder zumindest eine so weitgehende Beschädigung, dass die Sache ihre bestimmungsgemäße Brauchbarkeit vollständig verliert (Zerschlagen eines Glases). In jedem Zerstören ist ein Beschädigen enthalten.

! **Tipp:** Beginnen Sie in der Klausur nicht mit dem Beschädigen, sondern direkt mit dem Zerstören, wenn dieses Merkmal in Betracht kommt.

b) § 303 II

26 Vor der Einführung des § 303 II im Jahre 2005 waren nach Ansicht des BGH[12] Plakatierungen nur dann Sachbeschädigungen nach § 303 I, wenn beispielsweise Plakate mit stark haftenden Klebern über Türen, Fenster oder Verteilerkästen geklebt wurden, sodass diese nicht mehr ohne Weiteres geöffnet werden konnten oder wenn der Untergrund beim Entfernen des Klebers in erheblicher Weise beschädigt wurde. Hierfür waren in der Praxis aufwändige Gutachten erforderlich. Nunmehr hat der Gesetzgeber durch die Regelung in § 303 II normiert, dass etwa das Besprühen und Bemalen durch Graffiti (im Jargon als „tags“, „pieces“ etc bezeichnet) strafbar ist.

27 Für Abs. 2 muss der Täter unbefugt das Erscheinungsbild einer fremden Sache nicht nur unerheblich und nicht nur vorübergehend verändern.

28 **Unbefugt** (Tatbestandsmerkmal!) handelt der Täter, wie bereits oben erwähnt (→ 7. Teil Rn. 8), wenn er ohne oder gegen den Willen des Eigentümers oder sonst Berechtigten das Erscheinungsbild der Sache verändert.

29 Das **Erscheinungsbild** einer Sache wird **verändert**, wenn ihre visuell wahrnehmbare Oberfläche infolge unmittelbarer körperlicher Einwirkung in einen anderen als den ursprünglichen Zustand versetzt wird.

30 Unerhebliche Veränderungen des Erscheinungsbildes sind vom objektiven Tatbestand ausgeschlossen. **Nicht nur unerheblich** sind hingegen solche Veränderungen, bei denen unmittelbar auf die Substanz der Sache eingewirkt wird wie etwa beim Besprühen mit Graffiti.

31 **Nicht nur vorübergehend** sind solche Veränderungen, die nicht ohne Aufwand binnen kurzer Zeit selbst wieder vergehen oder entfernt werden können.

Beispiele: Eine mit Lackfarbe besprühte Hauswand, nicht aber Bemalungen mit Kreide oder Wasserfarben, oder Verschmutzungen eines Fensters durch ein rohes Ei.

[12] Vgl. BGHSt 29, 129 (132 ff.) = NJW 1980, 350.

C. Gemeinschädliche Sachbeschädigung, § 304

Bitte lesen Sie zunächst den Gesetzestext. !

Auch die **gemeinschädliche Sachbeschädigung** nach § 304 ist ein Vorsatzdelikt. 32

Innerhalb der Norm stellt das Gesetz in Abs. 1 – wie schon in § 303 – das Beschädigen und Zerstören und in Abs. 2 das unbefugte, nicht unerheblich und nicht nur vorübergehende Verändern unter Strafe. Tatobjekte sind hier aber nicht fremde Sachen, sondern die in § 304 genannten Objekte, die im Tatzeitpunkt der öffentlichen Zweckbestimmung gewidmet sind. 33

§ 304 schützt deshalb nicht das Eigentum, sondern das Erhaltungs- und Nutzungsinteresse der Allgemeinheit. Auch hier ist das Merkmal „rechtswidrig" in Abs. 1 kein Tatbestandsmerkmal. Ist der Eigentümer aber – anders als in § 303 I – nicht verfügungsbefugt über die Sache, so entfällt auch nicht die Rechtswidrigkeit des § 304 I. Eine Einwilligung des Eigentümers führt nur dann zur Rechtfertigung, wenn er seine Verfügungsbefugnis aufgrund der Zweckbestimmung nicht verloren hat.[13] 34

Das Merkmal „unbefugt" ist wiederum Tatbestandsmerkmal und ist ebenfalls beim Einverständnis des Befugten zu verneinen. Auch hier kommt es nicht auf die Eigentumsverhältnisse an. 35

Beispiele:

- Der Eigentümer einer denkmalgeschützten Wand reißt diese ohne behördliche Genehmigung ab (strafbar nach § 304 I).
- Liegt hingegen die behördliche Genehmigung vor, entfällt die Rechtswidrigkeit aufgrund der Einwilligung des Verfügungsbefugten.
- Der Eigentümer einer denkmalgeschützten Wand streicht diese ohne behördliche Genehmigung mit roter Farbe (strafbar nach § 304 II).
- Liegt hingegen die behördliche Genehmigung vor, entfällt bereits das Merkmal „unbefugt" und damit der Tatbestand.

Im Übrigen gelten für beide Absätze die anderen Rechtfertigungs-, Schuldausschließungs- und Entschuldigungsgründe gleichermaßen. 36

Bei gleichzeitiger Verwirklichung von §§ 303, 304 stehen beide Delikte im Verhältnis der Tateinheit nach § 52. Auch in § 304 ist Abs. 2 Auffangtatbestand zu Abs. 1. Der Versuch des Vergehenstatbestandes ist nach Abs. 3 für beide Absätze strafbar. 37

I. Aufbauschemata

Damit ergeben sich folgende Aufbauschemata: 38

[13] Vgl. BeckOK StGB/*Weidemann*, 48. Ed. 11.12.2020, § 304 Rn. 13.

39 **Prüfungsschema: Gemeinschädliche Sachbeschädigung (§ 304 I)**

I. Tatbestandsmäßigkeit

1. Objektiver Tatbestand

a)
- Gegenstände der Verehrung einer im Staat bestehenden Religionsgesellschaft oder
- Sachen, die dem Gottesdienst gewidmet sind, oder
- Grabmäler
- öffentliche Denkmäler
- Naturdenkmäler
- Gegenstände der Kunst, der Wissenschaft oder des Gewerbes, welche in öffentlichen Sammlungen aufbewahrt werden oder öffentlich aufgestellt sind oder
- Gegenstände, welche zum öffentlichen Nutzen oder zur Verschönerung öffentlicher Wege, Plätze oder Anlagen dienen

b) Tathandlung

c) Beschädigen oder Zerstören (Taterfolg)

d) Kausalität

2. Subjektiver Tatbestand

Vorsatz, dolus eventualis genügt

II. Rechtswidrigkeit (uU Einwilligung des Verfügungsbefugten)

III. Schuld

IV. Ergebnis

40 **Prüfungsschema: Gemeinschädliche Sachbeschädigung (§ 304 II)**

I. Tatbestandsmäßigkeit

1. Objektiver Tatbestand

a)
- Gegenstände der Verehrung einer im Staat bestehenden Religionsgesellschaft oder
- Sachen, die dem Gottesdienst gewidmet sind, oder
- Grabmäler
- öffentliche Denkmäler
- Naturdenkmäler
- Gegenstände der Kunst, der Wissenschaft oder des Gewerbes, welche in öffentlichen Sammlungen aufbewahrt werden oder öffentlich aufgestellt sind oder
- Gegenstände, welche zum öffentlichen Nutzen oder zur Verschönerung öffentlicher Wege, Plätze oder Anlagen dienen

b) Tathandlung

c) unbefugt (entfällt beim tatbestandsausschließenden Einverständnis des Verfügungsbefugten)

d) das Erscheinungsbild nicht nur unerheblich und nicht nur vorübergehend verändern (Taterfolg)

e) Kausalität

2. Subjektiver Tatbestand

Vorsatz, dolus eventualis genügt

II. Rechtswidrigkeit

III. Schuld

IV. Ergebnis

II. Tatbestandsmerkmale

41 Bezüglich der Tathandlungen wird auf die obigen Ausführungen zu § 303 in den jeweiligen Absätzen verwiesen (→ 7. Teil Rn. 20 ff., 29 ff.).

42 Bei den Tatobjekten sind für die Polizeipraxis Grabmäler, öffentliche Denkmäler und Gegenstände der Kunst oder des Gewerbes, die öffentlich aufgestellt sind und Gegenstände, welche zum öffentlichen Nutzen dienen, relevant. Diese Sachen werden häufig verwüstet, verunstaltet, beschmiert oder mit Graffiti verändert.

43 Unter den **Gegenständen, die dem öffentlichen Nutzen dienen** versteht man solche, die der Erfüllung einer Gemeinwohlfunktion gewidmet sind. Voraussetzung ist aber, dass jedermann auch uU nach Erfüllung bestimmter allgemeingültiger Bedingungen, unmittelbar aus dem Vorhandensein oder dem Gebrauch jener Gegenstände Nutzen ziehen kann.[14]

Beispiele:
- Öffentliche Bauwerke und ihre Bestandteile:
  Straßen, Straßenpflaster, Straßenleitpfosten, Verkehrszeichen, Parkuhren, öffentliche Fernsprecher, Gebäude, Unterführungen, Brücken, Passagen, Bahnhöfe, Bahngleise, Schallschutzwände.
- Verkehrsmittel:
  Straßen- und Eisenbahnen, Krankenwagen, Rettungsfahrzeuge.

44 Sachen, die nur die Tätigkeit von Personen bei der Erfüllung ihrer öffentlichen Aufgaben erleichtern oder ermöglichen und nicht das Unmittelbarkeitskriterium erfüllen, sind demgegenüber nicht erfasst.

Beispiele: Einrichtungs- und Gebrauchsgegenstände von Behörden, Polizeistreifenwagen.[15]

[14] Vgl. BGHSt 10, 285 (286) = NJW 1957, 1158.

[15] Vgl. BGHSt 31, 185 (186 ff.) = NJW 1983, 1437; das Zerstören eines Kraftfahrzeugs der Polizei oder Bundeswehr ist aber in § 305a als Zerstören wichtiger Arbeitsmittel separat unter Strafe gestellt.

D. Gemeinsamkeiten/Unterschiede

Zusammenfassend ergeben sich für die Sachbeschädigungsdelikte hiernach folgende Gemeinsamkeiten bzw. Unterschiede:

	§ 303		§ 304		§ 305a I Nr. 3
Tatobjekte (Gesetzestext):	„Fremde Sachen"		„Gegenstände, welche zum öffentlichen Nutzen [unmittelbar][16] dienen."		„ein Kraftfahrzeug der Polizei"
Beispiele:	Für A ist der Pkw des X eine fremde Sache.		Fahrzeuge des öffentlichen Nahverkehrs		Polizeistreifenwagen (§ 303 wird in Gesetzeskonkurrenz verdrängt)
Tathandlungen (Gesetzestext):	§ 303 I: „beschädigt oder zerstört"	§ 303 II: „das Erscheinungsbild nicht nur unerheblich und nicht nur vorübergehend verändert."	§ 304 I: „beschädigt oder zerstört"	§ 304 II: „das Erscheinungsbild nicht nur unerheblich und nicht nur vorübergehend verändert."	„ganz oder teilweise zerstört"
Beispiele:	Zerschlagen	Graffiti Sprühen	Zerschlagen	Graffiti Sprühen	Zerschlagen
Einverständnis des Opfers	Rechtfertigende Einwilligung des Eigentümers	„unbefugt" (tatbestandsausschließendes Einverständnis des Eigentümers)	Rechtfertigende Einwilligung, nur wenn der Eigentümer seine Verfügungsbefugnis aufgrund der Zweckbestimmung nicht verloren hat	„unbefugt" (tatbestandsausschließendes Einverständnis, nur wenn der Eigentümer seine Verfügungsbefugnis aufgrund der Zweckbestimmung nicht verloren hat)	Rechtfertigende Einwilligung
Strafantrag	§ 303c (eingeschränktes Antragsdelikt)		Offizialdelikt		Offizialdelikt

16 Ergänzung durch Verfasser.

8. TEIL

Straftaten gegen das Eigentum

A. Überblick

I. Statistik

Die Eigentumsdelikte Diebstahl und Unterschlagung finden sich im 19. Abschnitt des Strafgesetzbuchs. Die Diebstahlskriminalität machte in 2019 nach der PKS mit 1.822.212 Fällen einen Gesamtanteil an allen erfassten Straftaten von 33,5 % aus. Die beiden größten Anteile haben hierbei der Ladendiebstahl mit 325.786 und der Diebstahl von Fahrrädern mit 277.874 Fällen. 1

Während die Aufklärungsquote beim Ladendiebstahl mit 90,4 % hoch liegt, ist sie beim Diebstahl von Fahrrädern mit 9,2 % sehr gering.[1] 2

Die Unterschlagung wurde in der PKS 2019 in 108.754 Fällen erfasst mit einer Aufklärungsquote von 46,7 %.[2] 3

II. Struktur der Diebstahlsdelikte

Der einfache Diebstahl nach § 242 ist der **Grundtatbestand** (→ 1. Teil Rn. 79). Die Fälle des § 243 sind **Strafzumessungsvorschriften** → 1. Teil Rn. 87 (sog. Regelbeispiele besonders schwerer Fälle = in der Regel besonders schwer). 4

Der Diebstahl mit Waffen, Bandendiebstahl, Wohnungseinbruchdiebstahl nach § 244 hingegen ist der **Qualifikationstatbestand** (→ 1. Teil Rn. 80) für besonders gefährliche Formen des Diebstahls. Durch den neu eingefügten Wohnungseinbruchdiebstahl in dauerhaft benutzte Privatwohnungen nach § 244 IV wurde der § 244 um einen Verbrechenstatbestand ergänzt.[3] 5

Neu eingefügt wurde 1993 § 244a als **Qualifikationstatbestand** für den schweren Bandendiebstahl.[4] 6

Insofern ergibt sich folgende Übersicht über die Diebstahlsdelikte, ergänzt um (prozessuale) Privilegierungen und selbstständige Abwandlungen: 7

- Grundtatbestand:
  - § 242
- Qualifizierungen:
  - § 244 Diebstahl mit Waffen, Bandendiebstahl, Wohnungseinbruchdiebstahl
  - § 244a schwerer Bandendiebstahl
- (Prozessuale) Privilegierungen:
  - § 247 Haus- und Familiendiebstahl
  - § 248a Diebstahl geringwertiger Sachen
- Regelbeispiele:
  - § 243 besonders schwerer Fall des Diebstahls

[1] Vgl. Polizeiliche Kriminalstatistik Berichtsjahr 2019.
[2] Vgl. Polizeiliche Kriminalstatistik Jahrbuch 2019 Band 1, Fälle, Aufklärung, 19, 35.
[3] Eingefügt durch das 55. StrÄG v. 17.7.2017 (BGBl. 2017 I 2442).
[4] Eingefügt durch Art. 1 Nr. 15 des OrgKG (vgl. dazu BT-Drs. 12/998, 25).

- Selbstständige Abwandlungen:
  - § 248b Unbefugter Gebrauch eines Fahrzeuges
  - § 248c Entziehung elektrischer Energie
  - § 252 Räuberischer Diebstahl

B. Der einfache Diebstahl, § 242

Bitte lesen Sie zunächst den Gesetzestext!

8 **Diebstahl** richtet sich gegen die geschützten Rechtsgüter des Eigentums und des Gewahrsams.[5] Damit kann – anders als bei der Unterschlagung – neben dem Eigentümer des Diebesgutes auch der Gewahrsamsinhaber verletzt sein. Aufgrund dessen kann auch der Dieb selbst bestohlen werden.

9 **Prüfungsschema: Einfacher Diebstahl (§ 242)**

I. Tatbestandsmäßigkeit
- **1. Objektiver Tatbestand**
  - a) Tatobjekt: fremde bewegliche Sache
  - b) Tathandlung: Wegnahme
    - aa) Fremder Gewahrsam (Sachherrschaft + Herrschaftswille + Verkehrsanschauung)
    - bb) Bruch fremden Gewahrsams
    - cc) Begründung neuen, nicht notwendig tätereigenen Gewahrsams (vgl. Apprehensionstheorie)
- **2. Subjektiver Tatbestand**
  - a) Vorsatz (dolus eventualis) bezüglich
    - fremder beweglicher Sache
    - Wegnahme
  - b) Zueignungsabsicht
    Aneignung: Absicht (AA)
    Enteignung: Eventualvorsatz genügt (EV)
  - c) Objektive Rechtswidrigkeit der Zueignung
  - d) Vorsatz bezüglich 2.c) (dolus eventualis genügt).

II. Rechtswidrigkeit
III. Schuld
IV. Strafanträge, §§ 247, 248a?
V. Ergebnis

I. Objektiver Tatbestand

10 Der objektive Tatbestand setzt die Wegnahme einer fremden beweglichen Sache voraus.

[5] Vgl. BGHSt 10, 400 (401) = NJW 1957, 1933.

1. Tatobjekt

Tatobjekt ist eine fremde bewegliche Sache. 11

a) Sache

Eine **Sache** ist jeder körperliche Gegenstand (außer dem lebenden Menschen, der ein anderes, das höchste Rechtsgut „Leben", darstellt), unabhängig vom jeweiligen Aggregatzustand (fest, flüssig oder gasförmig → 7. Teil Rn. 14). Nicht diebstahlsfähig sind damit Forderungen und Rechte, dagegen aber Sparbücher, Schecks, Aktien, Fahrkarten usw, da sie die Sachqualität erfüllen. Der Begriff deckt sich damit weitgehend mit dem des § 90 BGB. 12

Strafrechtlich gesehen sind Tiere Sachen iSd § 242, obwohl sie nach § 90a S. 1 BGB zivilrechtlich Lebewesen und keine Sachen sind. Dies folgt aus § 90a S. 3 BGB, wonach Tiere dennoch als Sachen behandelt werden. 13

Keine Sache sind aber Computerdaten, solange sie nicht auf einem Speichermedium verkörpert sind. Wer unbefugt Software-Programme kopiert, begeht deshalb keinen Diebstahl. Keine Sache ist auch die elektrische Energie. Bei Stromentnahme des Nachbarn an dessen Zähler liegt damit kein Diebstahl vor (aber möglicherweise der Sonderfall des § 248c – Entziehung elektrischer Energie). 14

b) Fremd

Eine Sache ist **fremd**, wenn sie nicht im **Alleineigentum** des Täters steht (→ 7. Teil Rn. 16). Hierbei gelten ausschließlich die Eigentumsregeln des BGB. 15

Ausschlaggebend ist dabei die rein formale Eigentumsposition ohne Wertberücksichtigung. 16

„Dirnen-Fall":[6]

Der Angeklagte A hatte, wie verabredet, mit der Prostituierten P Geschlechtsverkehr, für den er, wie vereinbart, an sie Geld bezahlt hatte. Nach einer verbalen Auseinandersetzung nahm A der P das Geld wieder weg. Strafbarkeit des A?

Hier stellt sich die Frage, ob der „Dirnen-Lohn" nach den zivilrechtlichen Eigentumsregeln ein taugliches Tatobjekt ist. Im Zivilrecht gilt das **„Abstraktionsprinzip".** Danach ist zwischen dem zugrundeliegenden Rechtsgeschäft (Vereinbarung zwischen der Prostituierten P und dem Freier A) und der Eigentumsübertragung (Geld) zu unterscheiden. Der BGH hat regelmäßig Verabredungen über „bezahlten Sex" als sittenwidrige Geschäfte angesehen. Sie verstoßen nach § 138 I BGB gegen die guten Sitten. Damit sind sie nichtig und nicht existent. Das Übereignungsgeschäft bezüglich des Geldes ist davon getrennt zu sehen. Es ist damit nicht sittenwidrig und damit wirksam. Deswegen hat der BGH im vorliegenden Fall entschieden „eine Dirne erwirbt Eigentum an dem ihr für den Geschlechtsverkehr vereinbarungsgemäß gezahlten Entgelt".[7] Damit war P Eigentümerin an dem gezahlten „Lohn" geworden. Diese Rechtslage ergibt sich heute aus § 1 ProstG.[8]

Indem A der P das Geld wieder abnahm, hat er sich somit des Diebstahls gem. § 242 strafbar gemacht.

[6] Vgl. BGHSt 6, 377 = NJW 1954, 1292.
[7] Vgl. BGHSt 6, 377 = NJW 1954, 1292.
[8] Prostitutionsgesetz v. 20.12.2001 (BGBl. 2001 I 3983).

17 Als Diebstahlsobjekte scheiden herrenlose Sachen, zB freilebende Tiere, aus, da sie niemandem gehören und damit keine fremden Sachen sind. Sachen können auch herrenlos dadurch werden, dass der Eigentümer das Eigentum dem vorherigen Eigentümer gleichgültig sein muss, ob das Entsorgungsunternehmen oder Privatpersonen die Sachen mitnehmen.

c) Beweglich

18 **Beweglich** ist eine Sache, die – wenn auch erst durch die Tat – fortgeschafft werden kann. Immobilien, wie Häuser und Grundstücke können daher nicht gestohlen werden.

2. Wegnahme

19 Die **Tathandlung** des § 242 ist die **Wegnahme**. Sie bedeutet **Bruch fremden** und **Begründung neuen** nicht notwendig tätereigenen **Gewahrsams**.[9]

a) Gewahrsamsbegriff

20 **Gewahrsam** ist die von einem **Herrschaftswillen** getragene **Sachherrschaft**.[10] Er ist unabhängig von zivilrechtlichen Besitz- und Eigentumsverhältnissen. Die **tatsächliche Sachherrschaft** liegt vor, wenn der Verwirklichung des Willens zur unmittelbaren Einwirkung auf die Sache keine wesentlichen Hindernisse entgegenstehen. Dabei spielen bestimmte Wertungen nach der Verkehrsauffassung eine wichtige Rolle, sodass auch bei zeitlichen und räumlichen Lockerungen der Sachherrschaft eine „soziale Zuordnung" stattfinden kann (sog. **gelockerter Gewahrsam**). Trotz dieser Lockerungen bleibt der Gewahrsam dann bestehen oder wird nach allgemeiner Ansicht zugeordnet.

Beispiele:

- Firmeninhaber hat Gewahrsam über Gegenstände in seinem Büro, auch wenn er sich im Urlaub oder zu Hause befindet.
- Abgestelltes Fahrzeug auf einem Parkplatz des Flughafens, 14-tägige Pauschalreise, auch während des Aufenthalts im Ausland behält der Eigentümer den Gewahrsam am Fahrzeug.
- Der Wohnungsinhaber hat Gewahrsam an allen Gegenständen, die sich in seiner Wohnung befinden, auch wenn er nicht anwesend ist.
- Der Fahrradfahrer schließt sein Fahrrad am Fahrradständer ab und geht im Supermarkt einkaufen. Er behält auch während des Einkaufs den Gewahrsam am abgestellten Fahrrad.
- Derjenige, der morgens noch schläft, hat dennoch Gewahrsam an der Zeitung, die draußen im Briefkasten steckt.
- Der Halter eines Hundes, der diesen frei im Garten herumlaufen lässt und nicht bemerkt, dass ein Fremder das Tier weglockt und mitnimmt, hat dennoch Gewahrsam an dem Tier.

9 Vgl. BGH NStZ 2008, 624 (625).

10 Vgl. BGHSt 8, 273 (275) = NJW 1956, 232; BGHSt 16, 271 = NJW 1961, 2266.

Hinzu kommt das Merkmal der **Verkehrsanschauung**. Hierunter ist die alltägliche Lebensanschauung und Betrachtung unter Berücksichtigung des Einzelfalles zu verstehen. 21

Ein besonderer Fall des Gewahrsams ist der **generelle Gewahrsamswille**. Hiervon spricht man, wenn der Inhaber einen bestimmten Bereich so beherrschen will (zB Betrieb, Laden, Gaststätte, Wohnung), dass sich sein Wille auf alle dort befindlichen Sachen erstreckt, also auf sämtliche Gegenstände, die sich in seinem Herrschaftsbereich befinden. 22

Ferner kann der Gewahrsam durch mehrere Personen (Mitgewahrsam) ausgeübt werden, so zB bei Eheleuten bezüglich ihrer jeweils gemeinsamen Sachen in der ehelichen Wohnung. 23

Zwischenfrage: Haben Schlafende[11] oder bis zu ihrem Tod Bewusstlose[12] einen (potenziellen) Gewahrsam?

Antwort: Ja.

Merkformel: Gewahrsam = Sachherrschaft + Herrschaftswille + Verkehrsanschauung

Fall:

Pechvogel P verliert einen 100 EUR-Schein im Supermarkt. Glückspilz G findet den Schein und steckt ihn ein. Hat G den Schein weggenommen?

Der Geldschein ist verloren, sodass P keinen Gewahrsam mehr hat, zumindest dann, wenn dieser den Laden bereits wieder verlassen hat. Gewahrsam am Schein geht aber auf den Inhaber des Supermarktes (Filialleiter) über. So hat er generellen Gewahrsamswillen, in seiner Gewahrsamssphäre an verlorenen Sachen den Gewahrsam zu begründen. G hat durch das Einstecken den fremden Gewahrsam des Supermarktinhabers gebrochen (das gleiche gilt auch für verlorene Sachen in Kinos, Zügen, Schulen, Museen etc, hier ist der Kinobesitzer, Zugführer, Schul- oder Museumsleiter der Gewahrsamsinhaber). Damit hat G die fremde bewegliche Sache (100 EUR des P) weggenommen.

In Betracht kommt aber ein Verbotsirrtum des G nach § 17, wenn er bei voller tatsächlicher Kenntnis aufgrund falscher rechtlicher Wertung meint, die Sache sei gewahrsamslos (→ 2. Teil Rn. 270 ff.). In der Regel ist dieser Irrtum nach § 17 S. 2 vermeidbar, sodass die Strafe nur nach § 49 I gemildert werden kann.

„Omi-Fall“:

Mountainbike-Fahrer M ist Samstagnachts nach Hause unterwegs und findet auf dem Fahrradweg die dort kurz zuvor an einem Herzinfarkt verstorbene Omi O. M geht von einem Schwächeanfall der O aus, denkt aber aufgrund der Gesichtsfarbe, dass sie es nicht überlebt. M nimmt aus der Handtasche die Scheine aus der Geldbörse der O und verschwindet. Strafbarkeit des M?

[11] Vgl. BGHSt 20, 32 = NJW 1965, 115.
[12] Vgl. BGH NJW 1985, 1911 mAnm *Lampe*.

I. §§ 242 I, II, 22, 23 I, 243 I

M ging subjektiv davon aus, dass O noch lebt, er also fremden Gewahrsam bricht und damit die Sache wegnimmt. Es kommt daher versuchter Diebstahl in einem besonders schweren Fall nach §§ 242 I, II, 22, 23 I, 243 I in Betracht.

1. Vorprüfung:

Der Diebstahl nach § 242 ist nicht vollendet. O war zu der Zeit bereits tot und hatte keinen Herrschaftswillen und keinen Gewahrsam mehr. Ein in Betracht kommender Erbe hätte nicht Gewahrsam, denn Gewahrsam ist nicht ein rechtliches, sondern ein tatsächliches Sachherrschaftsverhältnis.

Der Versuch ist strafbar gem. §§ 242 II, 23 I.

2. Tatbestandsmäßigkeit:

a) Tatentschluss

Im subjektiven Tatbestand ist der Vorsatz des M gegeben, der vermeintlich bewusstlosen O das Geld, eine für ihn fremde bewegliche Sache, wegzunehmen, also ihren Gewahrsam am Geld zu brechen und seinen neuen (hier tätereigenen) Gewahrsam zu begründen.

b) Unmittelbares Ansetzen

Objektiv ist das unmittelbare Ansetzen zur Tatbestandsverwirklichung erforderlich. Dies ist mit dem Ansichnehmen der Geldscheine aus der Geldbörse der O gegeben.

3. Rechtswidrigkeit und

4. Schuld ist jeweils erfüllt.

5. Regelbeispiel

In Betracht kommt noch ein **besonders schwerer Fall** nach der **Strafzumessungsregel** § 243 I 2 Nr. 6 (Ausnutzen der Hilflosigkeit oder eines Unglücksfalls einer anderen Person), der objektiv nicht gegeben ist, denn O ist bereits tot.

In Betracht kommt aber ein unbenannter schwerer Fall des Diebstahls (der hier wegen der der Nr. 6 gleichgelagerten kriminellen Energie des M nach § 243 I 1 zu bejahen ist).

6. Ergebnis

Damit hat sich M des versuchten Diebstahls in einem besonders schweren Fall nach §§ 242 I, II, 22, 23 I, 243 I strafbar gemacht.

II. § 246 I

In Betracht kommt auch eine Unterschlagung. Diese tritt aber nach § 246 I letzter Halbsatz aufgrund der vom Gesetz vorgegebenen Subsidiarität dahinter zurück.

III. § 323c

Die unterlassene Hilfeleistung nach § 323c ist nicht gegeben, da es bereits am objektiven Tatbestand fehlt. Aufgrund des (objektiv) bereits eingetretenen Todes der O ist eine Hilfeleistung nicht mehr erforderlich gewesen.

Sonderproblem Verwahrung:

In nicht wegschaffbaren Behältnissen (Schließfächer, Stand-Tresore, Automaten) besteht Mitgewahrsam des Schlüsselinhabers und des Schließfachbetreibers. 24

Bei leicht fortschaffbaren Behältnissen (aufgegebener Reisekoffer, bei Freunden verwahrte Gegenstände) besteht das Gewahrsamsverhältnis des alleinigen tatsächlichen Sachherrschenden, hier des Verwahrenden.

b) Wegnahmehandlung

aa) Bruch fremden Gewahrsams. Ein Gewahrsamsbruch ist die Aufhebung der 25 tatsächlichen Sachherrschaft gegen den Willen bzw. ohne Einverständnis des bisherigen Inhabers.[13] Es handelt sich damit um den Entzug der Herrschaftsmöglichkeit.

aber:

Kein Gewahrsamsbruch und keine Wegnahme liegen vor bei freiwilliger Weg- 26 gabe der Sache durch den Inhaber, wenn dieser in dem Bewusstsein und mit dem Willen handelt, den bisherigen Gewahrsam aufzugeben.

„Stadtstreicherfall":

F sieht, wie der Stadtstreicher S sein uraltes Fahrrad entwendet und freut sich, dass er es nicht mehr selbst entsorgen muss.

Insoweit liegt ein **tatbestandsausschließendes Einverständnis** vor.[14] Dabei genügt der im Inneren des Berechtigten verborgene Wille, er muss sein Einverständnis nicht ausdrücklich oder konkludent erklären. Da F folglich mit der Entwendung einverstanden war, scheidet ein vollendeter Diebstahl aus. In Betracht kommt jedoch ein untauglicher Diebstahlsversuch (→ 3. Teil Rn. 27).

Kein Einverständnis liegt hingegen vor, wenn der Berechtigte die Tat freiwillig 27 duldet oder geschehen lässt:[15]

Beispiel: Der Inhaber eines Kaufhauses bzw. der dort angestellte Ladendetektiv beobachtet einen Ladendiebstahl, ohne zunächst einzugreifen. Es soll zunächst abgewartet werden, wie der Dieb sich insgesamt im Kaufhaus verhält und ob er später das Kaufhaus mit der nicht bezahlten Ware verlassen möchte. Hierbei hindert die Beobachtung nicht den Gewahrsamswechsel. Diebstahl ist kein heimliches Delikt! Allein mit der Beobachtung liegt auch nicht ein tatbestandsausschließendes Einverständnis vor.

Bei der **sog. Diebesfalle (Lockspitzelfälle)** liegt der Fall anders. In diesen wird 28 zur Überführung des Täters bewusst ein präpariertes Diebstahlsobjekt bereitgelegt. Nach Ausführung der Tat kann mithilfe von technischen Mitteln (Sichtbarmachung unter ultraviolettem Licht) der Täter überführt werden.

[13] Vgl. *Fischer* § 242 Rn. 16; BGH NStZ 2008, 624 (625).

[14] Vgl. BGH NJW 1983, 2827 zur einvernehmlichen Entnahme von Benzin an Selbstbedienungstankstellen, hierzu auch → 2. Teil Rn. 76.

[15] Vgl. BGH NStZ 2007, 336 (337); 2008, 624 (625).

Fall:

Regelmäßig beschleicht seit Wochen den Hauseigentümer H die Vermutung, dass seine Putzfrau P in seinem Haus stiehlt. Nach Rücksprache mit der Polizei wird ein Geldschein so mit einer nicht sichtbaren Chemikalie präpariert, dass nach Berührung an Händen und Kleidungsstücken unter ultraviolettem Licht Rückstände sichtbar gemacht werden können. An einer unauffälligen Stelle wird der Geldschein so abgelegt, als sei er von H verloren worden. Wie befürchtet, steckt P den Schein ein.

Hier ist es so, dass der **Gewahrsamswechsel**, wie vom Berechtigten gewünscht, stattfinden muss (Ergreifen und Einstecken des Geldscheins). Dann kann aber ein Gewahrsams**bruch** nicht erfolgen, da ein **tatbestandsausschließendes Einverständnis** vorliegt. Der objektive Tatbestand des § 242 I ist in diesen Fällen **nicht** erfüllt. Da aber der Diebstahls**versuch** strafbar ist, ist P aufgrund Diebstahlsvorsatzes wegen versuchten Diebstahls strafbar (§§ 242 I, II, 22, 23 I). Subjektiv kannte P das Einverständnis des O nicht. Sie ging davon aus, den Gewahrsam „gegen den Willen" des Berechtigten zu brechen. Als sie das Geld eingesteckt hat, hat sie zum Diebstahl unmittelbar angesetzt. Im Ergebnis daher: Versuchsstrafbarkeit der P ist gegeben.

29 **bb) Begründung neuen, nicht notwendig tätereigenen Gewahrsams.** Mit der Begründung neuen Gewahrsams wird der Diebstahl vollendet.

30 **Neuer Gewahrsam** ist begründet, wenn der Täter oder ein Dritter die tatsächliche Herrschaft über die Sache derart erlangt hat,[16] dass ihrer Ausübung keine wesentlichen Hindernisse entgegen stehen und der bisherige Gewahrsamsinhaber auf die Sache nicht mehr einwirken kann, ohne zuvor die Verfügungsgewalt des Täters oder eines Dritten zu beseitigen.[17] Eine endgültige Sicherung des Gewahrsams oder ein Fortschaffen aus dem fremden Herrschaftsbereich ist nicht erforderlich.

„Selbstbedienungsladen" – Fall 1:

Der Ladendieb L nimmt ein teures Kleingerät aus dem Regal und versteckt es in der Nähe der Kassenzone, um zunächst noch weitere Ware zu horten.

31 Grundsätzlich reicht zur Vollendung des Diebstahls das zum Gewahrsamswechsel führende **Ergreifen** der Sache durch den Täter und das **Einstecken** in seinen Herrschaftsbereich (sog. **Apprehensions-Theorie)**, wobei aber die Umstände des Einzelfalls und die Verkehrsauffassung besonders zu berücksichtigen sind. Dies ist in der Literatur und Rechtsprechung hM.[18]

32 Hiernach genügt bei kleinen, leicht beweglichen Sachen, wie zB Geldscheinen, Schmuckstücken, schon das bloße „Ergreifen" (= Apprehension) oder Festhalten zur Gründung neuen Gewahrsams, ohne dass der Täter das Diebesgut in seine

[16] Vgl. BGHSt 16, 271 = NJW 1961, 2266.

[17] Vgl. BGH NStZ 2008, 624.

[18] Vgl. BGHSt 16, 271 (274) = NJW 1961, 2266; BGHSt 23, 254 (255) = NJW 1970, 1196; BGHSt 26, 24 (25) = NJW 1975, 320; BGH NStZ 1981, 435; Lackner/Kühl/*Kühl* § 242 Rn. 8 und 16; *Wessels/Hillenkamp/Schuhr* StrafR BT II Rn. 122.

Kleidung oder in mitgebrachte Taschen, Rucksack, Beutel oder andere Behältnisse steckt.

Dahingegen ist bei größeren oder sperrigen Gegenständen, die der Täter nicht in eine mitgebrachte Tasche oder dergleichen stecken kann, neuer Gewahrsam erst mit dem Verlassen des fremden Herrschaftsbereiches begründet.[19] 33

Im Fall 1 genügt es damit für die Vollendung der Wegnahme nicht, dass L das Kleingerät ergreift. Die Gewahrsamserlangung ist noch nicht gegeben, wenn der Täter innerhalb der Gewahrsamssphäre des Berechtigten die Sache an anderer Stelle bereitlegt oder bereitstellt.[20] Auch dann, wenn die Sache versteckt, aber die endgültige Erlangung noch mit Schwierigkeiten verbunden ist, liegt noch keine Gewahrsamsbegründung vor.[21] Insoweit ist nur eine straflose Vorbereitungshandlung und damit auch noch kein Diebstahlsversuch gegeben.[22]

„Selbstbedienungsladen“ – Fall 2:

Ladendieb L steckt in einem Selbstbedienungsladen mit Zueignungsabsicht Waren in seine Tasche und wird dabei über eine Video-Überwachungskamera von dem Kaufhausdetektiv D beobachtet. Strafbarkeit des L?

Der Täter begründet eigenen Gewahrsam, sobald er im Selbstbedienungsladen mit Zueignungsabsicht Waren in seine Kleidung oder in eine mitgeführte Tasche gesteckt hat.[23] Damit ist der Diebstahl vollendet. Dies gilt auch, wenn der Täter dabei beobachtet wurde. Denn Diebstahl ist kein „heimliches“ Delikt. Es ist daher unbeachtlich, ob der Täter durch andere Personen beobachtet wurde. Bei Diebstählen in Selbstbedienungsläden muss allerdings genau getrennt werden vom tatsächlichen Gewahrsamsbruch im objektiven Tatbestandsbereich im Verhältnis zur Zueignungsabsicht im subjektiven Tatbestandsbereich vor Erreichen des Kassenbereiches. Hat der „Täter“ Waren nur zum Transport in seinen Rucksack gesteckt, um sie dann an der Kasse auf das Band zu legen, fehlt die Zueignungsabsicht.

Im vorliegenden Fall allerdings hat L den Diebstahl nach § 242 I vollendet begangen.

Nicht notwendig tätereigener Gewahrsam reicht aus: 34

„Selbstbedienungsladen“ – Fall 3:

Ladendieb L steckt im Selbstbedienungsladen mit Zueignungsabsicht Waren zunächst in seine Kleidung. Vor der Kassenzone bemerkt er einen prall gefüllten Einkaufswagen sowie eine Kundin K mit einem Kleinkind. Dieser Kundin steckt er, um später deren vollgefüllte Tasche zu entwenden, das teure Elektrogerät in deren Tasche. Auf dem Parkplatz vor dem Selbstbedienungsladen entwendet er diese, als die Kundin ihr quengelndes Kleinkind in den Autokindersitz setzt.

[19] Vgl. *Erhardt* StrafR Polizeibeamte Rn. 443.
[20] Vgl. BGHSt 16, 271 = NJW 1961, 2266.
[21] Vgl. BGH NJW 1955, 71.
[22] Vgl. *Fischer* § 242 Rn. 19.
[23] Vgl. BGHSt 16, 271 (273) = NJW 1961, 2266; BGHSt 17, 205 = NJW 1962, 1211; BGHSt 26, 24 = NJW 1975, 320; BGH NJW 1981, 997.

> Vorliegend reicht im objektiven Bereich die Begründung neuen nicht tätereigenen Gewahrsams (hier bei der Kundin K) aus. In Betracht kommt durch die Begehungsweise ein Diebstahl in mittelbarer Täterschaft durch ein undoloses Werkzeug (die K, die keinerlei Bewusstsein bezüglich der Tatbegehung hatte, sodass sie nicht vorsätzlich handelte). Hier ist der Diebstahl durch L in mittelbarer Täterschaft nach § 242 I, 25 I 2. Fall begangen worden (→ 4. Teil Rn. 31 ff.).

35 **cc) Vollendung und Beendigung des Diebstahls.** Der Begehungszeitstrahl zwischen

- unmittelbarem Ansetzen zur Tatbestandsverwirklichung und fehlender Vollendung (Versuchsbeginn; → 3. Teil Rn. 3),
- der Vollendung und
- der Beendigung des Diebstahls, insbesondere bei Ladendiebstählen kleinerer Gegenstände ist nur ein ganz schmales Zeitfenster.

36 Wichtig ist dies für die Frage, ob ein strafbefreiender Rücktritt des Täters nach § 24 in Betracht kommt, der nur beim Versuch möglich ist.

> **Beispiel:** L will im Kaufland Lebensmittel stehlen (straflose Idee).
>
> Er nimmt seinen Rucksack, den er dafür gut gebrauchen kann, und fährt mit dem Fahrrad los (straflose Vorbereitungshandlung).
>
> Angekommen nimmt er das ausgesuchte Paket Kaffee in die Hand und schaut sich kurz um (unmittelbares Ansetzen zur Tatbestandsverwirklichung mit Zueignungsabsicht, Versuchsbeginn). Schnell steckt er das Paket Kaffee in den Rucksack (Vollendung, Apprehensionstheorie) und geht durch die Kassenzone (Vollendung). Er geht zu seinem Fahrrad und verlässt das Kaufland-Gelände und den Nahbereich (Beendigung).
>
> Nur bis zum Einstecken des Pakets Kaffee in den Rucksack wäre ein strafbefreiender Rücktritt (§ 24 I 1) möglich.

37 In der Zeit zwischen der Vollendung und noch vor der Beendigung ist eine sukzessive Mittäterschaft (→ 4. Teil Rn. 21)/sukzessive Teilnahme (→ 4. Teil Rn. 77) möglich. Dies bedeutet, dass ein zweiter Täter oder mehrere hinzukommen könnten.

38 In der Beendigungsphase können auch qualifizierende Umstände hinzukommen.

II. Subjektiver Tatbestand

39 Im subjektiven Tatbestand erfordert Diebstahl ein zumindest **bedingt vorsätzliches Handeln** bezüglich aller Tatbestandsmerkmale und die **rechtswidrige Zueignungsabsicht**. Maßgeblich ist die Vorstellung des Täters im Zeitpunkt der Wegnahme

40 Zueignungsabsicht wird dabei definiert als die „Anmaßung einer eigentümerähnlichen Herrschaftsmacht über die Sache unter Ausschluss des Berechtigten (Enteignungsvorsatz) um sich oder einen Dritten an dessen Stelle zu setzen (Aneignungsabsicht)“.[24]

[24] Vgl. *Erhardt* StrafR Polizeibeamte Rn. 445.

Zwischen den beiden Elementen der Zueignungsabsicht besteht ein Überkreuz-Verhältnis. 41

Enteignungsvorsatz: 42

Der Täter setzt sich an die Stelle des Eigentümers. Mindestens rechnet er damit, dass der Eigentümer die Sache nicht zurückerhält. Also genügt dolus eventualis.

Aneignungsabsicht: 43

Der Täter verfügt auf „eigene Rechnung" mit dem Ziel, zumindest vorübergehend über die Sache zu verfügen. Dolus directus 1. Grades (Absicht → 2. Teil Rn. 43) ist erforderlich.

Zueignungsabsicht = Enteignungsvorsatz (= EV, dolus eventualis genügt → 2. Teil Rn. 36) + Aneignungsabsicht (= AA, *dolus directus* 1. Grades erforderlich).

Merkformel: Zueignungsabsicht = EV + AA.

1. Enteignungsvorsatz (EV)

44 Hinsichtlich der Enteignung genügt bedingter Vorsatz. Der Enteignungsvorsatz ist **auf Dauer gerichtet**. An dem Enteignungsvorsatz fehlt es, wenn der Täter die Sache nur vorübergehend nutzen möchte. Es kann aber dann eine Enteignung zu bejahen sein, wenn die Rückgabe zu einem Zeitpunkt erfolgen soll, zu dem der Berechtigte nichts mehr mit der Sache anfangen kann.

Beispiel: Der Täter gibt die seiner Freundin entwendete und genutzte Konzertkarte, wie beabsichtigt, erst am folgenden Tag zurück.

Der Vorsatz auf die Enteignung muss zum Tatzeitpunkt gegeben sein. 45

Fall:

Der Dieb D nimmt dem Nachbarn N dessen Sport-Pkw weg, um endlich einmal einen solchen Pkw fahren zu können. Danach will er ihn „irgendwo" stehen lassen. Am Anfang interessieren ihn die im Pkw liegenden Sachen nicht. Als er den Pkw stehen lässt, fällt sein Blick auf drei CDs, die er mitnimmt. Strafbarkeit des D?[25]

Durch die Wegnahme des Pkw, um ihn zu benutzen und danach irgendwo stehen zu lassen, liegt Zueignungsabsicht hinsichtlich des Wagens bei D vor. Zu diesem Zeitpunkt besteht sie aber noch nicht bezüglich der im Wagen befindlichen Sachen. Diese Sachen hat D, als der Diebstahl bereits vollendet ist, selbst im Gewahrsam. Insoweit liegt bezüglich der Sachen dann eine Unterschlagung (§ 246) vor. Die Abgrenzung zur Gebrauchsanmaßung (zB § 248b) liegt darin, dass der Täter bei Letzterer beabsichtigt, die Sache nach Gebrauch an den Eigentümer wieder als dessen Sache zurückzugeben. Hierbei wird der Eigentümer nicht auf Dauer enteignet. Die Gebrauchsanmaßung setzt nur vorübergehende Nutzung und Rückführungswille zur Zeit der Wegnahmehandlung voraus.

[25] Stark vereinfachter Übungsfall in Anlehnung an BGHSt 16, 190 = NJW 1961, 2122; BGHSt 22, 45 = NJW 1968, 951.

> Eine dauernde Enteignung liegt vor, wenn sich der Täter der Sache derart entäußert, dass für den Berechtigten die Wiedererlangung mit besonderem Aufwand verbunden ist, dem Zufall überlassen bleibt oder wesentliche Wertminderung vorliegt.

46 Nach der hM ist Enteignungsvorsatz zu bejahen, wenn jemand eine fremde Sache wegnimmt, um sie als angeblich eigene dem betroffenen Eigentümer zum Kauf etc anzubieten.

47 Schwierig sind die Fälle, in denen die Entwertung der Sache durch den Gebrauch eintritt.

> **Fall:**
>
> Die Ehefrau (E) hatte Nachtschicht. Als sie morgens noch schläft, nimmt ihr Mann (M) ihr Sparbuch und den Personalausweis mit. Beides legt er bei der Sparkasse vor und hebt so 1.000 EUR vom Sparbuch der E ab. Er hofft dabei, dass E dies nicht merkt. E bemerkt die Abhebung und erstattet Anzeige. Strafbarkeit des M?
>
> Dem M ging es nicht um die Sachsubstanz am Sparbuch, sondern um das im Sparbuch verbriefte Geld (Guthaben auf dem Sparbuchkonto).
>
> Zueignungsabsicht und damit Enteignungsvorsatz, aber auch Aneignungsabsicht liegen nach der **herrschenden Vereinigungstheorie oder auch „Vereinigte Sachwert- und Substanztheorie"** dann zum einen vor, wenn der Täter sich die Sache selbst einverleiben will (Substanz), aber auch, wenn er nur den in ihr verkörperten Sachwert in sein Vermögen einverleiben will.[26] Diese setzt voraus, dass der Täter entweder die Sache selbst oder den in ihr verkörperten Sachwert dem eigenen Vermögen einverleiben, sich also wirtschaftlich an die Stelle des Eigentümers setzen. Da das Sparbuch als solches nur eine Hülse ist und das hierin verbriefte Geld den eigentlichen werthaltigen Inhalt darstellt, bezieht sich die Zueignungsabsicht des M gerade auf den inhaltlichen Sachwert. Will M auch das Buch selbst behalten, liegt auch diesbezüglich Zueignungsabsicht vor.

2. Die zumindest vorübergehende Aneignungsabsicht (AA)

48 **Aneignungsabsicht** bedeutet die zumindest **vorübergehende** Einverleibung der Sache in das Vermögen des Täters oder eines Dritten. Hierauf muss sich die eigentliche **Absicht** beziehen.

> **Dienstmützenfall:**[27]
>
> Wehrpflichtiger Soldat S nimmt die Dienstmütze des Kameraden K zur Vermeidung eines Regressanspruches weg und gibt sie bei seiner Ausmusterung ab. Strafbarkeit des S?
>
> S handelt nicht in Zueignungsabsicht. Die Dienstmütze verbleibt im Eigentum des Dienstherrn und wird nur für die Dauer des Dienstes zur Verfügung gestellt, damit scheidet ein Diebstahl aus. Es kommt gegebenenfalls Betrug (§ 263) zum Nachteil des Kameraden gegenüber der Kleiderstelle in Betracht.

[26] Vgl. RGSt 61, 233; zust. *Wessels/Hillenkamp/Schuhr* StrafR BT II Rn. 149.
[27] Nach BGHSt 19, 387 = NJW 1964, 2025.

3. Die Drittzueignungsabsicht

Form der rechtswidrigen Drittzueignungsabsicht: 49

„Gänsebucht-Fall":[28]

Bauer B befahl seinem Knecht K, die Gänse des verhassten Nachbarn in seinen, des B, Stall zu treiben. K tat, wie ihm befohlen.

Seit dem 6. Strafrechtsreformgesetz (1998) ist der **fremdnützige** Diebstahl ebenfalls strafbar.[29] Zuvor wurde Bauer B als mittelbarer Täter nach § 242, K als Gehilfe zur mittelbaren Täterschaft nach § 27 bestraft. Nun ist K selbst Täter des § 242, da auch Drittzueignungsabsicht ausreicht. B ist als Anstifter nach § 26 wie der Haupttäter zu bestrafen.

4. Die Rechtswidrigkeit der Zueignung

Die beabsichtigte Zueignung muss objektiv rechtswidrig sein. **„Rechtswidrigkeit"** der erstrebten Zueignung ist **Tatbestandsmerkmal**. Sie entfällt, wenn der Täter einen fälligen und durchsetzbaren, einredefreien Anspruch auf Übereignung der weggenommenen Sache hat. 50

Beachte: § 229 BGB gibt nur ein Recht auf Wegnahme, nicht auf Zueignung.

Bei Geldschulden wird zT die **Wertsummentheorie** vertreten. Es bestehe zwar kein Anspruch auf einen konkreten Geldschein, wegen Gleichwertigkeit und fehlenden Interesses beiderseits sei dies aber unbeachtlich.[30] 51

Die Theorie ist aber wie im Zivilrecht abzulehnen. Ansonsten kommt es zur ungerechtfertigten Privilegierung des Geldgläubigers und Nichtberücksichtigung einer eventuell bestehenden Aufrechnungsmöglichkeit. 52

Der Täter muss bezüglich der Rechtswidrigkeit der Zueignung **wenigstens bedingt vorsätzlich** gehandelt haben. Ein Irrtum bezüglich der Rechtswidrigkeit kann ein Tatbestandsirrtum oder ein als Verbotsirrtum zu behandelnder unbeachtlicher Subsumtionsirrtum sein. 53

„IPad-Fall" – Fall 1:

D hat von V dessen gebrauchtes leistungsstarkes IPad gekauft und ihm den Kaufpreis bereits bezahlt. Am nächsten Tag soll das IPad herausgegeben werden, da V noch seine persönlichen Daten sichern und vom IPad entfernen möchte. Am selben Abend entschließt er sich aber, das Gerät doch lieber behalten zu wollen. Am nächsten Tag verweigert er dem D die Herausgabe des Gerätes. D ist darüber nicht erfreut und bricht in der darauf folgenden Nacht in das Haus des V ein und nimmt das IPad mit.

Objektiv hat D das IPad, eine fremde bewegliche Sache, dem V weggenommen. Das IPad stand noch im Eigentum des V und war deshalb für D fremd. Durch den Kaufvertrag allein ist noch keine Änderung der Eigentumslage herbeigeführt worden. Für den Eigentumswechsel ist ein sachenrechtliches Verfügungsge-

[28] Vgl. RGSt 48, 58.

[29] 6. Gesetz zur Reform des Strafrechts v. 26.1.1998 (BGBl. 1998 I 164).

[30] Vgl. *Wessels/Hillenkamp/Schuhr* StrafR BT II Rn. 202.

schäft erforderlich. Dieses war noch nicht gegeben. Der subjektive Tatbestand ist erfüllt, D handelte vorsätzlich. Er handelte in der Absicht, sich das IPad zuzueignen. Allerdings ist fraglich, ob die Rechtswidrigkeit der (beabsichtigten) Zueignung als Tatbestandsmerkmal gegeben ist. Hat der Täter einen fälligen, einredefreien Anspruch auf Übereignung der Sache, die er wegnimmt, fehlt die Rechtswidrigkeit der Zueignung. Aufgrund des wirksamen Kaufvertrages mit V hatte D einen Übereignungsanspruch, der auch fällig und einredefrei war. D hat damit den subjektiven Tatbestand des Diebstahls (§ 242 I) nicht verwirklicht. Damit scheidet auch eine Strafbarkeit nach § 244 I Nr. 3, IV (Wohnungseinbruchdiebstahl in eine dauerhaft genutzte Privatwohnung) aus. D hat sich allerdings des Hausfriedensbruchs (§ 123 1. Fall) und gegebenenfalls wegen Sachbeschädigung nach § 303 (zB bei Einschlagen eines Fensters) strafbar gemacht. Die Strafanträge nach §§ 123 II, 303c sind zu beachten (→ 9. Teil Rn. 2; → 7. Teil Rn. 2).

Bei einem in Betracht kommenden Irrtum ist zu beachten:

Glaubt der Täter irrig, einen fälligen, einredefreien Anspruch auf die von ihm weggenommene Sache zu haben, ohne dass dieser tatsächlich objektiv besteht, kommt ein Fall des vorsatzausschließenden Tatbestandsirrtums nach § 16 I 1 in Betracht (→ 2. Teil Rn. 265).

„IPad-Fall" - Fall 2:

Im **IPad-Fall** hat D die beiden Kaufvertragsexemplare unterschrieben und geht davon aus, dass V das auch tut, V hat aber tatsächlich noch nicht unterschrieben, weil er seine Daten noch nicht gesichert hat.

Hier besteht kein fälliger einredefreier Anspruch auf die weggenommene Sache durch D. Glaubt D aber irrig, V hätte schon unterschrieben, liegt ein den Vorsatz ausschließender Tatbestandsirrtum nach § 16 I 1 vor. In dem Fall fehlt damit der Vorsatz bezüglich der Rechtswidrigkeit der (beabsichtigten) Zueignung.

Die vorgenannten Punkte gelten bei der **Stückschuld**, bei denen der Gläubiger Anspruch auf einen bestimmten Gegenstand (Stück) hat.

54 Bei **Gattungsschulden** ist die Rechtslage dagegen anders.

55 Von einer **Gattungsschuld** ist auszugehen, wenn die Leistung, die geschuldet wird, nach generellen allgemeinen Merkmalen nach allgemeiner Verkehrsauffassung bestimmt ist. Hierzu gehören Merkmale, wie der Typ, die Sorte, das Gewicht, die Farbe und Herkunft oder der Jahrgang der Sache. In diesem Fall hat der Schuldner, nicht der Gläubiger, ein Auswahl- und Konkretisierungsrecht. Eine eigenmächtige Auswahl durch den Gläubiger wäre damit rechtswidrig im Sinne der Zueignungsabsicht des § 242, da sie der Rechtsordnung widerspricht.

Fall:[31]

Der Schuldner S hat bei dem Gläubiger G noch Schulden in Höhe von 50 EUR. Eines Tages trifft G den S auf der Straße und fordert ihn mit den Worten „her mit dem Geld" zur Bezahlung der Schuld auf. Da S nicht zahlen will, nimmt ihm der

[31] Nach BGHSt 17, 87 = NJW 1962, 971.

G die Brieftasche weg, holt sich einen 50 EUR-Schein heraus, steckt ihn ein und gibt S die Brieftasche zurück. G ging davon aus, einen Anspruch auf die 50 EUR zu haben. Hat sich G strafbar gemacht?

Eine Zueignungsabsicht würde nur entfallen, wenn G einen rechtlichen Anspruch auf gerade diesen 50 EUR-Schein gehabt hätte. Geldschulden sind **Gattungsschulden**.[32]

Vorliegend hatte der Schuldner S damit das Auswahlrecht. Es handelte sich nicht um eine **Stückschuld**. Nur bei dieser hätte der Schuldner einen Anspruch auf einen ganz bestimmten Geldschein. Damit kommt vorliegend Diebstahl durch G gegenüber S nach § 242 I in Betracht. Hatte G aber die Vorstellung, dass sein Anspruch fällig bezüglich des weggenommenen Geldes war, liegt ein Tatbestandsirrtum nach § 16 I 1 vor (→ 2. Teil Rn. 265). Damit ist der subjektive Tatbestand nicht erfüllt, § 242 I ist nicht gegeben.

Bei dem Täter, dem bewusst ist, das Auswahl- bzw. Konkretisierungsrecht zu verletzen, der aber glaubt, ein (tatsächlich nicht bestehendes) Selbsthilferecht zu haben, kommt § 17 (Verbotsirrtum) zur Anwendung (→ 2. Teil Rn. 271).

Klausurtipp: Geht der Sachverhalt davon aus, dass irrigerweise der Täter annahm, ein (zivilrechtliches) Auswahlrecht bezüglich der weggenommenen Sache zu haben, liegt ein auf den Gegenstand bezogener Irrtum vor. Damit ist im subjektiven Tatbestand ein Tatbestandsirrtum (Vorsatzirrtum) nach § 16 I 1 zu prüfen.

Geht der Täter stattdessen davon aus, er habe ein Selbsthilferecht, das tatsächlich nicht existiert, liegt ein begriffbezogener Irrtum vor. Es handelt sich um einen Erlaubnisirrtum, also einen Verbotsirrtum. Dieser ist nach § 17 innerhalb der Schuld zu prüfen.

III. Antragserfordernisse bei §§ 247, 248a

§ 247, der für §§ 242, 243, 244 und § 246 gleichermaßen gilt, ist ein uneingeschränktes Antragsdelikt (→ 2. Teil Rn. 259). Wird ein Angehöriger, der Vormund oder der Betreuer durch einen einfachen Diebstahl oder eine Unterschlagung verletzt oder lebt der Verletzte mit dem Täter in häuslicher Gemeinschaft, so wird die Tat nur auf Antrag verfolgt. 56

§ 248a ist demgegenüber ein eingeschränktes Antragsdelikt (→ 2. Teil Rn. 261) und kann bei Geringwertigkeit beim Diebstahl oder bei Unterschlagung entweder auf Antrag oder bei Bejahung des besonderen öffentlichen Interesses der Strafverfolgungsbehörden verfolgt werden. Die Geringwertigkeitsgrenze nach § 248a wird seit längerem unterschiedlich gesehen. Der BGH hat hier noch 2004 die Grenze bei 25 EUR gezogen.[33] Das OLG Hamm bemisst derzeit die Wertgrenze mit 50 EUR.[34] In der überwiegenden Literatur wird diese feste Grenze von 50 EUR als zu hoch angesehen.[35] 57

[32] Vgl. BGHSt 17, 87 = NJW 1962, 971; BGH NStZ 1998, 216; StV 2000, 78; zust. *Fischer* § 242 Rn. 50.
[33] Vgl. BGH BeckRS 2004, 07428.
[34] Vgl. OLG Hamm NJW 2003, 3145 = StV 2003, 672.
[35] Vgl. *Fischer* § 248a Rn. 3a.

58 **§ 248a findet keine Anwendung bei der Strafzumessungsregel des § 243 I oder der Qualifikation nach § 244.** Bei § 243 I kann in den Nr. 1–6 aber ein besonders schwerer Fall ausgeschlossen sein, wenn sich die Tat auf eine geringwertige Sache bezieht (§ 243 II). Dann liegt nur § 242 vor.

IV. Versuch

59 Der Versuch ist als Vergehen strafbar nach § 242 II.

C. Besonders schwerer Fall des Diebstahls, § 243

I. Überblick

> ! **Bitte lesen Sie zunächst den Gesetzestext!**

60 Bei § 243 handelt es sich **nicht** um eine eigenständige Qualifikation des § 242 I, sondern um eine **Strafzumessungsregel**. Stattdessen nennt § 243 **Regelbeispiele**, bei deren Verwirklichung regelmäßig (aber nicht zwingend) ein besonders schwerer Fall des Diebstahls vorliegt. Dementsprechend ist im Gesetzestext auch aufgeführt „liegt in der **Regel** vor, wenn der Täter …“. Es folgen dann die Regelbeispiele der Nr. 1–7.

61 Weitere Strafzumessungsregeln (Regelbeispiele) sind zB §§ 240 IV oder 29 III BtMG (iVm § 12 III, bitte lesen!).

62 § 243 ist somit kein eigenständiger Tatbestand. Er beinhaltet lediglich Strafzumessungsregeln.

> ! **Klausurtipp:** Immer dann, wenn eine mit höherem Strafrahmen benannte Norm (zB § 243 im Verhältnis zu § 242) keine Versuchsstrafbarkeit beim Vergehen enthält, obwohl die schwächere Norm, wie § 242 S. 2, eine solche enthält, ergibt sich ein zusätzlicher Hinweis auf eine reine Strafzumessungsregel!

63 § 243 ist somit **kein eigenständiger Tatbestand** und kann **nicht einzeln geprüft** werden. Er beinhaltet lediglich eine **Strafzumessungsregel**.

II. Aufbau

64 Für den Klausuraufbau empfiehlt es sich daher, § 243 direkt nach dem Prüfungspunkt „III. Schuld“ in einem eigenen Prüfungspunkt „IV. Strafzumessungsregel“ zu prüfen.

Prüfungsschema: Besonders schwerer Fall des Diebstahls (§§ 242, 243) 65

I. Tatbestandsmäßigkeit, § 242
1. Objektiver Tatbestand
2. Subjektiver Tatbestand

II. Rechtswidrigkeit

III. Schuld

IV. Strafzumessungsregel § 243 I und II
1. Aus objektiver Sicht: Eines der Regelbeispiele nach § 243 I Nr. 1, 2, 4–7 verwirklicht?
2. Aus subjektiver Sicht
   a) Vorsatzähnliches Bewusstsein hinsichtlich der Erfüllung dieses Regelbeispiels (dolus eventualis genügt)
   b) § 243 I 2 Nr. 3 (gewerbsmäßig, Absicht diesbezüglich erforderlich)
3. § 243 II (Ausschluss eines besonders schweren Falls bei Geringwertigkeit, gilt nur für die Regelbeispiele der Nr. 1–6)
4. Regelwirkung trotz ausdrücklicher Benennung gegeben? Zudem kann auch ohne Vorliegen eines bestimmten Regelbeispiels ein unbenanntes Regelbeispiel vorliegen.

V. Strafantrag, § 247

VI. Ergebnis

Wichtig ist, beim besonders schweren Fall des Diebstahls auf die richtige Terminologie zu achten (Strafzumessungsregelung ist keine Qualifikation!). Um ein Regelbeispiel bejahen zu können, ist weiter erforderlich, dass es **objektiv vorliegt** und der Täter es in seinem **Quasivorsatz** (= subjektive Komponente) mit einbezogen hat. Auf keinen Fall dürfen nach den Regelbeispielen noch Rechtswidrigkeit und Schuld geprüft werden, es handelt sich nicht um einen „normalen“ Tatbestand. Bei Bejahung eines Regelbeispiels kann ein besonders schwerer Fall noch abgelehnt werden, wenn das gesamte Tatgeschehen dies rechtfertigt. 66

Andersherum kann **ein besonders schwerer Fall auch bejaht werden, wenn ein Regelbeispiel nicht vorliegt (sog. unbenannter besonders schwerer Fall des Diebstahls nach § 243 I 1).** Vom Unrechtsgehalt her muss der konkrete Fall jedoch mit dem Unrechtsgehalt der Regelbeispiele in etwa übereinstimmen. Insoweit ist hier eigene Argumentation gefragt.

III. Die einzelnen Regelbeispiele

Im Folgenden sollen die für eine Klausurbearbeitung wichtigsten Regelbeispiele genannt werden: 67

1. Einbruch- und Nachschlüsseldiebstahl, § 243 I 2 Nr. 1

Ein **umschlossener Raum** (als Oberbegriff) ist ein Raumgebilde, das zumindest auch zum Betreten von Menschen bestimmt ist und mit Vorrichtung zur Abwehr des Eindringens versehen ist.[36] Unterfälle hierzu sind dann die genannten Gebäude, Dienst- und Geschäftsräume. 68

[36] Vgl. BGH BeckRS 9998, 84746 (Ls.) = StV 1983, 149.

Beispiele: Teile eines Gebäudes, wie Zimmer und Keller; eingehegte Obstplantagen; umzäunte Gärten; Schiffe; Autos; Garage; Friedhof; Bauwagen.

a) Einbrechen

69 **Einbrechen** ist das gewaltsame **Öffnen** einer den Zutritt verwehrenden Umschließung von außen.[37] Ein Eintreten des Täters in den geöffneten Raum ist nicht erforderlich.

Beispiel: Aufbrechen einer Tür oder eines Fensters; Einschlagen einer Scheibe; Entfernen eines Gitters.

b) Einsteigen

70 **Einsteigen** setzt voraus, dass der Täter **in den Raum** unter Überwindung von Hindernissen, die den Zugang nicht unerheblich erschweren, auf außergewöhnliche Weise durch eine zum ordnungsgemäßen Eintritt nicht bestimmte Öffnung **eindringt**.[38]

Beispiel: Übersteigen eines Zaunes; Hindurchzwängen durch eine hindernde Zaunlücke; Eindringen über das Dach eines Hauses; Klettern auf den Balkon und Eindringen durch die Balkontür; Einsteigen durch ein offenes Fenster.

71 Der Täter muss nicht mit seinem ganzen Körper einsteigen. Es genügt, wenn er sich im Innern des Raumes abstützt um dann eine mit der Tatausführung zusammenhängende Handlung vorzunehmen.[39]

Beispiel: Über sein an die Hausmauer gestelltes Mountainbike klettert D direkt auf die Fensterbrüstung des geöffneten Schlafzimmerfensters der Rentnerin R. Dort sieht er auf dem nahe dem Fenster liegenden Nachttischchen ihr Portemonnaie liegen. Flugs steigt er mit einem Bein auf die im Raum am Fenster befindliche Heizung, greift nach der Geldbörse und verschwindet mit ihr. Einsteigen ist gegeben.

Gegenbeispiel: E drückt nachts die Scheibe eines kleinen Kellerfensters ein und angelt dann von draußen Sachen mit einer Drahtschlinge heraus.

Hier: Einbrechen durch gewaltsames Öffnen von Umschließungen (Kellerfenster). Einsteigen liegt nicht vor.

72 Ein **Einsteigen** liegt damit vor, wenn zumindest ein Teil des Körpers in den Raum gebracht worden ist, dort im inneren des Objekts einen Standpunkt gewonnen hat und dies gegen den erkennbaren oder vermuteten Willen des Berechtigten erfolgt.[40]

[37] Vgl. *Fischer* § 243 Rn. 5.
[38] Vgl. *Fischer* § 243 Rn. 6.
[39] Vgl. OLG Hamm NJW 1960, 1359.
[40] Vgl. OLG Hamm NJW 1960, 1359.

Beispiels-Alternative: E sieht an einer Lagerhalle in etwa 3 Meter Höhe ein Fenster geöffnet. Er weiß, dass in dieser Halle unter anderem Radiogeräte gelagert werden. E besorgt sich eine Leiter, stellt sich an das Fenster, klettert hinauf und lehnt sich im Fenster in den Raum hinein. Mit einer Drahtschlinge gelingt es ihm, ein Kofferradio herauszuholen.

Hier: Kein Einbrechen, da das Fenster offen war. Einsteigen ebenfalls nicht gegeben, da der Täter im Inneren des Objektes bei Einsteigen einen Standpunkt gewonnen haben muss. Insoweit nicht strafbar wie oben im Rentner-Portemonnaie-Fall, sondern reines Hineinlehnen mit dem Oberkörper in das Objekt. Damit kein Stützpunkt in der Lagerhalle. Damit ist kein Einsteigen, also keine Strafzumessung nach § 243, sondern Diebstahl nach § 242 I gegeben.

Kein „Einsteigen“ liegt vor bei Betreten durch die Tür. Betritt der später stehlende 73
Täter, nachdem er zuvor ein gekipptes Fenster weiter nach hinten kippt und so an den Griff der Terrassentür gelangt, die Räumlichkeit durch die von ihm geöffnete Terrassentür, liegt weder § 243 I 2 Nr. 1 noch § 244 I Nr. 3, IV vor. „Einsteigen“ bedeutet regelmäßig ein Hineinklettern durch eine nicht zum Eintritt bestimmte Öffnung. Es ist lediglich ein Diebstahl nach § 242 I gegeben.[41]

c) Eindringen mit einem falschen Schlüssel

aa) Falscher Schlüssel. Ein Schlüssel ist falsch, wenn ihn der Berechtigte über- 74
haupt nicht, nicht mehr oder noch nicht zur Öffnung des konkreten Schlosses bestimmt hat. Die Bestimmung eines echten Schlüssels endet durch „Entwidmung“ des Berechtigten.[42]

Fall:

Der Dauerstudent S hat sein Studium nach 24 Semestern abgebrochen. Dem Vermieter V der Studentenbude gibt er aber nur einen Schlüssel zurück. Den anderen habe er verloren, sagt er. Tatsächlich behält er den zweiten Schlüssel und stiehlt bei seinem Nachmieter N nach dessen Einzug ein Notebook.

Als der Vermieter V davon ausging, der Schlüssel sei gem. den Angaben des S verloren, wurde der echte Schlüssel **entwidmet**. Aufgrund dessen ist S mit einem **falschen** Schlüssel eingedrungen.

bb) Ein anderes nicht zur ordnungsgemäßen Öffnung bestimmtes Werkzeug. Ein 75
anderes nicht zur ordnungsgemäßen Öffnung bestimmtes Werkzeug ist jedes Gerät und Hilfsmittel, das geeignet ist, auf den Verschlussmechanismus des geschützten Raumes einzuwirken.[43]

Beispiele: Dietriche, Drähte, Haken, Schraubenzieher, Zangen und zwischen Schlossfall und Türzarge geschobene Plastikkarten. Dagegen werden Brechwerkzeuge, die eine gewaltsame Öffnung herbeiführen sollen, bereits vom Tatbestandsmerkmal Einbrechen erfasst!

[41] Vgl. BGH BeckRS 2016, 09231 = NJW-Spezial 2016, 378.
[42] Vgl. BGHSt 13, 15 = NJW 1959, 948; BGHSt 14, 291 = NJW 1961, 418; BGHSt 21, 189 = NJW 1967, 834.
[43] Vgl. BGH NJW 1956, 271.

d) Sich verborgen halten

76 Letzte Tathandlungsmodalität des § 243 I 2 Nr. 1 ist das **Sichverborgenhalten** in dem geschützten Raum. Hierbei versteckt sich der Täter zunächst in dem geschützten Raum, um anschließend von dort aus (ungestört) einen Ladendiebstahl zu begehen. Ob er legal oder illegal in den Raum gelangt ist oder ob er den Raum zu anderer Zeit berechtigt betreten darf, ist unerheblich.[44]

> **Beispiel:** Ganove G lässt sich versteckt kurz vor Geschäftsschluss hinter einem Regal eines kleinen „Tante-Emma-Ladens" nieder. Seine Anwesenheit wird nicht bemerkt. Er lässt sich einsperren und räumt danach den Laden in aller Ruhe gezielt aus.

77 Für alle Tathandlungsmodalitäten ist es erforderlich, dass der Täter **zur Ausführung der Tat** handelt. Der Täter muss also bereits beim Einbrechen, Einsteigen, Eindringen oder Sichverborgenhalten mit **Diebstahlsvorsatz** gehandelt haben. Wer zB zunächst nur einbricht, um Verwüstungen oder ähnliches anzurichten, dann aber nicht widerstehen kann und doch stiehlt, verwirklicht nicht § 243 I 2 Nr. 1, sondern § 242 I.[45]

> **Beispiel:** Der Stadtstreicher S will endlich einmal wieder gut liegen und ausschlafen. Er lässt sich zu diesem Zweck am Samstagabend im Skandinavischen Bettenlager einschließen. Keine Diebstahlsstrafbarkeit (Tatbestand nicht gegeben).

> ! **Klausurtipp:** § 243 I 2 Nr. 1 iVm § 242 I steht zu dem meist mit verwirklichten § 303 (Sachbeschädigung) und dem § 123 (Hausfriedensbuch) im Verhältnis der Tateinheit.[46]

2. Besonders gesicherte Sachen, § 243 I 2 Nr. 2

78 Oberbegriff ist in diesem Fall die **Schutzvorrichtung**.

> ! **Definition Schutzvorrichtungen:** Von Menschenhand geschaffene, künstliche Einrichtungen, die ihrer Art nach geeignet und bestimmt sind, die Wegnahme einer Sache erheblich zu erschweren.[47]

> **Beispiel:** Lenkradschloss beim Kfz oder Motorrad, Fahrradschloss, Alarmeinrichtungen, Ketten.

79 Unterfall der Schutzvorrichtung ist das **Behältnis**. Ein **Behältnis** ist ein Raumgebilde, das zur Aufnahme von Sachen, **nicht** aber auch zum Betreten durch

[44] Vgl. BGHSt 22, 127 = NJW 1968, 1886.
[45] So auch *Wessels/Hillenkamp/Schuhr* StrafR BT II Rn. 232.
[46] Zur neuen Rechtsprechung zum tateinheitlichen Konkurrenzverhältnis zwischen vollendetem Wohnungseinbruchdiebstahl und Sachbeschädigung BGH BeckRS 2018, 33309.
[47] Vgl. *Fischer* § 243 Rn. 15.

Menschen bestimmt ist (im Gegensatz zum umschlossenen Raum!).[48] Es ist **verschlossen**, wenn sein Inhalt mittels einer technischen Schließeinrichtung oder auf andere Weise gegen den unmittelbaren ordnungswidrigen Zugriff gesichert ist. Dies geschieht typischerweise durch Schlösser, aber auch durch Zugriffssicherung elektronischer oder technischer Art.

> **Beispiel:** Kofferraum eines Pkw, Tresore, Kassetten, Schränke, Koffer.[49]

Weitere Voraussetzung ist, dass das verschlossene Behältnis bzw. die Sache 80
durch eine Schutzvorrichtung **besonders** gesichert ist.

> **Beispielsgruppe 1:** Verschlossenes Behältnis, Kofferraum, Tresor: Sofern sie verschlossen sind, ist die besondere Sicherung anzunehmen. Steckt der Schlüssel, gilt dies nicht. Steckt er nicht und wird er vom Täter im Umfeld gefunden und verwandt, ist Nr. 2 erfüllt.[50]

Verpackungen, Umhüllungen, Befestigungen fallen nur dann unter die Nr. 2, 81
wenn sie die Gegenstände vor Wegnahme sichern (zB Verpackungen/Befestigungen mit Spanngurten, die am Ende mit Schlössern gesichert sind). Bei reinem Schutz der Güter während des Transportes als Schutz vor Beschädigungen oder Erschütterungen gilt dies nicht.

> **Beispielsgruppe 2:** Zigarettenautomaten oder andere Warenautomaten, Geldspielautomaten: Hier liegt ein Fall der Nr. 2 nur vor, wenn der Täter mechanisch die Sicherungseinrichtungen überwindet. Das kann zB durch Drähte oder Schraubendreher erfolgen. Beim Einwurf falscher Münzen oder Münzen, die nicht aus dem Bereich der Eurozone EU stammen, liegt ein Diebstahl durch **List** vor. Dieser erfüllt nicht als mechanische Überwindung die Nr. 2. In Betracht könnte hier aber ein **unbenannter** Fall eines besonders schweren Diebstahls nach § 243 I 1 kommen.

> **Beispielsgruppe 3:** Fahrradschloss: Sichert das Fahrradschloss das Fahrrad, liegt die besondere Sicherungsvorrichtung nach Nr. 2 auch vor, wenn das Fahrrad nicht mit einem verschraubten Fahrradständer oder Laternenpfahl fest verbunden ist, also mit einem nicht beweglichen Gegenstand. Schon das Schloss erschwert den Transport des gesicherten Fahrrades erheblich.

> **Beispielsgruppe 4:** Autoradio: Normalerweise mit einem Befestigungskitt im Armaturenbrett eingesetzt (aus Sicherheitsgründen). Ebenso: Airbags/eingebautes Navigationssystem. Nr. 2 ist nicht gegeben.

In Betracht könnte aber insoweit jeweils ein Fall nach Nr. 1 kommen.

[48] Vgl. BGHSt (GS) 1, 163 = NJW 1951, 669.

[49] Vgl. BGHSt 22, 127 = NJW 1968, 1886.

[50] Vgl. BGH NStZ 2011, 36; KG NJW 2012, 1093.

Beispielsgruppe 5: Elektromagnetisches Sicherungsetikett: Der Dieb D will mit Diebstahlsabsicht eine teure Lederjacke in einem Bekleidungsgeschäft stehlen. Diese ist zwar mit einem elektromagnetischen Sicherungsetikett gesichert. Der Dieb zieht die Lederjacke an, zieht seinen Mantel darüber und geht in Richtung Ausgang. Er wird vom Hausdetektiv H, der ihn beobachtet hat, gestellt.

D hat im Rahmen der Apprehensionstheorie innerhalb des Bekleidungsgeschäftes den Diebstahl vollendet, in dem er einen leicht zu transportierenden Gegenstand im fremden Herrschaftsbereich, dem Bekleidungsgeschäft, an sich genommen hat. Dabei ist es unerheblich, ob er vom Hausdetektiv gesehen wurde oder nicht (Diebstahl ist kein heimliches Delikt). Es stellt sich hier die Frage, welche Funktion das elektromagnetische Sicherungsetikett hat. Eine besondere Schutzvorrichtung gegen die Wegnahme stellt es nicht dar. Die eigentliche Wegnahme soll das Sicherungsetikett nicht verhindern, sondern nur am Ausgang durch einen ausgelösten Alarm die Entfernung der Lederjacke aus dem Herrschaftsbereich des Bekleidungsgeschäftes anzeigen. An dieser Stelle soll dann spätestens durch den Alarm durch das Ladenpersonal der Gewahrsam wiedererlangt werden. Damit dient das Sicherungsetikett nicht der Verhinderung des Diebstahls selbst, sondern nur zur Wiedererlangung des Gewahrsams.[51]

Anders wäre es, wenn die Lederjacke mit einem langen Draht an dem Ständer mit Lederjacken gesichert gewesen wäre. Bei Durchtrennen des Drahtes mit einer kleinen Zange wäre die Nr. 2 erfüllt.

Im Falle des elektromagnetischen Sicherungsetikettes liegt damit kein Fall der Nr. 2 vor. Auch hier kommt aber ein anderer, unbenannter besonders schwerer Fall iSv § 243 I 1 in Betracht.

82 Ein Fall des § 243 I 2 Nr. 2 liegt auch vor, wenn der Täter als Unberechtigter durch einen gutgläubigen Dritten den Zugangscode für den Schließmechanismus eines Tresors öffnen lässt.[52] Im vorgenannten Fall hatte der Angeklagte A sich in einem Zimmer des Hotels H befunden. Über das Haustelefon bat er den Hoteltechniker hinzu und gab an, den Code für den Tresor vergessen zu haben. Dieser öffnete den Tresor. Der Angeklagte entwendete eine große Summe Bargeld und einen iPod.

83 Hier wurde darauf abgestellt, dass lediglich das Überwinden der Sicherung von Belang ist, nicht aber, ob der Angeklagte diese selbst oder durch sein listiges Vorgehen durch einen Dritten überwunden hat.[53] Wichtig ist insoweit, dass das KG mitteilte, dass wenn ein Fall des § 243 I 2 Nr. 2 nicht gesehen würde, dann ein solcher in Form des unbenannten schweren Falls des Diebstahls nach § 243 I 1 in Betracht käme. Es wäre ein Diebstahl in einem besonders schweren Fall, weil sich die Tat aufgrund einer Gesamtbewertung nach ihrem Gewicht von Unrecht und Schuld deutlich von einem Normalfall des einfachen Diebstahls nach § 242 abhebt.[54] Dies ist dann gegeben, wenn sowohl die Tat eine besondere kriminelle Energie aufweist aber auch, wenn, wie vorliegend, der Täter besonders listig vorgegangen ist und dadurch eine nicht unerhebliche Beute machte.[55]

51 Vgl. OLG Düsseldorf NJW 1998, 1002.
52 Vgl. KG NJW 2012, 1093 (1094).
53 Vgl. KG NJW 2012, 1093 (1094).
54 Vgl. KG NJW 2012, 1093 (1095).
55 Vgl. KG NJW 2012, 1093 (1095); OLG Düsseldorf NJW 2000, 158 (159).

Praxisrelevant: Diebstahl von Autos und Diebstahl aus Autos: Wird das Auto als Ganzes gestohlen, liegt je nach Fallvariante entweder die Nr. 1 oder die Nr. 2 vor. Hierbei erfordert ein Fall der Nr. 1, dass das Kfz verschlossen war; teilweise wird Nr. 2 angenommen statt Nr. 1, wenn die Wegfahrsperre durch den Täter überwunden wird.[56]

Ist das Auto verschlossen und werden aus diesem Sachen gestohlen (Gegenstände aus dem Fahrzeug, aber auch zB das Radio, vgl. oben Beispielsgruppe 4), liegt ein Fall der Nr. 1 vor. Handelt es sich um eine Limousine und ist der Kofferraum nur von außen erreichbar, liegt bei verschlossenem Kofferraum ein Fall der Nr. 2 vor. Bei Kombi-Fahrzeugen oder Fahrzeugen mit Fließheck ist Nr. 2 nicht gegeben, dann handelt es sich beim Diebstahl von Gegenständen aus dem Auto um einen Fall der Nr. 1.

Merke: Sofern ein Fall der Nr. 1 (ebenfalls) vorliegt, wird Nr. 2 verdrängt!

3. Gewerbsmäßiger Diebstahl, § 243 I 2 Nr. 3

Ein **gewerbsmäßiger Diebstahl** ist gegeben, wenn der Täter sich durch wieder- 84
holte Tatbegehung eine nicht nur vorübergehende Einnahmequelle verschaffen möchte.[57]

Diese Einnahmequellen müssen von Dauer und Erheblichkeit sein. Eine Ge- 85
werbsmäßigkeit kann dabei bereits bejaht werden, wenn der Täter in der genannten **Absicht zum ersten Mal** einen Diebstahl begeht![58]

Dies muss sich allerdings aus dem Sachverhalt des prüfenden Falles ergeben. 86

Merke: Die Nr. 3 wird ausschließlich **subjektiv** geprüft, dh **die alleinige Absicht des Täters ist maßgebend.**

Im Übrigen genügt für die Fälle der Nr. 1–2 und 4–7 dolus eventualis (→ 2. Teil 87
Rn. 36)!

In Betracht kommt auch ein (unbenannter) besonders schwerer Fall des Dieb- 88
stahls iSd Nr. 3, wenn zwar im konkreten Fall die Gewerbsmäßigkeit ausscheidet, dennoch ein vergleichbarer Fall vorliegt. Das ist bei **gewohnheitsmäßigem** Stehlen der Fall.

Frage: Wie liegt der Fall bei regelmäßigem, krankhaftem Stehlen (Kleptomanie)?

Antwort: Die Tatbestandsmäßigkeit ist gegeben, die Rechtswidrigkeit auch, aber es kommt der Schuldausschließungsgrund des § 20 in Betracht. Liegt eine nachgewiesene Erkrankung in Form der Kleptomanie vor, wirkt diese zumindest als verminderte Schuldfähigkeit (§ 21).[59] Ein unbenannter schwerer Fall scheidet dann aus.

[56] Vgl. *Schmidt* StrafR BT II Rn. 148.

[57] Vgl. BGHSt 1, 383 = NJW 1952, 113; vgl. BGH NStZ 1996, 285; NJW 1998, 2914.

[58] Vgl. BGH NStZ 2004, 265 (266, zu § 263 III 2 Nr. 1).

[59] Angedeutet in BGH NJW 1969, 563 (564); *Fischer* § 20 Rn. 41.

4. Regelbeispiele des § 243 I 2 Nr. 4–7

Die Fälle haben geringe Prüfungsrelevanz!

89 Es wird im Übrigen zB bezüglich der **Nr. 5** auf § 304 verwiesen (→ 7. Teil Rn. 32). Auf **Nr. 4–7** wird daher nur kurz eingegangen:

a) § 243 I 2 Nr. 4

90 In Betracht kommen als Tatobjekte Gegenstände, die **unmittelbar** dem Gottesdienst gewidmet **und** sich in einem der **Religionsausübung** liegenden Raum befinden (Kreuze, Leuchter, Marienstatuen, Monstranzen, Kelche, Hostienschalen). In Betracht kommen ebenfalls Gegenstände der religiösen Verehrung (Reliquien, Marienbilder, Christusbilder, Heiligenbilder).

91 Zu trennen davon sind Gegenstände (wie Inventar oder Kunstwerke) ohne diesen direkten Gottesdienstbezug. Diese können allerdings unter die **Nr. 5** fallen.

b) § 243 I 2 Nr. 5

92 Voraussetzung ist eine allgemein zugängliche Sammlung, in der sich das Tatobjekt befindet. In Betracht kommt auch eine zeitlich begrenzte öffentliche Ausstellung. Ferner muss ein bedeutendes Kulturgut vorliegen.

c) § 243 I 2 Nr. 6

93 Die **Hilflosigkeit** ist ein Ausdruck für verminderten Gewahrsamsschutz. Dies ist insbesondere bei hochgradigen Schwächezuständen, die dauerhaft oder auch nur vorübergehend sein können, der Fall. Darunter fallen schwere Krankheit, aber auch Trunkenheit, Ohnmacht, Bewusstlosigkeit und Blindheit. Der Schlaf fällt nicht hierunter. Der **Unglücksfall** ist an § 323c angelehnt. Die **gemeine Gefahr** ebenfalls.

94 Gerade die durch die Hilflosigkeit bzw. entstandene Lockerung des Gewahrsams gegebene Gelegenheit muss der Täter zur leichteren Durchführung der Tat einsetzen („Ausnutzen").

d) § 243 I 2 Nr. 7

95 Hierbei handelt es sich um gefährliche Gegenstände. Als Tatobjekte kommen insbesondere **erlaubnispflichtige** Handfeuerwaffen in Betracht, die einer Erlaubnis zum Erwerb nach dem Waffengesetz bedürfen (Pistole, Revolver), ferner ein Maschinengewehr, eine Maschinenpistole, ein voll- oder halbautomatisches Gewehr oder Kriegswaffen, die Sprengstoff enthalten und Sprengstoff selbst.

96 Diese gefährlichen Waffen/Gegenstände müssen nicht sofort einsatzfähig sein.

> **!** **Beachte:** In dem Moment, in dem der Täter eine einsatzfähige Schusswaffe nach **Nr. 7** stiehlt, tritt automatisch ein Fall der Qualifikation nach **§ 244 I Nr. 1a** (Diebstahl **mit** Waffen) ein. Der Täter hat den Diebstahl zwar vollendet (→ 1. Teil Rn. 69), aber noch **nicht** beendet (→ 1. Teil Rn. 70). Damit führt er noch beim Diebstahl eine Waffe vor Beendigung der Tat mit sich. In diesem Fall tritt § 243 I 2 Nr. 7 (Diebstahl **von** Waffen) zurück. § 243 ist nur die Strafzumessungsregel (→ 1. Teil Rn. 87), § 244 I Nr. 1a die Qualifikation (→ 1. Teil Rn. 80). Es liegt dann ein Fall der **Konsumtion** vor (§ 244 konsumiert den Fall des § 243).

IV. Subjektive Voraussetzungen

Bei Regelbeispielen spricht man nicht vom subjektiven Tatbestand. Es handelt sich vielmehr um die subjektiven Voraussetzungen eines Regelbeispiels, wobei dolus eventualis (→ 2. Teil Rn. 36) genügt, im Fall des § 243 I 2 Nr. 3 ist sogar Absicht (→ 2. Teil Rn. 43) erforderlich. 97

V. Die Geringwertigkeitsklausel (§ 243 II)

§ 243 II enthält einen zwingenden Ausschluss der Strafschärfung. Danach ist ein besonders schwerer Fall in den Fällen der Nr. 1–6 **(nicht Nr. 7!)** ausgeschlossen, wenn sich die Tat auf eine **geringwertige Sache** bezieht. 98

Beachte: Nach hL muss es sich dabei sowohl **objektiv** als auch nach der Vorstellung des Täters, also **subjektiv**, um eine geringwertige Sache handeln, damit § 243 II eingreift.

Damit ist ein Irrtum des Täters nach hM unerheblich! Geringwertig ist eine Sache mit einem Verkehrswert bis etwa 50 EUR.

Ferner ist zu beachten, dass auf Sachen, wie zB Akten, die keinen objektiven messbaren Verkehrswert haben, die Vorschrift nicht passt. Dann bleibt es bei der Bestrafung aus § 243 I 2! Zu diesen Sachen ohne eigentlichen Verkehrswert gehören zB auch Personalausweise, Reisepässe, Scheckformulare. Nur wenn die Sache objektiv geringwertig ist und sich der Vorsatz des Täters hierauf erstreckt, ist die Vorschrift anwendbar.

VI. Irrtumskonstellationen bei § 243 II (Geringwertigkeitsklausel)

Im Falle der Geringwertigkeit der Sache nach § 243 II können zwei Irrtumskonstellationen in Betracht kommen. In beiden Fällen handelt es sich um einen Irrtum im Vorsatzbereich bezogen auf die Geringwertigkeit der Sache.[60] 99

1. Der Täter hält eine Sache für geringwertig, die in Wirklichkeit hochwertig ist

Beispiel: E bricht in die Villa des V ein und stiehlt eine modern wirkende Taschenuhr, die er für geringwertig hält. Diese mit modernem Design ausgestattete Uhr war aber eine Antiquität mit einem Verkehrswert von etwa 2.000 EUR.

2. Der Täter hält eine Sache für hochwertig, die tatsächlich nur geringwertig ist

Beispiel: E bricht in die Villa des V ein. Er stiehlt einen alten Brieföffner, der aus der Jugendstilzeit stammen könnte und den E für hochwertig hält. Tatsächlich handelte es sich um eine Replika mit einem aktuellen Kaufpreis von 20 EUR.

60 Vgl. OLG Hamm NJW 2003, 3145.

3. Lösung

100 Grundsätzlich ist zu beachten, dass § 243 II nur dann greift, wenn zwei Voraussetzungen erfüllt sind. Zum einen muss die Sache tatsächlich **(objektiv) geringwertig** sein. **Zusätzlich** muss der Täter im Fall eines der Regelbeispiele der Nr. 1–6 **vorsätzlich** von der Erlangung einer geringwertigen Sache ausgegangen sein.

! **Merke:** Wenn beide Voraussetzungen vorliegen, findet die Geringwertigkeitsklausel nach § 243 II Anwendung, andernfalls liegt ein besonders schwerer Fall des Diebstahls nach § 243 I 2 Nr. 1–6 vor.

101 In beiden obigen Fällen kann also § 243 II nicht greifen. Damit sind die genannten Regelbeispiele gegeben. Es ist aber nicht ausgeschlossen, dass im Rahmen einer vorzunehmenden Gesamtschau der Tatrichter eine Bestrafung des E aus dem erhöhten Strafrahmen des § 243 als unverhältnismäßig ansieht. Dann käme nur eine Verurteilung nach § 242 I in Betracht.

! **Merke:** Für die Fallbearbeitung ist es sinnvoll, zunächst zu prüfen, ob mehrere Regelbeispiele vorliegen und dann erst § 243 II in den Fällen der Nr. 1–6 (nicht Nr. 7) anzuprüfen.

VII. Der Versuch

102 In Klausuren sind verschiedene Versuchskonstellationen öfters anzutreffen.

! **Merke:** § 243 selbst kann nicht als Versuch vorliegen, da er keinen vollwertigen Tatbestand, sondern lediglich eine Strafzumessungsregelung darstellt. Es geht also um die Fälle, in denen § 242 I iVm § 243 „versucht“ ist.

103 Dabei geht es um die folgenden drei Konstellationen:

104 **1. § 242 I liegt als Versuch vor, ein Regelbeispiel des § 243 wurde jedoch vollendet**

Fall:

Der Dieb D will nachts aus einer Garage ein Fahrrad stehlen. Tags zuvor hatte er gesehen, wie der Eigentümer mit dem hochwertigen Pegasus-Rad in die Garage fuhr und das Rad nicht abschloss. Dazu bricht D die Seitentür auf. Auf diese Weise in die Garage gelangt, stellt er fest, dass der Aufwand umsonst war. Das Fahrrad ist nicht da. Wütend verlässt er die Garage.

Hier hat sich D des versuchten Diebstahls nach §§ 242 I, II, 22, 23 I strafbar gemacht. Da D die Seitentür aufgebrochen hat, kommt auch ein besonders schwerer Fall nach § 243 I 2 Nr. 1 in Betracht. Die ganz hM nimmt hier einen besonders schweren Fall an. Da die Tat insgesamt aber nur einen Versuch darstellt, muss nach dem BGH die Strafmilderungsmöglichkeit nach §§ 23 II, 49 I angewendet werden.[61]

[61] Vgl. BGHSt 33, 370 (375 f.) = NJW 1986, 940.

Folgt man dieser Meinung, hat D sich somit wegen versuchten Diebstahls in einem besonders schweren Fall gem. §§ 242 I, II, 22, 23 I, 12 II iVm § 243 I 2 Nr. 1 strafbar gemacht.

2. § 242 I wurde vollendet, § 243 dagegen lediglich „versucht“ 105

Fall:

D will nachts aus einer Garage ein Fahrrad stehlen. Als er die Seitentür aufbrechen will, stellt er fest, dass diese nicht verschlossen ist. Schnell holt er das Fahrrad, das nicht verschlossen ist, aus der Garage und fährt damit weg.

Hier hat sich D wegen Diebstahls nach § 242 I strafbar gemacht. Zu untersuchen ist, ob es sich strafrechtlich auswirkt, dass D nicht nur den einfachen Diebstahl begehen, sondern dazu in die Garage einbrechen wollte (Gebäude).

Die überwiegende Literaturauffassung setzt die vollständige Verwirklichung des Regelbeispiels voraus, um die straferhöhende Wirkung zu rechtfertigen.[62] Die Versuchsregeln der §§ 22, 23 sind nicht übertragbar auf Strafzumessungsregeln. Die Regelbeispiele sind keine Tatbestände. Nach dieser Ansicht hätte sich D nur wegen Diebstahls nach § 242 I strafbar gemacht. Sofern das Fahrrad einen nicht unerheblichen Wert hat, könnte auch im Rahmen einer Gesamtbewertung der Tat ein unbenannter besonders schwerer Fall nach § 243 I 1 vorliegen.

Der BGH und die Gegenauffassung bewerten die Regelbeispiele wie Tatbestandsmerkmale oder wie Qualifikationen.[63] Sie stellen dabei darauf ab, dass ein erhöhter Unrechts- und Schuldgehalt vorliegt. Viele der heutigen Regelbeispiele waren ursprünglich Qualifikationstatbestände und wurden durch den Gesetzgeber geändert. Damit wollte er aber nichts zu einer Versuchsstrafbarkeit ändern. Insoweit liegt bezüglich des D eine Strafbarkeit wegen versuchten Diebstahls in einem besonders schweren Fall vor, §§ 242 I,II, 22, 23 I, 12 II iVm § 243 I 2 Nr. 1.

Eigene Ansicht:

Der Gesetzgeber hat mit § 22 eine glasklare Formulierung gewählt. Dabei ist der Versuch nur bei Tatbeständen zugelassen. Ferner ist die Annahme, der Gesetzgeber habe bei der Umwandlung der Qualifikationstatbestände in Regelbeispiele an der Strafbarkeit des Versuchs nichts ändern wollen, eine reine Vermutung und nicht belegbar. Grundsätzlich versucht der BGH, dies auch argumentativ umzusetzen.

Er sagt in einer aktuelleren Entscheidung, dass ein Versuch in Zusammenhang mit Regelbeispielen bei Hinzukommen weiterer Umstände und als Ergebnis einer umfassenden Gesamtwürdigkeit als unbenannter, besonders schwerer Fall gem. § 243 I 1 aufgefasst werden kann.[64] Hierbei ist aber erforderlich, dass der Täter das betreffende Regelbeispiel objektiv erfüllt hat. Rein subjektive Aspekte (Wille zur Verwirklichung) genügen nicht.

Auf diese Weise gelangt dann der BGH in neuerer Rechtsprechung doch dazu, dass D sich nur wegen Diebstahls (§ 242 I) strafbar gemacht hat. Es ist aber auch gut vertretbar, bei Vorliegen eines gewissen Wertes der Fahrzeugteile zumindest

[62] Vgl. *Wessels/Hillenkamp/Schuhr* StrafR BT II Rn. 218.
[63] Vgl. BGHSt 33, 370 = NJW 1986, 940.
[64] Vgl. BGH NStZ-RR 1997, 293.

einen unbenannten besonders schweren Fall anzunehmen (dann Strafbarkeit auch aus § 243 I 1).

106 **3. § 242 I liegt als Versuch vor, ebenso wurde ein Regelbeispiel des § 243 lediglich „versucht".**

Fall:

D will nachts aus einer Garage ein Fahrrad stehlen. Die Seitentür, die er aufbrechen will, ist nicht verschlossen. In der Garage stellt D fest, dass das Fahrrad fehlt. Er verlässt die Garage.

Im vorliegenden Fall stellt sich die gleiche Frage wie im vorherigen Fall unter 2. Der Meinungsstand ist hierhin übertragbar.

Nach der hauptsächlich vertretenen Meinung ist D lediglich strafbar aus §§ 242 I, II, 22, 23 I, 12 II (Versuch des Diebstahls). Sofern sich aus dem Sachverhalt ergibt, dass das Fahrrad erheblichen Wert hatte, käme dann lediglich ein unbenannter besonders schwerer Fall nach §§ 242 I, II, 22, 23 I, 12 II iVm § 243 I 1 in Betracht.

D. Diebstahl mit Waffen, Banden- und Wohnungseinbruchdiebstahl, § 244

Bitte lesen Sie zunächst den Gesetzestext!

I. Überblick

107 § 242 ist der Grundtatbestand (→ 1. Teil Rn. 79), § 243 ist eine reine Strafzumessungsvorschrift (→ 1. Teil Rn. 87), § 244 ist die **Qualifikation** (→ 1. Teil Rn. 80)**!**

Beachte: Seit dem 6. Strafrechtsreformgesetz (1998)[65] entsprechen die Diebstahlsqualifikationen nach § 244 I Nr. 1 und 2 den Raub-Qualifikationen des § 250 I Nr. 1a und b sowie Nr. 2. Bei den Raub-Qualifikationen kommt das Gewaltelement hinzu.

Klausurtipp: Es empfiehlt sich, zunächst den Grundtatbestand § 242 I (Tatbestand, Rechtswidrigkeit, Schuld), gegebenenfalls iVm § 243 zu prüfen. Erst im Anschluss daran empfiehlt sich die Prüfung des § 244 I.

Anderes gilt allerdings, wenn der Täter zB gerechtfertigt (Prüfung in der Rechtswidrigkeit), entschuldigt (Prüfung in der Schuld) bzw. schuldunfähig (ebenfalls Prüfung in der Schuld) ist. Würde man in einem solchen Fall Rechtswidrigkeit bzw. Schuld nach dem Tatbestand des § 242 I prüfen, käme man nicht mehr zur Prüfung der Erschwernisgründe des § 244 I. Damit würde das Beisichführen einer Schusswaffe nicht mehr in die Falllösung eingebracht und damit nicht mehr gewürdigt werden. In diesem Fall kann es angebracht sein, zunächst den Grundtatbestand des § 242 I zu prüfen. Nach Bejahung des Tatbestandes kann dann die

[65] 6. Gesetz zur Reform des Strafrechts v. 26.1.1998 (BGBl. 1998 I 164).

Qualifikation des § 244 I im Tatbestand geprüft werden. Ist auch diese gegeben, erfolgt abschließend die Prüfung von Rechtswidrigkeit und Schuld.[66]

Prüfungsschema: Diebstahl mit Waffen, Banden- und Wohnungseinbruchdiebstahl (§§ 242, 244) 108

I. Grundtatbestand: Diebstahl § 242
Tatbestand, Rechtswidrigkeit, Schuld
II. Qualifikationsmerkmale
1. Objektive Tatbestandsmerkmale
a) Diebstahl mit Waffen, § 244 I Nr. 1a
b) Diebstahl mit sonstigen Mitteln, § 244 I Nr. 1b
c) Bandendiebstahl, § 244 I Nr. 2
d) Wohnungseinbruchdiebstahl, § 244 I Nr. 3
e) Wohnungseinbruchdiebstahl in dauerhaft genutzte Privatwohnungen, § 244 IV
2. Subjektive Tatbestandsmerkmale (dolus eventualis genügt)
- bei Nr. 1a - Verwendungs**vorbehalt**
- bei Nr. 1b - Verwendungs**absicht**
- bei Nr. 2 - Handeln im Bandeninteresse,
- bei Nr. 3 IV - zur Ausführung der Tat.

III. Rechtswidrigkeit
IV. Schuld
V. Strafantrag, § 247
VI. Minder schwerer Fall, § 244 III (keine Anwendung bei § 244 IV!)
VII. Ergebnis

II. Diebstahl mit Waffen und anderen gefährlichen Werkzeugen, § 244 I Nr. 1a

1. Objektiver Tatbestand

Mittel der Tat kann **jede Waffe** und **jedes gefährliche Werkzeug** sein. 109

- Jede Waffe
  Als **Waffe** ist jede Waffe im technischen Sinn zu verstehen, die unter den umfangreichen Katalog des **Waffengesetzes** fällt. In der seit dem 1.4.2003 geltenden Fassung mit Anlage 1 gelten hierzu Schusswaffen und Geräte, die zum Angriff oder zur Verteidigung, zur Signalgebung, zur Jagd, zur Distanzinjektion, zur Markierung, zum Sport oder zum Spiel bestimmt sind und bei denen ein Geschoss (also feste Körper, gasförmige, flüssige oder feste Stoffe in Umhüllungen) oder mehrere zugleich durch einen Lauf getrieben werden. Damit gehören auch Schreckschuss-, Treibstoff- und Signalwaffen inzwischen, wie auch sonstige Feuerwaffen, zu dem Waffenkatalog. Auch Gaspistolen werden nach der Anlage 1 zum Waffengesetz nun als Waffen im technischen Sinn angesehen.[67]

[66] Zu den drei Aufbaumöglichkeiten bereits → 1. Teil Rn. 82–84.
[67] Vgl. *Schmidt* StrafR BT II Rn. 193.

Merke: Scheinwaffen (Spielzeugpistolen) gehören **nicht** zu den Waffen.

Beispiele für Waffen: Sämtliche Schusswaffen einschließlich der Gaspistole, Messer und andere Stichwaffen, Säbel, chemischer Kampfstoff. Inzwischen zählt auch die geladene Schreckschusswaffe zu den Waffen iSd

110 Jedes gefährliche Werkzeug?

Definition Werkzeug: Beweglicher Gegenstand, durch den dem Körper des Opfers eine Verletzung zugefügt werden kann.

Definition Gefährlich: Wie schon bei der gefährlichen Körperverletzung nach § 224 I Nr. 2, ein Werkzeug, das sowohl nach seiner objektiven Beschaffenheit als auch der Art seiner speziellen Verwendung im konkreten Einzelfall als Angriffs- und Verteidigungsmittel erhebliche Verletzungen herbeiführen kann (→ 5. Teil Rn. 41).

111 Die Begrifflichkeit scheint damit gleich gelagert wie bei der gefährlichen Körperverletzung (§ 224 I Nr. 2).

Beispiele für gefährliche Werkzeuge: Schere, Schraubendreher, Beil, Hammer, abgebrochene Flasche, Schal, Halstuch, Gürtel, Gift. Auch ein Schweizer Offiziersmesser mit einer Klingenlänge von 6 cm ist als ein anderes gefährliches Werkzeug qualifiziert worden.[68]

Gefährlich ist das Werkzeug, wenn zu der objektiven Eignung Körperverletzungen zuzufügen, der Tätervorsatz auf subjektiver Seite hinzukommt, das Werkzeug auch als solches gegen den Körper des anderen Menschen einzusetzen.

Beispiel: Die Haushaltsschere oder der Schraubendreher als solche sind nicht gefährlich.

Gegenbeispiel: Eingesetzt gegen den Körper oder Stich ins Gesicht des Opfers sind sie sehr gefährlich.

112 Hinsichtlich der Gleichgelagertheit zur gefährlichen Körperverletzung (§ 224 I Nr. 2) gibt es allerdings in Literatur und Rechtsprechung erhebliche Gegenstimmen. Diese beziehen die innere Haltung des Täters zur Verwendung mit ein (subjektive Lösung).[69] Das OLG Stuttgart hat das Qualifikationsmerkmal in einem Fall abgelehnt, in dem ein ca. 20 cm langer Schraubenzieher verwandt wurde. Abgestellt wurde darauf, dass der Täter den Schraubenzieher ausschließlich zum Aufhebeln der Eingangstür einer Gaststätte verwandte.[70]

[68] Vgl. OLG Köln NJW-Spezial 2012, 153 = BeckRS 2012, 01232.
[69] Vgl. *Wessels/Hillenkamp/Schuhr* StrafR BT II Rn. 273 f.
[70] Vgl. OLG Stuttgart StV 2009, 531.

Der BGH wiederum bleibt bei seiner Rechtsprechung, dass das Merkmal „anderes gefährliches Werkzeug“ ausschließlich anhand objektiv-abstrakter Kriterien zu bestimmen ist.[71] Hier wird der objektiven Lösung des BGH gefolgt. Diese wird als vorzugswürdig angesehen. Nach dem BGH ist mit dem Gesetzgeber aus teleologischen Gesichtspunkten auf die abstrakte Gefährlichkeit mitgeführter Gegenstände abzustellen.[72] 113

Das OLG Nürnberg führte bei einer Entscheidung aus, ein Seitenschneider sei zwar geeignet Gegenstände durchzutrennen, es erscheine aber nicht möglich, einem Menschen ernsthafte Schnittverletzungen zuzufügen und dass ein Zustechen damit nur schwer möglich sei.[73] Im Ergebnis schließt sich das OLG Nürnberg inhaltlich aber der Rechtsprechung des BHG an, dass die Gefährlichkeit abstrakt-objektiv zu bestimmen sei.[74] Hierbei verkennt das OLG Nürnberg, dass mit einem Seitenschneider zum Beispiel ein Glied des kleinen Fingers aufgrund der Schärfe des Werkzeuges abgetrennt werden oder Verletzungen im Gesicht zugefügt werden können. Das OLG Nürnberg hingegen sieht keine Gefährlichkeit bei der Verwendung als Schneidwerkzeug.[75] 114

Um dem Willen des Gesetzgebers Rechnung zu tragen, sind objektive Abgrenzungskriterien zu berücksichtigen, durch die sich „gefährliche“ von „sonstigen“ Werkzeugen und von „Waffen“ unterscheiden lassen.[76] 115

Der BGH hatte die Frage zu entscheiden, ob ein bei sich geführtes Pfefferspray als Waffe iSv § 244 Abs. 1 Nr. 1a anzusehen ist. Hierfür spreche zunächst, dass das Pfefferspray sogar als Waffe im waffenrechtlichen Sinne gem. § 1 Abs. 2 Nr. 2a WaffG in Betracht komme.[77] Der BGH legt sich aber nicht fest und führt dann weiter aus, es handle sich jedenfalls aber um ein gefährliches Werkzeug, sodass die Frage nicht endgültig entschieden werden müsse.[78] Hierbei stellt der BGH erneut auf die abstrakt-objektive Bestimmung des gefährlichen Werkzeugs und damit objektiv auf das Beisichführen der Waffe/des gefährlichen Werkzeugs ab.[79] 116

Tathandlung ist das **Beisichführen**, wobei es ausreicht, wenn am Tatort das Werkzeug oder Mittel vom Täter mitgeführt wird, wenn er dabei die Verwendungsabsicht fasst. Das Werkzeug muss vom Täter nicht in der Hand gehalten oder am Körper getragen werden.[80] 117

[71] Vgl. BGH NStZ 2008, 512 für ein Taschenmesser mit längerer Klinge.
[72] Vgl. BGHSt 52, 257 (268) = NJW 2008, 2861; *Fischer* § 244 Rn. 22.
[73] Vgl. OLG Nürnberg StraFo 2018, 80 (81).
[74] Vgl. OLG Nürnberg StraFo 2018, 80 (81).
[75] Vgl. OLG Nürnberg StraFo 2018, 80 (81).
[76] Vgl. *Fischer* § 244 Rn. 20.
[77] Vgl. BGH BeckRS 2017, 130131 = NStZ 2018, 711.
[78] Vgl. BGH BeckRS 2017, 130131 = NStZ 2018, 711.
[79] Vgl. BGH BeckRS 2017, 130131 = NStZ 2018, 711.
[80] Vgl. BGHSt 3, 229 = NJW 1953, 32; BGHSt 13, 259 = NJW 1959, 2222; BGHSt 24, 136 = NJW 1971, 1223; BGHSt 30, 44 = NJW 1981, 1107; BGH NStZ 1997, 137.

Fall: „Dienstwaffen-Fall“[81]

P war Polizeibeamter im Streifendienst. In vier Fällen, in denen er als Angehöriger einer Streifenwagen-Besatzung an Tatorte von Einbruchsdiebstählen gerufen worden war, in denen er Kaufstätten überprüfen sollte, entwendete er selbst Waren von zT bedeutendem Wert. In all diesen Fällen führte er dabei seine geladene und schussbereite Dienstpistole bei sich. Strafbarkeit des Polizeibeamten P?

Objektiv ist die Gefährlichkeit bei **Dienstwaffenträgern** genauso gegeben, wie bei anderen Waffenträgern. Auch hier ist § 244 I Nr. 1a anzuwenden.

2. Subjektiver Tatbestand

118 Dolus eventualis (→ 2. Teil Rn. 36) genügt, der Täter muss bezüglich der Waffe oder des gefährlichen Werkzeugs mit **Verwendungsvorbehalt** handeln. Es genügt, wenn er **Kenntnis** von der mitgeführten gebrauchsbereiten Waffe oder dem gefährlichen Werkzeug hat.

III. Diebstahl mit sonstigen Werkzeugen oder Mitteln, § 244 I Nr. 1b

1. Objektiver Tatbestand

119 Als **Tatmittel** sind **sonstige Werkzeuge und Mittel**, insbesondere auch objektiv völlig ungefährliche Tatmittel, insbesondere jedes sonstige körperfremde Werkzeug oder Mittel anzusehen.

120 Wichtigste Fallkonstellation ist die Einbeziehung von sog. **Scheinwaffen**. Hier ist die **objektive Tauglichkeit des Gegenstands als Nötigungsmittel** zu prüfen.

121 In den Bereich fallen auch Gegenstände, die objektiv nicht geeignet sind das Angedrohte, wie Tod oder Verletzung, tatsächlich zuzufügen (Beispiel: echt aussehende Spielzeugpistole, Bombenattrappe, funktionsunfähige Schusswaffe, wobei bei Letzterer der Einsatz als Schlagwerkzeug auch in Betracht kommt).

! Beachtlich ist dabei auch, ob die Täuschung oder, wie erforderlich, die Drohung im Vordergrund steht.

122 Als **taugliche Tatmittel** kommen in Betracht:

123 Solche Werkzeuge und Mittel, die bei geplantem Einsatz zumindest einfache Körperverletzungen herbeiführen können, wie zB Gürtel, Handschellen, Tape, Schnüre, Kabel und Kabelstücke, Tücher und ansonsten objektiv gesehen völlig ungefährliche Werkzeuge/Mittel. Diese werden durch den Täter eingesetzt, um den Widerstand „durch Gewalt“, also Gewaltanwendung zu überwinden. Hierbei kommen sie als Fesselungs- und Knebelungswerkzeuge in Betracht, aber auch als Werkzeuge und Mittel, die eine Verletzungsbereitschaft nicht erfordern, trotzdem aber eingesetzt werden. Darunter fallen auch die Scheinwaffen. Zu beachten ist, dass die Mittel aber mindestens als Nötigungsmittel objektiv tauglich sein müssen.

[81] Nach BGHSt 30, 44 = NJW 1981, 1107.

Folglich **scheiden** als taugliche Tatmittel wiederum **aus**: 124

Solche Gegenstände, die allgemein erkennbar aufgrund ihres äußeren Erscheinungsbildes ungeeignet sind, den Körper eines Anderen in erheblicher Weise zu beeinträchtigen. Hierbei steht die Täuschung und nicht, wie erforderlich, die Drohung im Vordergrund (farbige Wasserpistole, erkennbares Gummispielzeugmesser).

2. Subjektiver Tatbestand

Höhere **Anforderungen stellt der subjektive Tatbestand.** 125

Hier ist im Unterschied zur Nr. 1a die **Verwendungsabsicht** zu prüfen. Damit ist 126
aber nicht die dolus-Form-Absicht gemeint. Hier muss es dem Täter gerade darauf ankommen, den Widerstand eines anderen durch Gewalt oder Drohung mit Gewalt zu verhindern oder zu überwinden. Der Vorsatz muss die Verwendung des Werkzeugs oder Mittels umfassen, dolus eventualis genügt.

IV. Bandendiebstahl, § 244 I Nr. 2

1. Objektiver Tatbestand

Eine zeitlang war die **Mindestanzahl** für den Bandenbegriff streitig. 127

Inzwischen gehen die **überwiegende Literaturmeinung und der BGH** davon 128
aus, dass als Bande anzusehen ist ein Zusammenschluss von mindestens **drei** Personen, die sich mit dem Willen verbunden haben, künftig für eine gewisse Dauer mehrere selbstständige, im Einzelnen noch ungewisse Taten iSd §§ 242, 249 zu begehen **(sog. „Bandenabrede").**[82]

Das Stehlen muss als Tathandlung **unter Mitwirkung eines anderen Bandenmitglieds** erfolgen. Ein Mitwirken liegt dabei vor, wenn zwei Bandenmitglieder als Mittäter oder als Täter und Teilnehmer einen Diebstahl begehen. Darüber hinaus ist nach der neueren Rechtsprechung des BGH unter der Voraussetzung, dass zwei Bandenmitglieder zusammen wirken, auch ein Bandenmitglied erfasst, das selbst zwar gar nicht vor Ort, jedoch trotzdem als Mittäter einzustufen ist (so der sog. Bandenchef).[83] 129

2. Subjektiver Tatbestand

Dolus eventualis (→ 2. Teil Rn. 36) genügt. Der Täter muss dabei im Banden- 130
interesse handeln.

In **subjektiver** Hinsicht muss der Täter **bei allen qualifizierenden Tatbeständen** 131
des § 244 I, also auch dem nachfolgend behandelten Wohnungseinbruchdiebstahl nach Abs. 1 Nr. 3 und Abs. 4 vorsätzlich handeln (§ 15). Bei Nr. 1a ist zusätzlich ein **Verwendungsvorbehalt** zu fordern, bei Nr. 1b eine **spezielle Verwendungsabsicht**, bei Nr. 2 ein Handeln **im Bandeninteresse** und bei Nr. 3 und Abs. IV muss der Täter **zur Ausführung der Tat** handeln. Der **Versuch** ist strafbar (§ 244 II).

[82] Vgl. BGHSt 46, 321 = NJW 2001, 2266.
[83] Vgl. BGHSt = NJW 2001, 2266.

3. Täterschaft und Teilnahme

132 Der Bandendiebstahl kann auch dem Teilnehmer zugerechnet werden, der als Mitglied der Bande bei den eigentlichen Diebstahlsausführungen nicht am Tatort anwesend war.

133 Ein Mitglied einer Bande, die sich zur fortgesetzten Begehung von Raub oder Diebstahl verbunden hat, kann nicht nur dann Täter eines Bandendiebstahls sein, wenn es am Tatort an der Ausführung des Diebstahls unmittelbar beteiligt ist. Es reicht aus, dass er mitwirkt, auch ohne Mittäter zu sein und der Diebstahl von mindestens zwei Bandenmitgliedern in zeitlichem und örtlichem Zusammenwirken begangen wird.[84] Ein Bandendiebstahl kann selbst dann vorliegen, wenn die eigentliche Wegnahmehandlung von einem Nichtmitglied der Bande für die Bande ausgeführt wird.[85]

134 **Exkurs: § 244a**

Schwerer Bandendiebstahl liegt immer dann vor, wenn der Täter zur Bande nach § 244 I **Nr. 2** gehört **und** den Diebstahl iSd § 243 I 2 Nr. 2 oder des § 244 I Nr. 1 oder Nr. 3 unter Mitwirkung mindestens eines der Mitglieder der Bande begeht, die sich zur fortgesetzten Begehung von Raub oder Diebstahl verbunden hat. Liegen Anhaltspunkte für das Vorliegen des § 244a vor, ist diese Vorschrift wegen ihrer **Spezialität vorrangig vor § 244 I Nr. 2 zu prüfen!**

V. Wohnungseinbruchdiebstahl, § 244 I Nr. 3, IV

135 Beim Wohnungseinbruchdiebstahl nach § 244 sind nunmehr zwei unterschiedliche Räumlichkeiten zu unterscheiden. Neben dem bisherigen § 244 I Nr. 3 für die „Wohnung" gibt es seit dem 55. Gesetz zur Änderung des Strafgesetzbuches[86] nunmehr zusätzlich § 244 IV für die „dauerhaft genutzte Privatwohnung" als Verbrechenstatbestand. Hier erfüllt nicht jede Wohnung den Tatbestand, wenn der Täter zur Ausführung der Tat in diese einbricht, einsteigt, mit einem falschen Schlüssel oder einem anderen nicht zur ordnungsmäßigen Öffnung bestimmten Werkzeug eindringt oder sich in der Wohnung verborgen hält, sondern nur eine solche, die eine dauerhaft genutzte Privatwohnung darstellt. Damit hat § 244 IV bis auf die enger gefasste Räumlichkeit dieselben Voraussetzungen wie § 244 I Nr. 3.

1. § 244 I Nr. 3

a) Objektiver Tatbestand

136 Der Begriff der **Wohnung** im fortbestehenden § 244 I Nr. 3 wurde ursprünglich mit dem des § 123 gleichgesetzt (→ 9. Teil Rn. 12). Danach sind **Wohnungen** die Räumlichkeiten, deren Hauptzweck darin besteht, Menschen zur ständigen Unterkunft zu dienen. Hierbei reicht eine saison- oder reisebedingte Benutzung

[84] Vgl. BGHSt 46, 321 = NJW 2001, 2266.

[85] Vgl. BGHSt 46, 120 = NStZ 2000, 645; BGHSt 46, 138 = NJW 2001, 83; BGHSt 46, 321 = NJW 2001, 2266.

[86] Eingefügt durch das 55. StrÄG v. 17.7.2017 (BGBl. 2017 I 2442), in Kraft getreten am 22.7.2017.

als Unterkunft aus. Räumlichkeiten, die primär Arbeitsräume sind, fallen nicht hierunter. Nach hM werden aber auch vorübergehend genutzte Hotelzimmer, Campingbusse, Wohnwagen, Wohnzelte und Wohnschiffe erfasst. Bei Wohnmobilen und Wohnwagen genügt für die vorübergehende Nutzung als Wohnung bereits die Übernachtung auf einem Autobahnparkplatz.[87]

Bei Wohnungen von Verstorbenen lässt der BGH die Wohnungseigenschaft nicht entfallen, wenn die Verstorbenen nicht (mehr) in ihnen leben. Nach Sinn und Zweck gebiete § 244 I Nr. 3 die Einbeziehung von unbewohnten Immobilien, solange sie als Wohnstätte nicht entwidmet sind.[88] 137

Der weite Wohnungsbegriff des § 123 (Hausfriedensbruch → 9. Teil Rn. 12) ist bei § 244 I Nr. 3 enger auf den **inneren Kern** zurückzuführen, der aus Räumlichkeiten besteht, die den Mittelpunkt des privaten Lebens darstellen. Damit zählen zur Wohnung unbenutzte Räume, wie zB Treppen, Waschküchen oder Keller in einem Mietshaus nur dann, wenn eine unmittelbare Verbindung zum eigentlichen Wohnbereich besteht. Nicht automatisch zur Wohnung iSd § 244 I Nr. 3 gehören damit Aufzüge, Kellerräume, Terrassen, Gärten, freistehende Garagen und rein geschäftlich genutzte Räume. 138

§ 244 I Nr. 3 erfasst deshalb unter Wohnungen die Bereiche, die nach Ansicht des Gesetzgebers aufgrund der hohen psychischen Belastung für das Opfer im Falle eines Einbruchs diese Qualifikation erfordern. 139

§ 244 I Nr. 3 ist begehbar durch **Einbrechen, Einsteigen, Eindringen mit einem falschen Schlüssel oder einem anderen nicht zur ordnungsgemäßen Öffnung bestimmten Werkzeug** oder das **Sich verborgen halten**. Diese Tatbestandsmerkmale entsprechen denen des § 243 I 2 Nr. 1 (→ 8. Teil Rn. 70 ff.). Sofern § 244 I Nr. 3 gegeben ist, ist gleichzeitig auch § 243 I 2 Nr. 1 erfüllt. Eine Wohnung ist immer auch gleichzeitig ein umschlossener Raum. Ansonsten sind die Tathandlungen identisch. Durch die erschwerte hohe psychische Belastung für das Opfer weist § 244 I Nr. 3 dann den höheren Strafrahmen aus. 140

Probleme bereiten die Räumlichkeiten, die der gemischten Nutzung zu beruflichen und Wohnzwecken dienen (zB das Büro, das im Wohnhaus liegt). Hier differenziert der Gesetzestext, ob ein Einbruch in eine „Wohnung" (dann § 244 I Nr. 3) oder in „ein Gebäude, einen Dienst- oder Geschäftsraum oder in einen anderen geschlossenen Raum" (dann § 243 I 2 Nr. 1) vorliegt. 141

Der BGH stellt fest, dass auch ein Arbeitszimmer ein Teil der Wohnung iSv § 244 I Nr. 3 ist, wenn dieses „so in den Wohnbereich integriert ist, dass insgesamt eine in sich geschlossene Einheit vorliegt".[89] 142

Hierunter fallen auch Räumlichkeiten, die dem Wohnbegriff „typischer Weise zuzuordnen" sind, also zum Beispiel der „Keller eines Einfamilienhauses".[90] 143

In der Konsequenz heißt das, dass § 244 I Nr. 3 auch erfüllt ist, wenn der Täter aus diesen Räumen stiehlt. Gelangt der Täter durch einen Einbruch in einen 144

[87] Vgl. BGH NJW 2017, 1186 ff. (1187) = StraFo 2017, 76.
[88] Vgl. BGH NJW 2020, 1750 f.
[89] BGH NStZ 2013, 120 ff.
[90] BGH NStZ 2013, 120 ff.

Nebenraum und verschafft sich dann „ungehindert Zugang zum ohne weiteres erreichbaren Wohnbereich“,[91] so ist ebenfalls § 244 I Nr. 3 erfüllt.

145 Damit stellt der erste Strafsenat auf eine Wohnungseinheit ab.

146 In der Konsequenz fällt damit jede Wegnahme durch Einbruch in diese Einheit unter § 244 I 3.

147 Anderes gilt nur bei Räumlichkeiten, die vom Wohnbereich „völlig getrennt untergebracht sind“.[92]

1. Bricht der Täter erst in privaten Wohnraum ein, um ungehindert in Geschäftsräume zu gelangen und dort zu stehlen, findet ebenfalls § 244 I Nr. 3 Anwendung.[93] Hierbei stellt der BGH darauf ab, dass der Täter „in“ eine Wohnung eingebrochen (bzw. eingestiegen, eingedrungen oder in ihr verborgen gewesen) sein muss, aber er muss nicht „aus“ ihr gestohlen haben.[94]
2. Bricht der Täter in einen Raum ein, der nur der beruflichen Nutzung dient, „aber so in den Wohnbereich integriert ist, dass insgesamt eine in sich geschlossene Einheit vorliegt“,[95] so liegt Wohnungseinbruchdiebstahl vor.
3. Bricht der Täter in einen Geschäftsraum ein, der als Räumlichkeit vom Wohnbereich völlig getrennt untergebracht ist, um von dort aus ohne weitere Hindernisse in den Wohnbereich zu gelangen, um dann dort zu stehlen, liegt kein Wohnungseinbruchdiebstahl vor.[96]

148 Für die polizeiliche Ermittlungsarbeit bedeutet dies, dass genau ermittelt werden muss, wie die Räumlichkeiten im Falle gemischter Nutzung zusammenhängen.

149 Der Tatrichter muss später nicht mehr ermitteln, wie die konkrete Nutzung des Gebäudeteils in den eingebrochen wurde, vorgesehen war. Er muss lediglich klären, ob eine Wohneinheit vorliegt.[97] In der Besprechung von *Ladiges* bleibt im Ergebnis offen, wieso der BGH die Ansicht vertritt, dass ein Raum der beruflichen Nutzung damit auch unter den Wohnungsbegriff eingestuft wird rein aufgrund der räumlichen Integration.

150 Für den Tatrichter und ihm vorgeschaltet die ermittelnden Polizeibeamten bedeutet das weiterhin, dass diese ermitteln müssen, ob eine geschlossene Einheit vorliegt, wobei der BGH hierzu im Zusammenhang mit Räumen mit beruflicher Nutzung keine weiteren Ausführungen macht. So müssten die Polizeibeamten und später der Tatrichter sogar feststellen, ob eine Verbindungstür zwischen Geschäfts- und Wohnraum im Tatzeitpunkt abgeschlossen war[98] (und zB aufgebrochen wurde). Konsequenz wäre dann bei einer im Tatzeitpunkt nicht abgeschlossenen Tür die Bejahung nur des § 243 I 2 Nr. 1, bei abgeschlossener Tür § 244 I Nr. 3.[99]

91 BGH NStZ 2013, 120 ff.
92 BGH NStZ 2013, 120 ff.
93 Vgl. BGH NStZ 2013, 120 ff.
94 Vgl. BGH NStZ 2013, 120 ff. mit Verweis auf LK/*Vogel* § 244 Rn. 76 mwN.
95 BGH NStZ 2013, 120 Rn. 38.
96 Vgl. BGH NStZ 2013, 120 Rn. 37; 2008, 514 (515) mwN.
97 Vgl. BGH NStZ 2013, 120; *Ladiges* StraFo 2012, 324 (326).
98 Vgl. *Ladiges* StraFo 2012, 326.
99 Vgl. *Ladiges* StraFo 2012, 327.

Werden die Feststellungen nicht hinreichend getroffen, kann das wiederum auf der Basis der BGH-Rechtsprechung dazu führen, dass der Wohnungseinbruchdiebstahl zu verneinen ist. 151

So geschah es auch vom BGH in einem Beschluss aus dem Jahr 2014. Dort kam es zu einem Diebstahl, in dessen Verlauf der Täter durch einen an das Wohnhaus angebauten Schuppen durch eine weitere Holztür von dem Schuppen direkt in das Wohnhaus gelangte. Dort entwendete er zahlreiche Gegenstände. Da der Täter nicht „in" ein Wohnhaus einbrach, und die Tatumstände nicht hinreichend iSd § 244 I Nr. 3 ermittelt gewesen seien, wurde die Anwendung von § 244 I Nr. 3 verneint.[100] 152

Unter diesen Aspekten ergibt sich folgende Falllösung: 153

Fall:

Der Täter E bricht zunächst das Garagentor eines Einfamilienhauses auf und gelangt dann über eine Verbindungstür in die Wohnung.

Er findet dort nichts Wertvolles, kommt in die Garage zurück und findet dort einen hochwertigen Chrom-Vanadium-Steckschlüsselsatz, wie er ihn immer schon haben wollte. Den nimmt er mit.

Strafbarkeit des E?

Es stellt sich das Problem, ob die Garage bereits ein Teil der „Wohnung" ist. Dann würde § 244 I Nr. 3 greifen. Wenn es nur ein „umschlossener Raum" ist, würde § 243 I 2 Nr. 1 gegeben sein. Aufgrund obiger Rechtsprechung ist bei Garagen von einer Abgeschlossenheit auch bei räumlicher Nähe auszugehen. Damit liegt nur ein „umschlossener Raum" iSd § 243 I 2 Nr. 1 vor, der bezüglich des Vorsatzwechsels hinsichtlich des Steckschlüsselsatzes zu bejahen wäre. Bezüglich des Gelangens in die Wohnung würde ein Versuch des § 244 I Nr. 3 damit ausscheiden, wenn der Täter nicht bereits mit Vorsatz in die Garage eingebrochen wäre, um von dort aus in das Wohnhaus zu gelangen und zu stehlen. Hierfür gibt der Sachverhalt keine Anhaltspunkte. Im Ergebnis wäre unter Anwendung des Zweifelgrundsatzes dann eine Strafbarkeit des E nach §§ 242 I, 243 I 2 Nr. 1 gegeben.

Wäre dagegen der E zunächst in die Garage eingebrochen um von dort aus in die Wohnung zu gelangen und zu stehlen, findet er dort aber nichts und stiehlt anschließend im Rahmen eines Vorsatzwechsels den Steckschlüsselsatz aus der Garage, ist § 244 vollendet. Damit ergäbe sich dann eine Strafbarkeit des E nach §§ 242 I, 244 I Nr. 3.[101]

b) Subjektiver Tatbestand

Dolus eventualis (→ 2. Teil Rn. 36) genügt, der Täter muss **zur Ausführung der Tat handeln**. 154

[100] Vgl. BGH BeckRS 2014, 13036 Rn. 3–5.

[101] Vgl. so auch *Fischer* § 244 Rn. 48.

2. § 244 IV

a) Objektiver Tatbestand

155 Der weite Wohnungsbegriff des § 244 I Nr. 3[102] erfasst grundsätzlich alle abgeschlossenen und überdachten Räume, die Menschen zumindest vorübergehend als Unterkunft dienen.[103] Hierunter fallen beispielsweise vermietete Hotelzimmer, Wohnmobile und Wohnwagen, sofern diese nur vorübergehend zur Unterkunft dienen, also während der Nutzung bei einer Urlaubsreise.[104] Dies gilt auch für eine nur einmal im Jahr genutzte Ferienwohnung.

156 Demgegenüber wird als geschützte Tatobjekte in § 244 IV pauschal in der Bundestagsdrucksache unter dem Begriff „dauerhaft genutzte Privatwohnung" eine Wohnung und ein Einfamilienhaus einschließlich der nicht von ihnen getrennten Nebenräume wie Keller, Wasch- und Trockenräume und die Zweitwohnung von Berufspendlern aufgezählt.[105]

157 *Die* **Privatwohnung** in § 244 IV wird gegenüber der Wohnung in § 244 I Nr. 3 nach überwiegender Ansicht wohl keinen eigenständigen Begriffsinhalt besitzen.[106] Vielmehr besteht der Unterschied nur in der **Dauerhaftigkeit** der Wohnung. Kriterium ist damit der zeitliche dauerhafte Widmungszweck des Bewohners. Dabei geht das Tatbestandsmerkmal „dauerhaft" von einer durchgängigen Nutzung aus. Abwesenheit bei kurzen bis mittellangen Urlaubsreisen führt aber nicht zum Wegfall der Dauerhaftigkeit.

158 Privatwohnungen dürften den Regelfall darstellen, Wohnungen hingegen die Ausnahme.

b) Subjektiver Tatbestand

159 Dolus eventualis (→ 2. Teil Rn. 36) genügt. Der Täter muss **zur Ausführung der Tat handeln**. Da der zeitliche Widmungszweck des Bewohners maßgeblich für die Dauerhaftigkeit ist, kann hier ein Tatbestandsirrtum nach § 16 I 1 in Betracht kommen (→ 2. Teil Rn. 265). Denkbar ist das zum Beispiel bei Diebstählen aus Hotelzimmern oder Wohnwagen. In Fällen, in denen diese tatsächlich auf Dauer Wohnzwecken dienen, liegt ein Tatbestandsirrtum beim Täter in § 244 IV vor, wenn er irrig glaubt, die Wohnung werde nicht dauerhaft genutzt. Es bleibt dann aber die Strafbarkeit nach § 244 Abs. 1 Nr. 3 bestehen.[107]

! **Wichtig für die polizeiliche Praxis:** Insgesamt müssen in Zukunft Polizeibeamte im Rahmen ihrer Ermittlungstätigkeiten feststellen, ob eine Wohnung oder eine dauerhaft genutzte Privatwohnung vorliegt. Letzteres dürfte der Regelfall sein. Aufgrund dessen sollte bei Zweifeln im Rahmen der Ermittlung zunächst noch von einer dauerhaft genutzten Privatwohnung ausgegangen werden.[108]

[102] → 8. Teil Rn. 136.
[103] Vgl. BGHSt NStZ 2008, 514 mit Verweis auf § 123; hierzu auch *Nolden* PIR 2018, Heft 3, S. 30, 31.
[104] Vgl. BGHSt 61, 285 = NJW 2017, 1186.
[105] Vgl. BT-Drs. 18/23459, 5; hierzu auch *Nolden* PIR 2018, Heft 3, S. 30, 32.
[106] Vgl. Schönke/Schröder/*Bosch* § 244 Rn. 32.
[107] Hierzu *Nolden* PIR 2018, Heft 3, S. 30, 32.
[108] Vgl. *Nolden* PIR 2018, Heft 3, S. 30, 32.

Übungsfall: Ein Fall – mehrere Normen

K. Lau (= K) hebelte das Fenster der Jugendstilvilla des R. Eich (= R) auf, die ihm zu verlockend erschien. K rechnete schon damit, dass der R nicht nur schöne Antiquitäten, sondern auch entsprechende Schutzmaßnahmen („Schusswaffen") im Hause haben könnte. Falls er entdeckt würde, wollte er direkt Widerstand verhindern. Deswegen nahm er seine ungeladene Magnum, 9 mm, mit. Passende Munition konnte sich K schon lange nicht mehr leisten und besaß er nicht. R weilte zu der Zeit auf seiner Motorjacht im wunderschönen Hafen von Ciutadella. K war über das Angebot im Haus entzückt. In einem verschlossenen Vitrinenschrank, dessen Schlüssel er in der Eile leider nicht finden konnte, sah er wunderbare Taschenuhren aus dem 17. Jahrhundert. Da er sein Stemmeisen schon einmal dabei hatte, machte er auch vor dem schönen alten Schrank nicht Halt. Er brach ihn auf und nahm einige der Uhren mit sich. Mit weiteren Gegenständen erheblichen Wertes verließ er glückselig das Haus.

Strafbarkeit des K? Sämtliche erforderlichen Strafanträge sind gestellt.

Sammeln Sie bitte zunächst die in Betracht kommenden Strafnormen:

- § 123 I Alt. 1
- § 303 I
- § 242 I
- § 243 I 2 Nr. 1 und 2
- § 244 I Nr. 1a
- § 244 I Nr. 1b
- § 244 I Nr. 3
- § 244 IV

Bei der Falllösung können verschiedene Konstellationen geprüft werden. Die chronologische Anordnung nach § 244 Nr. I 1a bis Nr. I 3, IV muss nicht zwingend eingehalten werden.

Es erscheinen daher folgende Lösungswege sinnvoll:

Am naheliegendsten scheint die (einfache) Prüfung des § 244 I Nr. 3, IV.

1. Strafbarkeit aus §§ 242 I, 244 I Nr. 3, IV:

§ 242 I = (+). Qualifikationstatbestand § 244 I Nr. 3, IV (+)

2. Strafbarkeit aus §§ 242 I, 244 I Nr. 1a:

Hier müsste die ungeladene Pistole eine Waffe oder ein gefährliches Werkzeug sein. Unter „Waffen" subsummiert sind solche gefährlichen Werkzeuge, die ihrer Natur nach zu den besonders gefährlichen Tatgegenständen zählen. Hier stellen die Schusswaffen eine Untergruppe dar. Die Waffe des K war aber nicht geladen. Die Schusswaffe als Waffe ist ein „Spezialfall" eines gefährlichen Werkzeugs. Sie muss damit objektiv gefährlich als „Schuss-Waffe" sein. Ungeladen ist sie dies nicht. Sie ist nicht einsatzbereit als Schusswaffe. Sie könnte schussbereit gemacht werden, wenn der K Munition dabei gehabt hätte. Hierzu fehlte ihm seit längerem das Geld.

Eine ungeladene Schusswaffe kann aber anders eingesetzt werden und zwar als ein „anderes gefährliches Werkzeug", wenn sie zB als Schlagwerkzeug (massiver Stahl!) eingesetzt wird. Wer dies bejaht, kommt zu einer Strafbarkeit aus § 244 I Nr. 1a, ansonsten scheidet die Strafbarkeit aus.

! **Merke:** Eine „Magnum“ ist **immer** auch ein massiv-stählernes Schlagwerkzeug!

3. Strafbarkeit aus §§ 242 I, 244 I Nr. 1b

Wird die ungeladene Schusswaffe nicht als Schlagwerkzeug und damit als „anderes gefährliches Werkzeug“ iSd § 244 I Nr. 1a angesehen, ergibt sich eine Prüfungsmöglichkeit anhand des § 244 I Nr. 1b.

Dann müsste es sich bei der von dem K mitgeführten ungeladenen Pistole um ein Werkzeug oder ein Mittel iSd § 244 I Nr. 1b handeln.

Wie bereits oben ausgeführt, ist eine objektive Gefährlichkeit nicht erforderlich, als „Ausgleich“ hierfür ist aber die Verwendungsabsicht iSd Nr. I 1b erforderlich. Im Endeffekt fallen Scheinwaffen mit Verwendungsabsicht unter § 244 I Nr. 1b. Dies gilt damit automatisch auch für ungeladene (echte) Schusswaffen.

4. Ergebnis:

§§ 244 I Nr. 1a, 244 I Nr. 1b, 244 I Nr. 3, IV sind hier als Ergebnis denkbar und damit eine Strafbarkeit nach (jeweils wie subsumiert) §§ 242 I, 244 I Nr. 1a, bzw. und/oder 244 I Nr. 1b, 244 I Nr. 3, IV.

Wichtig:

Die ebenfalls verwirklichten oder denkbaren §§ 242 I, 243 I 2 Nr. 1, 2 und 7 treten im Wege der Gesetzeskonkurrenz (Spezialität des § 244) zurück! § 123 I Alt. 1 und § 303 I stehen hierzu in Tateinheit nach § 52.

VI. Minder schwerer Fall, § 244 III

160 Im Februar 2012 wurde der minder schwere Fall neu eingeführt. Er ist in § 244 III geregelt.[109] Danach wird der Strafrahmen von sechs Monaten bis zu zehn Jahren auf drei Monate bis zu fünf Jahre reduziert. Die Obergrenze entspricht damit der des § 242. Es handelt sich um eine **Strafzumessungsregelung** (→ 1. Teil Rn. 87). Der Gesetzgeber hatte hierbei § 250 III im Blick. Insbesondere im Bereich des § 244 I Nr. 1a für das „gefährliche Werkzeug“ sollte eine Möglichkeit geschaffen werden, auch Alltagsgegenstände, die lediglich vom Täter bei sich geführt werden, als Entscheidungsgrundlage erfassen zu können.[110] *Fischer* kritisiert insoweit, dass sich eine komplexe Einzelfallrechtsprechung ergeben wird, was bei welchen „Alltagsgegenständen“ zu minderschweren Fällen führt oder nicht. Denn es sei bereits fraglich, ob Alltagsgegenstände überhaupt die Voraussetzung der Qualifikation tatbestandlich erfüllen.[111] Insoweit wurde bereits eine Zange nicht als gefährliches Werkzeug qualifiziert, wenn wie in der Entscheidung des KG gerügt, durch das erstinstanzliche Amtsgericht nicht hinreichend ermittelt wurde, ob „die Zangen nach ihrer objektiven Beschaffenheit zur Zufügung erheblicher Verletzung geeignet waren“.[112]

[109] Art. 5 III Gesetz v. 24.2.2012 (BGBl. 2012 I 212).
[110] Vgl. BT-Drs. 17/4143, 7.
[111] Vgl. *Fischer* § 244 Rn. 61.
[112] KG NJW-Spezial 2014, 153 = BeckRS 2014, 03384.

In Betracht kommt die Anwendung nach Abs. 3 insbesondere in Fällen, in denen 161
nach der Verkehrsauffassung zB wegen geringer krimineller Energie, geringem wirtschaftlichen Schaden und geringem Unrechtsgehalt der Tat eine höhere Bestrafung nicht für erforderlich angesehen würde.[113]

> **Wichtig:** § 244 III findet keine Anwendung bei dauerhaft genutzten Privatwohnungen nach § 244 IV, sondern nur in den Fällen des § 244 I Nr. 1–3! Das ergibt sich zum einen aus dem Wortlaut des § 244 III und zum anderen aus der dogmatischen Anordnung des § 244 III als gesetzliche Regelung vor dem § 244 IV. Damit wird der schwerwiegendere § 244 IV (Verbrechensqualifikation) nicht von § 244 III erfasst.[114]

VII. Versuch

Der Versuch ist strafbar nach § 244 II. 162

> **Wichtig:** § 244 III findet keine Anwendung bei dauerhaft genutzten Privatwohnungen nach § 244 IV, sondern nur in den Fällen des § 244 I Nr. 1–3! Das ergibt sich zum einen aus dem Wortlaut des § 244 III und zum anderen aus der dogmatischen Anordnung des § 244 III als gesetzliche Regelung vor dem § 244 IV. Damit wird der schwerwiegendere § 244 IV (Verbrechensqualifikation) nicht von § 244 III erfasst.[115]

> **Beachte:** Der 5. BGH-Strafsenat hat seine Rechtsprechung zur Abgrenzung der straflosen Vorbereitungshandlung vom Versuch bei Diebstahlsdelikten geändert und seine bisherige Rechtsprechung dazu aufgegeben. Für das unmittelbare Ansetzen zur geplanten Wegnahme ist es nicht mehr erforderlich, dass der angegriffene gewahrsamssichernde Schutzmechanismus auch erfolgreich überwunden wird. Die schalldämpfende Verhüllung eines Zigarettenautomaten mit einem Handtuch und einer Plane vor dessen Aufbruch zu dem Zweck, die Aufbruchsgeräusche zu dämpfen, reicht nunmehr als Versuchsbeginn des Einbrechens, Einsteigens oder Eindringens iSv §§ 22, 242, 243 I 2 Nr. 1, 244 I Nr. 3. Die Verhüllung bedeutet den ersten Schritt hin zum Aufbruch des Automaten.[116]
>
> Damit wirkt sich die neue Rechtsprechung auch auf den Versuchsbeginn des § 244 I Nr. 3 aus.

[113] Vgl. so nun auch *Fischer* § 244 Rn. 62.

[114] Kritisch *Fischer* § 244 Rn. 63.

[115] Kritisch *Fischer* § 244 Rn. 63.

[116] Vgl. BGH BeckRS 2020, 9020 = NJW 2020, 2570 f. = StraFo 2020, 296 f.

E. Unterschlagung, § 246

Bitte lesen Sie zunächst den Gesetzestext!

I. Überblick

163 Das Vermögensdelikt der Unterschlagung findet sich im 19. Abschnitt des Strafgesetzbuchs. Diese wurde in der PKS 2019 in 108.754 Fällen erfasst mit einer Aufklärungsquote von 46,7 %.[117]

164 **Prüfungsschema: Unterschlagung (§ 246)**

I. Tatbestandsmäßigkeit der einfachen Unterschlagung (§ 246 I)

1. Objektiver Tatbestand

a) Tatobjekt: fremde bewegliche Sache
Sache: körperlicher Gegenstand (§ 90 BGB)
beweglich: alle Sachen, die fortbewegt werden können
fremd: Allein-, Mit- oder Gesamtheitseigentum eines anderen (nach Regeln des BGB)

b) Tathandlung:
Eigen- oder Drittzueignung: Manifestation der Zueignung (die wiederholte Zueignung fällt nicht hierunter)
Rechtswidrigkeit

2. Subjektiver Tatbestand
Bedingter Vorsatz reicht aus, auch bezüglich der Rechtswidrigkeit der Zueignung (Parallelwertung in der Laiensphäre)

II. Rechtswidrigkeit

III. Schuld

IV. Besonderheiten der Veruntreuung (§ 246 II):

1. Qualifikation, wenn Sache dem Täter anvertraut worden ist, § 246 II
- Gewahrsamsübertragung mit der Maßgabe, Sache nur zu einem bestimmten Zweck zu verwenden oder zurückzugeben.

2. Vorsatz hinsichtlich der Qualifizierung

V. Strafantrag oder Bejahung eines **besonderen öffentlichen Interesses** durch die Staatsanwaltschaft bei Zueignung geringwertiger Sachen (§ 248a), oder Strafantrag bei einer persönlichen Beziehung zwischen Täter und Opfer (§ 247).

VI. Subsidiarität, § 246 I

VII. Ergebnis

II. Die (einfache) Unterschlagung, § 246 I

1. Einordnung

165 § 246 I schützt anders als der Diebstahlstatbestand (§ 242 I) nur das **Eigentum** und nicht den Gewahrsam. Anders als bei § 242 I ist eine **Wegnahme** und damit ein Gewahrsamsbruch bei § 246 I **gerade nicht erforderlich**. Vielmehr greift § 246 I insbesondere dann ein, wenn sich jemand eine Sache zueignet, an der er bereits Gewahrsam **hat**.

[117] Vgl. Polizeiliche Kriminalstatistik Jahrbuch 2019 Bd. 1, Fälle, Aufklärung, 19, 35.

Fall:

A leiht dem B seine goldene Uhr. B verkauft die Uhr an C.

B hat C die Uhr durch den Verkauf zwar zugeeignet, jedoch keinen Gewahrsam gebrochen. Denn wegen der (gutgläubigen) Leihe war B selbst bereits Gewahrsamsinhaber. Daher liegt nicht § 242, sondern § 246 vor.

Es kommt nicht darauf an, ob der Täter die Sache im Besitz oder Gewahrsam hat. Damit ist eine Drittzueignung ebenfalls möglich. 166

In § 246 I ist ferner mit dem letzten Halbsatz geregelt, dass die Unterschlagung subsidiär zurücktritt, wenn die Tat in anderen Vorschriften mit schwererer Strafe bedroht ist. Die hM geht zutreffend davon aus, dass diese Subsidiarität jedoch nur für andere Zueignungsdelikte (Diebstahl, Raub etc) gilt.[118] 167

Sofern schwerere Delikte (§§ 242, 249, 253, 259, 263, 266) in Betracht kommen, müssen diese zuerst geprüft werden. Ist eines erfüllt, genügt ein kurzer Verweis, dass § 246 I subsidiär zurücktritt. 168

2. Objektiver Tatbestand

a) Tatobjekt

Tatobjekt des objektiven Tatbestandes ist eine **fremde bewegliche Sache**. Es handelt sich hierbei um dasselbe Tatobjekt wie beim Diebstahl, die Ausführungen zu § 242 I sind zu übernehmen (→ 8. Teil Rn. 12 ff.). 169

b) Tathandlung

Anders als beim Diebstahl ist die **rechtswidrige Zueignung** die **Tathandlung**. Während der Diebstahl die Wegnahme (Gewahrsamsbruch) voraussetzt, fehlt dieses Merkmal bei § 246 I, denn der **Täter** hat bereits typischerweise **Gewahrsam** über das Tatobjekt. Diese Sache muss er sich **zueignen**. Damit ist die **Zueignung** als **objektives Tatbestandsmerkmal** in § 246 zu untersuchen. 170

Im Gegensatz dazu muss zur Abgrenzung der Täter die Zueignung beim Diebstahl lediglich beabsichtigen. Objektiv eingetreten sein muss sie nicht. 171

Ohne objektiv vorliegende Zueignung ist die Vollendung des Unterschlagungsdeliktes nicht möglich. Damit ist die dauernde Enteignung des Berechtigten erforderlich und die mindestens vorübergehende Aneignung beim Täter. Hierfür ist ein äußerlich erkennbarer Zueignungsakt notwendig. Dies wird als objektive **Manifestation des Zueignungswillens** bezeichnet. Ein äußerer Betrachter muss den gesicherten Eindruck erhalten, dass das nach außen erkennbare Verhalten des Täters seinen Zueignungswillen belegt. 172

Beispiele: Der Täter hat sich Sachen nur geliehen und verschenkt oder veräußert sie weiter. Dabei stellt er sich selbst als Eigentümer dar.

Ein gemietetes Videoband aus der Videothek wird vom Täter weiterverkauft.

[118] Vgl. *Fischer* § 246 Rn. 23a mwN; anders aber BGHSt 43, 237 = NJW 1998, 465.

Merke: Anders als § 242 I verlangt § 246 I eine **objektiv vorliegende Zueignung**. Neben dem **Zueignungswillen** muss also auch eine **objektive Manifestation des Zueignungswillens** gegeben sein. Dadurch, dass gegenüber dem Diebstahl bei der Unterschlagung die Zueignung zur **objektiven Tatbestandsvoraussetzung** gemacht wurde, bedarf es damit eines äußerlichen Erkennungsaktes durch den Täter.

173 **aa) Zueignungswille.** Der Zueignungswille entspricht im Wesentlichen der Zueignungsabsicht iRd § 242 I. Auch hier ist der Wille einer dauerhaften Enteignung und einer zumindest kurzzeitigen Aneignung erforderlich. Anders als § 242 I verlangt § 246 I jedoch keine Zueignungsabsicht. Insofern ist auch im Bereich der Aneignung jede Vorsatzform ausreichend (→ 8. Teil Rn. 39).

174 **bb) Manifestation des Zueignungswillens.** Im Rahmen des § 246 I muss ein objektiver Zueignungsakt vorliegen. Das darf im Rahmen einer Fallbearbeitung auf keinen Fall übersehen werden.

Definition Manifestation des Zueignungswillens: Jede äußere Handlung des Täters, die einen objektiven Beobachter auf den Willen schließen lässt, dass der Täter den Eigentümer dauernd ausschließen (enteignen) und die Sache oder ihren Wert dem eigenen Vermögen (sich aneignen) will.

175 Die Erzielung eines entsprechenden Enteignungserfolges wie bei § 242 ist nicht erforderlich.

Fall:

Der Stadtstreicher S findet auf einer Parkbank eine verlorene Tasche. Die nimmt er mit. Hierbei wird er von dem Beobachter B gesehen. S hat den Vorsatz, die Sache für sich zu behalten.

Liegt eine Zueignung vor?

Der Zueignungs**wille** besteht. Es fehlt allerdings an der **Manifestation** des Zueignungswillens, für den objektiven Beobachter (B) ist von außen nicht erkennbar, ob der Stadtstreicher S die Sache für sich behalten oder wie ein rechtmäßiger Finder ins Fundbüro bringen möchte. Anders wäre der Fall gelagert, wenn S die Tasche sofort seinem 50 Meter weiter stehenden Freund F, der dringend eine Tasche sucht, für 5 EUR zum Kauf anbieten würde.

176 **cc) Rechtswidrigkeit der Zueignung.** Weiteres objektives Untersuchungsmerkmal (anders als bei § 242) ist die Rechtswidrigkeit der Zueignung. Nicht rechtswidrig ist die Zueignung, wenn der Täter (wie bei § 242) einen fälligen, einredefreien Anspruch auf Übereignung der Sache hat.

177 In diesem Fall steht die Zueignung nicht im Widerspruch zur rechtlichen Eigentumsordnung. Im Falle der Drittzueignung genügt ein entsprechender Anspruch aufseiten des Dritten.

Exkurs: Sonderproblem mehrfache Zueignung:

Ein Problem iRd § 246 I ist die Frage, ob man sich ein und dieselbe Sache mehrfach zueignen kann.

Fall:

D hat eine Ladung Holz gestohlen. A, der alles weiß bringt D dazu, sich daraus einen Tisch zu bauen. Hat D sich nach § 246 I strafbar gemacht, indem er den Tisch baute?

D hat sich das Holz bereits durch den Diebstahl zugeeignet. Der Bau des Tisches ist eine Verarbeitung. Damit hat er diesen Zueignungswillen **erneut** manifestiert. Hier stellt sich die Frage, ob eine **erneute Zueignung** überhaupt möglich ist. Das hat insbesondere Auswirkung auf die Strafbarkeit des A, der nur bei der Bejahung einer Unterschlagung des D wegen Anstiftung bestraft werden kann (Grundsatz der Akzessorietät).

Hierbei werden zur Lösung die Meinungen „Tatbestandslösung"[119] und „Konkurrenzlösung"[120] vertreten. Die erste geht davon aus, dass eine Zueignung tatbestandlich nur einmal möglich ist, eine einmal einverleibte Sache sei schon logischerweise nicht beliebig oft in das Vermögen einverleibbar. Eine Teilnahme des A scheidet hiernach aus. Die zweite Meinung (Konkurrenzlösung) widerspricht dem und will so die Strafbarkeit bestimmter Teilnehmer ermöglichen. Bezüglich der Tat des Haupttäters D soll eine mitbestrafte Nachtat vorliegen, die bei diesem hinter seinem Erstdelikt Diebstahl (auf Konkurrenzebene) zurücktritt.

3. Vorsatz

Der Vorsatz muss sich auf alle objektiven Merkmale (fremde bewegliche Sache), auf die Zueignung und ihre Rechtswidrigkeit beziehen. 178

Dolus eventualis (→ 2. Teil Rn. 36) reicht aus! 179

Wie bei § 242 sind eine Enteignungs- und eine Aneignungskomponente erforderlich. Da bei § 246 – anders als bei § 242 – die **Zueignung objektives** Tatbestandsmerkmal ist, muss der Aneignungswille als Aneignungsvorsatz verstanden werden (dabei reicht dolus eventualis). Bei der Enteignungskomponente genügt von vornherein dolus eventualis, da diese Vorsatzform auch bei § 242 genügt. 180

Der Vorsatz muss sich mit **dolus eventualis** beziehen auf das objektive Tatbestandsmerkmal **fremde bewegliche Sache** sowie die **Zueignung** und die **Rechtswidrigkeit der Zueignung**. 181

Beachte: Ist der Vorsatz bezüglich der **Zueignung** bereits im Rahmen der Manifestation des Zueignungswillens geprüft worden, ist er hier nicht erneut zu prüfen, sondern darauf zu verweisen.

119 Vgl. BGHSt 16, 280 (282) = NJW 1962, 116; vgl. BGH NStZ-RR 1996, 132.

120 Vgl. *Fischer* § 246 Rn. 13.

4. Rechtswidrigkeit

182 Es gelten die allgemeinen Regeln (→ 2. Teil Rn. 48 ff.).

5. Schuld

183 Es gelten die allgemeinen Regeln (→ 2. Teil Rn. 201 ff.).

III. Qualifikation der veruntreuenden Unterschlagung, § 246 II

184 Ein Fall des § 246 II wird als **Veruntreuung** verfolgt. Die Veruntreuung des § 246 II stellt eine **Qualifikation** (→ 1. Teil Rn. 80) der einfachen Unterschlagung (§ 246 I) dar. Sie erfordert, dass die fremde bewegliche Sache dem Täter zuvor **anvertraut** war. Beim Anvertrautsein handelt es sich um ein strafschärfendes besonderes persönliches Merkmal iSd **§ 28 II**.[121]

185 **Anvertraut** ist eine Sache dann, wenn der Täter sie vom Eigentümer oder von einem Dritten mit der Verpflichtung erlangt hat, sie zu einem bestimmten Zweck zu verwenden, aufzubewahren oder auch nur zurückzugeben.[122] Auch hierauf muss sich der Vorsatz des Täters beziehen.

186 Der Täter weiß daher um die Verpflichtung, die Gegenstände zurückzugeben oder nur zu bestimmten Zwecken im Sinne des Anvertrauenden zu verwenden.

Beispiele: Geliehene, gemietete, verwahrte oder unter Eigentumsvorbehalt gekaufte Sachen sind dem Täter **anvertraut**.

187 Auf der subjektiven Seite bedeutet dies, dass der Vorsatz sich auch auf das Anvertrautsein der Sache beziehen muss.

! **Merke:** Bei der **veruntreuenden Unterschlagung** gem. § 246 II handelt es sich um eine **Qualifikation zu § 246 I!**

IV. Versuch

188 Die Versuchsstrafbarkeit ergibt sich aus § 246 III.

121 Vgl. BGH StV 1995, 84; *Joecks/Jäger* StGB § 246 Rn. 28.

122 Vgl. BGHSt 9, 90 (91) = BeckRS 1956, 31192089; *Fischer* § 246 Rn. 16.

9. TEIL
Hausfriedensbruch, § 123

Auch der Hausfriedensbruch nach § 123 I ist in der polizeilichen Praxis sehr bedeutsam und wird häufig im Zusammenhang mit Diebstahlsdelikten verwirklicht. 1

A. Antragsdelikt/Privatklagedelikt

Der Hausfriedensbruch ist ein **uneingeschränktes Antragsdelikt**, wird also ausschließlich verfolgt, wenn vom Verletzten ein Strafantrag nach §§ 77 ff. gestellt wurde. Darüber hinaus ist er ein **Privatklagedelikt** nach § 374 I Nr. 1 StPO. Öffentliche Klage nach § 376 StPO iVm Nr. 86 II RiStBV wird von der Staatsanwaltschaft nur dann erhoben, wenn dies im öffentlichen Interesse liegt. Auch hier liegt die Entscheidung nach Nr. 87 RiStBV bei der Staatsanwaltschaft und nicht bei der Polizei. 2

B. Tatvarianten

Der Hausfriedensbruch ist ein Vorsatzdelikt. Er ist nach hM kein eigenhändiges Delikt.[1] Damit gelten die allgemeinen Regeln über Mittäterschaft und mittelbare Täterschaft (→ 4. Teil Rn. 16 ff., 30 ff.). 3

Bitte lesen Sie zunächst den Gesetzestext des § 123. !

Die Norm enthält zwei Modalitäten. 4

In seiner 1. Variante nach § 123 I 1. Fall ist der Tatbestand erfüllt, wenn der Täter in die geschützten Örtlichkeiten eindringt. Die Widerrechtlichkeit ist in § 123 I 1. Fall nur Hinweis auf die allgemeine Rechtswidrigkeit und kein Tatbestandsmerkmal. Damit ist die 1. Variante ein **Begehungsdelikt** und steht zunächst bei einem aktiven Verhalten unter Strafe. Dennoch ist nach hM ein Eindringen auch durch **unechtes Unterlassen** nach § 13 möglich.[2] Da aber im Grundstudium das unechte Unterlassungsdelikt nicht prüfungsrelevant wird, sollen hierzu keine weiteren Ausführungen erfolgen. In der 2. Variante ist der Hausfriedensbruch ein **echtes Unterlassungsdelikt**. Hierfür muss der Täter ohne Befugnis in den geschützten Örtlichkeiten verweilen und sich auf die Aufforderung des Berechtigten nicht entfernt haben. Auch wenn der Hausfriedensbruch im siebzehnten Abschnitt und damit bei den Straftaten gegen die öffentliche Ordnung steht, schützt er das **Hausrecht** als Individualgut. 5

Als Vergehen ist der Hausfriedensbruch im Versuch nicht strafbar. 6

[1] Vgl. LK/*Lilie* § 123 Rn. 76.
[2] Vgl. BGHSt 21, 224 (225) = NJW 1967, 941.

I. Prüfungsschemata

7 Daraus ergeben sich folgende Prüfungsschemata:

8 **Prüfungsschema: Hausfriedensbruch (§ 123 I 1. Variante)**

I. Tatbestandsmäßigkeit
- **1. Objektiver Tatbestand**
  - a) Tatobjekte
    - Wohnung eines anderen
    - Geschäftsräume eines anderen
    - befriedetes Besitztum eines anderen
    - abgeschlossene Räume, welche zum öffentlichen Dienst oder Verkehr bestimmt sind
  - b) Eindringen
- **2. Subjektiver Tatbestand**
  Vorsatz, dolus eventualis genügt

II. Rechtswidrigkeit
III. Schuld
IV. Strafantrag, § 123 II
V. Ergebnis

9 **Prüfungsschema: Hausfriedensbruch (§ 123 I 2. Variante)**

I. Tatbestandsmäßigkeit
- **1. Objektiver Tatbestand**
  - a) Tatobjekte
    - Wohnung eines anderen
    - Geschäftsräume eines anderen
    - befriedetes Besitztum eines anderen
    - abgeschlossene Räume, welche zum öffentlichen Dienst oder Verkehr bestimmt sind
  - b) ohne Befugnis darin Verweilen und Nichtentfernen trotz Aufforderung des Berechtigten
- **2. Subjektiver Tatbestand**
  Vorsatz, dolus eventualis genügt

II. Rechtswidrigkeit
III. Schuld
IV. Strafantrag, § 123 II
V. Ergebnis

II. Tatbestandsmerkmale

10 Voraussetzung ist folglich entweder ein Eindringen in eine geschützte Räumlichkeit (§ 123 I 1. Fall) oder ein ohne Befugnis darin Verweilen und Nichtentfernen trotz Aufforderung des Berechtigten (§ 123 I 2. Fall).

1. Geschützte Räumlichkeiten

Als geschützte Räumlichkeiten kommen bei beiden Varianten gleichermaßen die Wohnung, die Geschäftsräume, das befriedete Besitztum eines anderen oder abgeschlossene Räume, welche zum öffentlichen Dienst oder Verkehr bestimmt sind, in Betracht. 11

Wohnung ist der Inbegriff der Räume, die einer Einzelperson oder einer Mehrheit von Personen zum Aufenthalt dienen.[3] Dass sich in der Räumlichkeit auch ein Bett befinden muss, ist hierbei nicht Voraussetzung.[4] 12

Beispiele: Wohnzimmer, Schlafzimmer, Küche, Bad, Obdachlosenunterkünfte.

Erfasst werden auch Nebenräume.

Beispiele: Treppen, Flure, Waschräume.

Unmaßgeblich ist die Dauer des Wohnzwecks. Erfasst sind bewegliche und unbewegliche Örtlichkeiten. 13

Beispiele: Hafträume, Campingzelte, Hotelzimmer, Schiffe, Wohnwagen.

Nicht zur Wohnung gehören aber normale Kraftfahrzeuge, die nicht bewohnt werden. Sie sind auch kein befriedetes Besitztum, sodass sie nicht vom Anwendungsbereich des § 123 erfasst werden. 14

Geschäftsräume sind abgeschlossene, auch mobile Betriebs- und Verkaufsstätten, die vorübergehend oder dauernd gewerblichen künstlerischen, wissenschaftlichen oder ähnlichen Zwecken dienen. Auch hier gehören Nebenräume dazu. 15

Beispiele: Verkaufsräume, Geschäftspassagen, Marktbuden, Wagen der Händler.

Das **befriedete Besitztum** erweitert das Tatobjekt auf weitere abgegrenzte Plätze. Es ist insofern von den ungeschützten Örtlichkeiten und damit von einem straflosen Verhalten abzugrenzen. Unter einem befriedeten Besitztum versteht man nur eine unbewegliche Sache, die in äußerlich erkennbarer Weise durch den Berechtigten mittels zusammenhängenden Schutzwehren gegen das willkürliche Betreten durch andere gesichert ist. Die Befriedung muss nicht lückenlos sein, sodass auch dann ein Grundstück erfasst wird, wenn der ihn umgebende Zaun ein Loch hat, durch die der Täter auf das Grundstück gelangt. Auch ist nicht Voraussetzung, dass die Schutzwehren ein schwer zu überwindendes Hindernis darstellen. 16

[3] Vgl. RGSt 12, 132.
[4] Vgl. LK/*Lilie* § 123 Rn. 8.

Beispiele: Mit Mauern, Zäunen, Hecken, Absperrketten umgebene Einfriedungen, leerstehende Wohnungen, Abbruchhäuser, Geschäftspassagen (bestehend aus mehreren Geschäften).

Gegenbeispiele: Grundstücke mit Verbotsschildern, Fußgängerpassagen, unterirdische Fußgängerpassagen zur U-Bahnstation.[5]

17 Tatobjekte sind schließlich noch abgeschlossene Räume, die zum öffentlichen Dienst oder Verkehr bestimmt sind. **Abgeschlossen** sind baulich abgegrenzte **Räume**. Auf die Beweglichkeit kommt es hier nicht an.

18 **Zum öffentlichen Dienst bestimmt** sind diese, wenn in ihnen Tätigkeiten aufgrund öffentlich-rechtlicher Vorschriften ausgeübt werden.

Beispiele: Behördenräume, Sitzungssäle, Kirchen,[6] Schulen, Universitäten, Wahllokale, in öffentlich-rechtlicher Form betriebene kommunale Tiefgaragen.

Zum öffentlichen Verkehr bestimmt sind Räume, die dem Personen- oder Gütertransportverkehr dienen und allgemein zugänglich sind.

Beispiele: Bahnabteile, Straßenbahnwagen, Omnibusse, Flugzeuge, Warteräume, Bahnhofshallen.[7]

2. Eindringen, § 123 I 1. Fall

19 Tathandlung in § 123 I 1. Fall ist das **Eindringen**. Die Widerrechtlichkeit ist – wie bereits dargestellt – kein (zusätzliches) Tatbestandsmerkmal. Eindringen ist das Betreten des Tatobjekts gegen den Willen des Berechtigten.

Beispiel: Dem Randalierer R hat der Stadionbetreiber ein Stadionverbot ausgesprochen. Beim nächsten Heimspiel wird A im Stadion angetroffen.

Das Stadion ist ein befriedetes Besitztum. In dieses ist R gegen den Willen des Stadionbetreibers eingedrungen. Er hat vorsätzlich rechtswidrig und schuldhaft gehandelt. Stellt der Stadionbetreiber Strafantrag, ist der Hausfriedensbruch verfolgbar.

a) Betreten

20 Zu klären ist, wann § 123 I 1. Fall, dessen Versuch straflos ist, vollendet ist. **Betreten** setzt voraus, dass der Täter mit seinem ganzen Körper oder einem Teil desselben in das Tatobjekt eindringt. Nicht genügend ist hingegen das Hineingreifen oder Hineinwerfen von Gegenständen.

Beispiel: Der Zeitschriftenvertreter stellt einen Fuß in die Wohnungstür, obschon der Hausrechtsinhaber ihn zurückweist.

[5] Vgl. OLG Frankfurt a.M. JuS 2007, 191 (192).
[6] Vgl. OLG Jena NJW 2006, 1892.
[7] Vgl. OLG Bremen NJW 1962, 1453.

Hierin liegt bereits vollendeter Hausfriedensbruch nach § 123 I 1. Fall durch Eindringen vor.

Gegenbeispiel: Es genügt hingegen nicht, wenn der Täter durch das Fenster greift und von der Fensterbank der Wohnung seines Opfers einen Blumentopf entwendet. Unzureichend ist auch das Schütten von Müll durch das geöffnete Fenster in die Küche der Nachbarwohnung.

b) Berechtigter

Zudem ist zu erörtern, auf wessen entgegenstehenden Willen es ankommt, wer also **Berechtigter** iSd § 123 ist. Gerade diese Frage führt in der Praxis zu erheblichen Schwierigkeiten. 21

Bei Wohnungen ist Berechtigter der Hausrechtsinhaber. Dies ist derjenige, der die jeweiligen Räume bewohnt und damit in ihnen seine räumlich begrenzte Privatsphäre rechtmäßig begründet.[8] Damit steht das Hausrecht grundsätzlich dem Mieter auch gegenüber dem Vermieter zu. 22

Auch mehrere Personen könnten Hausrechtsinhaber sein. Dabei kann kein Hausrechtsinhaber dem anderen das Hausrecht verwehren. 23

Beispiel: Ehemann M kommt nachts betrunken nach Hause. Seine Frau F verwehrt ihm den Zutritt zur ehelichen Wohnung. M bricht daraufhin die Wohnung gewaltsam auf. Strafbarkeit nach § 123 I 1. Fall?

Die Ehegatten üben das Hausrecht gleichrangig aus. Insofern ist M nicht in die Wohnung eines anderen eingedrungen.

Nach hM genügt bei mehreren Hausrechtsinhabern das Einverständnis eines Berechtigten zum Betreten durch einen Dritten aus, um ein Eindringen zu verneinen. Bei Meinungsverschiedenheiten ist im Einzelfall auf das Prinzip der Zumutbarkeit abzustellen. Damit muss jeder Mitberechtigte die ihm zumutbare Anwesenheit anderer dulden.[9] 24

Beispiel: Der Ehemann muss grundsätzlich die Schwiegermutter, nicht aber den Geliebten der Ehefrau dulden.

Die Ausübung des Hausrechts kann Dritten, wie etwa der Hausangestellten, übertragen werden. 25

c) Wille

Der **Wille** des Berechtigten kann auch durch Täuschung erschlichen worden sein. Die Täuschung beseitigt die Wirksamkeit der Verfügung über das Hausrecht nicht. In diesem Fall ist ein Eindringen zu verneinen. Anders sieht es nur bei einer Drohung aus. Diese nimmt dem Einwilligenden die Freiwilligkeit seines Einverständnisses. 26

8 Vgl. *Joecks/Jäger* StGB § 123 Rn. 24.

9 Vgl. OLG Hamm NJW 1965, 2067 (2068).

Beispiele:
- Erzählt A der Wohnungsinhaberin W wahrheitswidrig, er sei der Gasmann und betritt A mit Zustimmung der getäuschten W die Räumlichkeiten, um im unbeobachteten Moment die Wertsachen der W zu entwenden, liegt lediglich Diebstahl nach § 242 I, nicht aber Hausfriedensbruch vor.
- Bedroht A die W mit einer Pistole, um sie zu zwingen ihn in die Wohnung zu lassen, verwirklicht A beim Betreten § 123 I 1. Fall, da eine Bedrohung die Wirksamkeit eines tatbestandsausschließenden Einverständnisses beseitigt (→ 2. Teil Rn. 77).

27 Hat der Berechtigte bestimmte Räumlichkeiten generell für den allgemeinen Publikumsverkehr geöffnet, so deckt diese Erlaubnis nach hM auch das Betreten zu widerrechtlichen oder unerwünschten Zwecken.[10] Etwas anderes gilt nur dann, wenn das äußere Erscheinungsbild des Täters von dem durch die allgemeine Zutrittserlaubnis üblichen Rahmen abweicht.

Beispiele:
- Betritt der unauffällige Dieb das Kaufhaus, so begeht er einen Diebstahl, wenn er eine fremde bewegliche Sache wegnimmt, nicht aber einen Hausfriedensbruch, da das Kaufhaus eine generell zugängliche Räumlichkeit ist und ein Eindringen entfällt.
- Betritt demgegenüber der maskierte Bankräuber die Bank, so liegt hierin – da für jeden die deliktische Absicht erkennbar – ein Hausfriedensbruch.

3. Verweilen ohne Befugnis, § 123 I 2. Fall

28 In der 2. Variante macht sich derjenige strafbar, der sich auf die Aufforderung des Berechtigten nicht aus dem Tatobjekt entfernt. Die Aufforderung kann ausdrücklich oder schlüssig zum Ausdruck kommen.

Beispiel: Gastwirt W hat Gast G nach einer Schlägerei mit einem anderen Gast der Gaststätte verwiesen. G entfernt sich aber nicht. Er ist der Meinung, dass W kein Recht habe, ihn aus einer öffentlichen Gaststätte zu werfen.

Die Gaststätte ist ein Geschäftsraum. W hat G zum Verlassen der Räumlichkeiten aufgefordert. Sein Wille ist nur dann unbeachtlich, wenn die Rechtsausübung gesetz- oder sittenwidrig ist (zB wenn W grundsätzlich Ausländern der Gastwirtschaft grundlos verweisen würde). G verweilte folglich ohne Befugnis und hat sich auf die Aufforderung des W nicht entfernt, sodass G einen Hausfriedensbruch nach § 123 I 2. Fall begangen hat. Sein Irrtum kann nur als vermeidbarer Verbotsirrtum nach § 17 gewertet werden (hierzu bereits → 2. Teil Rn. 270 ff.).

29 Der Mieter, dessen Mietverhältnis wirksam endet, der aber dennoch die Räumlichkeiten weiter bewohnt, begeht keinen Hausfriedensbruch. Sein Hausrecht endet erst, wenn der Eigentümer aufgrund eines Räumungstitels wieder den unmittelbaren Besitz an seinem Mietobjekt ausübt.

[10] Vgl. Schönke/Schröder/*Sternberg-Lieben/Schittenhelm* § 123 Rn. 26.

10. TEIL
Juristische Methodik

Juristische Methodik beschäftigt sich unter anderem mit dem juristischen **Gutachtenstil**, also einer Methode der Bearbeitung juristischer Falllösungen. Sie erfasst zudem die Fertigkeiten, juristische Problemstellungen wissenschaftlich zu **recherchieren** und diese sachgerecht zu **zitieren**.[1] 1

A. Gutachtenstil

Klausuren bzw. Hausarbeiten werden im **Gutachtenstil** geschrieben.[2] Das gilt 2
nicht nur für das Strafrecht, sondern für alle Rechtsfächer. Auch das Fachgespräch[3] folgt – wenn es um die Lösung eines juristischen Sachverhaltes geht – dem Gutachtenstil. Er ist erforderlich, da dieser dem Regelfall des juristischen Arbeitens in der Praxis entspricht. Durch diesen Stil wird die Übersichtlichkeit der Falllösung gewährleistet, der Gedankengang kann nachvollzogen werden und die Falllösung ist hierdurch vollständig. Da in den ersten Semestern alles „problematisch“[4] ist, sollte der Student diesen Stil zu Anfang überwiegend wählen.

Gutachtenstil bedeutet, dass man von einer Hypothese bzw. Behauptung aus- 3
geht, die man im Weiteren auf ihre Berechtigung in Bezug auf den Sachverhalt überprüft. Die Gutachtentechnik geht damit von einem ungesicherten Ansatz aus und kommt zu einem sicheren Schluss. Typisch für den Gutachtenstil sind folgende Formulierungen nach der Behauptung: „also“, „folglich“, „somit.“ Als Prüfungspunkte im Gutachtenstil sind zu merken:

- Oberobersatz
- Voraussetzungen; bei mehreren sind auch weitere Obersätze erforderlich
- Definition
- Subsumtion
- Ergebnis.

Eine Vielzahl von Voraussetzungen kann eine mehrfache Prüfung von Ober- 4
sätzen, Definitionen, Subsumtionen und (Zwischen-)Ergebnissen erforderlich machen.

[1] Prof. Dr. *Nolden* und Polizeirat *Berthold* haben im Rahmen einer Kooperation zwischen der FH Pol LSA und der HfPV Hessen ein digitales Selbstlernmodul zur Anfertigung von rechtswissenschaftlichen Bachelorthesen in der Lernplattform ILIAS entwickelt. Es enthält unter anderem auch Inhalte zur juristischen Recherche und zum Zitieren. Es ist derzeit von diesen beiden Hochschulen nutzbar und soll ab Herbst 2019 im Rahmen einer Creative Commons Lizenz CC BY-NC kostenlos Mitgliedsinstitutionen der Bundesarbeitsgemeinschaft Digitale Lehre an den Hochschulen des öffentlichen Dienstes über das Lernmanagementsystem ILIAS zur Verfügung stehen. Damit können diese Institutionen unter Namensnennung der beiden Ersteller das Lernmodul nicht kommerziell weiterverwenden, verbreiten, vervielfältigen, bearbeiten und abwandeln, hierzu: *Nolden/Berthold* PIR 2019, Heft 3, 42 ff.

[2] Hierzu auch *Wolf* JuS 1996, 30 ff.

[3] In Sachsen-Anhalt heißt diese Prüfungsform „mündliche Prüfung“.

[4] Für den Studierenden.

5 Das Gegenteil vom Gutachtenstil ist der **Urteilsstil**. Dieser setzt das Ergebnis an die Spitze und begründet es anschließend durch einen Vergleich von Definition und Sachverhalt. Beim Urteilsstil wählt man die Worte: „weil“, „denn.“ Dieser Stil sollte – wie gesagt – in den Anfangssemestern möglichst vermieden werden. In höheren Semestern gilt: je schwieriger und wichtiger ein Problem ist, desto ausführlicher und genauer muss der Gutachtenstil sein, anderenfalls stellt man ein Merkmal nur fest oder wählt den Urteilsstil.

I. Oberobersatz

6 Jede einzelne Deliktsprüfung muss mit einem **Oberobersatz** beginnen. Dieser stellt eine Hypothese auf. Er wird im Konjunktiv formuliert und knüpft an ein Verhalten im Sachverhalt an. Dabei ist die Strafbarkeit und die Strafnorm gegebenenfalls mit genauem Absatz, Satz und Nummer zu bezeichnen und die Formulierung „wegen ... strafbar“ oder „eines ... schuldig“ zu wählen.

Beispiel: Indem A das Buch im Kaufhaus des B in seine Tasche steckte, könnte er sich wegen Diebstahls nach § 242 I strafbar gemacht haben.

Mögliche Fehler:

- „Indem A das Buch im Kaufhaus wegnahm ...“: der Oberobersatz darf nicht an Tatbestandsmerkmalen anknüpfen, da diese (hier die Tathandlung: Wegnahme) erst im Tatbestand zu prüfen, also zu definieren, subsumieren und dann festzustellen sind.
- „Hat sich A, indem er das Buch im Kaufhaus des B in seine Tasche steckte, wegen Diebstahls nach § 242 I strafbar gemacht?“: Direkte Fragen sind unzulässig!
- Statt § 242 I, wird nur § 242 zitiert: Der genaue Absatz muss benannt werden.
- Formulierungen „wegen ... schuldig“ oder „eines ... strafbar“.

II. Voraussetzungen

7 In jedem Prüfungspunkt sollten zunächst die vollständigen **Voraussetzungen** abstrakt benannt werden.

! **Klausurtipp:** Unproblematische Merkmale (wie etwa „wer“ und damit das Tatsubjekt [Täter]) müssen nicht abstrakt, sondern dürfen direkt als feststehend formuliert werden (etwa mit dem Namen des Täters).

8 Für den Diebstahl im objektiven Tatbestand kann also formuliert werden:

Dazu müsste A einem anderen eine fremde bewegliche Sache weggenommen haben.

9 Wichtig ist hier die objektiven und die subjektiven Tatbestandsmerkmale auseinanderzuhalten. Überschreibt man also den Prüfungspunkt mit „Objektiver Tatbestand“, dann darf unter diesem Punkt etwa nicht der Vorsatz und die

rechtswidrige Zueignungsabsicht beim Diebstahl geprüft werden, da dies subjektive Tatbestandsmerkmale des § 242 I sind.

III. Obersatz

Da viele Voraussetzungen im objektiven Tatbestand existieren, muss zu jeder Voraussetzung wieder ein Obersatz gebildet werden. Da „Sache" das Substantiv ist, ist dies die erste Voraussetzung im Diebstahl, obschon im Gesetz zunächst die Fremdheit der Sache erwähnt wird. Es muss also zunächst geprüft werden, ob das Buch im konkreten Sachverhalt eine Sache ist. 10

> Das Buch müsste also eine Sache sein.

IV. Definition

Hier ist im Weiteren dieses Merkmal „Sache" im Diebstahl zu **definieren**. Dabei muss abstrakt dargestellt werden, wann das zu prüfende Merkmal erfüllt ist. Manche Gesetze definieren selbst die Tatbestandsmerkmale. Man spricht in solchen Fällen von Legaldefinitionen (vgl. etwa die Legaldefinition „Kraftfahrzeug" in § 248b IV: *„Kraftfahrzeuge im Sinne dieser Vorschrift sind die Fahrzeuge, die durch Maschinenkraft bewegt werden, Landkraftfahrzeuge nur insoweit, als sie nicht an Bahngleise gebunden sind."*). 11

Sinnvoll ist es Definitionen – bis auf Legaldefinitionen (hier muss man nur wissen, wo sie stehen) – wie Vokabeln zu lernen! Natürlich genügt es in der Klausur, wenn diese mit eigenen Worten wiedergeben werden. Zu beachten ist aber, dass wertvolle Zeit verloren geht, wenn erst in der Prüfung begonnen wird, sich eine Definition zu „basteln". Im obigen Diebstahlsbeispiel müsste es somit heißen: 12

> Eine Sache ist jeder körperliche Gegenstand iSd §§ 90 f. BGB.

V. Subsumtion

Bei der **Subsumtion** wird geprüft, ob die fallrelevante Voraussetzung im Sachverhalt vorliegt. Sie ist damit die Brücke vom abstrakten-generellen Gesetzestext zum konkreten-speziellen Fall. Es wird also geprüft, ob der Fall zum Gesetz passt. Vermieden werden sollen Begriffe wie „hier" oder „vorliegend". Dem Prüfer ist klar, dass Sie gerade diesen Fall prüfen. Welchen denn auch sonst? Insofern sind die Begriffe nur unnütze Füllworte und der Prüfer, der sie zum wiederholten Mal liest, kann sie irgendwann nicht mehr sehen. 13

Die Subsumtion zu dem Begriff „Sache" kann dann wie folgt aussehen: 14

> Das Buch besteht aus Papier und ist deshalb aus festem Material.

! **Klausurtipp:** Wiederholen Sie möglichst in der Subsumtion nicht wörtlich die Begrifflichkeiten aus der Definition. Schreiben Sie also nicht etwa „das Buch ist ein körperlicher Gegenstand". Dies fällt zunächst schwer. Der Prüfer möchte hier sehen, ob Sie sich bildlich dieses Buch wirklich angeschaut haben und dieses als körperlichen Gegenstand beschreiben können.

VI. Ergebnis

15 Schließlich ist ein (Zwischen-)**Ergebnis** zu finden:

Damit ist das Buch eine Sache.

! **Klausurtipp:** Subsumtion und Ergebnis können auch bei einfachen Merkmalen zusammengezogen werden: „Das Buch besteht aus Papier und deshalb aus festem Material, sodass es eine Sache ist".

16 So verfährt man dann auch mit allen weiteren Merkmalen (beim Diebstahl wird also der Gutachtenstil beim Merkmal „fremd" fortgesetzt, usw), bis man schließlich ein Ergebnis für jedes Unrechtsmerkmal und schließlich ein Gesamtergebnis für eine Strafnorm bekommt. Wird ein Unrechtsmerkmal verneint, dann muss hier die Prüfung abgebrochen werden.[5] Gerade der Student im jungen Semester meint hier noch weiter prüfen zu müssen. Das Gutachten endet dann aber bei der jeweiligen Deliktsprüfung mit dem Ergebnis:

A hat sich folglich nicht wegen Diebstahls nach § 242 I strafbar gemacht, indem er das Buch im Kaufhaus in seine Tasche steckte.

17 Anderenfalls müssen alle Merkmale geprüft werden und die Strafbarkeit muss in einem Ergebnissatz bejaht werden.

18 Grundsätzlich enden juristische Arbeiten mit den Konkurrenzen. Hierunter versteht man das Verhältnis, in dem mehrere Gesetzesverletzungen eines Beteiligten zueinanderstehen. Dies ist maßgeblich zur Beantwortung der Frage, wie man letztendlich bestraft wird. Diese Frage hat für den Polizeivollzugsbeamten nur untergeordnete Bedeutung. Insofern gehören im Bachelorstudiengang PVD vertiefte Kenntnisse zu den Konkurrenzen im Strafrecht weder zum Modulabschnitt „Grundstudium", noch zu den späteren Modulabschnitten.[6] Die Kon-

[5] Etwas anderes gilt nur dann, wenn die Prüfungsaufgabe ein Hilfsgutachten verlangt, was im Strafrecht – anders als im Eingriffsrecht – unüblich ist.

[6] Etwas anderes gilt für die Konkurrenzen im Straßenverkehrsrecht. Kenntnisse hierzu entscheiden unter anderem darüber, ob Verwarnungs- bzw. Bußgelder zusammen addiert werden müssen. Nur wer hierzu Kenntnisse besitzt kann erkennen, ob sich Verkehrsordnungswidrigkeiten noch im Verwarngeld- oder schon im Bußgeldbereich bewegen. Seit dem 1.5.2014 ist der Bußgeldbereich durch das 5. Gesetz zur Änderung des Straßenverkehrsgesetzes und anderer Gesetze v. 28.8.2013 (BGBl. 2013 I 3313 [Nr. 52]) auf 60 EUR hochgesetzt worden. Erst ab diesem Betrag muss der Polizeibeamte eine Ordnungswidrigkeitenanzeige fertigen, sodass seine Zu-

kurrenzen werden insofern im Grundstudium nur am Rande behandelt, da sie auch Bedeutung für den Prüfungsaufbau haben.

B. Wissenschaftliche Recherche

Will man juristische Themen wissenschaftlich recherchieren, muss man wissen 19

- **was** man sucht,
- **wo** man es sucht und ob die Suche nur einen Überblick oder sogar umfassende Erkenntnisse des gesuchten Dokuments ermöglicht.

Da das Strafrecht im Kontext zu anderen Rechtsfächern (Zivilrecht, Öffentlichem Recht) steht, umfasst die nachfolgende Darstellung nicht nur die Recherche nach strafrechtlichen Informationen, sondern sie ermöglicht eine solche unabhängig vom jeweiligen Rechtsgebiet zur Beantwortung aller juristischen Fragen. Insofern sind die nachfolgenden Informationen neben dem Strafrecht für alle polizeirelevanten Rechtsfächer (im Öffentlichen Recht: Polizeirecht, Versammlungsrecht, Straßenverkehrsrecht, Strafverfahrensrecht und Ordnungswidrigkeitenrecht, im Zivilrecht: etwa Fragen nach dem Eigentumsübergang, die für das Strafrecht relevant sind) maßgeblich. Sie sind konkret auf die Recherchemöglichkeiten der Studierenden der HSPV NRW des PVD zugeschnitten. Verwiesen werden soll hier auch auf die Broschüre „DIGITALE MEDIEN AN DER HSPV NRW – Anleitung zur Recherche" aus dem Jahre 2020.[7] An anderen Fachhochschulen der Polizeien müssen die Besonderheiten im Intranet und den jeweiligen Bibliotheken beachtet werden. Die Ausführungen zu den Recherchemöglichkeiten zu allgemein zugänglichen Printmedien und im Internet gelten hingegen für jede Hochschule. 20

I. Überblick

Bei der Frage, **was** man recherchieren will, gibt es vier verschiedene juristische Erkenntnisquellen: 21

- Rechtsquellen
- Rechtsprechung
- Literatur
- Parlamentarische Dokumente.

Bei der Frage, **wo** man recherchiert, muss man unterscheiden zwischen der Recherche 22

- in Printmedien[8] (zB Gesetzessammlungen, Lehrbüchern, Kommentaren, Zeitschriften in Papierform)
- im Intranet
- im Internet.

ständigkeit auf die Kreisordnungsbehörden (in **Sachsen-Anhalt** auf die zentrale Bußgeldstelle bei der Polizeiinspektion Zentrale Dienste Sachsen-Anhalt) übergeht.

7 Hierzu HSPV NRW, https://www.hspv.nrw.de/dateien_medien_und_didaktik/Bibliothek/digitale_bibliothek/2020_09_18_Broschuere_E-Medien_WEB.pdf (Tag der Abfrage: 1.4.2021).

8 = Druckmedien.

23 Für die Frage nach der Erkenntnistiefe muss man bei Datenbanken in Literatur und Rechtsprechung wissen, ob man in einer Volltextdatenbank oder einer Referenzdatenbank recherchiert. In Letzterer, die allein Belege für Fundstellennachweise oder einen Kurztext beinhaltet, muss für den Volltext weitergesucht werden.

II. Rechtsquellen

24 Ausgangspunkt jeder juristischen Recherche sind die Rechtsquellen. In Deutschland können sowohl der Bund (Bundesrecht) als auch die Länder (Landesrechte) Regelungen treffen. Die jeweilige Zuständigkeit folgt aus dem Grundgesetz. Dabei bricht nach Art. 31 GG das Bundesrecht das Landesrecht (Vorrang des Bundesrechts), wenn die Regelungen im Widerspruch zueinanderstehen.

25 Zu unterscheiden sind formelle und materielle Gesetze. Gesetze im formellen Sinne sind solche, die durch das Gesetzgebungsverfahren, das die Verfassung vorschreibt, vom Parlament – dem Bundestag oder einem Landesparlament – verabschiedet werden (= Parlamentsgesetze). Gesetze im materiellen Sinne sind alle abstrakt-generellen Regelungen (Bund/Land) mit Außenwirkung wie formelle Gesetze, Rechtsverordnungen, Satzungen oder das Gewohnheitsrecht.[9]

! **Merke!** Das StGB ist ein formelles und materielles Bundesgesetz!

Formelle Gesetze (Bund/Land)	Materielle Gesetze (Bund/Land)
Parlamentsgesetze	**Gesetze im weiteren Sinne mit Außenwirkung:** • Parlamentsgesetze • Rechtsverordnungen • Satzungen • Gewohnheitsrecht

26 Eine weitere Rechtsquelle bilden Verwaltungsvorschriften. Diese werden nicht immer als solche bezeichnet, sondern heißen etwa auch Anordnungen, Dienstanweisungen, Erlasse, Richtlinien oder Verfügungen. Sie sind weder Gesetze im formellen noch im materiellen Sinne, da sie von Exekutivorganen erlassen werden und sich ihre Rechtswirkungen auf den Innenbereich des erlassenden Trägers öffentlicher Gewalt beschränken.

Rechtsquellen ohne Außenwirkungen (Bund/Land)
• Unter Umständen formelle Gesetze • Verwaltungsvorschriften

[9] Die meisten formellen Gesetze sind zugleich auch materielle Gesetze. Etwas anderes gilt nur dann, wenn das Gesetz – wie etwa das Haushaltsgesetz – nur die Staatsorgane, nicht aber den Bürger bindet und deshalb keine Außenwirkung entfaltet.

1. Publikationsorgane

Für formelle Gesetze (Art. 82 GG), Rechtsverordnungen (Art. 82 GG) und Satzungen ist eine Verkündung in einem dafür vorgesehenen Publikationsorgan (Gesetz- oder Amtsblatt bzw. etwas Ähnlichem) vorgesehen. Erst hierdurch werden diese Rechtsquellen wirksam. Anders verhält es sich bei Verwaltungsvorschriften, die zwar verkündet werden, deren Wirksamkeit aber nicht hiervon abhängt.[10] Bei der Recherche ist es also wichtig, in Abhängigkeit von der Art der Rechtsquelle das Publikationsorgan und seine Recherchemöglichkeit zu kennen. 27

Art der Rechtsquelle	Publikationsorgan	Recherchemöglichkeit
Bund: • **Gesetze** • **Rechtsverordnungen**	Bundesgesetzblatt = BGBl.	• In Papierausgabe • Online ab der ersten Ausgabe von 1949 (BGBl. Teil I) und ab 1951 (BGBl. Teil II) = https://www.bgbl.de
Bund: • **Allgemeine Verwaltungsvorschriften** • **Rechtsverordnungen** • **Richtlinien** • **Erlasse** • **Anordnungen**	Gemeinsames Ministerialblatt = GMBl.	• Online = http://www.gmbl-online.de
Land NRW: • **Landesgesetze** • **Rechtsverordnungen des Landes NRW**	Gesetz- und Verordnungsblatt NRW = GV NRW	• Online = https://recht.nrw.de/lmi/owa/br_gliederung?ver=2&val=1&sg=0&anw_nr=2
Land NRW: • **Erlasse**	Ministerialblätter NRW (MBl. NRW)	• Online = https://recht.nrw.de/lmi/owa/br_gliederung?ver=1&val=1&sg=0&anw_nr=1

Merke! Änderungen des StGB werden im BGBl. veröffentlicht!

2. Gesetzestexte

Die Inhalte der Gesetzesbestimmungen, die sog. Gesetzestexte, werden wie folgt recherchiert: 28

a) Printmedium

Eine Gesetzessammlung in Papierform ist das fünfbändige Polizeifachhandbuch. 29

Achtung: Das StGB findet sich dort unter Ordnungsnummer 2.1 Bu.

[10] Dennoch ist es ein unverzichtbares rechtsstaatliches Erfordernis, Rechtsvorschriften so bekannt zu geben, dass die davon Betroffenen Kenntnis von deren Inhalt nehmen können.

Das Polizeifachhandbuch enthält aber nur einen kleinen Ausschnitt an polizeirelevanten Rechtsquellen. Nicht immer genügt es zur Recherche.

! **Achtung:** Die PDVen, die Verschlusssache sind, müssen etwa in Ihrer Bibliothek erfragt werden.

b) Intranet

30 Nur über das Campus Netz der HSPV NRW an den Recherche PCs (Intranet) kann auf folgende Datenbanken zugegriffen werden, die unter anderem Rechtsquellen beinhalten:

Name der Datenbank	Inhalt
beck-online	**beck-online** ist eine Recherchedatenbank des Verlages C.H.BECK. Freigeschaltet sind hier folgende Module: das Hochschulmodul, die Praxis der Kommunalverwaltung NRW, das Nomos Bundesrecht und das Polizei- und Sicherheitsrecht PLUS. Man kann in den vom Beck-Verlag veröffentlichten und für die HSPV NRW freigeschalteten Modulen recherchieren. Hierzu gibt man entweder das gesuchte Gesetz in die Suchmaske ein oder man sucht unter dem Button „Normen“ nach Rechtsvorschriften, Verwaltungsvorschriften, Verträgen, sonstigen Rechtsquellen und Gesetzessammlungen.
DBIS	**DBIS** Rechtswissenschaft ist ein Fachausschnitt des Datenbankinformationssystems, ein kooperativer Service zur Nutzung wissenschaftlicher Datenbanken. Hier finden sich im Internet frei zugängliche Angebote zusammen mit lizenzierten Inhalten. Unter anderem besteht hier die Möglichkeit des Zugriffs auf Gesetzessammlungen.
Das Deutsche Gesetzesportal	**Das Deutsche Gesetzesportal** stellt alle Informationen zum kompletten Werdegang von Gesetzen mit allen parlamentarischen Dokumenten bereit: vom Entwurf bis zum konsolidierten Gesetzestext[11] einschließlich aller Änderungen.
Jurion	Die Fachdatenbank **Jurion** bietet juristische Fachinformationen in elektronisch aufbereiteter Form. Sie ermöglicht unter anderem die Suche in Rechtsnormen.
Juris-Spectrum	**Juris-Spectrum** enthält Bundesrecht inklusive der Verlinkung zu den Veröffentlichungen in den Bundesgesetzblättern I und II, Landesrecht aller 16 Bundesländer, Europäische Vorschriften und Verträge und Verwaltungsvorschriften.

[11] Gesetze können auch Änderungsgesetze sein. Bestehende Gesetze bedürfen dann einer so geänderten Fassung. Durch die in das Gesetz eingearbeiteten Änderungen entsteht eine „konsolidierte Fassung“.

c) Internet

Auch über das Internet kann man vom Campus Netz der HSPV NRW oder von zu Hause aus auf Datenbanken mit Rechtsquellen zugreifen. 31

Hierzu existiert zunächst eine Linksammlung der HSPV NRW, die das EU-Recht, das Bundes- und das Landesrecht recherchierbar macht: 32

Linksammlung	https://www.hspv.nrw.de/medien-und-didaktik/hochschulbibliothek/digitale-bibliothek/links-und-rechtsquellen#c1607

In Abhängigkeit zur Art der Rechtsquelle bieten sich auch folgende Recherchemöglichkeiten: 33

Art der Rechtsquelle	Recherchemöglichkeit
Bund: • **Gesetze** • **Rechtsverordnungen**	• Online = http://www.gesetze-im-internet.de; https://dejure.org/
Bund: • **Verwaltungsvorschriften**	• Online = http://www.verwaltungsvorschriften-im-internet.de/
Land NRW: • **Gesetze** • **Verordnungen** • **Erlasse** • **Bekanntmachungen**	• Online = https://recht.nrw.de/lmi/owa/br_start

Achtung: Das StGB findet man in seiner aktuellen Fassung unter http://www.gesetze-im-internet.de/ oder https://dejure.org/.

III. Rechtsprechung

Die Rechtsprechung ist die Praxis richterlicher Entscheidungen (Judikative). 34

1. Printmedien

Rechtsprechung wird in ihren jeweiligen amtlichen Bänden oder in Fachzeitschriften veröffentlicht. 35

Die obersten Gerichte in Deutschland haben wichtigste Entscheidungen in amtlichen Bänden in Papierform publiziert. Für den Studierenden im PVD sind folgende Bände besonders relevant: 36

BVerfGE	Entscheidungen des Bundesverfassungsgerichts
BVerwGE	Entscheidungen des Bundesverwaltungsgerichts
BGHZ	Entscheidungen des Bundesgerichtshofs in Zivilsachen
BGHSt	Entscheidungen des Bundesgerichtshofs in Strafsachen

37 Zeitlich früher und zahlreicher als in den amtlichen Bänden werden Gerichtsentscheidungen in Fachzeitschriften veröffentlicht. Hierzu zählen zB die Zeitschriften in Papierform:

JA	Juristische Arbeitsblätter
JURA	Juristische Ausbildung
JuS	Juristische Schulung
NJW	Neue Juristische Wochenschrift
NStZ	Neue Zeitschrift für Strafsachen

2. Intranet

38 Nur über das Campusnetz der HSPV NRW an den Recherche PCs (Intranet) kann auf folgende Datenbanken zugegriffen werden, die unter anderem Rechtsprechung beinhalten.

Name der Datenbank	Inhalt und Art der Datenbank
beck-online	**beck-online** ist eine Recherchedatenbank des Verlages C.H.BECK. Man kann in diesem Verlag veröffentlichte Rechtsprechung im **Volltext** in den Modulen: das Hochschulmodul, die Praxis der Kommunalverwaltung NRW, das Nomos Bundesrecht sowie das Modul Polizei- und Sicherheitsrecht PLUS recherchieren. Hierzu kann man entweder in der Suchmaske oder unter dem Button „Rechtsprechung" unter Eingabe des gesuchten Gerichts, des Datums und des Aktenzeichens entsprechende Rechtsprechung finden.
DBIS	**DBIS** Rechtswissenschaft ist ein Fachausschnitt des Datenbankinformationssystems. Es handelt sich um einen kooperativen Service zur Nutzung wissenschaftlicher Datenbanken. Hier finden sich im Internet frei zugängliche Angebote zusammen mit lizenzierten Inhalten. Unter anderem besteht hier die Möglichkeit des Zugriffs auf Rechtsprechung im **Volltext** oder nur als **Referenz**.
Jurion	Die Fachdatenbank **Jurion** ermöglicht die Recherche nach Gerichtsentscheidungen in einer **Volltextdatenbank**.
Juris-Spectrum	**Juris-Spectrum** ist die größte **Volltextdatenbank** für Rechtsprechungsfundstellen. Sie veröffentlicht Rechtsprechung verlagsunabhängig.

3. Internet

39 Auch über das Internet kann man vom Campus Netz der HSPV NRW oder von zu Hause aus auf Datenbanken mit Rechtsprechung zugreifen. Hierzu existiert zunächst folgende Linksammlung der der HSPV NRW:

Linksammlung	https://www.hspv.nrw.de/medien-und-didaktik/hochschulbibliothek/digitale-bibliothek/links-und-rechtsquellen#c1608

In Abhängigkeit vom jeweiligen Gericht bieten sich des Weiteren folgende Recherchemöglichkeiten: 40

Volltextdatenbanken oberster Gerichte:

Gericht	Recherchezugriff
BVerfG:	• Online seit 1.1.1998 = http://www.bundesverfassungsgericht.de/SiteGlobals/Forms/Suche/Entscheidungensuche_Formular.html?language_=de
BVerwG:	• Online seit 2002 = https://www.bverwg.de/suche?lim=10&start=1&db=e&q=*&dt=
BGH:	• Online seit 1.1.2000 = https://www.bundesgerichtshof.de/DE/Entscheidungen/entscheidungen_node.html • Online Rechtsprechungsübersicht seit 25.1.1950 = https://dejure.org/dienste/rechtsprechung?gericht=BGH

Datenbanken auch unterer Gerichte:

Gericht	Recherchezugriff und Art der Datenbank
OLG Hamm:	• Online im **Volltext** ab 1997 = http://www.burhoff.de/Rechtsprechung/
Oberste und untere Gerichte	• Online im **Volltext** = https://openjur.de/
Oberste und untere Gerichte	• Online als **Referenzdatenbank** nach Rechtsgebieten von Prof. Dr. Clemens Arzt von der HWR Berlin: • Polizeirecht • Polizei- und Strafprozessrecht • Versammlungsrecht • Polizeiliche Eingriffe im Straßenverkehr • Beamtenrecht = https://www.hwr-berlin.de/prof/clemens-arzt/

IV. Literatur

Die Literatur gibt den Standpunkt von Juristen wieder, die diese im Schrifttum äußern. Literarische Beiträge können in Büchern, Zeitschriften oder anderen Sammelwerken in Printform, sie können aber auch digital veröffentlicht sein. 41

1. Printmedien

Literarische Printmedien kann man unter bestimmten Konditionen ausleihen oder kaufen. 42

a) Kataloge

Die Recherche beginnt in Bibliothekskatalogen. Hier kann man nur erfahren, ob eine Bibliothek die entsprechende Literatur vorrätig hält, die man dann unter bestimmten Bedingungen ausleihen bzw. kopieren kann. 43

Katalog	Recherchezugriff
Verbundkatalog des Bibliotheksverbundes der Landesbehörden NRW:	• Onlinekatalog (OPAC) = http://bvlb.nrw.de/webopac/index.asp?DB=DB_BIBVB Medien, die nicht zum Bibliotheksbestand der HSPV NRW gehören, sind für die Studierenden der HSPV NRW in diesen Bibliotheken nicht ausleibbar.
Karlsruher Virtueller Katalog (KVK) = Meta-Katalog der angeschlossenen Bibliotheken weltweit:	• Onlinekatalog (OPAC) = https://kvk.bibliothek.kit.edu/?digitalOnly=0&embedFulltitle=0&newTab=0 In den benannten Bibliotheken kann man die Literatur unter bestimmten Bedingungen ausleihen oder per Fernleihe beziehen. Die Konditionen müssen erfragt werden.

b) Buchhandel und Verlage

44 Literatur lässt sich auch über den örtlichen Buchhandel, den Onlinebuchhandel oder direkt bei den Verlagen kaufen. Neben den bibliographischen Angaben eines literarischen Werkes wie Name des Autors, Titel, Erscheinungsort, Verlag, Erscheinungsjahr ist eine eindeutige Identifizierung des Werkes für den Buchhandel oder den Verlag wie folgt möglich:

- **ISBN:** Internationale Standardbuchnummer (englisch: International Standard Book Number) für Bücher und andere selbstständige Veröffentlichungen
- **ISSN:** Internationale Standardnummer für fortlaufende Sammelwerke (englisch: International Standard Serial Number) für Zeitschriften und Schriftenreihen

Onlinebuchhandlung

45 Im Nachfolgenden sollen exemplarisch einige Onlinebuchhandlungen mit ihren Internetadressen genannt werden:

Onlinebuchhandlung	Internetadresse
amazon.de	https://www.amazon.de/
beck-shop.de	https://www.beck-shop.de/
Bücherservice Susanne Gebhardt	https://www.allebuecher.de/
bol.de – eine Marke von Thalia Bücher GmbH	https://www.bol.de/
MVB: Marketing- und Verlagsservice des Buchhandels GmbH	https://www.libri.de/de/

Verlage

Verlage, die speziell literarische Werke für die Polizei publizieren sind etwa: 46

Verlag	Internetadresse
Verlag Deutscher Polizeiliteratur GmbH	https://www.vdpolizei.de/
Verlag für Polizeiwissenschaft Prof. Dr. Clemens Lorei	http://www.polizeiwissenschaft.de/
Kommunal- und Schulverlag	https://www.ksv-medien.de/shop/polizei

2. Intranet

Nur über das Campus Netz der HSPV NRW an den Recherche PCs (Intranet) kann auf folgende Datenbanken zugegriffen werden, die unter anderem Literatur beinhalten: 47

Name der Datenbank	Inhalt und Art der Datenbank
beck-online	**beck-online** ist eine Recherchedatenbank des Verlages C.H.BECK. Man kann in diesem Verlag veröffentlichte Literatur im **Volltext** in den Modulen: das Hochschulmodul, die Praxis der Kommunalverwaltung NRW, das Nomos Bundesrecht sowie das Modul Polizei- und Sicherheitsrecht PLUS recherchieren. Hierzu kann man entweder in der Suchmaske oder unter dem Button „Bücher" oder „Zeitschriften" entsprechendes suchen.
DBIS	**DBIS** Rechtswissenschaft ist ein Fachausschnitt des Datenbankinformationssystems, einem kooperativen Service zur Nutzung wissenschaftlicher Datenbanken. Hier finden sich im Internet frei zugängliche Angebote zusammen mit lizenzierten Inhalten. Unter anderem besteht hier – in Abhängigkeit von der Art der Datenbank (**Volltext oder Referenzdatenbank**) – die Möglichkeit des Zugriffs auf Literatur oder der weiteren Recherche.
Jurion	Die Fachdatenbank **Jurion** ermöglicht die Recherche nach Literatur in Zeitschriften und nach Fachbüchern in einer **Volltextdatenbank**.
Juris-Spectrum	**Juris-Spectrum** enthält verlagsunabhängig rechtswissenschaftliche Aufsätze, Entscheidungsbesprechungen und Urteilsanmerkungen in Form eines **Kurzbelegs**. Über den juris Dokumentlieferservice können dann Volltext-Dokumente bei der Staatsbibliothek Berlin bestellt werden.

3. Internet

48 Das Internet enthält nur wenige Möglichkeiten, auf Literatur zuzugreifen:

Google Books	**Google Books** verfolgt das Ziel, das in Büchern niedergeschriebene Wissen vorwiegend durch Digitalisierung für eine Volltextsuche zur Verfügung zu stellen. Einige Bücher, die literarische Rechtsbeiträge enthalten, kann man also über das Internet kostenfrei aufrufen.
Zeitschrift für das juristische Studium = ZJS	Onlinezeitschrift im Volltext: (kostenfrei) = http://www.zjs-online.com
Subito. Dokumente aus Bibliotheken e.V.	Aufsätze und Bücher können auch bei „Subito. Dokumente aus Bibliotheken eV" in Kopien im Rahmen eines schnellen Lieferdienstes der Bibliotheken über das Internet kostenpflichtig bestellt werden = https://www.subito-doc.de
Prof. Dr. Clemens Arzt (HWR Berlin)	• Online als Referenzdatenbank nach Rechtsgebieten: • Polizeirecht • Polizei- und Strafprozessrecht • Versammlungsrecht • Polizeiliche Eingriffe im Straßenverkehr • Beamtenrecht = https://www.hwr-berlin.de/prof/clemens-arzt/

V. Parlamentarische Dokumente

49 Die Recherche in Gesetzesmaterialien (Parlamentarischen Dokumenten) ist für die historische Auslegung wesentlich. Sie verfolgt das Ziel, etwas über die Regelungsziele des Gesetzgebers zu erfahren. Insofern kann die Recherche der Begründung des Gesetzesantrages weiterhelfen. Die Gesetzesanträge werden als Drucksache des jeweiligen Parlamentes (Bundestag oder Landtage) veröffentlicht.

50 Zunächst kann man je nach Art der Drucksache wie folgt recherchieren:

Art der Drucksache	Recherchemöglichkeit
Bundestagsdrucksache	**Bundestagsdrucksachen** sind nach der Legislaturperiode (ab September 2017 gilt die 19. Legislaturperiode) und einer laufenden nummeriert auffindbar. Mit diesen Angaben kann man in der Volltextdatenbank recherchieren in: http://www.bundestag.de/dokumente/drucksachen
Bundesratsdrucksachen	**Bundesratsdrucksachen** sind nach laufenden Nummern und nach dem Kalenderjahr auffindbar. Mit diesen Angaben kann man in der Volltextdatenbank recherchieren in: http://www.bundesrat.de/DE/dokumente/dokumente-node.html
Landtagsdrucksachen NRW	**Landtagsdrucksachen** aus **NRW** werden nach Wahlperioden (derzeit 17. Wahlperiode) und einer fortlaufenden Nummer benannt. Sie sind recherchierbar: https://www.landtag.nrw.de/portal/WWW/Navigation_R2010/040-Dokumente-und-Recherche/020-Parlamentsdatenbank/Inhalt.jsp

Den Werdegang von Gesetzen kann man aus folgenden Datenbanken entnehmen:

Datenbank	Recherchemöglichkeit
Gesetzesmaterialien-Angebot der Bibliothek des Bundesgerichtshofs	Sammlung von Gesetzesmaterialien aus den Bereichen Zivil- und Strafrecht, seit der 17. Legislaturperiode auch Bundesgesetze, die der **Umsetzung von EU-Richtlinien** dienen und der Richtlinien-Werdegang. 7.9.1949 bis 17.10.2002: Bibliothekskatalog Ab 17.10.2002 bis 27.10.2009: Onlineangebot (noch nicht barrierefrei) Ab 27.10.2009 bis heute: Onlineangebot (barrierefrei) https://www.bundesgerichtshof.de/DE/Bibliothek/GesMat/gesmat_node.html

C. Juristische Zitation

Im Rahmen der juristischen Zitation sind bei wissenschaftlichen Arbeiten 51

- juristische Verzeichnisse und
- die Zitation im Haupttext in den Fußnoten

zu unterscheiden.

I. Juristische Verzeichnisse

Juristische Verzeichnisse sind Bestandteile, die neben den Haupttext einer wissenschaftlichen Arbeit treten. Sie sollen eine Abkürzung der Zitation in der Fußnote des Haupttextes ermöglichen. Sie werden grundsätzlich nur dann angelegt, wenn sie in einer ausreichenden Anzahl vorhanden sind. Man sollte etwa ab vier Fundstellen ein solches Verzeichnis erstellen. Anderenfalls gehören die vollständigen Angaben in die Fußnote in den sog. Vollbeleg. 52

Zu den juristischen Verzeichnissen, die neben den Haupttext einer wissenschaftlichen Arbeit treten, gehören: 53

- Das Literaturverzeichnis
- Das Rechtsprechungsverzeichnis
- Das (Gesetzes-)Quellenverzeichnis

Ein Verzeichnis parlamentarischer Dokumente gibt es hingegen nicht. Diese Fundstellen werden ausschließlich in der Fußnote zitiert. 54

Digitale Fundstellen, die nicht Rechtsprechung, Gesetzesquelle oder parlamentarische Dokumente sind, gehören ins Literaturverzeichnis. Hierfür erstellt man also kein eigenes „digitales Verzeichnis". Printmedien (sofern vorhanden) gehen den digitalen Medien dabei vor. 55

1. Literaturverzeichnis

Die in der wissenschaftlichen Arbeit verwendeten und zitierten literarischen Werke einschließlich solcher aus dem Internet werden im **Literaturverzeichnis** alphabethisch zitiert. Am Ende eines Literaturverzeichnisses kann ein Hin- 56 weis auf ein Buch erfolgen, das ein juristisches Abkürzungsverzeichnis enthält. Dann erspart man sich ein solches selbst. Erforderlich ist aber, dass man dann auch nur die Abkürzungen, die das Buch verwendet, benutzt. Ein Beispiel eines Literaturverzeichnisses findet sich gleich im Anschluss bei dem Musterbeispiel.

57 Die Angaben im Verzeichnis hängen von der Art des Werkes ab. Zu unterscheiden sind:

- **Aufsätze aus Zeitschriften oder sonstigen Sammelwerken**
- **Monographien in Form von Dissertationen oder Habilitationen**
- **Gesetzeskommentare**
- **Sonstige Bücher**
- **Digitale Fundstellen**

Aufsätze aus Zeitschriften oder sonstigen Sammel-werken	• **Name, Vorname** des Verfassers – bis zu zwei Namen, ansonsten: „und andere" oder „et al." – wenn kein Verfasser auffindbar, dann ohne Verfasser zitieren: „o.V." – kann ein Vorname nicht gefunden werden, dann ohne Vornamen aufführen – Adelstitel angeben – keinen akademischen Grad angeben – ist das Original nicht greifbar, dann „zit. nach" (sog. Sekundär-zitat)[12] – hat Autor mehrere Werke, dann historisch aufführen und bei gemeinsamen Werken erst die alleinigen Werke; derselbe Autor sollte erneut mit dem ganzen Namen genannt und nicht mit „ders." gekennzeichnet werden
	• **Titel, Untertitel** • **„in:"**[13] • **bei Zeitschriften:** Name der Zeitschrift, **Jahr,** wenn kein Jahr, dann oJ; die Heftnummer nur, wenn nicht durchlaufend nummeriert wird, uU Bd. • **bei sonstigen Sammelwerken:** – Vorname, **Name des Herausgebers** – das Wort „Herausgeber" ist abzukürzen und in Klammern zu setzen (Hrsg.) – Titel des Sammelwerks, ggf. Bd. – ggf. die Worte „Festschrift für" oder „Gedächtnisschrift für" – Ort (bis zu zwei, sonst und andere oder et al.) – Jahr (wenn kein Jahr, dann oJ) • **Seitenzahlen:** Anfang und Schluss

12 Hierzu noch im anschließenden Musterbeispiel.

13 Zum Teil wird bei Ausätzen auch das Wort „in" weggelassen. Achten Sie beim Zitieren auf Einheitlichkeit.

Monographien in Form von Dissertationen oder Habilitationen	• **Name, Vorname** des Verfassers (s. Ausführungen zu den Aufsätzen) • **Titel, Untertitel** • **Abkürzung „Diss." bzw. „Habilschr."** • **Hochschulort** • ggf. **Hochschulname** bei mehreren Universitäten an einem Ort • **Jahr der mündlichen Prüfung** • **Ort und Jahr der Veröffentlichung** (bis zu zwei, sonst und andere oder et al.) oder oJ (kann mit dem Ort und Jahr der Hochschule und der mündlichen Prüfung uU übereinstimmen, sodass dieser Punkt dann nicht zwingend erforderlich ist. Hochschulort und Jahr, die – wenn auch nur teilweise – abweichen, sind in Klammern zu setzen)
Gesetzeskommentare	• **Name, Vorname** des Kommentators (s. oben), dann uU Zusatz **„Hrsg."** • **Titel des Kommentars,** ggf. das Wort „**Kommentar"** falls nicht im Titel enthalten • bei gebundenen Werken: ggf**. Bd.** und Titel des Bandes • **Auflage** (nicht: 1. Auflage) • **Erscheinungsort und -jahr** (bis zu zwei, sonst und andere oder et al.) oder oJ (s. Ausführungen zu den Aufsätzen) • Bei Lose-Blatt-Werken: das Wort „**Stand** (Monat, Jahr)" **Achtung!** Genaue §§-Angaben erfolgen erst in der Fußnote und nicht schon im Literaturverzeichnis! Zitierweise, wenn mehrere Bearbeiter [zit.: .../Bearbeiter].
Sonstige Bücher	• **Name, Vorname** (s. Ausführungen zum Aufsatz) • **Titel, Untertitel** • ggf. **Bd.**, Titel des Bandes • ggf. **Auflage** (ab 2. Auflage) • **Erscheinungsort** (s. Ausführungen zu den Aufsätzen) • **Erscheinungsjahr** (s. Ausführungen zu den Aufsätzen)
Digitale Fundstellen	möglichst vermeiden, Absprache mit dem Betreuer, Belege beifügen! • **Name, Vorname** (s. Ausführungen zu den Aufsätzen) • **Titel, Untertitel** • **Internetportal** (zB www) • **O**nline im Internet **URL** (uniform resource locator): Internetdienst (zB http, telenet), • **Stand:** falls vorhanden • „Datum der Abfrage" bzw. „download vom ...".

Musterbeispiel:

So, wie es in diesem untergeordneten Kästchen steht, sollte es auch bei Ihnen aussehen:		Anmerkungen:[14] Art des Werkes
Literaturverzeichnis:		
BKA:	Internationaler Terrorismus: Wie können Prävention und Repression Schritt halten? http://bka.de/ (Tag der Abfrage: 1.4.2021)	**Digitale Fundstelle,** erkennbar an dem link und dem Tag der Abfrage
Enke, Thomas:	Forschendes Lernen im Polizeistudium, in: Schmidt et. al. (Hrsg.), Reflexion und Vision – Beiträge zur Entwicklung der Polizei, Festschrift zum 20-jährigen Bestehen der Fachhochschule Polizei Sachsen-Anhalt, Frankfurt 2017, 459–472	Beitrag aus einem sonstigen Sammelwerk (Festschrift)
Fischer, Thomas:	Strafgesetzbuch (Kommentar) mit Nebengesetzen, 68. Aufl., München 2021	**Gesetzeskommentar**, erkennbar durch das Wort: *„Kommentar"*
Keller, Christoph:	Auskunftsansprüche nach Persönlichkeitsrechtsverletzung im Internet (Vor und nach Inkrafttreten der DS-GVO), in: Polizei Info Report 2018, Heft 3, 8–10	Aufsatz aus einer Zeitschrift, erkennbar an dem Wort: „in:"
Nolden, Waltraud:	Der Rücktritt vom Versuch als Wertungsfrage zwischen ultima ratio und Regelvorschrift, jur. Diss. (Bochum), Aachen 1996	**Dissertation**, erkennbar an den Worten: *„jur. Diss."*
Nolden, Waltraud und andere:	Grundstudium Strafrecht – eine praxisorientierte Darstellung, 5. Aufl. München 2021	**Lehrbuch** „und andere" ab drei Autoren
Simmel, Georg:	Soziologie. Untersuchungen über die Formen der Vergesellschaftung. Leipzig: 1908 (zit. nach Büschges, Günter und andere: Grundzüge der Soziologie, 3. Aufl. München/Wien 1988)	Lehrbuch im **Sekundärzitat**
Gebraucht werden die üblichen Abkürzungen, Vgl. **Kirchner, Hildebert/Pannier, Dietrich**, Abkürzungsverzeichnis der Rechtssprache, 9. Aufl. Berlin 2018		Durch den Hinweis auf das juristische **Abkürzungsverzeichnis** mit den Abkürzungen dieses Buches, entfällt ein solches in Ihrer wissenschaftlichen Arbeit.

[14] Diese Anmerkungen fehlen dann später in Ihrer eigenen wissenschaftlichen Arbeit im Literaturverzeichnis und dienen nur hier zur Erläuterung!

2. Rechtsprechungsverzeichnis

Das **Rechtsprechungsverzeichnis** steht in der Regel nach dem Literaturverzeichnis und vor dem Quellenverzeichnis. Für den Studierenden im PVD ist das BVerfG als das in Deutschland im nationalen Recht höchste Gericht, der ordentliche Rechtsweg und der Verwaltungsrechtsweg besonders wichtig. Insofern sollen hier zunächst diese Gerichte benannt werden: 58

Bundesverfassungsgericht BVerfG (Bundesverfassungsgericht)	
Ordentliche Gerichte: Strafgerichte und Zivilgerichte	**Verwaltungsgerichte**
BGH (Bundesgerichtshof)	BVerwG (Bundesverwaltungsgericht)
OLG (Oberlandesgericht)	OVG (Oberverwaltungsgericht) bzw. VGH (Verwaltungsgerichtshof)
LG (Landgericht)	VG (Verwaltungsgericht)
AG (Amtsgericht)	

Man beginnt im Rechtsprechungsverzeichnis mit dem höchsten Gericht innerhalb eines Rechtsweges und stellt hier die jüngsten Entscheidungen voran. Die Rechtswege versieht man mit einem trennenden Strich. Die Art der Gerichte, das Datum einschließlich des Umstandes, ob es sich um ein Urteil oder einen Beschluss handelt, Aktenzeichen und ein möglicherweise gebräuchlicher Name der Entscheidung, die Fundstellen und die Seite, auf der Sie später die Entscheidung in Ihrem Haupttext zitieren, müssen benannt werden. Rechtsprechung muss bevorzugt aus den amtlichen Bänden (BVerfGE, BGHZ, BGHSt bzw. BVerwGE) zitiert werden. Nur sekundär greift man auf gerichtliche Entscheidungen in Zeitschriften zurück. Printmedien (sofern vorhanden) gehen wiederum den digitalen Medien vor. 59

Musterbeispiel:

Rechtsprechungsverzeichnis:				
Gericht	**Datum**	**Aktenzeichen ggf. Name der Entscheidung**	**Fundstelle**	**Textstelle**[15]
BVerfG	Urt. v. 7.7.2004	2 BvF 2/02	BVerfGE 111, 226 ff.	
	Beschl. v. 20.12.2000	2 BvR 591/99	NJW 2001, 2245 ff.	
BGH	Urt. v. 22.11.1994	GSSt 1/94	BGHSt 40, 350–355	
	Urt. v. 15.9.1988	4 StR 352/88 Katzenkönigfall	BGHSt 35, 347	
OLG Hamm	Urt. v. 14.12.2000	2 U58/00	NJW 2001, 1142 ff.	
BVerwG	Urt. v. 23.1.1981	IV C 85.77	BVerwGE 61, 290	

15 Das ist die Stelle in Ihrem wissenschaftlichen Haupttext, in der Sie diese Entscheidung zitieren.

3. (Rechts-)Quellenverzeichnis

60 In juristischen Arbeiten wird der Begriff „**Quellenverzeichnis**" ausschließlich zur Erstellung von Rechtsquellen verwendet. Diese werden nicht nach dem Buch oder der Loseblattsammlung, indem sie abgedruckt sind, sondern *„in ihrer gültigen Fassung vom ... und in ihrer letzten Änderung vom ..."* zitiert. Zudem muss das Veröffentlichungsmedium benannt werden.[16] Die Gesetzesquellen werden ungeachtet der Art der Rechtsquelle in alphabethischer Reihenfolge in das Verzeichnis aufgenommen. Die Angaben für das Quellenverzeichnis können Sie den Rechtsquellen selbst entnehmen.

Musterbeispiel:

Quellenverzeichnis:

Feststellung von Alkohol und anderen berauschenden Mitteln bei Straftaten und Ordnungswidrigkeiten; Sicherstellung und Beschlagnahme von Führerscheinen Gemeinsamer RdErl. des Ministeriums für Inneres und Kommunales (402 – 57.01.35), des Justizministeriums (4103 – III. 29), des Ministeriums für Bauen, Wohnen, Stadtentwicklung und Verkehr (III B 2-21-34/34) und des Ministeriums für Innovation, Wissenschaft und Forschung (232 – 1.09.14.03) v. 27.4.2015 (MBl. NRW 2015, 311), zuletzt geändert durch RdErl. vom 5.2.2019 (MBl. NRW 2019, 68)

POG NRW: Gesetz über die Organisation und die Zuständigkeit der Polizei im Lande Nordrhein-Westfalen – Polizeiorganisationsgesetz GV NRW S. 308 (ber. S. 629), zuletzt geändert durch Gesetz vom 8.10.2020 (GV NRW S. 1008)

StGB: Strafgesetzbuch idF der Bekanntmachung vom 13.11.1998 (BGBl. 1998 I 3322), zuletzt geändert durch Artikel 47 des Gesetzes vom 21.12.2020 (BGBl. 2020 I 3096)

StVO: Straßenverkehrs-Ordnung vom 6.3.2013 (BGBl. 2013 I 367), zuletzt geändert durch Artikel 1 der Verordnung vom 18.12.2020 (BGBl. 2020 I 3047)

II. Zitation im Haupttext

61 Typischerweise **zitieren** Juristen im Haupttext ihrer wissenschaftlichen Arbeiten in Fußnoten und nicht im Text selbst. Direkte Zitate, die möglichst vermieden werden sollen, es sei denn es kommt gerade auf den genauen Wortlaut an, werden – anders als indirekte Zitate – ohne das Wort „Vgl." eingeleitet. Fußnoten sind Sätze und beginnen mit einem Großbuchstaben und enden mit einem Punkt. Der Inhalt der Fußnoten ist davon abhängig, ob ein Verzeichnis vorhanden ist. Bejahendenfalls (ab ca. vier Fundstellen) spricht man vom Vollbeleg, anderenfalls vom Kurzbeleg in der Fußnote. Parlamentarische Dokumente sind zwingend allein in der Fußnote zu zitieren.

! **Merke:** Fußnoten sind Sätze und beginnen mit einem Großbuchstaben und enden mit einem Punkt!

[16] Hierzu bereits → 10. Teil Rn. 27.

1. Literatur 62

	Mit Literaturverzeichnis:	Ohne Literaturverzeichnis:
Haupttext:	Nach einer Ansicht, liegt hierin der entscheidende Ansatz.	Nach einer Ansicht, liegt hierin der entscheidende Ansatz.
Fußnoten:	**Fußnoten:**	**Fußnoten:**
Aufsatz aus eitschrift	1 Vgl. ***Keller***, in: Polizei Info Report 2018, Heft 3, 8 (9).	1 Vgl. ***Keller, Christoph***, Auskunftsansprüche nach Persönlichkeitsrechtsverletzung im Internet (Vor und nach Inkrafttreten der DS-GVO), in: Polizei Info Report 2018, Heft 3, 8 (9).
Aufsatz aus sonstigem Sammelwerk	1 Vgl. ***Enke***, in: Festschrift zum 20-jährigen Bestehen der Fachhochschule Polizei Sachsen-Anhalt , 459 (470).	1 Vgl. ***Enke, Thomas***, Forschendes Lernen im Polizeistudium, in: Schmidt et. al. (Hrsg.), Reflexion und Vision – Beiträge zur Entwicklung der Polizei, Festschrift zum 20-jährigen Bestehen der Fachhochschule Polizei Sachsen-Anhalt, Frankfurt 2017, 459 (470).
Monographien in Form von Diss. oder Habilitation	1 Vgl. ***Nolden***, 40.	1 Vgl. ***Nolden***, ***Waltraud***, Der Rücktritt vom Versuch als Wertungsfrage zwischen ultima ratio und Regelvorschrift, jur. Diss. (Bochum), Aachen 1996, 40.
Gesetzeskommentare	1 Vgl. ***Fischer*** § 13 Rn. 5.	1 Vgl. ***Fischer, Thomas***, Strafgesetzbuch (Kommentar) mit Nebengesetzen, 68. Aufl. 2021, § 13 Rn. 5.
Sonstige Bücher	1 Vgl. ***Nolden*** und andere, 114.	1 Vgl. ***Nolden, Waltraud und andere***, Grundstudium Strafrecht – eine praxisorientierte Darstellung, 5. Aufl. 2021, 114.
Digitale Fundstellen	**1 Vgl. *BKA***, http://bka.de/ (Tag der Abfrage: 1.4.2021).	**1 Vgl. *BKA***: Internationaler Terrorismus: Wie können Prävention und Repression Schritt halten?, http://bka.de/ (Tag der Abfrage: 1.4.2021).

2. Rechtsprechung 63

Mit Rechtsprechungsverzeichnis:	Ohne Rechtsprechungsverzeichnis:
Das Bundesverfassungsgericht hat ....[1] 1 Vgl. BVerfGE 111, 226 ff.	Das Bundesverfassungsgericht hat ....[1] 1 Vgl. BVerfG Urt. v. 7.7.2004 – 2 BvF 2/02, BVerfGE 111, 226 ff.

64 3. (Rechts-)Quellen

Mit Quellenverzeichnis	Ohne Quellenverzeichnis
Die Strafbarkeit folgt hierbei aus § 223 I StGB...	Die Strafbarkeit folgt hierbei aus § 223 I StGB[1]... 1 Vgl. **StGB: Strafgesetzbuch** idF der Bekanntmachung vom 13.11.1998 (BGBl. 1998 I 3322), zuletzt geändert durch Artikel 47 des Gesetzes vom 21.12.2020 (BGBl. 2020 I 3096).

65 4. Parlamentarische Dokumente (stets ohne Verzeichnis)

	Bundestagsdrucksache	Bundesratsdrucksache
Haupttext	Der Gesetzgeber wollte insofern durch die neue Regelung eine Lücke schließen.[1]	Der Gesetzgeber wollte insofern durch die neue Regelung eine Lücke schließen.[1]
Fußnote	1 Vgl. BT-Drs. 17/4232 v. 15.12.2010, Entwurf eines Gesetzes zur Änderung der Strafprozessordnung – Neuordnung der Anordnungskompetenz für die Entnahme von Blutproben, 4.	1 Vgl. BR-Drs. 25/15 v. 6.3.2015, Entwurf eines Gesetzes zur Bekämpfung der Korruption, 5.

STICHWORTVERZEICHNIS

Die Zahlen verweisen auf die Teile (fett) und Randnummern des Buches